U0568831

出土文献研究的多维视野

曹峰 著

中国人民大学出版社
·北京·

总　　序

刻画早期中国文明特征，已有的青铜时代、轴心时代等符号富有象征性。出土的大量简帛文献、文本带来的认识早期中国文明的新契机、新信息，会将人们带到一个具有许多不同可能的想象中。至少从商周到秦汉这一纵贯多个朝代的历史时期，是不是也可以叫作简帛时代呢？客观和公允的回答应说“是”而不应说“否”。这是一个普遍使用竹简、木牍、缣帛进行书写和记载的时代。早期中国的文明、历史、语言、思想等精神创造，除了有限的甲骨文、金石文外，都永恒地留在了简帛和木牍的记忆世界中。

相较于甲骨学、敦煌学，简帛学、简牍学因其实物仍源源不断地从地下发现和出土而更加生机勃勃。依据《尚书》记载的“惟殷先人，有册有典”，张政烺先生推测，中国先人将竹简作为书写材料的历史非常悠久。我赞成这一推测，尽管我们发现战国之前的竹简实物还比较少。“册”“典”这两个字，清晰地显示了它们的象形身影。

从19世纪末特别是从20世纪70年代以来，银雀山汉简、马王堆帛书、定州汉简、睡虎地秦简、郭店楚简、上博楚简、清华藏战国简、北大藏汉简、岳麓书院藏秦简、海昏侯墓汉简等先后问世，至少在扩大和深化早期中国文明（包括文献、政治、法律、语言、古文字、思想及哲学等）的认知上，意义非凡。如果接受默证法，即没有看到的就是不存在的，这些新出土的简帛文献莫非都是无中生有的神话。

简帛文献除了像《周易》、《老子》和《论语》等传世本外，大多数是千古未知的佚文。像《黄帝四经》《五行》，即使有相应的记载，但它们的真面目过去一直是个谜。它们重见天日，完全称得上是奇迹。我不想夸大出土简帛文献的重要性，但也决不认可卑之无甚高论的意识。子学传世文献与简帛佚文之间的关系，也许可以用早期中国哲学、思想的主流与支流的关系来解释。流传下来的一般来说都是重要的，没有流传下来的也许不都是那么重要。除了“六经”，除了《国语》《战国策》《逸周书》等历史性文献，传世的《晏子春秋》、《老子》、《论语》、《礼记》、《墨子》、《孟子》、《公孙龙子》、《庄子》、《管子》、《荀子》和《韩非子》等典籍，代表的可谓是早期中国哲学和思想的主流。而战国简多为佚文，不管多么重要，相对来说它代表的或许主要是早期中国哲学和思想的支流。

对于早期中国子学传世典籍和新出土的文献，用单一的方法，用单一的概念，用单一的理由，用单一的假定，用单一的例子，去判断和定位它们的早和晚、前和后，既草率又傲慢。《老子》一书在春秋晚期就被叔向引用，在战国时代又多被引用，那么多的早期典籍记载着老子、老聃之名，有人仍振振有词，怀疑《老子》其书和老子其人的真实性，不知这是什么实证方法。单凭《史记·老子韩非列传》中记载太史儋、老莱子是当时的一个传说，不管司马迁是不是相信这个传说，也不管《史记》中其他地方对老子（除列传十一处，还有十二处）、老氏（一处）、黄老（十一处）的记载，就将老子其人变成一个传说。说“三十辐共一毂”只是战国时期车辆轮辐的标准，不管车辆的复杂演变和春秋时期二十八辐的车轮已成为车轮的一种基本标准，且在战国时期也很通行，将《考工记》中记载的“轮辐三十”断定为只是指战国时期的车轮，以此判断《老子》只能出于战国时期，不知这是一种什么论证和求证方法。说周秦古书不是一时一地之物，而是不断增加和附益的结果，如果这主要是指书的内容，那么将这一种情形普遍化，就不知这是一种什么推论方法。

对于出土简帛文献的哲学和思想研究，海内外学界已经有许多积累了。不断扩展和深化这一前沿与交叉领域的研究，需要我们借助新视角、新眼光和新方法，需要我们为其中的各种疑问、疑难和疑点寻找解决的突破口。这一丛书是这一追求和努力的一部分，每部著作都独立从不同方面尝试深化这一领域的研究。它是由我主持的国家社科基金重大项目“出土简帛文献与古代中国哲学新发现综合研究”成果的又一系列，是各位同道精心合作和合力的结果。它的出版令人欣慰和愉悦。希望它能成为这一领域研究的新的出发点。感谢中国人民大学出版社刊行这一丛书，感谢王琬莹女士的精心策划和各位责任编辑付出的辛劳。

王中江

2023 年 3 月

目　　录

前　言

这本小书汇集了从2004年到2022年近二十年间我所撰写的出土文献研究方面的文章，共计十八章，内容涉及清华大学藏战国竹简（简称“清华简”）、上海博物馆藏战国楚简（简称“上博简”）、郭店楚墓出土战国竹简（简称“郭店简”）、睡虎地秦墓出土竹简（简称“睡虎地秦简”），以及马王堆帛书《老子》乙本卷前古佚书（即通称的《黄帝四经》，简称“马王堆帛书《黄帝四经》”）。题材涉及研究论文、文献注释，以及方法论探索。其中第八章、第九章、第十一章、第十三章、第十六章曾收录于《上博楚简思想研究》（台湾万卷楼图书股份有限公司，2006年）以及《楚地出土文献与先秦思想研究》（台湾书房出版有限公司，2010年），这两部书在大陆较难获取，且已经出版多年，因此将这几章纳入本书，以便读者查询。

无论是过去的20世纪，还是我们身处的21世纪，出土文献所提供的新材料、新观念都在极大地改变着古典学研究的方向，改变着以往构筑的思想史版图，为我们今后的古史、古书、古代思想研究带来极大的生机和活力。我非常有幸选择了出土文献研究作为我的学术重点，而这本书收录的文章可以说见证了我这些年的研究历程。我最早的研究始于马王堆帛书《黄帝四经》，最近这几年则重点关注清华简。出土文献给我们打开了一扇又一扇窗口，让我们看到了无数奇异的景色。这些新材料不断拓展我们的视野，不断刺激我们去重读传世文献，带动我们重新思索“天”“性”“命”“中”“和”“心”“五”“孝”“色”“礼”等重要的哲学概念与命题。我在研究过程中，亲身经历了原始文本的注释、思想内容的解读以及研究方法的反思，因此，多维视野正是此书的重要特色。其中一些章节的观点、一些文本的考释，在新的材料出现以及新的观念产生之后，可能已经需要作出调整，但我决定基本保持原貌，只在必要时作一些注释和附录加以说明。这是因为，一方面，过分的改造势必破坏原来的结构；另一方面，这样也可以忠实地反映出自己的研究历程。

曹　峰

2023 年 10 月 8 日

第一章 清华简《保训》的“中”即“公平公正”之理念说

——兼论“三降之德”

《保训》所见四个“中”字，只能理解为治国安邦的重要理念，而无法视其为某种具体之物。“中”作为一种“公平公正”的理念，对应着人间社会与天地万物，是处理族群间矛盾的有效手段。这种“公平公正”的理念必须放在与法的制度、法的实践相关的情境中才能理解。从《保训》中看不出“公平公正”的“中”与追求平衡技巧的“中”有直接关系，也看不出其与心学意义上的“中”有直接关系，只能作“正直无私”解。“三降之德”只有理解为“极其恭敬谨慎之德”，才能与前后文相整合。

一、“中”是放之四海而皆准的政治原则

清华简《保训》是周文王留给其子的遗书，遗书的核心是“中”。文王指出，当年舜因为求“中”、得“中”，而使帝尧“嘉之”，结果“用授厥绪”，传承了帝位。商人祖先太甲微因为“假中于河”，结果使

"有易服厥罪"，于是太甲微"追中于河"，并"传贻子孙"，成汤因此最终"用受大命"。虽然《保训》最后一段话没有明确提出，文王留给武王的"保训"就是执"中"，但文王举的事例均和"中"有关，那么，在文王看来，武王要想"身受大命"，"祗服毋懈，其有所由"的对象必然是"中"，这是无可置疑的。

《保训》中四度出现的核心概念"中"究竟指的是什么呢？李学勤主编的《清华大学藏战国竹简（壹）》（以下简称"清华简释文"）仅简单地注释为"中道"，未作详细说明。[①] 该作何种解释，迄今为止学界众说纷纭、莫衷一是，始终没有一种意见获得大多数学者的认可。然而这个问题如果得不到解决，必然不利于《保训》性质以及成书年代的推测。目前已经出现的观点，主要有中道说、地中说、诉讼文书说、旂旗说、民众说、军队说、心灵说、最高权力说、中坛说、中岳说、天数易数说等多种。[②] 这些观点中除中道说把"中"直接视为一种理念外，其余各说或把"中"视为一种具体事物，或先视其为具体事物，然后在此基础上论述具体事物和理念之间的关系。这些说法都试图把帝王受命时必须掌握的东西和《保训》所见尧与舜的故事、太甲微与"河"及有易的故事逻辑地结合起来，得出合理的结论，不过在论述时又往往捉襟见肘、顾此失彼，无法既照顾到全文，又具备内在的逻辑统一性。

① 李学勤主编：《清华大学藏战国竹简（壹）》，中西书局，2010 年。

② 以往观点可以详参王进锋、甘凤（Foong J. Kam）、余佳：《清华简〈保训〉集释》，简帛网（http://www.bsm.org.cn，以下相同网址不再逐一列出），2011 年 4 月 10 日；邢文：《〈保训〉之"中"与天数"五"》，《清华大学学报（哲学社会科学版）》2011 年第 2 期。

笔者以为，经过长期的争论，学者们的观点几乎已穷尽想象的可能，现在是重新回顾和整理学者们的意见，利用各种研究成果，采纳各家所长，从而得出一个可信并且贯通之结论的时候了。在此首先提出笔者的基本思路，《保训》的“中”，在周文王看来无疑是一种超越族群超越时空的、被古代获得天命之贤王事迹所证明了的、今后可以“传贻子孙”放之四海而皆准的政治原则。既然是原则，那么，那种将“中”视为具体的、可以有借有还的东西，例如军队、民众、旂旗的说法就是难以令人接受的。之所以会视其为具体之物，和太甲微故事中出现的“假中”“追中”被理解为先向“河”借“中”，后向“河”归“中”有关。然而，如下文所论述的那样，通过对文句的仔细分析，我们已经完全有理由放弃这种解释，从而使问题的焦点回到“中”究竟是何种理念或原则上来。

笔者以为，《保训》的“中”作为一种原则，就是“公平公正”，这无疑是一种理念，这种理念出自具体的政治实践，这种政治实践通过《保训》的事例来看，就是要建立一种“公平公正”的行为准则，这种行为准则既与天地的法则相对应，也可以用来成功地处理社会矛盾。地中说、诉讼文书说、最高权力说、中坛说、中岳说、天数易数说或许也与法的行为及法的效果有关，但《保训》这样一篇简短的文献只能为这些假说提供想象的空间，却无法落到实处，难以信从。如果一定要取某种立场，那么笔者赞同中道说，因为“中”只能理解为原则和理念，但如果轻易地和后世出现的那些复杂的儒家理念相串联，例如心学意义上的“中”[①]、“中庸之道”、“忠恕之道”[②]、“和睦相处”之礼[③]等等，也是笔者所反对的。

总之,《保训》如赵平安所言，阐述的是一种治国安邦的最高理念。[④]但这种理念并不空洞暧昧，而有明确的指向，用今天的话讲，指的是法律意义上的公平公正。认为《保训》的“中”具有“公平公正”的性质，而且试图从法的角度（包括天地的法则、人间的处罚原则）去作出解释，并非笔者首创，从李均明[⑤]开始，刘光胜[⑥]、江林昌[⑦]、罗琨[⑧]、杜

---

① 例如林志鹏把舜“求中”视为“反求己心”，把舜“得中”视为“心明灵清澈”。参见林志鹏:《清华大学所藏楚竹书〈保训〉管窥——兼论儒家“中”之内涵》，简帛网，2009年4月21日。以下所引林志鹏观点均出自此文。

② 例如姜广辉说“中”就是“处理事情时要把握分寸，要将事情处理得恰到好处”。参见姜广辉:《〈保训〉十疑》,《光明日报》2009年5月4日。梁立勇说《保训》的“中道”思想就是儒家的“忠恕之道”，亦即“中庸”。参见梁立勇:《〈保训〉的“中”与“中庸”》,《中国哲学史》2010年第3期。

③ 梁涛认为《保训》的“中”接近荀子的“群居合一”之道。参见梁涛:《清华简〈保训〉的“中”为中道说》，孔子2000网，2011年4月19日。按:“孔子2000网”现已关闭，故无法给出网址。

④ 赵平安认为:“……是古代帝王即大位之前必须掌握的东西，是治国安邦平天下的道理，是中国古代文化的核心价值。”参见赵平安:《〈保训〉的性质和结构》,《光明日报》2009年4月13日；赵平安:《关于〈保训〉“中”的几点意见》,《中国史研究》2009年第3期。

⑤ 李均明:《周文王遗嘱之中道观》,《光明日报》2009年4月20日。李均明:《〈保训〉与周文王的治国理念》,《中国史研究》2009年第3期。以下所引主要据《周文王遗嘱之中道观》。

⑥ 刘光胜:《〈保训〉之“中”何解——兼谈清华简〈保训〉与〈易经〉的形成》,《光明日报》2009年5月18日。

⑦ 江林昌:《浅议清华简〈保训〉篇“中”的观念》，载李学勤主编:《出土文献》第一辑，中西书局，2010年，第76−77页。以下所引均出自此文。

⑧ 罗琨:《〈保训〉“追中于河”解》，载李学勤主编:《出土文献》第一辑，中西书局，2010年，第43−48页。以下所引均出自此文。

勇[①]等学者或多或少都从类似角度谈到这个问题，并得出与“公平公正”相关的结论。但这些观点或者过于简略含混，或者不能为《保训》全文作出贯通的解释。笔者在继承、整理这一系统解释的基础上，补证以往的观点，明确提出《保训》全文四个“中”均当释为“公平公正”。以下展开详细论证，释文基本上依据整理者的文本，有改动处作注说明。

二、四个“中”均当释为“公平公正”

先来看尧与舜的故事。《保训》说：“昔舜旧作小人，亲耕于历丘，恐求中，自稽厥志，不违于庶万姓之多欲，厥有施于上下远迩。乃易位设仪[②]，测阴阳之物，咸顺不逆。舜既得中，言不易实变名。”这里，从“不违于庶万姓之多欲，厥有施于上下远迩”看，不管怎样解释，无疑是舜表达了在人间社会建立无偏无私、公平公正原则的意愿。

“乃易位设仪”，意义不明。“设仪”，周凤五认为指“确立尊卑长幼之序”，例证为《周礼·大司马》“大司马之职，掌建邦国之九法，以佐王平邦国：制畿封国，以正邦国；设仪辨位，以等邦国；进贤兴功，以作邦国；建牧立监，以维邦国；制军诘禁，以纠邦国；施贡分职，以任邦国；简稽乡民，以用邦国；均守平则，以安邦国；比小事大，以和邦

① 杜勇：《关于清华简〈保训〉的著作年代问题》，《天津师范大学学报（社会科学版）》2010年第4期。以下所引均出自此文。

② 仪，简文作“诣”，整理者读为“稽”，周凤五读为“仪”。诣，古音疑纽脂部；仪，疑纽歌部。二字声同韵近，可通。参见周凤五：《清华简〈保训〉重探》，载《中国人民大学国学院五周年纪念会论文集》，2010年。以下所引均出自此文。

国”，但这段话指的是人间社会的秩序。《淮南子·修务》“追观上古及贤大夫……设仪立度，可以为法则”也可以作为参考。可见“仪”的设置，和法度的建立有关。不过，这些例证只能用来证明“设仪”，无法证明“易位”。从文献使用情况看，如“天地易位”“君臣易位”“上下易位”所示，“易位”几乎都需要从负面去解释，而这里“易”与“设”相对，当从正面解读。陈伟指出，“易”有修治义。《诗·小雅·甫田》“禾易长亩”，《毛传》：“易，治也。”[①] 因此可以推测，“易位设仪”或许类似“设仪辨位”“设仪立度”，是一种建立等差、设置尊卑的行为。

考虑到上下文的关系，“乃易位设仪”应该是为“测阴阳之物，咸顺不逆”所作的准备。“测”即度量划分之意，那么，“乃易位设仪”就不是为人间社会设置等差和秩序，而应该是和“阴阳之物”相关的秩序。但“测阴阳之物，咸顺不逆”究竟是何意呢？“阴阳之物”，文献仅见于《礼记·祭统》，清华简释文只是提到，没有作过多解释，其实结合这段话的前后文，我们可以得到很大启示。

> 贤者之祭也，必受其福。非世所谓福也。福者，备也；备者，百顺之名也。无所不顺者，谓之备。言内尽于己，而外顺于道也。……上则顺于鬼神，外则顺于君长，内则以孝于亲。如此之谓备。唯贤者能备，能备然后能祭。
>
> 孝者，畜也。顺于道，不逆于伦，是之谓畜。

① 陈伟：《〈保训〉词句解读》，简帛网，2009年7月13日。

> 夫祭也者，必夫妇亲之，所以备外内之官也；官备则具备。水草之菹，陆产之醢，小物备矣；三牲之俎，八簋之实，美物备矣；昆虫之异，草木之实，阴阳之物备矣。《礼记·祭统》

这是说：贤者举行祭祀，必然受福。但这个福实际上是备的意思。备就是百顺之名。无所不顺叫作备，即在内尽己心，在外顺道义。上顺鬼神，外顺君长，内顺父母，这就叫备。唯有贤者能做到备，能做到备然后才能祭祀。

孝就是将对父母的敬爱之情畜积于心。顺于道义，不逆伦常，这就叫畜。

祭祀时，要夫妇亲自主祭，用以齐备内外职能。职能齐备供祭物品也就齐备了。有各种水产植物做的腌菜，有各种陆产动物做的肉酱，小食物齐备了。有盛着牛、羊、猪的三牲的肉俎，盛在八个饭器里的各种米饭，美味食物齐备了。此外还有昆虫的异味，草木的果实，阴性阳性的食物也齐备了。[①]

这里说的是祭祀需要无所不备、无所不顺，唯有贤人才能做到鬼神、君长、父母无所不顺。孝既顺于道义，又不逆伦常，是十分周延的美德。通过夫妇双方展开的祭祀，兼具了内外两个方面。而祭祀的物品则无所不包，兼顾了种类、大小乃至阴阳品性。

从语境来看，这段话似乎与《保训》完全无关，但其实对理解《保

① 此处译文基本上依据王文锦译解：《礼记译解》，中华书局，2001 年，第 705-707 页。

训》文意极有帮助。这里既有“阴阳之物”，又有“顺”“不逆”等相同的用词。同时告诉我们“阴阳之物”不应作“土圭”“旗表”之类孤立的、过度的解释。“测阴阳之物，咸顺不逆”完全可以和前文“不违于庶万姓之多欲，厥有施于上下远迩”对应起来，前面指舜能够应对所有的社会关系，对任何一方都做到无偏无私、公平公正，后面指对于分为阴阳二性的天地万物，舜同样一视同仁、不左不右、公平中正、面面俱到，全部都顺而不逆。从《礼记·祭统》“顺于道，不逆于伦”看，顺而不逆的对象当为伦理意义上的至高法则，在《保训》这里，如李均明所言，“能仔细考察各种事物之两面，遵循其自然发展规律”，顺而不逆的对象应该理解为天地间的规律规范。

《春秋繁露·阴阳出入》有所谓“天之常道，相反之物也。不得两起，故谓之一。一而不二者，天之行也。阴与阳，相反之物也”，“天道大数，相反之物也。不得俱出，阴阳是也”。能够立于中正，同时把握相反相对之物者，唯有圣人。《保训》这段话虽然没有提到至公无私，但从至公无私的角度去理解，应该是合理的。《吕氏春秋·贵公》：“阴阳之和，不长一类；甘露时雨，不私一物；万民之主，不阿一人。”《淮南子·主术》有“衡之于左右，无私轻重，故可以为平。绳之于内外，无私曲直，故可以为正。人主之于用法，无私好憎，故可以为命”。虽然论述重点不同，且为后世之作，但均有助于我们的理解。

《保训》中，舜不仅要在人间社会实践公正，同时对阴阳之物也取同样态度，这种态度不可能理解为替自然建立秩序，而只能理解为对自然法则的全面顺应。这条思路，同样能够导出“中”为公正无私的结论。“阴阳之物”可以理解为阴阳两气之物。杜勇指出，上博简《容城氏》有类似说法，“皋陶既已受命，乃辨阴阳之气，而听其诉狱，三年而天下之人无诉狱者，天下大和均。舜乃欲合天地之气，而听用之”。同时他又引《周礼·春官宗伯》“占梦：掌其岁时，观天地之会，辨阴阳之气”。即“阴阳之物”和“阴阳之气”“天地之气”有相通之处，“辨阴阳之气”和“测阴阳之物”有可比性。我们发现《淮南子·览冥》有“昔者黄帝治天下，而力牧、太山稽辅之，以治日月之行，律阴阳之气[①]，节四时之度，正律历之数，别男女、异雌雄、明上下、等贵贱，使强不掩弱，众不暴寡，人民保命而不夭，岁时熟而不凶，百官正而无私，上下调而无尤，法令明而不暗，辅佐公而不阿”，《国语·越语下》有“因阴阳之恒，顺天地之常”，《管子·四时》有“阴阳者，天地之大理也。四时者，阴阳之大经也”，亦可以为证。

值得注意的是，《容城氏》说掌握“阴阳之气”者能够实现最大程度的公平公正，因此皋陶“辨阴阳之气”，就能够“三年而天下之人无诉狱者，天下大和均”。《淮南子·览冥》的“律阴阳之气”，高注“律，度也”，正和《保训》“测”的字义相吻合，“律阴阳之气”和“治日月之行”“节四时之度”“正律历之数”相并列，有助于我们对“易位设仪”之对象的理解，对“阴阳之气”“日月之行”“四时之度”“律历之数”

① “以治日月之行，律阴阳之气”，原作“以治日月之行律，治阴阳之气”。改读理由可参见何宁：《淮南子集释》，中华书局，1998年，第476页。

的调节、确定、整理、把握，其结果导致了人间社会各种秩序公正性的实现。这同时证明“咸顺不逆”不是对“庶万姓”或各种社会秩序的顺应，而是对绝对公平之天地运行规则之遵循，其行为必然影响到人间社会的公正。

如众多学者所指出的那样，《论语·尧曰》的“尧曰：‘咨！尔舜！天之历数在尔躬，允执其中。四海困穷，天禄永终。’”文意似与《保训》相关。《保训》简文中有“身兹备（服），惟允”以及“微寺弗忘”[①]，说明《保训》很可能有类似“允执其中”的思想背景。但笔者的重点不在于通过《论语·尧曰》的“中”和后世的“中庸”“忠恕”之道扯上关系，而是发现这段话的后面，连接着“谨权量，审法度，修废官，四方之政行焉”以及“宽则得众，信则民任焉，敏则有功，公则说”，也就是“执中”的目的和法规制度的建设有关，最后和“公”即公平公正联系在一起。一般认为，《论语·尧曰》最前面三段话是对古书的引用，而后面从“谨权量”开始的四段话，有可能是孔子的话，即他对那三段古书的理解。那么，通过《论语·尧曰》可以发现，孔子的阐释不是从“中庸”“忠恕”之道，而是从“权量”“法度”等法规建设以及公平公正的目标展开的。

此外，就像江林昌所引述的那样，这段话在后代的阐释中，都侧重

① 沈培读此句为“微持弗忘”，即上甲微“持中而不曾亡失之”，“持中”就是“执中”。如果这一读法正确，那么与《论语·尧曰》关系更为明显。参见沈培：《清华简〈保训〉释字一则》，复旦大学出土文献与古文字研究中心网（http://www.fdgwz.org.cn），2009年7月15日。

的是“天之历数”，“天之历数”正代表了“中”这种可以为所有人所接受、历万世而不移的公正法则。这些例证是：

> 古者圣王既临天下，必变四时，定律历，考天文，揆时变，以望气氛。故尧曰：“咨！尔舜！天之历数在尔躬，允执其中，四海困穷。”《书》曰：“在璇玑玉衡，以齐七政。”璇玑，谓北辰勾陈枢星也。以其魁杓之所指二十八宿为吉凶祸福。天文列舍，盈缩之占，各以类为验。夫占变之道，二而已矣。二者，阴阳之数也。故《易》曰：“一阴一阳之谓道。”(《说苑·辨物》)

> 神农以前尚矣。盖黄帝考定星历，建立五行，起消息，正闰余，于是有天地神祇物类之官，是谓五官。……尧复遂重黎之后，不忘旧者，使复典之，而立羲和之官。明时正度，则阴阳调，风雨节，茂气至，民无夭疫。年耆禅舜，申戒文祖，云“天之历数在尔躬”。舜亦以命禹。由是观之，王者所重也。(《史记·历书》)

从这两则例证中，我们都可以看出，尧所执之“中”正是和天之历数相配合的、反映着“阴阳之数”的、可以依此建立法典的那样一种原则，这种原则无疑体现出最高的公平公正。[①]《保训》中的舜之所以能够为帝尧“嘉之”，“用授厥绪”，正因为其所求之“中”、所得之“中”上不违

① 《尚书·大禹谟》所见“人心惟危，道心惟微。惟精惟一，允执厥中”被后代儒家视为与心学相关的十六字诀，但这段话可以分为两段，“人心惟危，道心惟微”是一个部分，“允执厥中”是另外一个部分，“允执厥中”与前文“天之历数在汝躬”相配合，“中”指的就是与“天之历数”相关的公平中正。

逆阴阳之数，下“不违于庶万姓之多欲”，可以“施于上下远迩”，能够“言不易实变名”。所以这种“中”必然体现出最大限度的公平公正，如此才有可能从尧那里接受大命。李均明文中引用的《礼记·中庸》“中也者，天下之大本也。和也者，天下之达道也。致中和，天地位焉，万物育焉”，《史记·五帝本纪》：“帝喾溉执中而遍天下，日月所照，风雨所至，莫不服从”，均证明了“中”所代表的公平公正曾被古人看作天地间的至高法则。这也说明视“中”为具体之物的种种推测是狭隘的、不合理的。

再来看太甲微与“河”之故事，简文说“昔微假中于河，以复有易，有易服厥罪，微无害，乃追中于河。微寺弗忘，传贻子孙，至于成汤，祗服不懈，用受大命”。清华简释文认为太甲微与河及有易之间的史事，可以依据《山海经·大荒东经》“有易杀王亥，取仆牛”，郭璞注引《竹书》云“殷王子亥宾于有易而淫焉，有易之君绵臣杀而放之。是故殷主甲微假师于河伯以伐有易，灭之，遂杀其君绵臣也”，推测《保训》所载就是太甲微向河伯借师讨伐有易之事。故读“复”为“报复”，读“追中”为“归中”，即把从河伯那里借来的“中”再归还给他。不少学者读“中”为“众”即军队[①]，或旗帜，用于象征军队[②]，均源于此。然而，李均明早就指出，《保训》所载故事似乎与史事有较大差别，并

① 如子居：《清华简〈保训〉解析》，孔子2000网，2009年11月14日。

② 如周凤五说“上甲微向河伯借来象征最高权力的旗帜以出兵征伐”。甚至有人说“中”字是“币（师）”字讹误，参见王辉：《也说清华楚简〈保训〉的“中”字》，载《古文字研究》第二十八辑，中华书局，2010年。

敏锐地指出“简文不仅有‘有易服厥罪’字样，尚有‘微无害’的说明，二者皆为诉讼用语，其同时见于一事件中，显然是为了表明诉讼之公正性。服罪是针对被判决者而言，指服从判决；无害是针对判决者而言，指公正无所枉害”[①]。他还同时举了《史记·萧相国世家》裴骃《集解》为例证。《史记·萧相国世家》：“萧相国何者，沛丰人也，以文无害为沛主吏掾。”裴骃《集解》：“案《汉书音义》：文无害，有文无所枉害也，律有无害都吏，如今言公平吏。”[②]然而由于拘泥史事，他仍然坚持“假中”和“归中”的对应关系，勉强解释道：“古时兵刑不分，既以军事强力作为执法的保障，亦以法律的名义讨伐敌对势力，二者相辅相成，只是由于当时人记事的角度不同，显示在文字上便有较大区别，所指却为同一事件。”据此推理，他把“中”说成一种具体之物，即与诉讼相关的文书，“史籍所见通常是最终的判决书，由于它是经过反复审议与衡量形成的，被认为是公正的，所以称作‘中’”。[③]同样，敏锐指出《保训》所见四个“中”均意为“公平公正”的杜勇也拘泥于“假中”“归中”之说，认为“中”就是“旗帜”，象征军队，“《保训》

① 李均明：《周文王遗嘱之中道观》，《光明日报》2009年4月20日。

② 李均明：《说清华简“假中于河”》，《中国文物报》2009年7月17日。《史记·萧相国世家》此句还有司马贞《索隐》引应劭云：“虽为文吏，而不刻害也。”韦昭云：“为有文理，无伤害也。”也体现出“无害”是公正无私之意。

③ 李均明：《周文王遗嘱之中道观》，《光明日报》2009年4月20日。有不少学者顺着这一思路，把“中”说成判决书之类的具体之物，如刘光胜：《〈保训〉之“中”何解——兼谈清华简〈保训〉与〈易经〉的形成》，《光明日报》2009年5月18日；李锐：《〈保训〉“假中于河”试解》，孔子2000网，2009年4月16日。这正是笔者所反对的，一件具体之物，而且已经还给他人，怎么可能被上甲微牢牢把握住，永不忘记，并“传贻子孙”呢，这显然不合理。

所谓‘假中’实际就是古本《竹书纪年》说的‘假师’，而‘归中’也就是‘归师’。只不过在《保训》作者的眼中，这个‘师’乃是中正之师。于是将假中正之师、归中正之师简称为‘假中’‘归中’了”，“‘中’在特定场合虽可指代中正之师，但作为全篇一以贯之的概念，无疑还是自其本谊引申而来的中正、公正之意”。

其实，如罗琨所指出的那样，“追中”没有必然读为“归中”，“追……于……”的句式亦见传世文献和金文，如《尚书·文侯之命》有“追孝于前文人”，如兮仲钟有“其用追考于皇孝己伯”，意为继承祖先之志。[①]罗琨进一步认为，“这启示我们‘追中’之追当与‘追孝’之追意义相同，都是追随、继承、发扬的意思，‘追中于河’的意思是要发扬‘河’所信守的公平、公正”。“换言之，‘追中于河’就是要效法‘河’的公正，回报于河。”可以说罗琨非常合理地解决了究竟是“追中”还是“归中”的问题，得出了令人信服的结论。[②]也就是说，我们可以这样理解简文，太甲微要求“河”主持公平公正，以处理与有易之间的纠纷，“河”很好地完成了这项使命，使有易最终服罪，上甲微也没有进一步加害有易。由于“河”的公正处理，族群之间实现了和平，上甲微认为由“河”体现的“中”即公平公正是一种极其重要的精神，是

① 详细考证参见顾颉刚、刘起釪：《尚书校释译论》，中华书局，2005年，第2120-2121页。

② 但罗琨拘泥于留存至今的古史传说，既说河伯是借师给上甲微讨伐有易的人，又说河伯暗中帮助有易，但最终又称河伯被迫主持公道，这显然是曲为之解，无法使人相信河伯是中立中正的化身，无法使人相信上甲微会颂扬这样一个内外不一的人。其实，《保训》的历史观未必和我们今天所见古史传说相同，《保训》或许有着另外的河伯形象。

处理政治矛盾的重要原则，因而意图追随、继承、发扬“河”的“中”，从此以后上甲微执“中”不忘，并传给子孙后代，到了成汤，终于接受大命。因此在《保训》看来，成汤接受大命和舜一样也是坚持公平公正原则的结果。

通过以上分析，我们可以用“公平公正”说贯通《保训》整体的文意，可以为四个“中”找到合理的、前后不相龃龉的解释。虽然以往很多论文已提到了“中”和“公平公正”的关系，提到了“中”和法的制度、法的行为之间的关系，但还没有一篇论文可以像本章这样实现内在逻辑的统一性，达成通贯无碍的解释。“中”可以说是一种法的实践，但同时完全不妨碍将其视为最高的理念和原则，在舜那里，“中”是天地运行无私法则的体现，在上甲微那里，“中”是处理族群矛盾的公正精神，这两者虽然场景不同，但对治国安邦而言，无疑极为重要，因此，掌握了“中”、把握住公平公正原则的人，能够“受大命”是无可置疑的。

值得注意的是，在《尚书》中，使用“中”字最多的是《吕刑》篇，如“非佞折狱，惟良折狱，罔非在中”“哀敬折狱，明启刑书胥占，咸庶中正”所示，“中”正是法律意义上的“公平公正”，其使用情况，李均明已引元人陈栎《纂疏》作了说明，不再重复。其他各篇所见与法律行为相关的“中”，如《大禹谟》篇有“帝曰：皋陶！……明于五刑，以弼五教。期于予治，刑期于无刑，民协于中”，《立政》篇的“周公若曰：‘太史！司寇苏公！式敬尔由狱，以长我王国。兹式有慎，以列用中罚”，《君陈》篇的“王曰：君陈！尔惟弘周公丕训，无依势作威，无倚法以削。宽而有制，从容以和。殷民在辟，予曰辟，尔惟勿辟；予曰宥，尔惟勿宥，惟厥中”，也都是在刑狱之事上，强调“中”即公平公正原则的必要性。

再来看《论语·子路》篇“必也正名乎”那段著名的话，孔子从“名不正，则言不顺；言不顺，则事不成”说到“事不成，则礼乐不兴；礼乐不兴，则刑罚不中；刑罚不中，则民无所措手足”，最后又转到“故君子名之必可言也，言之必可行也。君子于其言，无所苟而已矣”。这里的“中”“不中”，现在多理解为刑罚是否适当，其实应该作“公平公正”解才是。[①] 而孔子从“言行一致”的角度，从约束“言”之随意性的角度谈正名，也有助于我们理解“舜既得中，言不易实变名”，如果将这里的“言不易实变名”转化为“君子于其言，无所苟而已”去理解，说舜在得“中”之后，有意识地保持言行一致，使公平公正得以维持，是非常合理的。

不少学者虽然赞同“中”有公平公正义，但多从推己及人的“中道”，或保持平衡的政治技巧上去理解和阐释，这很可能不自觉地受到后代儒家“中庸之道”“忠恕之道”或反诸内心之类心学的影响。但在笔者看来，从《保训》有限的文字中读不出那么复杂的含义，《保训》之“中”作为“公平公正”，最多只能从正直无私去理解，《孟子·离娄

① 《晏子春秋》的《内篇谏上》之第八篇题为“景公信用谗佞赏罚失中晏子谏”，这里的“赏罚失中”也是一样的意思。

下》的“汤执中，立贤无方”就是此意。这层意涵，在后代书籍中更多地用“公”来表示。[①] 因此，虽然还需要更多的材料证明，不是最终的结论，但笔者在此提出一个假说，有可能“公”的意涵在相对早期的文献中是由“中”字来表达的。

通过以上对《保训》之“中”的分析，笔者认为，《保训》是否可以视为一部典型的儒家著作，是否有必要过早染上儒家色彩，应持保留态度。马上将其放入儒学思想脉络中去解读，也许并不合适。《礼记·中庸》云：“舜其大知也与。舜好问而好察迩言，隐恶而扬善，执其两端，用其中于民，其斯以为舜乎。”视舜为实行中道政治的典型，这里显然加入了善恶价值判断，“执其两端，用其中”也无疑是保持平衡的统治艺术，这有可能是后世儒家的进一步阐发。就《保训》的形成时间而言，如杜勇所指出的那样，从语法、用韵、用语看，《保训》不可能是西周早期的史官实录，而是后人根据某种需要编撰出来的遗言。杜勇进而从阴阳观念、中道思想的分析入手，指出《保训》是“战国前期假借文王名义的托古言事之作”。笔者基本上赞同杜勇的推测。就《保训》从公正无私的角度谈“中”，而不是从保持平衡的中庸之术的角度，也不是从心学的角度言“中”来看，笔者认为也不可能太晚。

---

① 《尚书》中只有《周官》篇“以公灭私，民其允怀”一处，有类似意涵。而到了《吕氏春秋·贵公》等文献，已全部用“公”来表示。此外，如《管子·四时》所言“中央曰土，土德实辅四时入出，以风雨节土益力，土生皮肌肤，其德和平用均，中正无私”，五行观念中的“中”有“中正无私”之意，但据此像邢文那样推导出《保训》之“中”为天数或易数“五”，恐操之过急。

三、何谓“三降之德”

《保训》中还有一个难点，那就是尧舜故事中出现的“三降之德”，前后文是“舜既得中，言不易实变名，身兹服，惟允，翼翼不懈，用作三降之德。帝尧嘉之，用授厥绪”。关于“三降之德”，李均明读“降”为“隆”，即重、大之义，“三降之德”即三种大德，并具体指出这三德就是《尚书·洪范》所见“三德：一曰正直，二曰刚克，三曰柔克”。林志鹏也认为是“三德”，即天、地、人三德。举《大戴礼记·四代》“子曰：有天德，有地德，有人德，此谓三德。三德率行，乃有阴阳，阳曰德，阴曰刑”，上博竹书《三德》简 1“天供时，地供材，民供力，明王无思，是谓三德”为例。廖名春读“降”为“愉”，“愉”与“乐”是同义词，因此“三降”即“三乐”。他引《国语·越语下》“四封之内，百姓之事，时节三乐”，韦昭注“三乐，三时之务，使之劝事乐业也”为例，说百姓乐于春、夏、秋三时之务，故“三降之德”即“三乐之德”，在舜的治理下，百姓都安居乐业，各得其所。[①] 李学勤引上博简《容成氏》“尧于是乎为车十又五乘，以三从舜于畎亩之中”，说“三降”指舜有德感动尧三次降从。[②] 子居引《尚书·吕刑》“乃命三后，恤功于民。伯夷降典，折民惟刑；禹平水土，主名山川；稷降播种，农殖嘉谷”，说“三降之德”指“舜举伯夷、伯禹、后稷三人而降以治民”。周

① 廖名春：《〈清华大学藏战国竹简保训释文〉初读》，载李学勤主编：《出土文献》第一辑，中西书局，2010 年，第 68 页。

② 李学勤：《清华简〈保训〉释读补正》，《中国史研究》2009 年第 3 期。

凤五读“降”为“陟”，认为这是楚简特殊的用字现象，“三陟”是说舜被尧试用九年，每三年考核一次，历经九年三次考核，而登上帝位。

要正确解读“三降之德”，首先应符合语法，其次应能够和前后文联系起来。在笔者看来，读“降”为“隆”，说“三降之德”是“三隆之德”，进而释其文意为三种大德，显然存在问题，因为中间加入了一个“之”字，语法上十分勉强，也无文例可援。只有把“降”当作动词来理解，才是正确的。然而，几种把“降”当作动词的阐释，又有抛开文本，过度解释之嫌。按前后文理解，这里的“德”指的是舜求“中”得“中”，能够“不违于庶万姓之多欲，厥有施于上下远迩”“易位设仪”“咸顺不逆”“言不易实变名”这些行为本身。“三降”之“三”为多次之意，因此“三降之德”就是舜多次降于民间之德，《尚书》《逸周书》中此类用法非常多见。如《尚书·大禹谟》有“皋陶迈种德，德乃降，黎民怀之”，即皋陶勇敢布德，德就普及了，百姓都归附他。[①]《尚书·君奭》有“无能往来，兹迪彝教，文王蔑德降于国人”，意为如果没有人奔走效劳，努力施行教化，文王也就不能把德降于国人了。《逸周书·和寤》有“德降为则，振于四方”，说的是武王手下大臣之美德降于民间成为典范，影响远及四方。《逸周书·成开》和《逸周书·本典》均有“显父登德，德降为则，则信民宁”，即德高望重者举明道德，道德降为法典，法典切实则百姓安宁。值得注意的是，《逸周书》“德降

① 黄怀信已先行提出相似观点，认为德可言降，并引用了《尚书·大禹谟》这句话。参见黄怀信：《清华简〈保训〉补释》，简帛网，2011 年 3 月 25 日。以下所引均出自此文。

为则”的说法，即有德者之道德下降至民间成为法典，如前所述，舜求“中”得“中”，和制度建设有关，因此，如果说“三降之德”的效果是在民间形成典范，那么，和《保训》的前后文意就比较吻合。

黄怀信认为“三降之德”就是指《尚书·洪范》之“正直”“刚克”“柔克”，即三种治民、处事的方法。他认为“正直”即中道，“刚克”“柔克”相对于“正直”虽非中道，但就具体事物而言，有时候可能就是中道。“因为事物各有本末，所以也各有其中。比如下文上甲微‘复’有易之‘中’，实际上是属于‘刚克’，而结合整个事件之前因后果，‘复’才是处理该事之‘中’，才最恰当。”这一观点虽然也从“正直”解释“中道”，但“三降之德”即便就是“三德”，是否就指“正直”“刚克”“柔克”，无法断定。且文献中“三德”之说，十分多见，故其说仍难信从。

除了把“三降之德”理解为舜多次降于民间之德，还有一种可能，即把“降”读为“恭谨谦卑”，“三降之德”即强烈的“恭谨谦卑”之德。笔者以为这一解释的可能性更大。《诗经·长发》有“帝命不违，至于汤齐。汤降不迟，圣敬日齐。昭假迟迟，上帝是祇。帝命式于九围”。这段话可以释为“上帝的命令是不可违的！至于成汤，和天心齐一。成汤谦卑不怠，圣明恭谨之德日益升起，明见请神到了久久不息，上帝就被他敬上，帝命令他领导于九州之地！”[①]《国语·晋语四》有“商颂曰：

① 这段话采用的是陈子展的译文。参见陈子展：《诗经直解》，复旦大学出版社，1983年，第1199页。

‘汤降不迟，圣敬日跻。’降，有礼之谓也”。韦昭注“降已于有礼也”。这说的是因为成汤谦卑有礼，最终接受了上帝之命。这一展开过程和《保训》显然是非常接近的。《保训》多次提到受命，如下所示，其语言格式是统一的。

原因：（舜）身兹服，惟允①，翼翼不懈，用作三降之德。

结果：帝尧嘉之，用授厥绪。

原因：微寺（持）弗忘，传贻子孙，至于成汤，祗服不懈。

结果：用受大命。

原因：今汝祗服毋懈，其有所由矣。

结果：丕及尔身受大命。

三处全部提到需要以极端谦卑恭敬的姿态才能接受大命，即“翼翼不懈”“祗服不懈”“祗服毋懈”，这正好和《诗经·长发》的“汤降不迟，圣敬日齐。昭假迟迟，上帝是祗”相应。在这样的前后文脉中出现“三降之德”，理解为极其“恭谨谦卑”之德，似乎更为合理一些。因此整句话或许可以作这样的解释：舜既已掌握“中”的原则，于是不更名易实，做到言行一致，以体现无私中正，舜躬服“中”道，极为诚信，恭恭敬敬，没有懈怠，行极其恭谨谦卑之德。帝尧嘉许他，因而授予他帝统。

① 笔者以为，这里的“允”或许也可以理解为“公平公允”。类似用例，如《尚书·尧典》“惟明克允”。

《诗经·长发》这段诗,《礼记·孔子闲居》有引:

> 子夏曰:“三王之德,参于天地,敢问:何如斯可谓参于天地矣?”孔子曰:“奉三无私以劳天下。”子夏曰:“敢问何谓三无私?”孔子曰:“天无私覆,地无私载,日月无私照。奉斯三者以劳天下,此之谓三无私。其在《诗》曰:‘帝命不违,至于汤齐。汤降不迟,圣敬日齐。昭假迟迟,上帝是祗。帝命式于九围。’是汤之德也。”

值得注意的是,《礼记·孔子闲居》说汤之德的本质在于“三无私”,而“三无私”来自“天无私覆,地无私载,日月无私照”,即天地日月所反映出的最大限度的公平公正,汤之德正是“奉斯三者以劳天下”。依照前文分析,“舜”之求“中”有“测阴阳之物,咸顺不逆”的过程,这也正是遵循天地间公平无私的法则。因此《礼记·孔子闲居》对于《保训》尧舜故事之理解具有重要参考价值。但是,林志鹏引《大戴礼记·四代》证“三德”为天、地、人三德,恐与《保训》无关,那段话虽然语涉天地阴阳,但从“三德率行,乃有阴阳,阳曰德,阴曰刑”看,阴阳是“三德率行”以后之产物,是人所施行的“刑德”之政治实践,所以不具备可比性。

四、结语

《保训》简文公布后,引起极大关注,问世不久,相关论文就不可胜数，研究焦点大多集中于“中”的问题。可能是因为已穷尽了各种解读之可能性，最近，这方面的讨论逐渐沉寂。在笔者看来，现在正是总结、整理前期研究的大好时机。由于简文过于简略，也由于对简文的不同理解，内容的阐释呈现出不可思议的多样性。大多数的论文都有刻意求新求奇，不顾文本内在脉络，仅凭个别字句大肆发挥、过度解释之嫌。在以往研究中，自李均明开始的解释路线，以法的实践为背景，以“公平公正”之理念为“中”的基本意涵，最为平实合理，但是也存在着许多前后龃龉、无法整合之处。笔者就是以这条思路为基础作出综论，集各家之长，去各家之短，兼融个人的文献考证与思想梳理，力图为《保训》所见之“中”及其相关问题作出前后贯通的、具备逻辑统一性的解释。总之,《保训》所见四个“中”字，只能理解为治国安邦的重要理念，而无法视其为某种具体之物。“中”作为一种“公平公正”的理念，对应着人间社会与天地万物，是处理族群间矛盾的有效手段。这种“公平公正”的理念必须放在与法的制度、法的实践相关的情境中才能理解。从《保训》中，看不出“公平公正”的“中”与追求平衡技巧的“中”有直接关系，也看不出与心学意义上的“中”有直接关系，只能作“正直无私”解。“三降之德”只有理解为“极其恭谨谦卑之德”，才能与前后文相整合。

第二章　从《逸周书》二文看清华简《保训》之“中”的刑书性质

《清华大学藏战国竹简》第一册中的《保训》篇，是目前已公布清华简中最受关注的文献。在这篇以周文王遗书形式出现的简书中，周文王对太子“发”作了谆谆教诲，其核心内容是四个“中”字。周文王用了两个故事来说明“中”的重要性。第一个故事是当年舜因为求“中”、得“中”，而使帝尧“嘉之”，结果“用授厥绪”，传承了帝位。第二个故事是商人祖先太甲微因为“假中于河”，结果使“有易服厥罪”，于是太甲微“追中于河”，并“传贻子孙”，成汤因此最终“用受大命”。因此，在文王看来，其子“发”要想“身受大命”，无可置疑，最为重要的事情就是牢牢地把握住“中”，这就是文王留给其子的“保训”。至于“中”的含义，学者们提出了无数种可能性，歧义之多，在中国思想史上可能没有哪个概念能够与之相比。目前为止，有中道说、窥管说、建鼓说、地中说、诉讼文书说、旂旗说、民众说、军队说、心灵说、最高权力说、中坛说、中岳说、天数易数说、和谐之道说等多种[①]，还在持续增长之中。这些说法，又可以分为两类，一类是将“中”视为一种实物，一类是将“中”视为一种理念。无论哪种说法都需要把帝王受命时必须掌握的东西和《保训》所见尧与舜的故事、太甲微与“河”及有易的故事逻辑地结合起来，得出合理的结论。从目前来看，似乎还没有哪一家获得普遍认可，成为定说。笔者认为，这一解释，既要能和《保训》整体文意吻合，又要能提出比较多的文献佐证。在上述观点中，笔者认为李均明提出的诉讼文书说在解释第二个故事时最为合理，文献依据也扎实可靠，可以信服。自李均明开始的解释路线，以法的实践为背景、以“公平公正”之理念为“中”的基本意涵，也较为合情合理。[②]笔者的《〈保训〉的“中”即“公平公

① 有关《保训》及其“中”字的前期研究成果，可参见林志鹏：《清华简〈保训〉集释》，简帛网，2010 年 10 月 8 日；王进锋、甘凤、余佳：《清华简〈保训〉集释》，简帛网，2011 年 4 月 10 日；邢文：《〈保训〉之“中”与天数“五”》，《清华大学学报（哲学社会科学版）》2011 年第 2 期；廖名春：《清华简〈保训〉篇“中”字释义及其他》，《孔子研究》2011 年第 2 期；陈民镇：《清华简〈保训〉“中”字解读诸说平议》，复旦大学出土文献与古文字研究中心网，2011 年 9 月 19 日；刘丽：《清华大学藏战国竹简〈保训〉集释》，中西书局，2018 年。

② 从李均明开始，李锐、刘光胜、江林昌、罗琨、杜勇等学者或多或少都从类似角度谈到这个问题，并得出与“公平公正”相关的结论。参见李均明：《周文王遗嘱之中道观》，《光明日报》2009 年 4 月 20 日；李均明：《说清华简“假中于河”》，《中国文物报》2009 年 7 月 17 日；李均明：《〈保训〉与周文王的治国理念》，《中国史研究》2009 年第 3 期；李锐：《〈保训〉“假中于河”试解》，孔子 2000 网，2009 年 4 月 16 日［不过，李锐在《上甲微之“中”再论》（孔子 2000 网，2009 年 6 月 24 日）中又收回了前文提出的“中”是狱讼簿书的观点］；刘光胜：《〈保训〉之“中”何解——兼谈清华简〈保训〉与〈易经〉的形成》，《光明日报》2009 年 5 月 18 日；江林昌：《浅议清华简〈保训〉篇“中”的观念》，载李学勤主编：《出土文献》第一辑，中西书局，2010 年；罗琨：《〈保训〉“追中于河”解》，载李学勤主编：《出土文献》第一辑，中西书局，2010 年；杜勇：《关于清华简〈保训〉的著作年代问题》，《天津师范大学学报（社会科学版）》2010 年第 4 期。

正”之理念说——兼论“三降之德”》一文[1]，以这条思路为基础，兼融新的文献考证与思想梳理，力图为《保训》所见之“中”及其相关问题作出前后贯通的解释。我的结论是，《保训》所见四个“中”字，只能理解为治国安邦的重要理念，而无法视其为某种具体之物。“中”作为一种“公平公正”的理念，对应着人间社会与天地万物，是处理族群间矛盾的有效手段。这种“公平公正”的理念必须放在与法的制度、法的实践相关的情境中才能理解。

一、既是实物又是理念的“中”

目前看来，这一观点基本方向虽然不必修正，但还有可以调整之处，也就是说，笔者仅仅强调“中”是一种理念，可能不够妥当。显然，把《保训》的“中”只作实物理解或只作理念理解，都有其局限性，最为合适的解释是，“中”既是一种实物，又是一种理念，这种实物体现着崇高理念，并和天命的获取密切相关。通过与《逸周书·尝麦》的比较，笔者再次确认《保训》第二个故事所见“中”确实具有刑书的性质，而“中”这种刑书所代表的正是“公平公正”的理念。通过与《逸周书·度训》的比较，笔者再次确认《保训》第一个故事所见“中”应该是法律意义上的文书，也体现着“公平公正”的理念。

---

① 曹峰：《〈保训〉的“中”即“公平公正”之理念说——兼论“三降之德”》，《文史哲》2011 年第 6 期。已收入本书第一章。

这里先列出《保训》与“中”相关文字，并作出白话译文。[①]

简文：昔舜旧作小人，亲耕于历丘。恐求中，自稽厥志[②]，不违于庶万姓之多欲，厥有施于上下远迩。乃易位设仪[③]，测阴阳之物，咸顺不逆。舜既得中，言不易实变名[④]。身兹服，惟允，翼翼不懈，用作三降之德。帝尧嘉之，用受厥绪。呜呼，祗之哉！昔微假中于河，以复有易，有易服厥罪，微无害，乃追中于河，微寺弗忘，传贻子孙，至于成汤，祗服不懈，用受大命。

译文：从前，舜做过很长时间的平民百姓，亲力耕作于历丘。舜诚惶诚恐地寻求“中”这样东西，他自我修治其心志，希望不违背庶民大众的多种欲望，而造福于上下远近的人。于是他设仪立度，观测度量天地间由阴阳二气形成的万物，遵循天地间万物的运行规则而不加违背。舜既已掌握“中”，于是不更名易实，能够言行一致，舜躬服“中”道，极为诚信，恭恭敬敬，没有懈怠，行极

① 《保训》简文主要参考了李学勤主编：《清华大学藏战国竹简（壹）》，中西书局，2010，第143页。不同之处，均作注说明。译文为笔者所做，译文的依据，可参见曹峰：《〈保训〉的“中”即“公平公正”之理念说——兼论“三降之德”》，《文史哲》2011年第6期。

② 把“稽”读为“治”，从廖名春之说，“自稽厥志”意为“自治其志”“自修其志”。参见廖名春：《清华简〈保训〉篇“中”字释义及其他》，《孔子研究》2011年第2期。

③ 仪，简文作“诣”，整理者读为“稽”，周凤五读为“仪”。诣与仪，二字声同韵近，可通。这里“易”和“设”的意思应该是相近的，“易”的解释从陈伟说，读为“修治”。参见陈伟：《〈保训〉词句解读》，简帛网，2009年7月13日。

④ “言不易实变名”中的“言”，周凤五读为“焉”，表“于是”，从上下文看，是合理的。参见周凤五：《清华简〈保训〉重探》，载《中国人民大学国学院五周年纪念会论文集》，2010年。

为恭谨谦卑之德[①]。帝尧嘉许他，因而授予他帝统。啊！要恭敬谨慎啊。从前，上甲微向“河”借来“中”，以处理与有易之间的纠纷，有易最终服罪，上甲微也没有进一步加害有易，从此以后追随、继承、发扬“河”的“中”，执“中”不忘，并传给子孙后代，到了成汤，恭敬奉行，没有懈怠，终于接受大命。

这里先来看第二个故事，即太甲微与“河”之故事，清华简释文认为这就是太甲微与河伯及有易之间的史事，关于这段史事，《山海经·大荒东经》有记载：“有易杀王亥，取仆牛。”郭璞注引《竹书》云：“殷王子亥宾于有易而淫焉，有易之君绵臣杀而放之。是故殷主甲微假师于河伯以伐有易，灭之，遂杀其君绵臣也。”由此推测《保训》所载就是太甲微向河伯借师讨伐有易之事。所以读“复”为“报复”，读“追中”为“归中”，即把从河伯那里借来的“中”再归还给河伯。[②]不少学者读“中”为“众”即军队，或旗帜，用于象征军队，均源于此。[③]然而，在这个问题上，我认为李均明的观察更为深刻，他敏锐地注意到《保训》所载故事与史事有较大差别，而且他发现《保训》的用词很有特征，那就是使用了诉讼用语。[④]毋庸置疑，这是非常有说服力的证据，为

① 笔者以为“三降之德”就是“恭谨谦卑之德”，详细考证参见曹峰：《〈保训〉的“中”即“公平公正”之理念说——兼论“三降之德”》，《文史哲》2011年第6期。

② 李学勤主编：《清华大学藏战国竹简（壹）》，中西书局，2010年，第147页。

③ 可参见林志鹏《清华简〈保训〉集释》，王进锋、甘凤、余佳《清华简〈保训〉集释》，邢文《〈保训〉之“中”与天数“五”》，廖名春《清华简〈保训〉篇“中”字释义及其他》，陈民镇《清华简〈保训〉“中”字解读诸说平议》，对前人研究的整理。

④ 李均明的论述，详见本书第一章。

我们确定《保训》的性质奠定了一个方向。也就是说，不管《保训》讲的是不是上甲微伐有易的故事，这里的“中”具有法律文书的性质，而且代表了公平公正的理念，这一点恐怕是不可怀疑的。

二、由《尝麦》篇看“中”的刑书性质

近读《逸周书·尝麦》[①]，笔者发现，这篇文献关于“中”的认识，对于我们确认《保训》第二个故事所见“中”具有刑书性质，具有启示意义。此文用历史故事展开说理的方式，对我们解读《保训》也有着很大的帮助。《尝麦》篇说的是周成王命“大正”即主刑之官大司寇[②]修订刑书的事情，这项活动是和宗庙祭祀（向太祖文王祭献新麦）联系在一起的，格外庄重，除了周成王和“大正”之外，还有很多重要的官员（按出场先后是：仆、少祝、亚祝、大宗、小宗、史、太史、九州牧伯、宰、大祝、作册，还有所谓“众臣”）参加。活动开始于“爽明”，即黎明时分，这让我们想到《保训》篇在描述文王向“发”宣读遗命时，也是将时间设定在“昧（爽）”。《尚书·牧誓》有“时甲子昧爽，武王朝至于商郊牧野，乃誓”。可见，周成王命“大正”修订刑书，也是具有类似

① 《尝麦》篇和《度训》篇是本章所要讨论的《逸周书》的两篇文献，关于这两篇文献的成书年代，存在异见，是个极为复杂的问题。本章在此想指出的仅仅是这两篇文献和《保训》之间的关系，并不准备因此推断《保训》的作成时间。

② 孙诒让说：“大正本为六卿之通称，此正行书则宜为大司寇矣。”孙诒让：《周书斠补》卷三，《大戴礼记》附，齐鲁书社，1988年，第1296页。不过，张怀通认为这只是推测，可以把大正理解为西周时代最高级别的官员。张怀通：《〈逸周书〉新研》，中华书局，2013年，第154页。

性质的极为庄重的大事。在《尝麦》篇描述的仪式中，有以下这段话：

宰乃承王中，升自客阶，作册执策从中，宰坐，尊中于大正之前。[①]

这是说，大宰捧着“中”从客阶升上大堂，作册（史官）手执简册跟着大宰所捧的“中”，然后，大宰坐下，把“中”敬放在大正面前。值得注意的是“中”这个字，历来研究中，有不少学者指出这是用来盛放简册的器物。例如，潘振《周书解义》云：“中，藏刑书之椟。”[②] 唐大沛《逸周书分编句释》云：“中者，盛策之器也。”[③] 朱右曾《逸周书集训校释》云：“中本盛算器。此盖盛作册之具笔及铅椠也。”[④] 王国维在《观堂集林》的《释史》一文中先引《说文解字》“史，记事者也。从右持中。中，正也”。然后再引江永《周礼疑义举要》“凡官府簿书谓之中，故诸官言治中受中，小司寇断庶民狱讼之中，皆谓簿书，犹今之案卷也。此中字之本义”。在辨析了“策”与“算”的假借关系后，他指出：“筭与简策本是一物，又皆为史之所执，则盛筭之中，盖亦用以盛简。简之多者，自当编之为篇，若数在十简左右者，盛之于中，

① 《逸周书·尝麦》以讹误多、疑难多著称，此篇文本的使用和文意的解释，参考利用了朱右曾：《逸周书集训校释》，世界书局，2011 年；孙诒让：《周书斠补》，《大戴礼记》附，齐鲁书社，1988 年；李学勤：《〈尝麦〉篇研究》，载《古文献论丛》，上海远东出版社，1996 年；张闻玉：《逸周书全译》，贵州人民出版社，2000 年；黄怀信：《逸周书校补译注》，三秦出版社，2006 年；黄怀信等撰：《逸周书汇校集注》（上下），上海古籍出版社，2008 年。

② 黄怀信等撰：《逸周书汇校集注》（下），上海古籍出版社，2008 年，第 728 页。

③ 黄怀信等撰：《逸周书汇校集注》（下），上海古籍出版社，2008 年，第 728 页。

④ 朱右曾：《逸周书集训校释》，世界书局，2011 年，第 165 页。

其用较便，《逸周书·尝麦解》，宰乃承王中，升自客阶，作策，执策，从中，宰坐尊中于大正之前。是中策二物相将，其为盛之器无疑。故当时簿书亦谓之中。”[1]这样看来，王国维认为“中”的本义就是治狱理政的律令簿书。同时，就《逸周书·尝麦》的场景而言，这里的“中”则是盛放简册的器物。姜亮夫也曾指出：“中字其实有数形，作中为日中字，作中为伯仲字，作中为官府簿书或筭筹之盛具”[2]陈民镇说“《保训》的‘中’作中，显然是第一类‘中’”，由此判断《保训》的“中”和狱讼簿书无缘。[3]这可能过于简单化了，因为即便文字史上有过这样的区分，如果在清华简所使用的战国文字中找不出这种严格区分，也没有说明力，因为在战国文字中，用一种字形表达多种文意是完全成立的。

关于《周礼·秋官·小司寇》的“以三刺断庶民狱讼之中”，郑玄注：“中，谓罪正所定。”孙诒让《周礼正义》说“断狱讼必协于中正，因之狱讼之成即谓之中”“狱讼成要之簿书”[4]。《周礼·秋官·乡士》：“狱讼成，士师受中。”郑玄注：“受中，谓受狱讼之成也。”[5]这些也都证明王国维所谓“中”的本义是治狱理政之律令簿书的说法是正确的。关于《尝麦》篇所见“中”，孙诒让认为没有必要释为盛放简册的器物。

---

① 王国维：《观堂集林》第一册，中华书局，1959 年，第 266–267 页。

② 姜亮夫：《楚辞通故》，载《姜亮夫全集》（二），云南人民出版社，2002 年，第 311 页。

③ 陈民镇：《清华简〈保训〉“中”字解读诸说平议》，复旦大学出土文献与古文字研究中心网，2011 年 9 月 19 日。

④ 孙诒让：《周礼正义》，中华书局，1987 年，第 2775、2776 页。

⑤ 孙诒让：《周礼正义》，中华书局，1987 年，第 2797 页。

他指出："刑书如今之律刑，中如今之成案，二者盖同藏于大庙。(《周礼》天府掌祖庙之守藏，凡官府乡州及都鄙之治中，并受而藏之。) 此篇所记即前年登于天府之中，出而陈之，以与刑书相钩考也。"[①] 这也是从本义出发作出的解释。

治狱理政之簿书之所以称为"中"，应该和"中"表公正之义有关。这一点在《尚书·吕刑》中表现最为明显，在《尚书》中，"中"字使用最多的是《吕刑》篇，如"士制百姓于刑之中""乃明于刑之中""观于五刑之中""非佞折狱，惟良折狱，罔非在中""哀敬折狱，明启刑书胥占，咸庶中正"等所示，这些"中"字都代表着刑罚之公平中正。其他各篇所见与法律行为相关的"中"，如《大禹谟》篇的"帝曰：皋陶！……明于五刑，以弼五教。期于予治，刑期于无刑，民协于中"，《立政》篇的"周公若曰：太史！司寇苏公！式敬尔由狱，以长我王国。兹式有慎，以列用中罚"，《君陈》篇的"王曰：君陈！尔惟弘周公丕训，无依势作威，无倚法以削。宽而有制，从容以和。殷民在辟，予曰辟，尔惟勿辟；予曰宥，尔惟勿宥，惟厥中"，也都是在刑狱之事上，强调"中"即公正原则的必要性。因此，《周礼·秋官·小司寇》之所以会说"断庶民狱讼之中"，应该是有其渊源的。《逸周书·尝麦》称主管刑律的官吏为"大正"，可能和其代表公正有关。

《逸周书·尝麦》中有一大段"王若曰"的话，在这段话中，成王讲了三个历史典故，都是说国家因为有法典而国泰民安，因为失去法典

① 黄怀信等撰：《逸周书汇校集注》(下)，上海古籍出版社，2008年，第728页。

而遭受凶险。第一个故事讲“昔天之初诞作二后，乃设建典”。即上天当初造就炎黄二帝时，就制定了法典。但后来蚩尤与炎帝对抗，炎帝向黄帝求助，黄帝打败蚩尤，在“以甲兵释怒”之后，“用大正顺天思序”，也就是利用“大正”这一法典来顺应天意，建立社会秩序，其结果是“天用大成，至于今不乱”，即天下平安，至今不乱。第二个故事讲“其在启之五子，忘伯禹之命，假国无正，用胥兴作乱，遂凶厥国，皇天哀禹，赐以彭寿，思正夏略”。这是说夏启的儿子五观，忘了大禹的训诫，假借国政于他人，丧失了大正，导致国人作乱，使国家陷于危险之地，后来靠着彭伯寿，才安定了夏的疆土。显然这是一个反例，讲国家没有“大正”会遭遇怎样的凶险。成王接着说：“今予小子，闻有古遗训，予亦述朕文考之言，不易。予用皇威，不忘祗天之明典，令□我大治，用我九宗正州伯教告于我，相在大国，有殷之□辟，自其作□于古，是威厥邑，无类于冀州，嘉我小国，其命余克长王国。”[①]也就是说，我听到了古代的遗训，我也会继承文王的教训，不加改变。这里的“古遗训”和“文考之言”显然都指的是论述“大正”之重要性的话。成王还承诺利用皇天之威，不忘敬重上天法典，使周能够大治。之后，出现了第三个故事，那就是殷亡的史事。“□辟”有人补为“末辟”，指纣王。有人补为“多辟”，指多乱。“作□”或许可以补为“作乱”。[②]这里显然指殷人违背了古训，导致灭国的惨痛结局，才使得周这样的小国成为

---

① 文中“□”为缺字符号。下同。

② 黄怀信等撰：《逸周书汇校集注》（下），上海古籍出版社，2008 年，第 738 页。

天下之主。这里虽然没有出现“大正”，但毋庸置疑，讲的还是“大正”的重要性。第三个故事中有“九宗正州伯教告于我”，其性质和“古遗训”“文考之言”应该是相同的。

“王若曰”之后，又是一系列的仪式，“众臣咸兴，受（授）大正书，乃降。太史策刑书九篇，以升授大正，乃左还自两柱之间，箴[①]”。这是说，参加仪式的众臣都站起来，作册把简册授予大正，然后下堂。太史在简册上书写刑书九篇，上堂交给大正。接下来，大正还作了一番发言，大意是要各位刑官恭敬谨慎，认真审视蚩尤、五观、商纣这三件史事，使用刑罚不能偏颇，等等。大正的话结束之后，又有“太史乃降，大正坐，举书及中降，再拜稽首，王命大正升，拜于上，王则退”[②]的仪式。即太史退下，大正举着刑书及其“中”退下，向王“再拜稽首”，王命他登上再拜，随后王退，这次修改刑书的典礼遂告结束。《尝麦》篇的最后一段因为文字讹误较多，非常难读，但李学勤认为大意是“历述司寇下属士师以及国、野、采邑举行祭祀受职之事，均与刑书的推行有关”[③]。

从《逸周书·尝麦》可以看出，刑书的修订、颁布是一件极其重大的事情，重要的官员几乎全部出席，配合相当隆重的仪式。刑书被放置

① “箴”字，从李学勤的解释，读为“咸”，意为“终”。参见李学勤：《〈尝麦〉篇研究》，载《古文献论丛》，上海远东出版社，1996年，第92页。

② 这段文字的标点和解释，从李学勤之说。参见李学勤：《〈尝麦〉篇研究》，载《古文献论丛》，上海远东出版社，1996年，第93页。

③ 参见李学勤：《〈尝麦〉篇研究》，载《古文献论丛》，上海远东出版社，1996年，第93页。

在称为“中”的容器中，同时“中”也象征和代表着法典，法典本身以及法典的执行者被称为“大正”，而在《尚书·吕刑》等文献中，“中”被认为是体现法律事务公平中正原则的最佳词汇。[①]这反映出刑书的授受以及刑书所代表的“中”之理念的把握与传承，被周代统治者看作政治事务中极为重要的事情。在如此隆重的仪式中授受的物体、传达的理念，如果被周文王当作遗物、遗训正式传授给王位继承者，也是完全可以想象的。这样看来，《保训》说“昔微假中于河”也完全可以理解，因为“中”作为处理部落间矛盾的刑书确实是一种可以假借、授受的物体。虽然没有明确的依据，但这个“河”，很有可能就是类似“大正”的人物。至于“乃追中于河”，当然可以读“追”为“归”，将此句解释为把刑书归还给“河”，但是联系到下文的“微寺弗忘”，则应该另寻解释。我倾向于将此句读为“微持弗忘”，那“持中”就是“执中”，即上甲微“持中而不曾亡失之”[②]。如果已经归还的话，那就无法“传贻子孙，至于成汤，祇服不懈，用受大命”。因此，如罗琨所指出的那样，“追中”没有必要读为“归中”，“追……于……”的句式亦见传世文献和金文，如《尚书·文侯之命》有“追孝于前文人”，如兮仲钟有“其用追考于皇孝己伯”，意为继承祖先之志。所以，“这启示我们‘追中’之追当与

① 在后世的书籍中，这种意识依然存在。如《文心雕龙·书记》讲各种文体，关于“律”，就有这样的解释：“律者，中也。黄钟调起，五音以正，法律驭民，八刑克平，以律为名，取中正也。”即“律”正是对“中”的体现与反映。

② 这是沈培的见解，参见沈培：《清华简〈保训〉释字一则》，载李学勤主编：《出土文献》第一辑，中西书局，2010，第90页。

‘追孝’之追意义相同，都是追随、继承、发扬的意思，‘追中于河’的意思是要发扬‘河’所信守的公平、公正”，“换言之，‘追中于河’就是要效法‘河’的公正，回报于河”[1]。笔者以为，罗琨的观点比较合理地解决了何以能够“微持弗忘”的问题。

在《逸周书·尝麦》的“王若曰”中，提到“今予小子，闻有古遗训，余亦述朕文考之言，不易”。这里的古代遗训以及周文王之言，还有后面的“九宗正州伯教告于我”应该都是和强调刑书、法典之重要性有关的话。因此，从逻辑上讲，《尝麦》篇所提到的“文考之言”如果指的是刑书以及“中”之重要性的话，那么周成王看到过《保训》也是有此可能的。

总之，《尝麦》篇对于我们理解《保训》第二段故事有很大帮助，因为在《尝麦》篇中，“中”明确指的就是刑书，“中”作为一种物体可以授受，“中”对应着“大正”，具有极其崇高的地位，需要集合百官，举行隆重仪式才能修订颁布，因此，“中”的重要性即便作为周文王的遗命来传达，也是完全成立的。更何况，《尝麦》篇也提到了“古遗训”“文考之言”“九宗正州伯教告于我”，更证明《保训》这类文书是有可能存在的。[2] 两者说理的方式也极为相似，都是通过古代的圣王故事来证明观点的合理性。

① 罗琨：《〈保训〉“追中于河”解》，载李学勤主编：《出土文献》第一辑，中西书局，2010，第 47 页。

② 值得注意的是，论述刑书以及“中”之重要性的《尚书·吕刑》中，在讲述蚩尤、苗民作乱，刑罚因而制定的历史故事时，也用了“若古有训”的说法。

那么，第一个故事中谈到的舜的“中”，该如何理解呢？虽然没有明确的证据可以证实“中”也是刑书，虽然从逻辑上讲第一个故事的“中”和第二个故事的“中”可以是两种不同的、对于承受天命而言都极重要的东西，但是，笔者以为，在这样短的一篇遗训中出现的“中”应该是当时的人所能意识到的共同的东西，而不会有太多的歧义。因此，第一个故事的“中”应该也是法律意义上、表示公正理念的“中”，这一点从“舜既得中，言不易实变名”即可看出，因为强调名实一致正是法典最为显要的特征。这段话可以和《论语·子路》“必也正名乎”那段著名的话联系起来，孔子从“名不正，则言不顺；言不顺，则事不成”说到“事不成，则礼乐不兴；礼乐不兴，则刑罚不中；刑罚不中，则民无所措手足”，最后又转到“故君子名之必可言也，言之必可行也。君子于其言，无所苟而已矣”。这段话把“刑罚”的“中”“不中”和“正名”“君子于其言，无所苟而已”相关联，这对我们理解“舜既得中，言不易实变名”有帮助。如果将《保训》的“言不易实变名”说成舜在得“中”之后，有意识地保持言行一致，强调名实一致，使公平公正得以维护，那是非常合理的。

在《〈保训〉的“中”即“公平公正”之理念说》一文中，笔者指出：“从‘不违于庶万姓之多欲，厥有施于上下远迩’看，不管怎样解释，无疑是舜表达了在人间社会建立无偏无私、公平公正原则的意愿。”“‘测阴阳之物，咸顺不逆’完全可以和前文‘不违于庶万姓之多欲，厥有施于上下远迩’对应起来，前面指舜能够应对所有的社会关系，对任何一方都做到无偏无私、公平公正，后面指对于分为阴阳二性的天地万物，舜同样一视同仁、不左不右、公平中正、面面俱到，全部都顺而不逆。”“《保训》中的舜之所以能够为帝尧‘嘉之’，‘用授厥绪’，正因为其所求之‘中’、所得之‘中’上不违逆阴阳之数，下‘不违于庶万姓之多欲’，可以‘施于上下远迩’，能够‘言不易实变名’。所以这种‘中’必然体现出最大限度的公平公正，如此才有可能从尧那里接受大命。”笔者依然坚持这些观点，所谓“不违于庶万姓之多欲，厥有施于上下远迩”只能用取“中”来理解，因为“庶万姓之多欲”必然不可能是整齐划一的，要让“上下远迩”各个方面都满足，让“阴阳之物”能“咸顺不逆”，那就只能建立起法度，以保障公平中正的实现，为此“易位设仪”即设立等级的必要性就好理解了。因此，前后两个故事的“中”其内涵是相同的，都具有法律上的意义，都和法律行为有关。①

三、《度训》篇的启示

这个思维模式，我们通过《逸周书》另外一篇文章《度训》篇，也可以得到证明。和《保训》一样，《度训》篇也是训诫文体，所

① 在古典文献中，舜确有公正之名。《楚辞・离骚》中有：“济沅湘以南征兮，就重华而陈辞。”表示屈原到舜的面前，请求审判他和楚怀王之间的是非曲直。到了“跪敷衽以陈辞兮，耿吾既得此中正”，表示他已得胜诉。“中正”者，正指舜的判决公平公正。这一点承蒙黄人二教授指点。值得注意的是，这段话中提到“周论道而莫差，举贤才而授能兮，循绳墨而不颇”，也指出周文王、武王的政治行为遵循的是中正之道。

谓“度”就是法度，因此这是一篇关于法度的训教。此文开篇一段文字是：

天生民而制其度，度小大以正，权轻重以极，明本末以立中，立中以补损，补损以知足，□爵以明等极，极以正民，正中外以成命，正上下以顺政，政以内□，□□自迩，弥兴自远，远迩备极，终也□微，补在□□，分微在明，明王是以敬微而顺分。[①]

这段话大体意为，上天为下民建立了法度，这个法度的主要目标就是“适中”，只有度量了大的和小的，才能确定什么是大小适中的。只有度量了轻的和重的，才能确定什么是轻重适中的。只有度量了本的和末的，才能确定什么是本末适中的。只有这样，才能做到损有余以补不足。排列爵位，建立等级，目的在于辨明尊卑秩序。只有处理好内外上下的关系，政事才能理顺。远近的人都亲附了，政令才会完善周密。好的君主能够遵循既周密完善又层级分明的原则。

这段话所反映出来的基本精神，即通过法度的建立，使“正”“极”“中”得以保障，这和《保训》第一个故事所要表达的意旨几乎完全一致。而其中一些用词，也和《保训》可以对比，如“度小大”“权轻重”“明本末”“正上下以顺政”“远迩备极”和“施于上下远迩”“咸顺不逆”可以对照着看，“□爵以明等极”和“易位设仪”可以对照着看。

① 这段文字的标点和解释，主要参考了张闻玉：《逸周书全译》，贵州人民出版社，2000 年；黄怀信：《逸周书校补译注》，三秦出版社，2006 年。

当然《度训》篇还解释了为何需要维护“中”(“正”“极”的意思和“中”相通)的原则，正因为民众的好恶是相互冲突且互不相让的，所以必须分出等级以阻断好恶之心(“明王是以极等以断好恶”)，从而建立起一个各得其宜的社会。这种民性的分析是《保训》中所没有的，因此《度训》篇也可以作为《保训》的背景资料来看。

在上述《〈保训〉的“中”即“公平公正”之理念说》一文中，笔者证明了“中”所代表的公平公正性曾被古人看作天地间的至高法则，却同时认为不应该把“中”视为具体之物，现在看来，这个说法有点偏颇，如果第二个故事中的“中”就是刑书的话，那么第一个故事中的“中”很可能也具备类似性质，只不过在文章中没有点明罢了。当然这是广义上的刑书，即用于解决社会矛盾的法律意义上的文书。[①]

已经有一些学者从题材、用词、结构、内容角度指出《保训》和《逸周书》之间有密切关系[②]，如果《尝麦》篇可以和《保训》展开对比的话，那就为这种观点增添了依据。在已经公开和即将公开的清华简

---

① “刑”通“型”字，因此，如果进一步引申，刑书并非仅仅用于处理诉讼、惩罚犯罪，同时也有规范和准则之书的意思。这一点承蒙陈剑教授指点。此外，《洪范》关于“王道”的那段话，“无偏无陂，遵王之义；无有作好，遵王之道；无有作恶，遵王之路。无偏无党，王道荡荡；无党无偏，王道平平；无反无侧，王道正直。会其有极，归其有极”，其精神实质，显然和《保训》是一致的。后世儒家大为弘扬的公平公正意义上的“中道”，或许正是由此而来。这一点承蒙成中英教授指点。确实，这段话虽然没有出现“中”字，但“无……无……”以及“正直”等言，无不指向“中”，两个“有极”，郑康成也均释为“有中”。参见孙星衍:《尚书今古文注疏》，中华书局，1986年，第306页。

② 如王连龙:《〈保训〉与〈逸周书〉》，简帛网，2009年5月5日。王连龙指出,《保训》所见“用受”一词仅见于《尝麦》篇。笔者发现，“用受”也见于《墨子·非攻下》“汤……用受夏之大命”。这也可以看出《墨子》与《逸周书》间的关系。

中，《皇门》《程寤》《度训》等篇都见于《逸周书》的篇目，因此，如果《保训》和《逸周书》的关系得以确认，对于清华简整体性质的认识也就具有重要意义。

第三章　清华简《五纪》的“中”观念研究

已公布的清华简《五纪》篇幅宏大，结构严整，说的是上古天下由大乱到大治的过程，在人道与天道相配合的总体思路下，描述了“后”是如何重建宇宙秩序和人间法则的。其内容，虽然有很多未见于传世文献，但也存在可以和《尚书》《黄帝四经》等文献对应之处[①]，信息量极大，值得探讨的问题很多。本章主要关注《五纪》中大量出现的一个字，那就是“中”。这个字原文均写作“中”，整理者有时候将其释读为“中”，有时候释读为“忠”，笔者认为，读为“忠”是没有必要的。“中”代表着最高的理念、最佳的状态，是统一、圆融的标志，而这些都和法则意义上的公平中正有关，结合《尚书》《论语》《鹖冠子》《逸周书》等传世文献，结合清华简《保训》《殷高宗问于三寿》《心是谓中》、马王堆帛书《黄帝四经》、郭店简《忠信之道》等出土文献，笔者尝试对《五纪》所见“中”的观念作一些考察。

《五纪》里面出现的“中”字虽多，但如果加以总结，大约有三种

① 从整理者的释文看，《五纪》与《尚书·洪范》以及马王堆帛书《黄帝四经》的相关性是比较明显的。

意涵。一是代表最高理念的“中”，二是作为具体德目的“中”，三是作为一种行为方式的“中”。

一、代表最高理念的“中”

首先来看代表最高理念的“中”。《五纪》一上来就描述了历史上曾经陷入的混乱，“唯昔方有洪，奋溢于上，权其有中，戏其有德，以乘乱天纪”[①]。黄德宽认为这句话的意思是：“昔者邦国洪水滔天，社会准则变乱，人伦道德失范，天上之‘日、月、星、辰、岁’五纪也因此凌乱失纪。”[②]“权”字、“戏”字的考释学界有争议[③]，但不管怎样，这两个字一定指的是对“有中”“有德”的破坏或亵渎。

我们认为，“有中”“有德”都可以理解为代表最高准则、最佳状态的词汇，与“天纪”密切相关。[④]类似的混乱状态我们在《黄帝四经》中也可以看到。如《黄帝四经·十六经》就描述了黄帝如何结束无序、重建有序的过程。《观》篇说“天地已成而民生，逆顺无纪，德虐无刑，静作无时，先后无名，今吾欲得逆顺之［纪］……以为天下正”，于是

① 这是整理者经过考释之后形成的通行文字，参见黄德宽主编：《清华大学藏战国竹简（十一）》，中西书局，2021 年。以下引用整理者释文的地方还有很多，不再一一出注。

② 黄德宽：《清华简〈五纪〉篇建构的天人系统》，《学术界》2022 年第 2 期。

③ 参见张雨丝、林志鹏：《清华大学藏战国竹书〈五纪〉札丛（上）》，简帛网，2022 年 1 月 7 日。

④ 张雨丝、林志鹏也指出此处“中”与“德”“天纪”性质相类。参见张雨丝、林志鹏：《清华大学藏战国竹书〈五纪〉札丛（上）》，简帛网，2022 年 1 月 7 日。

黄帝命令力黑“浸行伏匿，周流四国，以观无恒，善之法则”[①]。可见世界最初的状态是混乱的，“无纪”“无刑”“无时”“无名”“无恒”的，这就类似于《五纪》所述“有中”“有德”“天纪”遭到破坏的状态。《黄帝四经·十六经》中黄帝要建立的是“天下正”的局面，要重建世界的秩序，就必须“正之以刑与德”。如后文所述，《五纪》中的“中”和“数算”有关[②]，是一种宇宙法则的象征。《五纪》说“天下有德，规矩不爽”，可见“德”也和秩序的建立有关。因此，我们可以说《五纪》一上来提到的“有中”“有德”，正是作者心目中有序社会的象征或者结果。

“中”在《五纪》中是中央和统一的象征，在作者看来，一个有序的社会，必然是一个中心明确、最高统治意志得到有效保障和贯彻的社会。《五纪》中“后”出场的时候，是和名为“四干”“四辅”的辅臣同时出现的，凸显了以“后”为中的形象。《五纪》基本上可以分成两个部分，以 97 号简“正列十乘有五”为界限，以下部分讲的是黄帝的故事。这里的黄帝正是天神“后”在人间的化身。[③]《五纪》说“黄帝之身，溥有天下，始有树邦，始有王公。四荒、四冘、四柱、四维、群祇、万貌焉始相之”。可见黄帝是人间国家形态、政治制度的开创者，

① 《黄帝四经》释文均据裘锡圭主编：《长沙马王堆汉墓简帛集成》第 4 册，中华书局，2014 年。以下不再一一出注。

② “数算”是《五纪》大量使用的特有的词汇，抽象而言就是“自一始，一亦一，二亦二，三亦三，四亦四，五亦五”。具体而言，是各种可以用五加以总结的规则体系。

③ 黄帝为何出现在《五纪》之中，这是一个非常值得探讨的问题。显然在《五纪》这个宏大叙事之中，需要有一个人间的代表，作为历史的发起者、天道的继承者、政治制度的开创者、外王的体现者。

围绕在他身边者，除了“群祇”即群神、“万貌”即万民之外，都是以“四”为组合的天神。关于这个问题，程浩《清华简〈五纪〉中的黄帝故事》已有讨论[①]，他指出这就是所谓“黄帝四面”的现象，在《太平御览》卷七九所引《尸子》、清华简《治政之道》、马王堆帛书《黄帝四经·十六经·立命》都可以看到，例如马王堆帛书《黄帝四经·十六经·立命》说：“昔者黄宗，质始好信，作自为象，方四面，傅一心，四达自中，前参后参，左参右参。”就营造了一个以黄帝为中心，向四方辐射的形象。所以《五纪》的黄帝叙述中虽然没有直接提到“中”，但结合前文的“有中”，以及《黄帝四经·十六经·立命》的“四达自中”，可以推断《五纪》的黄帝形象中，“中”是至关重要的因素。《五纪》说“畴列五纪，以文胥天则：中黄，宅中极……”如下文所论证的那样，“中黄”和黄帝有关，因此黄帝居于“中极”也是可以想象的。

在《五纪》中，“中”是“后”所要实现的宇宙秩序的最高体现。例如，“后”在整饬“日、月、星、辰、岁”五纪之后说：“五纪既敷，参伍焕章，明明不惰，有昭三光。日出于东，行礼唯明。月出于西，伦义唯常。南至四极，春夏秋冬，信其有阴阳，中正规矩，权称正衡。”当五纪布局完善，错综运行之后，天下变得明朗有序，日月各行其轨，空间的东南西北、时间的春夏秋冬各就其位，一阴一阳，有条不紊。这种美好的秩序，用八个字来形容，就是“中正规矩，权称正衡”，即天道的公平、中正、绝对、有序得到了体现和保障。

① 程浩：《清华简〈五纪〉中的黄帝故事》，《文物》2021 年第 9 期。

如下文将要分析的那样，在《五纪》中，“中”和“数算”有密切的关系，数算是人的意志不可转移的严密规律和严格法则，屡试不爽且不可更改。简文有“五纪既敷，五算聿度，大参建常”，如黄德宽所言，“五纪”就是“五算”，是“后帝平息灾异、建立社会纲常的前提条件”[①]。“五纪”“五算”确定之后，才能“大参建常”，即只有具备了完整而精确的数算，“建常”才有可能。“常”意为永恒的、绝对的、必然的秩序，“建常”类似《黄帝四经·十六经·观》的“布制建极”。值得注意的是，如“尚数算司中”“尚中司算律”所示，只有“尚中”“司中”者，即执掌中道的人才能把握“数”“算”“律”而“数”“算”“律”正是天地间公正、无私之规律的体现。因此《五纪》里的“中”无疑就是公平、中正的象征。

《五纪》还用“圆”或“圆裕”来形容“中”的作用，如“直礼，矩义，准爱，称仁（信？）[②]，圆中，天下之正”。和“直”“矩”“准”“称”一样，“圆”也是一种测量的标准器具，但这种器具显然地位更高。《五纪》说“心相中，中行圆裕”，即人体中最重要的器官“心”与“中”相配，其指导下的行动能够取得“圆裕”即周全、周到的效果。“圆裕”如整理者所云，是“方圆光裕”的缩写，“后曰：作有上下，而昊昊皇皇，方圆光裕，正之以四方”，就是说后帝的政治行为不仅有方，有不

① 黄德宽:《清华简〈五纪〉篇建构的天人系统》,《学术界》2022 年第 2 期。

② 一些学者通过文字学的考察，认为“礼、义、爱、仁、中”五德中的“仁”字应该释读为“信”，这是非常有说服力的见解。参见程浩:《清华简〈五纪〉思想观念发微》,《出土文献》2021 年第 4 期；子居:《清华简十一〈五纪〉解析（之一）》，中国先秦史网，2022 年 1 月 9 日；陈民镇:《试论清华简〈五纪〉的德目》,《江淮论坛》2022 年第 3 期。因此“仁”字我均以“仁（信？）”表示。

变的准则，而且有圆，周全周遍、不偏不倚、公正无私，因此才有“光裕”，即光明宽裕、普照万物的结果。

总之，如“后曰：天下圆裕，合众唯中，中唯律”所示，要想达到“天下圆裕”的理想政治状态，并有效地聚合万众，根本大法在于“中”，而“中”归根结底就是“律”，“律”就是“数算”，也就是宇宙中最为重要的元素和最为有效的法则。

把“中”看作最高的理念，并非《五纪》独有。同为清华简的《保训》是所谓的周文王临终遗言，在这篇遗训中，周文王以舜和上甲微为例，四次阐述了“中”的重要性，这是一种必须被王者继承发扬才有可能膺受天命的崇高理念。《保训》的“中”不仅是理念，也被实物化，舜所继承的“中”，可以“易位设仪，测阴阳之物，咸顺不逆”，即通过观测量度天地间由阴阳二气形成的万物，找到并遵循天地的运行规则而不加违背，因此可能和测度天道的器物有关。而上甲微所继承的“中”，是可以使“有易服厥罪”，即可以用来处理与异族之间的纠纷，使有罪者最终服法的东西，这显然与人间法律制度规范相关。所以《保训》所见四个“中”字，既是一种治国安邦的重要理念，也是实际的法度、规范，对应着天地万物与人间社会，是处理天人关系和族群关系的有效手段，因此，“中”完全是“公平公正”的象征。[①] 这和《五纪》所见的

① 详细论证可参见曹峰：《〈保训〉的“中”即“公平公正”之理念说——兼论“三降之德”》，《文史哲》2011 年第 6 期。此文已收入本书第一章。Cao Feng, “The Concept of Zhong 中 in the *BaoXun* Testament 保训: Interpreted in Light of Two Chapters of the *YiZhouShu* 逸周书”, *Journal of Chinese Philosophy*, 47（1–2）, 2020. 此文中文版已收入本书第二章。

"中"，在精神实质上完全一致。

包括《吕刑》篇在内的很多《尚书》文献，都将刑律称为"中"，和"中"表示公平正义有关。《逸周书·尝麦》也把刑律称为"中"，并将主管刑律的官吏称为"大正"，《尝麦》篇还举了黄帝之例，说黄帝打败蚩尤，"以甲兵释怒"之后，"用大正顺天思序"，也就是利用"大正"来顺应天意，为社会建立秩序，其结果是"天用大成，至于今不乱"。这和《五纪》正好对应，可见这两篇可能有着思想上的紧密关联。

综上所述，《五纪》中，"五纪"并不是最重要的概念，通过五纪等天道、五德等人道体现出来的"中"才是最重要的概念，"中"包括了中心、统摄、宽裕、普照、无私、公正、规律、法则等最美好、最重要的意涵，体现出政治的最高原则与治理的最佳状态。

二、作为具体德目的"中"

"五德"是《五纪》中非常引人注目的概念，作者在设计作为天道的"五纪"（日、月、星、辰、岁，又称"五算"）、"五时"（风、雨、寒、暑、大音）、"五度"（直、矩、准、称、规）、"五色"（青、白、黑、赤、黄）等用"五"来归摄的法则时，也设计了"五德"［礼、义、爱、仁（信?）、中］这一与天道对应和配合的人间伦理规范。这种对应和配合，有时候是虚的，有时候是实的。虚指的是，有作为天道的五行（《五纪》中的"五行"一词没有明确就是"金、木、水、火、土"，可能尚未成为独立的概念），就有作为人道的五德，这是作者贯彻全文的思路。实指的是，如“礼青，义白，爱黑，仁（信?）赤，中黄，天下之章”“直礼，矩义，准爱，称仁（信?），圆中，天下之正”所示，“五色”“五度”与“五德”形成直接的匹配。因此“五德”具有天然的神圣性，属于宇宙法则的重要一环。

除上述“五色”“五度”与“五德”的匹配外，《五纪》中关于“五德”的论述还有很多，如下所示：

后曰：集章文礼，唯德曰礼义爱仁（信?）中，合德以为方。

后曰：一曰礼，二曰义，三曰爱，四曰仁（信?），五曰中，唯后之正民之德。

后曰：天下礼以事贱，义以待相如，爱以事宾配，仁（信?）以共友，中以事君父母。

后曰：礼敬，义恪，爱恭，仁（信?）严，中畏。

后曰：礼鬼，义人，爱地，仁（信?）时，中天。

后曰：礼基，义起，爱往，仁（信?）来，中止。

后曰：目相礼，口相义，耳相爱，鼻相仁（信?），心相中。

后曰：天下目相礼，礼行直；口相义，义行方；耳相爱，爱行准；鼻相仁（信?），仁（信?）行称；心相中，中行圆裕。

后曰：天下圆裕，合众唯中，忠唯律；称［□□唯仁（信?），仁唯时；准□□唯爱，爱唯度；方□□唯义，义唯正；直□□唯礼，礼唯章］，元休是章。[①]

① 整理者根据上下文意，对缺失的文字作了合理的补充。

依据上引资料，《五纪》之“中”确实是一种伦理之德。仅从“礼、义、爱、仁（信?）、中”是后“正民之德”来看，似乎“德”的主体不是天下的普通百姓，也不是类似孔子这样的士阶层以上的人，而是最高统治者。但从“天下礼以事贱，义以待相如，爱以事宾配，仁（信?）以共友，中以事君父母”来看，“礼、义、爱、仁（信?）、中”确实是用来规范万民的行为准则。[①] 具体而言，“中”是用来“事君父母”的，可见这是一种侍奉地位高于自己的人时需要具备的德。从“中畏”“中止”来看，“中”德有敬畏严肃、严守信用、忠诚不变的特征，因此，确实与儒家提倡的“忠”德有类似之处。例如《论语·八佾》有“臣事君以忠”，《孟子·梁惠王上》有“壮者以暇日修其孝悌忠信，入以事其父兄，出以事其长上”。这正是整理者将“中”假借为“忠”，一些学者将“五德”视为儒家伦理的理由吧。[②]

然而，“中”德的范围远不止于此。如前所述，“中”在《五纪》中几乎是最为核心的理念，被赋予了相当高的地位和相当重要的价值。

① 值得注意的是，《五纪》虽然也提到贵贱等级，但似乎并不是强调的重点，如何直接治理万民才是作者的视野所在。《五纪》有“天下万民”，万民在《五纪》中又作“万貌”，如“天地、神祇、万貌同德，有昭明明，有洪乃弥，五纪有常”，“黄帝乃命万貌焉始祀高畏，畏溥、四荒”，“黄帝之身，溥有天下，始有树邦，始有王公。四荒、四冘、四柱、四维、群祇、万貌焉始相之”，“黄帝乃命四冘戡之，四冘乃属，四荒、四柱、四维、群祇、万貌皆属，群祥乃亡，百神则宁”。

② 如程浩认为《五纪》“反复称道儒家所重视的礼、义、爱、仁、忠等概念”。参见程浩：《清华简〈五纪〉中的黄帝故事》，《文物》2021年第9期。程浩还认为《五纪》之所以不以“仁”为中心，是因为“对于儒家伦理，《五纪》的作者只择用了其中顺从统治的部分，即‘礼义爱仁忠’等道德修养，以训导民众循规蹈矩。至于儒家学说中诸如‘仁’等呼吁人性觉醒的内容，在作者看来是对于等级秩序的‘反动’，便基本剔除殆尽了”。参见程浩：《清华简〈五纪〉思想发微》，《出土文献》2021年第4期。但如下文论证的那样，“中”的含义极为复杂，不仅只具伦理意涵，而且《五纪》之“中”也不太强调等级意义上的秩序。

“中”虽为“五德”之一，但其位置十分特殊，不同于其他四德，“中”被排在最后一位。《五纪》的五行意识显然是四加一类型的五行，即其中一种元素凌驾于其他四者之上，居于统率和支配的地位。从目对应礼，口对应义，耳对应爱，鼻对应仁（信?），心对应中，就能看出“中”是居于中心和主宰之德。如“心相中”所示，《五纪》明确地说，只有“心”才能帮助实现“中”。[①]以“中”喻“心”，在战国时代极为普遍，同为清华简的《心是谓中》就说“心，中，处身之中以君之，目、耳、口、踵四者为相，心是谓中”。这里，《心是谓中》明确说“目、耳、口、踵四者”处于辅佐的位置，而“心”处于君主的位置。与《五纪》不同之处仅在于“鼻”变成了“踵”。在《管子》中也有类似的现象，如“正心在中，万物得度”（《管子·内业》）。虽然没有直接以“心”喻“中”，但郭店简和马王堆帛书《五行》《庄子》《孟子》《荀子》《尸子》《鹖冠子》《礼记·缁衣》等文献，也都可以看到类似的表述。[②]

在颜色上，《五纪》把“中”和黄相配，应该也不是随意的。黄帝之所以被称为黄帝，其中一个重要的理由就是黄帝在五行中居中，在四加一类型的五行观念中，土与黄相配，居于中心的位置。如《礼记·月

① 不过也有例外，如“参律建神正向，仁（信?）为四正：东冘、南冘、西冘、北冘，礼、爱成左。南维、北维，东柱、东柱，义、中成右。南维、北维，西柱、西柱，成矩”，即“仁（信?）”成了“礼、爱、义、中”的“正”。《五纪》还说“北斗其号曰北宗、天规，建常，秉爱，匡天下，正四位，日某”，“北斗之德曰：我秉爱，畤民之位，匡天下，正四位”，即“秉爱”的“北斗”也可以“正四位”。可见，以哪个元素为主，《五纪》尚未完全统一，但从数量上看，对于“中”的强调是远远超过其他四德的。

② 详细论证可参见曹峰：《清华简〈心是谓中〉的心论与命论》，《中国哲学史》2019年第3期。此文已收入本书第七章。

令》有“中央土。其日戊己。其帝黄帝，其神后土”（又见《吕氏春秋·季夏》)。《史记·五帝本纪》说黄帝“有土德之瑞，故号黄帝”。《史记·封禅书》也说“黄帝得土德，黄龙地蚓见”。《淮南子·天文》说“中央，土也，其帝黄帝，其佐后土，执绳而制四方”。《吕氏春秋·应同》从五行相克的角度对此有过说明，“凡帝王者之将兴也，天必先见祥乎下民。黄帝之时，天先见大蚓大蝼，黄帝曰‘土气胜’，土气胜，故其色尚黄，其事则土”。《五纪》中恰恰出现黄帝，应该就是以此五行知识为背景的，但《五纪》是否属于相克类型还难说。

《五纪》还说“礼曰则，仁（信?）曰食，义曰式，爱曰服，四礼以恭，全中曰福”,“礼鬼，义人，爱地，仁（信?）时，中天”,“言礼毋沽，言义毋逆，言爱毋专，言仁（信?）毋惧。四征既和，中以稽度”。[①] 这都体现出“中”高于其他四德，因此，从五德的角度看，能够“事君父母”的德显然是最高的、最完美的、与天相称的德，具备其他四德显然还不够，只有具备这一条，才能提升高度，才能掌握天道，君临天下。这种现象有点类似郭店简和马王堆帛书《五行》描述的那样，仅有“仁义礼智”四德不够，只有掌握了“圣”德，才有可能达致天道。因此，《五纪》的“中”德，类似于郭店简和马王堆帛书《五行》的“圣”德，有着特殊的意义。

《五纪》指出宇宙中存在“数算”“时”“度”“正”“章”五套神祇体

---

① “礼义所止，爱中辅仁（信?)”这一句，似乎“中”不再居于中枢位置，但从后面紧跟的“建在父母”来看，最后还是落实于“中”，因为《五纪》有“中以事君父母”的界定。

系，每一套都配有六个神祇，例如掌“数算”的神祇为“天、地、大和、大乘、少和、少乘”。从《五纪》所说“天下之数算，唯后之律”来看，“数算”的神祇体系在五套体系中是最为重要的。这五套体系又和人间五德相配，其中“掌数算司中”，可见“中”由“掌数算”者控制和体现。在人体中，“数算”从各种手足的尺寸单位中体现出来。黄德宽指出，第12号简到第13号简将“目”“口”“耳”“鼻”“心”与“五德”“五正”相配，第86号简到第88号简的内容正好与之形成对照，这段话最后的总结是“耳唯爱，目唯礼，鼻唯仁（信?），口唯义”，但是显然缺少了“中”，“寻绎简文，‘忠’实际上隐含在第88—91号简记述的内容之中。这几支简主要描述‘标躬唯度’，说明以人体为‘计衺’及其与数算的关系”，“简文所述‘标躬唯度’的立意，不仅在于表明人体与度量的缘起有关，而且暗含了‘数算’与‘忠’的特殊联系”。[①] 这段话所见关于人体中的数算，贾连翔已经有详细的研究，可以参考。[②]《五纪》将人体中的数算与“中”相关联，这是非常有趣的现象，很可能与人体尺寸是天之所生有关，而人间的很多计量标准又取自人身。“中”与“律”有关，“律”乃天之数，人体尺寸作为天数之体现，与“中”匹配，很可能与“中”具有法规、法则意涵有关，这一点上一节已经有详细论述。

第63号简到第69号简还提到了与“礼”相配的“日之德”、与

---

① 黄德宽:《清华简〈五纪〉篇建构的天人系统》,《学术界》2022年第2期。需要指出的是，此文将“中”假借为“忠”，笔者则直接读为“中”。

② 贾连翔:《清华简〈五纪〉中的“行象”之则与“天人”关系》,《文物》2021年第9期。

“义”相配的“月之德”、与“仁（信?)”相配的“南门之德”、与“爱”相配的“北斗之德”。最后出现的是与“中”相配的“建星之德”，“建星之德曰：我行中，历日月成岁，弥天下，数之终。建星之德数稽，夫是故后长数稽”。建星能够超越日、月、南门、北斗，在最后出现，并代表中德，应该有其独特之处。《史记·律书》说“建星者，建诸生也。十二月也，律中大吕”，《五纪》说“建星之德……数之终”，可见建星位置特殊，代表岁终和万物的萌生。从“历日月成岁，弥天下”来看，建星被选作天道运行的象征，作为“数稽”，代表了数算的法则与模式，因此“建星”能够与“中”相配，并且使后“载位于建星”，也在情理之中了。

《五纪》将“中”与“建星之德”相配，建星之德代表“数稽”，还能“历日月成岁，弥天下”，这对我们准确理解《论语·尧曰》“尧曰：咨！尔舜！天之历数在尔躬。允执其中”也有极大帮助，结合《保训》所见舜与“中”的关系，可见舜正是类似具备“建星之德”的人，这个“天之历数”并不是大多数注家理解的道德意义上的天命，指的就是中正、无私的天道，因此舜才有资格统领天下。

综上所述，“五德”看上去是人间的伦理，但实际上是天道之德，不仅“中”，其他四德也都与天道密切相关。或者说，《五纪》的逻辑是，首先有天道之德，其次才有需要模仿的、与之对应的人间之德。[①] 这种

① 《五纪》有一段话：“后曰：礼、义、爱、仁、中，六德合五建，四维算行星。”后面就是二十八宿星辰的名称，这里的“五建”如整理者所言就是五德，但何谓“六德”，并不清楚，不管怎样，这里五德和天道运行是作为一个整体来论述的。

对于天道之德的关注，我们在儒家文献中较少看到，反而在阴阳家，以及将阴阳思想纳入自己思想体系的黄老道家那里极为多见。阴阳家、黄老道家相信，世间万物均有其德，这个“德”指的是其性质、特征、作用、能力。例如《鹖冠子·王鈇》有如下内容：

> 天者诚其日德也，日诚出诚入，南北有极，故莫弗以为法则。天者信其月刑也，月信死信生，终则有始，故莫弗以为政。天者明星其稽也，列星不乱，各以序行，故小大莫弗以章。天者因时其则也，四时当名，代而不干，故莫弗以为必然。天者一法其同也，前后左右，古今自如，故莫弗以为常。天诚、信、明、因、一，不为众父。易一故莫能与争先。

这里就指出了“诚、信、明、因、一”是“天”的五种德，具体而言，“诚”是日之德的体现，“信”是月之刑的体现，“明”是星辰之稽的体现，“因”是四季之则的体现，四者是不同特征和作用之体现。而居于四者之上，还有一种德，那即是“一”，有了“一”才能“前后左右，古今自如，故莫弗以为常”，“莫能与争先”。这个“一”相当于《五纪》的“中”，这对于我们理解《五纪》“中”德的地位和意义有很大帮助。

《管子·四时》是一篇具有五行意识的文章，东南西北、春夏秋冬分别对应木火金水，而土隐含在四季之中：“中央曰土，土德实辅四时入出，以风雨节土益力，土生皮肌肤，其德和平用均，中正无私。实辅四时，春嬴育，夏养长，秋聚收，冬闭藏。大寒乃极，国家乃昌，四方乃服，此谓岁德。”[1] 这里面有三个要点：第一，土居中央；第二，土德的特点在于“和平用均，中正无私”；第三，土德辅四时、服四方，因而成为“岁德”，属于主宰之德。这些特点和《五纪》之“中”具有统领之义，具有公正品格，以及能够“历日月成岁，弥天下，数之终”，具有高度的一致性。

《鹖冠子·道端》在论述“举贤用能”问题时也说：“仁人居左，忠臣居前，义臣居右，圣人居后。左法仁，则春生殖，前法忠，则夏功立，右法义，则秋成熟，后法圣，则冬闭藏。……此万物之本标，天地之门户，道德之益也，此四大夫者，君之所取于外也。”对于“君”而言，“仁人”“忠臣”“义臣”“圣人”四大夫最为重要，而他们身上拥有的“仁”“忠”“义”“圣”四德直接来自春、夏、秋、冬四德。这里没有提到君之德，但后文有“君者，天也。……夫仁者，君之操也，义者，君之行也，忠者，君之政也，信者，君之教也。圣人者，君之师傅也”[2]。这说明，君应该是兼有四德而居中者。这也有助于我们理解《五纪》的“中”为何与“君父母”有关，即在一家之中，父母居中，一国之中，君主居中。[3] 君父母是有如天一般神圣的存在，因此不仅兼有其他

① 不过，《四时》篇的土德出现于南方之时——夏的描述中，可能与夏居于一年之中有关。

② 这里还是四德，但“圣”被“信”替代。不过“圣”未被忽视，而用“圣人者，君之师傅也”来表达，但不能断言“圣”就是君之德，不然和前文矛盾。

③ 或许这个“父母”指的就是“君”，君主“为民父母”，在古典文献中是常见的用法。

四德，而且具有其他四德所不具备的更高品格，那就是“中”。这种品格与数算高度对应，并体现出公正无私，人间社会里则只有君主和父母才能建立起严格的秩序，达成和谐的状态。如果这样去理解，“中以事君父母”的“事”甚至可以忽略不计，不然很难和《五纪》“中”德的复杂性照应起来。

三、作为一种行为方式的“中”

综上所述，《五纪》的“中”可以搭配的元素非常多，其意义包含但又超出了人伦意义上忠信之义，其主要不是用于人间社会伦理关系的节度与调整，而是为了配合规矩法度的形成。把“五德”的“中”通假为“忠”，并将其看作儒家的观念是没有必要的。在儒家那里，“忠”仅仅是一个普通的德目，并未凌驾于“礼、义、爱、仁（信?）”之上，而且儒家德目中也未曾见过“礼”“义”“爱”“仁（信?）”“忠”的排列方式。因此，这样理解显然是把“中”的理念狭隘化了，与《五纪》所见“中”的地位、作用不符。从地位上看，《五纪》的“中”居于统摄的、主宰的位置。从内涵上看，“中”这种德与中正、公平、无私、宽裕相应，具有绝对的、神圣的特点。从行为上看，“中”就是所要实现的目标，一种最佳的行动方式，这方面，《五纪》有非常明确的、反复的交代。

《五纪》中有一个多次出现的词，那就是“行中”，即把“中”作为一种目标、方向来实践，或者说以“中”的方式来行动。例如，“心相中，中行圆裕”。正因为心处于身体之中，所以能够统领百官，不偏不倚，公平周正。例如“建星之德曰：我行中，历日月成岁，弥天下，数之终”。可见建星因为“行中”，高于、遍在于其他天体的运行，所以能够“历日月成岁，弥天下”，后载位于“建星”之上，因此后必然也是行中之人。《五纪》还说：

> 行之律：礼、义、爱、仁（信?）、中；信（仁?）[①]、善、永、贞、良；明、巧、美、有力、果。文、惠、武三德以敷天下。后曰：信（仁?），信（仁?）者行礼，行礼者必明。后曰：善，善行者行义，行义者必巧。后曰：永，永者行爱，行爱者必美。后曰：贞，贞者行仁（信?），行仁（信?）者必有力。后曰：良，良者行中，行中者必果。

如整理者所言，“礼—信（仁?）—明”“义—善—巧”“爱—永—美”“仁（信?）—贞—有力”“中—良—果”分别对应“文—惠—武”三德，三种德里面都有最高境界，那就是“中—良—果”，“中”是行为方式，“良”是对“行中”者的赞美，“果”表示结果，只有“行中”者能获得最后的成功，而“明”“巧”“美”“有力”不过是行动者的部分特征。

① 这个从“身”从“心”的字或从“言”从“千”的字，被整理者读为“信”。陈民镇认为当读为“仁”，可备一说。参见陈民镇：《试论清华简〈五纪〉的德目》，《江淮论坛》2022 年第 3 期。

《五纪》还有一个非常有趣的说法，即“后曰：中曰言，礼曰筮，义曰卜，仁（信?）曰族，爱曰器。中曰行，礼曰相，义曰方，仁（信?）曰相，爱曰藏”。这里面“筮、卜、族、器”“相、方、相、藏”[①]的具体含义还需要进一步深究，但把“中”视为“言行”特别引人注目，“言行”就是具体的政治行为，把“中”和行为关联起来，显示出“中”不仅是理念，而且有必要在现实中贯彻实施。

如前所述，《五纪》中有一大段讲人体尺寸，和数算有关，其中虽然没有出现“中”，但显然和“中”对应。我们认为这种对应，很可能和人体尺寸作为天数之体现，和“中”一样都具有法规、法则意涵有关。但还有一种可能，即这段描述表明，“中”的原则，不必特意向外寻求，身体自身已经具备，只要由中及外，向外扩散即可。

我们发现，《黄帝四经》《鹖冠子》等黄老道家文献中都有“稽从身始”的观念。如《黄帝四经·十六经·五正》有所谓“中有正度”的说法，《五正》篇中黄帝问“布施五正，焉止焉始”，阉冉回答说“始在于身，中有正度，后及外人”[②]，说明最高的治理之道就隐含在身体之中，只要加以提炼、发挥、扩充即可。《鹖冠子·度万》也有类似的说法，“故布五正以司五明，十变九道，稽从身始。五音六律，稽从身出”。意思是说在“布五正”的时候，天下一切的“变”与“不变”，皆以己身

① 整理者认为“礼曰相”和“仁曰相”中有一个可能有误。

② 《五正》篇并没有交代是哪五种规范。如据《鹖冠子·度万》则为“有神化，有官治，有教治，有因治，有事治”。

为始；象征着人间秩序的律历之数，也是通过取法于己身的方法建立起来的。[①] 对此，李学勤解释说，“自君主本身之正推至外人之正，万事之正”[②]。《五纪》说：“天下之成人，参伍在身，规矩五度，执瑞由信，刑罚以启僭行。”这个“身”指的就是自带规矩法则的身体，所以在具体的政治行为中，具备中道的身，就可以成为直接的参照（“参伍”）[③]，成为公信的象征（“瑞”）[④]，这样，行为就变得轻而易举、简单易操。

因此，《五纪》归根结底就是一篇论“中”、执“中”，最终行“中”的文章，《五纪》以关注“有中”开篇，最后以“爱中在上，民和不疑，光裕行中，唯后之临”作为总结，也印证了这一点。

四、余论

综上所述，《五纪》的“中”，无论是理念还是行为，都符合神圣、中正、公平、无私、周全、宽裕的特征，掌握了与天道相配的“中”，就能使万民“有常”，“规受天道”，就能形成“天道之不改，永久以长。天下有德，规矩不爽”的和谐社会。《五纪》关于“中”的论述可以给

---

① “十变九道”，黄怀信注曰“道，常也、不变也，与‘变’相反……十、九，皆数之大者。十变九道，盖指所有之变与不变”。“五音六律”，与《史记·夏本纪》禹“声为律，身为度”的说法相近，即以己身作为度量标准的意思。参见黄怀信：《鹖冠子校注》，中华书局，2014 年，第 148 页。

② 李学勤：《〈鹖冠子〉与两种帛书》，载陈鼓应主编：《道家文化研究》第一辑，上海古籍出版社，1992 年，第 342—343 页。

③ “参伍”指将两种或多种不同的、相对的事物和现象加以参证比照。如《周易·系辞上》有“参伍以变，错综其数”，《韩非子·备内》有：“省同异之言，以知朋党之分，偶参伍之验，以责陈言之实”。《五纪》这里，应该指的是将身之内与身之外加以参证比照。

④ 如整理者所言，“瑞”指的就是符信。

我们很多的启示，例如从“中”观念的演化中，可以找出一组相关词汇的概念簇来。限于篇幅，这里只略作阐述，也期待引起学界注意。

第一，从以上论证可以看出，《五纪》的“中”含有“忠信”之义[①]，但如前所述，这个“忠信”基本上不是后世儒家大力提倡的以下事上的“忠信”，而是作为一个统治者必须具备的中正、公平意义上的“忠信”，是上对下的“忠信”[②]，过去已经有学者注意到这一点。[③]理解了这一点，有助于我们重新审视一些文献中的“忠信”。例如郭店简有《忠信之道》一篇，学界多将其视为孔门弟子的作品，然而《忠信之道》把“忠”看作“仁之实”，把“信”看作“义之基”，显然“忠信”要高于“仁义”。又说“忠信积而民弗亲信者，未之有也”，说明这个“忠信”为统治者所特有。此外，“至忠如土，化物而不伐；至信如时，必至而不结”，“大忠不说，大信不期。不说而足养者，地也。不期而可遇

① 《五纪》多次出现“信”字，“南至四极，春夏秋冬，信其有阴阳”，“天下之成人，参伍在身，规矩五度，执瑞由信，刑罚以启僭行”，都是公正无私的意思，与“中”字有接近之处。如前所述，一些学者认为“礼、义、爱、仁、中”里的“仁”字应该改读为“信”，这样的话，“信”字就更多了。“信”虽不等于“中”，但从《五纪》对“信”的界定，如“信严”“信时”来看，性质更接近于“中”，和“礼义爱”有距离。

② 《老子》中两度出现“信不足，焉有不信”，前者就是上对下之“信”。参见《老子》第十七章、第二十三章。

③ 如佐藤将之指出：“就先秦时代的用例而言，其对象很广：主上、国家社稷、身边的人及人民皆为其对象，而从战国时代早期直到西汉的用例中‘臣德’义的‘忠’在其概念涵义展开的任何阶段中，从未完全取代过‘君德’义的‘忠’。”参见佐藤将之：《战国时期“忠”与“忠信”概念之展开：以“拟似血缘”、“对鬼神的‘孝’”以及“潜在君德”为思想特点》，《东亚观念史集刊》第11期，2016年。关于作为君德之“忠”的存在及“忠”观念的演变，可参见王子今：《“忠”观念研究——一种政治道德的文化源流与历史演变》，吉林教育出版社，1999年；佐藤将之：《中国古代的“忠”论研究》，台湾大学出版中心，2010年。

者，天也。似天地也者，忠信之谓此"[①]。这类话证明"忠信"的理念来自天道。因此金观涛甚至认为《忠信之道》的思想驳杂，融合了儒家、道家、法家。[②] 看了《五纪》，我们就容易理解，《忠信之道》很可能看到过类似《五纪》的文章，并深受其影响。

再如，《黄帝四经·十六经·立命》一开始就说"昔者黄宗，质始好信"，"质始好信"显然是黄帝身上最重要的品德。但这个"信"字并没有好的解释，陈鼓应说"质"和"好"都是使动用法，那么此句意为以"始"为"质"，以"信"为"好"，"以守道为根本""以请求诚信为美德"。[③] 魏启鹏认为"质始"就是"质性"，"此句意为黄帝生就的天性以讲求诚信为美德"。[④] 但为什么唯独突出黄帝"诚信"这一美德，我们很难理解。此篇下文有"唯余一人，[德]乃配天"。如果视"信"为德，那么"信"就是足以配天的德。较之"忠"，《黄帝四经》似乎更喜欢用"信"，如《黄帝四经·经法·论》云"日信出信入，南北有极，度之稽也。月信生信死，进退有长，数之稽也。列星有数，而不失其行，信之稽也"（《鹖冠子·泰鸿》也有一样的表达）。"信者，天之期也"，"天行正信"（《黄帝四经·十六经·正乱》）。结合《五纪》，我们可以发现，这些"信"显然带有"中"的特点，意为公正无私、真实不欺，可以成

① 《忠信之道》释文依据的是武汉大学简帛研究中心、荆门市博物馆编：《楚地出土战国简册合集（一）》，文物出版社，2011 年，第 70-72 页。

② 金观涛：《〈周易〉经传梳理与郭店楚简思想新释·〈忠信之道〉融合儒、道、法为一》，中国言实出版社，2004 年，第 158-159 页。

③ 陈鼓应：《黄帝四经今注今译》，商务印书馆，2007 年，第 197 页。

④ 魏启鹏：《马王堆汉墓帛书〈黄帝书〉笺证》，中华书局，2004 年，第 96 页。

为法则法度。如果黄帝具有这样的德，那就有资格配天了。

清华简《殷高宗问于三寿》中，殷高宗武丁向彭祖请教了“祥”“义”“德”“音”“仁”“圣”“智”“利”“信”等九大理念，这里面确实也出现了不少类似儒家倡导的理念，但值得注意的是，其中“仁”并不占据主位，而“信”则居于最后一位，显然最为重要。“信”指的是聪明柔巧、睿智神武，既能牧民又能护王，被天下称颂，可以领袖四方。检索文献，将“信”置于如此高的地位，只有在《春秋繁露·五刑相生》以及《白虎通义》卷八中可以看到“信”在五行中与中央“土”合。“信”为何会有这么高的地位，仅仅依据现有文献是难以理解的，但结合《五纪》加以推测，说“信”的身上带有“中”的影子，是“中”所具有的“忠信”特征的延伸或者演化，就具有合理性了。

第二，与“中”“忠信”相关的还有“诚”字，《五纪》没有出现“诚”，《黄帝四经·经法·名理》有“故唯执道者能虚静公正，乃见正道，乃得名理之诚”。这个“诚”当指真实可信。《黄帝四经·十六经·顺道》说“大庭之有天下也……体正信以仁，慈惠以爱人，端正勇，弗敢以先人”。这里的“正信”当读为“诚信”。[①] 如前所述，《鹖冠子·王𫓧》有“天者诚其日德也，日诚出诚入，南北有极，故莫弗以为法则”，可见“诚”本为天之德。“日诚出诚入”和《黄帝四经·经法》及《鹖冠子·泰鸿》所云“日信出信入”几乎没有两样，可见“诚”也

① 裘锡圭主编：《长沙马王堆汉墓简帛集成》第4册，中华书局，2014年，第171页。

是“信”的意思，即真实不妄、公平无私。《中庸》说“诚者，天之道也”，又说“唯天下至诚，为能尽其性；能尽其性，则能尽人之性；能尽人之性，则能尽物之性；能尽物之性，则可以赞天地之化育；可以赞天地之化育，则可以与天地参矣”。如果将“诚者，天之道也”换言为“诚者，天之德也”也是成立的。这里的“至诚”到“尽性”的逻辑顺序，类似《五纪》所说“天下之成人，参伍在身，规矩五度，执瑞由信，刑罚以启僭行”，由人体数算出发领会和建立宇宙的至高法则；也类似《黄帝四经·十六经·五正》所说“始在于身，中有正度，后及外人”和《鹖冠子·度万》的“稽从身始”“稽从身出”，其特点都在于由天而人、由内而外。《中庸》还把“诚”和“中”关联在一起，“诚者不勉而中，不思而得，从容中道，圣人也”。可见“中道”无法利用普通的知识和人的作为加以习得，只有极少数会通天道的人才能掌握，一旦掌握，就能发挥不可思议的作用，“唯天下至诚，为能经纶天下之大经，立天下之大本，知天地之化育”。这样的高度、这样的地位，和《五纪》把“中”看作大本大根是完全相同的。《中庸》里面，与“中”相关者还有“和”的概念，“中也者，天下之大本也；和也者，天下之达道也。致中和，天地位焉，万物育焉”。“中”是“天下大本”，“和”是“天下达道”，达到了“中和”，就可以使“天地位”“万物育”。《中庸》的“中”“诚”“和”身上这些神秘色彩，因为后世儒家赋予了太多伦理色彩，越说越复杂，结果很难还原其思想的真实来源。现在对照《五纪》的“中”，或许可以作出更为简单的解释，即其思想背景与《五纪》这一类强调天道之德，强调天道与人道对应的文献有很大关系。

第三，我们认为，一些黄老道家文献中“一”的概念，很可能也与“中”相关。如《黄帝四经·经法·论》说“天执一以明三，日信出信入，南北有极，度之稽也。月信生信死，进退有长，数之稽也。列星有数，而不失其行，信之稽也”。类似的话又见于《鹖冠子·泰鸿》，“日信出信入，南北有极，度之稽也，月信死信生，进退有常，数之稽也，列星不乱其行，代而不干，位之稽也，天明三以定一，则万物莫不至矣”。可见“一”超越于、遍在于“日”“月”“列星”之上，掌握了“一”就能使“万物莫不至”。类似的话也见于《鹖冠子·王𫓧》，即前面已经引用的“天者诚其日德也，日诚出诚入，南北有极，故莫弗以为法则”。笔者指出“诚、信、明、因、一”是“天”的五种德，而“一”是居于四者之上的德，有了这个“一”，就能“莫弗以为常”“莫能与争先”。显然，《鹖冠子·王𫓧》采用的是四加一的五行结构。《鹖冠子·泰鸿》也说“东方者……南方者……西方者……北方者……，中央者，太一之位，百神仰制焉”。可见，在天道理论中，“中”和“一”有时候是可以互换的。道家理论大量使用的“一”很可能化用自类似《五纪》的“中”，这对于我们理解道家思想的来源也极有帮助。

总之，虽然《五纪》中很多关于天道、数算的论述还难以读通，但不可否认其中蕴含着极为丰富的、令人震撼的思想价值。以“中”为例，《五纪》为我们提供了一部关于中国古代“中”思想的典型文献，通过《五纪》的“中”，我们可以看到古人如何将人间的政治、法律、道德、伦理和天地准则匹配起来。通过《五纪》的“中”，我们可以把《尚书》《逸周书》《论语》《管子》《中庸》《鹖冠子》等传世文献、清华简《保训》《殷高宗问于三寿》《心是谓中》、马王堆帛书《黄帝四经》、郭店简《忠信之道》等出土文献串联起来。通过《五纪》的“中”，我们可以将“忠”“信”“诚”“和”“一”等概念关联起来，形成一个概念簇，并找出其天道论的源头。《五纪》是一个富矿，我们目前还只是揭示了一些表层，我相信，今后还大有文章可做。

第四章　清华简《汤在啻门》所见“五”的观念研究

《汤在啻门》是清华大学藏战国竹书中的一篇[①]，表现为汤与小臣（即伊尹，文中又称其为“天尹”）之间的对话，内容是汤向小臣请教留存于今的“古之先帝之良言”，具体而言是请教“何以成人？何以成邦？何以成地？何以成天？”这些天地间最为根本的问题。令人瞩目的是，文中大量出现“五”这个数字。例如“五以成人”“五以相之”“五以将之”“五味之气”“五曲”“五谷”等，而且出现了“水、火、金、木、土”的排列，可见《汤在啻门》已经具有比较明确的“五行”意识。那么，在“五行”思想发展史上，《汤在啻门》究竟处于怎样的位置？“水、火、金、木、土”和哪种五行说最为接近？是五种元素并列的五行，还是“尚土”的五行？是否已经具备相生相克的原理？通过对于

① 参见李学勤主编：《清华大学藏战国竹简（伍）》，中西书局，2015 年。《汤在啻门》由 21 支简组成，完整简长约 44.5 厘米，设 3 道编绳。若干简的简首、简尾有缺损，但没有影响到文字。内容完整，字迹清晰，为整理和研究提供了很好的条件。篇题“汤在啻门”系整理者所拟，此文的主要整理者是李守奎教授。笔者在参考、消化已有研究的基础上，作出了更为详尽的释文，参见曹峰：《清华简〈汤在啻门〉译注》，载《清华简研究》第三辑，中西书局，2019 年，第 108-143 页。对学界已有共识的通假文字，本章直接使用通行字体。“（ ）”内为假借字；“[ ]”内为据文意所补的字。

“五”之观念的分析，是否有助于断定《汤在啻门》的思想特质和成书年代？这就是本章所要考察的问题。

一、《汤在啻门》所见“五”的材料

《汤在啻门》中，当汤向小臣伊尹提问“几言成人？几言成邦？几言成地？几言成天？”之后，小臣伊尹回答：“五以成人，德以光之；四以成邦，五以相之；九以成地，五以将［之］。九以成天，六以行之。”“几言”意为用什么数字可以概括。例如竹简本《文子》有“平王曰：‘王者几道乎？’文子曰：‘王者一道。’”[①] 今本《文子·道德》作：“文子问曰：‘王道有几？’老子曰：‘一而已矣。’”可见，用“几”来提问时，后面一定会用数字来描述。《汤在啻门》有好用数字概括的倾向：“成人”用的是“五”；“成邦”用的是“四”“五”；“成地”用的是“九”“五”；“成天”用的是“九”“六”。显然“五”的频率最高。可见像《尚书·洪范》那样，《汤在啻门》是在喜欢将世界数字化，同时特别“尚五”的时代背景下完成的作品。[②]

---

① 释文依据河北省文物研究所定州汉简整理小组：《定州西汉中山怀王竹简〈文子〉释文》，《文物》1995 年第 12 期。

② 尚“五”即赋予“五”以神秘而特殊的意义。例如《周易·系辞》云：“天数五，地数五，五位相得而各有合。……凡天地之数五十有五，此所以成变化而行鬼神也。”用“五”字来概括和描述世界的用例不胜枚举，可参见刘起釪：《五行原始意义及其纷歧蜕变大要》，载艾兰、汪涛、范毓周主编：《中国古代思维模式与阴阳五行探源》，江苏古籍出版社，1998 年，第 151 页。此外，吾淳对尚“五”也有比较详细的描述，参见吾淳：《中国哲学的起源：前诸子时期观念、概念、思想的发生发展与成型的历史》，上海人民出版社，2010 年，第九章之“六、春秋：尚“五”观念以及数观念的展开”，第 194—195 页。

所谓“五以成人”，下文有明确所指，那就是“五味之气”。原文是“唯彼五味之气，是哉以为人”。之所以在讨论“成人”时首先论述“五味之气”，可能有两方面的原因。首先，回答汤问的小臣伊尹以“滋味悦汤”而闻名，《史记·殷本纪》和《孟子·万章上》均提及他“以滋味说汤”“以割烹要汤”。清华简《汤处于汤丘》中的伊尹也借用烹调谈治国之道，从竹简现状看，这两篇很可能是编在一起的。[①]《汤处于汤丘》出现了“五味皆哉”，“哉”字，整理者读为“䬣”，“䬣”字，《说文》云：“设饪也”，“是哉以为人”或许意味着通过五味的烹饪、调和与摄入来维持生命。其次，文献中有很多以“味”论“气”的例子。如《国语·周语中》有“五味实气”，《左传·昭公二十五年》有“则天之明，因地之性，生其六气，用其五行，气为五味，发为五色，章为五声”，《左传·昭公元年》也有“天有六气，降生五味，发为五色，征为五声”。结合前后文意，可以获知，“五味”的正确摄入，是人生的第一步，也是最重要的一步，有了“五味”产生的“精气”，才能维持生命、孕育生命，人健康的好坏、寿命的短长，乃至政治的兴废，均由此出发。因此，《汤在啻门》的“气”论，首先借助“五味”展开，并非偶然。[②]

① 清华大学出土文献读书会指出：“从竹简长度、宽度以及简背竹节位置和形状来看，《汤在啻门》简 21 与《汤处于汤丘》第一组的 17 支简应同属一段‘竹筒’辟削而成，若据此顺序，似乎将《汤在啻门》排在《汤处于汤丘》之前更为妥当，且从编痕位置看，两篇当时很可能编连在一册。”参见清华大学出土文献读书会：《清华简第五册整理报告补正》，清华大学出土文献研究与保护中心网（http://www.ctwx.tsinghua.edu.cn），2015 年 4 月 8 日。

② 关于《汤在啻门》所见“气”论，可参见曹峰：《清华简〈汤在啻门〉与“气”相关内容研究》，《哲学研究》2016 年第 12 期。

《汤在啻门》没有说明“五味”指的是什么,《管子·水地》有:“五味者何?曰五藏。酸主脾，咸主肺，辛主肾，苦主肝，甘主心。”孔家坡汉简《岁》有:“东方酸，南方咸，西方苦，北方齐(辛)，中央甘，是谓五味。”参考这两段文献以及上引《左传·昭公二十五年》的“则天之明，因地之性，生其六气，用其五行，气为五味，发为五色，章为五声”，说这里的五味有着五行的背景，应无大错。

所谓“四以成邦，五以相之”，后文有具体交代:“唯彼四神，是谓四正，五以相之，德、事、役、政、刑。”即对于“成邦”而言，首先要接受“四神”即“四正”的主宰，其次是用五种因素来加以辅助，这就是人事上的“德、事、役、政、刑”。如下文所示，这里不仅有着五行意识，很有可能还是“尚土”五行。

最后是“九以成地，五以将[之]”,《汤在啻门》在后文中明确指出:“唯彼九神，是谓地真，五以将之，水、火、金、木、土，以成五曲，以植五谷。”即对于“成地”而言，首先要接受“九神”即“地真”的主宰，其次是用五种因素来加以辅助，这就是“水、火、金、木、土”，有了这“水、火、金、木、土”，就能成就“五曲”和“五谷”。所谓“五曲”，李守奎认为即“五方”，而“五谷”在《太平御览·百谷部》所引《周书》中，正好与“五方”相配，即“凡禾，麦居东方，黍居南方，稻居中央，粟居西方，菽居北方”。这一解释很有说服力。[1]值得注意的是，“水、火、金、木、土”在这里主要指“地”之五行，这

① 李学勤主编:《清华大学藏战国竹简(伍)》，中西书局，2015年，第147页。

一点将在下一节中作出详细的分析。[①]

“九以成天，六以行之”是用“九”“六”论“天”，似乎并不涉及“五”，但可能还是与“五”有关。因为“九以成地”和“九以成天”是相对而言的，能够同时与“九地”“九天”对应者，应该是“九野”“九州”[②]，而“九野”“九州”作为区域观念，实际上也建筑在“五”的基础之上，即在东、南、西、北、中基础上再加东南、西南、西北、东北。所以庞朴也说过，“大九州正可看作是五方说的变形”[③]。因此“九以成天”中其实也隐含着“五”的观念。

这样看来，汤所要探寻的天地间最为根本的问题，即人自身、国家、天、地的组成要素中，都离不开“五”，而且，虽然没有出现“五行”二字，但基本上可以确定“五行”的意识是存在的。“五”涵盖了天、地、人，“五行”可以解答世界上最为重要的问题。

二、“水、火、金、木、土”当为“地”之五行

《汤在啻门》所见“水、火、金、木、土”出现于“九以成地，五以将[之]”中，有了“水、火、金、木、土”，“五曲”和“五谷”才

---

① 刘起釪将五行分作“天”“地”“人”三种五行，认为五行的原始意义是天上五星的运行。最早的五行是否指天上五星，还难以下定论，但五行有“天”“地”“人”三条系统的说法确实很到位。参见刘起釪：《五行原始意义及其纷歧蜕变大要》，载艾兰、汪涛、范毓周主编：《中国古代思维模式与阴阳五行探源》，江苏古籍出版社，1998 年，第 133-160 页。

② 具体论述可参见曹峰：《清华简〈三寿〉〈汤在啻门〉二文中的鬼神观》，《四川大学学报（哲学社会科学版）》2016 年第 5 期。

③ 庞朴：《先秦五行说之嬗变》，载刘贻群编：《庞朴文集》第一卷，山东大学出版社，2005 年，第 270 页。

得以形成。这五种后世用来代表五行的元素，没有出现在“成人”“成邦”“成天”中，而唯独出现于“成地”中。看来《汤在啻门》的“水、火、金、木、土”还只是狭义的“地”之五行。如整理者指出的那样，与《汤在啻门》最为类似的是《左传·文公七年》“水、火、金、木、土、谷，谓之六府”。[①] 这段话是晋国大夫郤缺向赵宣子论及《夏书》时提到的，“六府”属于古代主管各种物资财用之官。古文《尚书》中《大禹谟》有：“水、火、金、木、土惟修，正德利用厚生惟和……六府三事允治，万世永赖。”或许就是《夏书》的出处。《墨子·节葬下》有：“五官六府，辟草木，实仓廪。”《礼记·曲礼下》有：“天子之五官：曰司徒、司马、司空、司士、司寇，典司五众。天子之六府：曰司土、司木、司水、司草、司器、司货，典司六职。”郑玄注：“府，主藏六物之税者，此亦殷时制也，周则皆属司徒。司土，土均也；司木，山虞也；司水，川衡也；司草，稻人也；司器，角人也；司货，丱人也。”这就更加形象地点出“六府”为物资财用之官的特征。从文献看，“六府”似乎更多地用“水、火、金、木、土”再加“谷”的方式来表达，除上述《左传·文公七年》外，还有《大戴礼记·四代》“水、火、金、木、土、谷，此谓六府，废一不可，进一不可，民并用之；今日行之，可以知古，可以察今，其此邪！”范毓周指出，“由于‘谷’在‘六府’之中为次生级的材用，到了西周末年已有被移出‘六府’之外的倾向”。他以《国语·郑语》记西周幽王史伯答郑桓公时的这段话为例：

① 李学勤主编：《清华大学藏战国竹简（伍）》，中西书局，2015年，第147页。

> 夫和实生物，同则不继。以他平他谓之和，故能丰长而物归之；若以同裨同，尽乃弃矣。故先王以土与金木水火杂，以成百物。[①]

或许有一定的道理。《尚书·洪范》据说是殷人箕子向周武王陈述的治国方略，其中第一条就是“五行”，箕子对“一曰水，二曰火，三曰木，四曰金，五曰土”作了以下进一步的说明：

> 水曰润下，火曰炎上，木曰曲直，金曰从革，土爰稼穑；润下作咸，炎上作苦，曲直作酸，从革作辛，稼穑作甘。[②]

毋庸置疑，这也是从物资财用的角度来讲“水、火、木、金、土”的。

此外，还可以举出《左传·昭公二十九年》的例子：“五行之官，是谓五官……木正曰句芒，火正曰祝融，金正曰蓐收，水正曰玄冥，土正曰后土。”马王堆帛书《要》篇：“有地道焉，不可以水、火、金、

① 范毓周：《“五行说”起源考论》，载艾兰、汪涛、范毓周主编：《中国古代思维模式与阴阳五行探源》，江苏古籍出版社，1998 年，第 124 页。

② 《洪范》篇的成书古来有争议，最晚的甚至认为出于战国晚期。但现代学者越来越倾向于较早成书，笔者以为刘起釪和李若晖的观点比较平实，刘起釪说：“《洪范》原稿由商代传至周，经过了加工，到春秋前期已基本写定成为今日所见的本子。”参见顾颉刚、刘起釪：《尚书校释译论》，中华书局，2005 年，第 1218 页。李若晖也认为：“就今本《洪范》来说，其写定时代当在春秋前期。”“《洪范》一文在先秦漫长的历史时期极可能存在多种文本，其基本内容一致，但具体文字甚至篇章结构又各有不同。”参见李若晖：《〈尚书·洪范〉时代补证》，《中原文化研究》2014 年第 1 期，第 51–55 页。值得注意的是，清华简第六册《管仲》篇有“君当岁，大夫当月，师尹当日”，可能引自《洪范》的“王省惟岁，卿士惟月，师尹惟日，岁月日时无易，百谷用成”。这为《洪范》的早出增加了一点证据。参见李学勤：《清华大学藏战国竹简（陆）》，中西书局，2016 年，第 112 页。

土、木尽称也。”不管怎样，在一定历史阶段，“水、火、金、木、土”确实是当作财货聚敛之要素以及人民养生之本来看待的。“谷”府被撤销，可能与“水、火、金、木、土”抽象性更强，以及可以与“五行”相合有关。因此，地有“五材”“五行”常见于文献就不奇怪了。例如，《国语·鲁语上》有“及天之三辰，民所以瞻仰也；及地之五行，所以生殖也”，《左传·昭公三十二年》有“天有三辰，地有五行”，《左传·襄公二十七年》云“天生五材，民并用之，废一不可”，《左传·昭公十一年》云“譬之如天，其有五材，而将用之”，这看上去是在讲天有五材，但实际上指的是足以使生命得以维持的五种元素，因此完全可以和前面言及的“地”的五种元素等同起来。

不过需要注意的是，在五行的排列上，《汤在啻门》的“水、火、金、木、土”不同于《尚书·洪范》的“水、火、木、金、土”、《国语·郑语》的“金、木、水、火、土”、《左传·昭公二十九年》的“木、火、金、水、土”、马王堆帛书《要》篇“水、火、金、土、木”，而和《左传·文公七年》《古文尚书·大禹谟》《大戴礼记·四代》相同。因此，在“地”之五行上，或许存在着若干种排列方式。《汤在啻门》《古文尚书·大禹谟》《左传·文公七年》《大戴礼记·四代》似乎在刻意维护“水、火、金、木、土”这个序列。后文将提到，部分医书直到唐代都坚守这一序列，其中原因，还有待今后详察。

通过以上的文献比照，我们可以很清楚地看出《汤在啻门》所见“水、火、金、木、土”的知识背景了，这显然不是后来广泛使用于天、地、人一切领域的广义五行，而仅是来源于“地”之五行的狭义五行。这条线索在历史上曾经流传有绪，通过《古文尚书·大禹谟》《左传·文公七年》《大戴礼记·四代》可以得到完整体现，通过《尚书·洪范》、《左传·昭公二十九年》、《国语·郑语》、马王堆帛书《要》篇得到部分印证，现在《汤在啻门》又为这条线索增加了新的材料。有趣的是，《汤在啻门》在论列“水、火、金、木、土”之后，提到了“以植五谷”，这种“谷”和“水、火、金、木、土”既分又合的状态，更证明了《汤在啻门》所见“地”之五行与“六府”之间的关系。[①]《鹖冠子·王铁》有“天用四时，地用五行，天子执一以居中央，调以五音，正以六律，纪以度数，宰以刑德”。《文子·微明》说“昔者，中黄子曰：‘天有五方，地有五行，声有五音，物有五味，色有五章，人有五位。’”这些也留下了“五行”归于地的痕迹，但从天地间万事万物皆归于五看，《文子·微明》可能已经进入用广义五行编织世界的时代了。

三、《汤在啻门》是否已有尚土和生克观念

在五行观念演变史上，有三个问题极为关键：第一，是否已经是以“土”为主的尚土类五行；第二，是否已经具备相生相克的观念；第三，

① 从逻辑上讲，先有“水、火、金、木、土”的序列，受《汤在啻门》之类文献的影响，而有了“水、火、金、木、土、谷”的“六府之名”，也是完全成立的。这样的话，《汤在啻门》的形成时间就更早。但《汤在啻门》中，“谷”是“水、火、金、木、土”五种元素的具体结果，两者并不在同一序列。这种既分又合的现象或许可以证明，《汤在啻门》开始跳出“地之五行”以及“六府”思想背景的影响，正在形成独立的更为广泛的五行观念。

是否已经和阴阳相结合，形成一种循环往复、无所不包的阴阳五行，成为构建世界图景最为重要的因素。这里，首先讨论《汤在啻门》是否已有尚土和生克观念。

一般认为，传世文献所见尚土说最早见于上引《国语·郑语》记西周幽王史伯答郑桓公的那段话："故先王以土与金木水火杂，以成百物。"而最早出现五行的《尚书·洪范》"一曰水，二曰火，三曰木，四曰金，五曰土"中，还只是一种不分主次的五行。例如，庞朴就称其为"五者并列的五行说，可能正是周初时候的思想"[①]。而李学勤则指出，《尚书·洪范》中"五行"与"貌、言、视、听、思"之"五事"相配，如果与《中庸》及帛书《五行》相对比，如下表所示，可以看出显著的对应关系。[②]

	《洪范》	《中庸》	《五行》
土	思曰睿，睿作圣	聪明睿知，足以有临也	圣
金	听曰聪，聪作谋	宽裕温柔，足以有容也	仁
火	言曰从，从作乂	发强刚毅，足以有执也	义
水	貌曰恭，恭作肃	齐庄中正，足以有敬也	礼
木	视曰明，明作哲	文理密察，足以有别也	智

对于"听曰聪，聪作谋"和"宽裕温柔，足以有容也"之间的不对应，李学勤认为是"仁"的范畴出现较晚，在《洪范》中还没有体现。

① 庞朴：《先秦五行说之嬗变》，载刘贻群编：《庞朴文集》第一卷，山东大学出版社，2005年，第256页。

② 李学勤：《帛书〈五行〉与〈尚书·洪范〉》，载《简帛佚籍与学术史》，江西教育出版社，2001年，第283–284页。

如果依据李学勤的观点，那么，从最早的传世文献开始，“五行”就已经具备尚土说了。

值得注意的是，同为清华简，在《管仲》篇中有这样的说法：“前有道之君所以保邦，天子之明者，能得仆四人，而已五焉；诸侯之明者，能得仆三人，而已四焉；大夫之明者，能得仆二人，而已三焉。”[①] 这里和《汤在啻门》一样，在讨论何以保邦的重要法则，天子被描述成能够“五”的人，而诸侯只能“四”，大夫只能“三”。天子之“五”就是“四”加“一”，天子正是那个“一”，这里虽然没有直接使用五行的元素，但和尚土说无异。与《汤在啻门》同编的《汤处于汤丘》虽然没有直接提到“五”，但郭梨华认为“五”的意识在很多地方都有显露，例如食物之味对于身体的作用可分五个层面，分别是：“先是藉饮食伊尹所烹煮之食物，感受到绝美之味；其次是这一食物之味，让原本有病痛之身体痊愈，身体达到平和之状；再次是九窍的通畅；再次是内脏心气咽喉之通畅，说明食物对五脏六腑的影响；最后是整体舒心愉快，且这一状态可以持续很久。”[②] 显然，较之前四者，最后的“舒快以恒”是更高的层次，是那个“一”。

上海博物馆藏战国竹简《凡物流形》特别强调“一”的观念，其中有这样一段话：“闻之曰：一生两，两生三，三生四，四成结。是故

① 李学勤主编：《清华大学藏战国竹简（陆）》，中西书局，2016年，第116页。

② 郭梨华：《清华简（五）关于“味”之哲学探究》，“道统思想与中国哲学国际学术研讨会”会议论文，四川师范大学，2016年10月。

有一，天下无不有丨（顺）；无一，天下亦无一有丨（顺）。”“四”字，从字形上看像“女”，沈培读为“四”，笔者赞同。[①] 笔者推测“四成结”代表五行中以“一”统“四”的基本结构，“是故”以后那些话，表示唯有“执一”者能够超越、把握五行，达到无所不为的境地。郭店楚简《五行》和马王堆帛书《五行》在引《诗经·鸤鸠》“淑人君子，其仪一兮。其仪一兮，心如结兮”后，均说“能为一，然后能为君子”。马王堆帛书《五行》还有进一步的阐释：“能为一者，言能以多［为一］。以多为一也者，言能以夫［五］为一也。……一也者，夫五为［一］心也，然后德（得）之。一也，乃德已。德犹天也，天乃德已。”可见《五行》将“结”“一”“五行”“心术”联系在一起，尤其突出“一”的位置和“结”的作用。

《黄帝四经·十六经·立命》中出现按五行原理描述的黄帝形象：“昔者黄宗质始好信，作自为像，方四面，傅一心。四达自中，前参后参，左参右参，践位履参，是以能为天下宗。”也说到黄帝“方四面，傅一心”，能够居于中央，以四面之通观辅“一心”之明察，“是以能为天下宗”。《黄帝四经·十六经·五正》有“天地阴阳，取稽于身，故布五正，以司五明”之说，刘彬指出“五正”之内容乃是帝王取度于身而建立起来的规矩绳权衡五种法度，与八卦中的某些卦、四时和五方等相配纳，形成一种特殊的易学模式。此配纳模式表明，君主以规矩权衡

① 沈培：《略说上博（七）新见的“一”字》，复旦大学出土文献与古文字研究中心网，2008 年 12 月 31 日。

配纳四正卦，以绳配卦居中央，并配合四时、五方、五行，旨在因顺阴阳、谐和四时、理顺五行，以达致天人祥和的理想政治境界。[①]《鹖冠子·度万》也有“故布五正，以司五明”，并在后面提出，“凡问之要，欲近知而远见，以一度万也”。这正是既要利用五行，又要得“一”之要的思想。[②]

郭店简《五行》、清华简《管仲》、上博简《凡物流形》的时代，都和《汤在啻门》接近，而马王堆帛书《黄帝四经》虽然抄写于汉初，但也可以成为先秦资料的一个参考。上述文献都清晰地表明尚“土”说（有时候可以换言之为尚“一”说）不仅出现较早，而且一直为各种政治学说所利用，因为对于统治阶层而言，利用五行的原理，目的不仅在于把握世界构成的要素，也在于借此把握世界构成要素中最为重要的一环。

《汤在啻门》没有明确的尚土说，但未必没有痕迹。例如关于“成邦”的话题中有“五以相之”的说法，那就是“五以相之，德、事、役、政、刑”。古典文献中找不到和“德、事、役、政、刑”相同或相似的文例。将五行与人事相匹配者，可见郭店楚简《五行》和马王堆帛书《五行》，即所谓“仁、义、礼、智、圣”，最后一位的“圣”要高于“仁、义、礼、智”，“仁、义、礼、智”只是“四行”，要加入“圣”，才能成为“五行”。这就是所谓“四”加“一”的“尚土”类五行。《汤

① 刘彬：《帛书易传〈要〉篇“五正”考释》，《周易研究》2007年第2期。

② 《鹖冠子·天权》有“左木右金前火后水中土”，也是典型的尚土说。

在啻门》中排在首位的“德”显然不同于“事、役、政、刑”，“德”是一类，属于无形的、内在的、超越的标准，而“事、役、政、刑”属于另一类，所谓“事、役”当指臣下和百姓所要担当的职责和劳役，“政、刑”则指的是统治者所使用的宽严两种政治手段，可见属于有形的、外在的标准。如果说战国中期以《五行》为代表的儒家利用尚土五行来改造、宣传自己的主张，那么其他学派将自己的理论放入尚土五行的框架中，也是完全成立的。不过，五行中的“土”作为最重要的元素均用于正面场合，而《汤在啻门》中的“德”则不仅有“美德”还有“恶德”，“事、役、政、刑”也各有“美”“恶”之分，将五行所代表的事物作正反两分，这在五行演变史上还没有看到过，是一个非常有趣的现象。

再来看相生相克的问题，整理者已经指出，《汤在啻门》中“水、火、金、木、土”的排列，和《左传·文公七年》的“水、火、金、木、土、谷，谓之六府”是一致的，即都是相克序列。[①]重要的是，这究竟是偶然呈现为相克序列，还是有意为之呢？《汤在啻门》并没有提供太多的信息。我们注意到，《汤在啻门》在讨论“何以成人”时，有很长一段话是描述十月怀胎的：

> 一月始匓（扬），二月乃裹，三月乃形，四月乃胋，五月或收，六月生肉，七月乃肌，八月乃正，九月𩔼（显）章，十月乃成，民乃时生。

① 李学勤主编：《清华大学藏战国竹简（伍）》，中西书局，2015年，第147页。

这段话在文字上还有许多需要疏解之处，但总体上描述的是十月怀胎的过程，这并无争议。整理者提供了《管子·水地》《文子·九守》《淮南子·精神》等有十月怀胎记载的文献作为对照。[①] 如果从五行角度看十月怀胎，最易引发学者兴趣的应该是《管子·水地》和马王堆帛书《胎产书》，先来看马王堆帛书《胎产书》以下这段文字：

> 故人之产殹，入于冥冥，出于冥冥，乃使为人。一月名曰留（流）刑（形）……，二月始膏……，三月始脂……，[四月]而水受（授）之，乃使成血……，五月而火受（授）之，乃使成气……，六月而金受（授）之，乃使成筋……，七[月]而木受（授）[之，乃使成骨]……，八月而土受（授）[之，乃使成肤革]……，[九月而石受（授）之，乃使成]毫毛……，十月，气陈□□。（马王堆帛书《胎产书》）[②]

《胎产书》十月怀胎过程和五行密切相关，呈现出“水（四月）—火（五月）—金（六月）—木（七月）—土（八月）”的序列，这和《汤在啻门》“成地”部分所见相克序列的五行完全相同。魏启鹏指出，“此

① 李学勤主编：《清华大学藏战国竹简（伍）》，中西书局，2015年，第148页。

② 马王堆帛书《胎产书》释文，参见裘锡圭主编：《长沙马王堆汉墓简帛集成（陆）》，中华书局，2014年，第93–94页。如张瀚墨所提示的那样，历史上隋代巢元方《诸病源候论》之《妇人妊娠病诸候》、唐代孙思邈《备急千金要方》之《妇人方·养胎》以及日本丹波康赖于982年所撰《医心方》之《妊妇脉图月禁法》都用同一五行序列表示怀胎过程，和马王堆帛书《胎产书》可以归为一类。参见张瀚墨：《〈汤在啻门〉、十月怀胎与早期中国术数世界观》，《饶宗颐国学院院刊》2017年第4期，第186–187页。

文之‘石’当为喻代谷物粮食，稻谷之实皆有芒，故文中有‘(谷)’授而毫毛成的说法”[①]。这和《左传·文公七年》的“水、火、金、木、土、谷，谓之六府”以及《汤在啻门》的“水、火、金、木、土……以植五谷”也正相吻合。

以上分析，虽然证明了《汤在啻门》的五行系统接近以《左传·文公七年》为代表的“六府”说以及以马王堆《胎产书》为代表的医学系统，但并不能通过以《左传·文公七年》为代表的“六府”说和以《胎产书》为代表的医学系统，倒过来证明《汤在啻门》的“水、火、金、木、土”的相克序列具有实际的意义。因为《左传·文公七年》和《胎产书》所见“水、火、金、木、土”序列很可能只是偶然呈现为相克序列，相克在表示厚生利用的“六府”说以及十月怀胎的过程中并没有实际的意义，相反，相生序列才能有效说明万物及人体生长的前后关系。作者没有使用相生序列，却使用相克序列，很有可能是因为作者并没有相生相克的意识在其中。笔者在《清华简〈汤在啻门〉与“气”相关内容研究》一文中曾提出，如果“七月乃肌”可以和“乃使成肤革”对应，“五月或收”可以和“乃使成筋”对应，那么，其他各月或许也存在与《胎产书》的对应关系，《汤在啻门》的五行序列或许可以模拟为“水（三月）—火（四月）—金（五月）—木（六月）—土（七月）”。[②]

① 魏启鹏：《〈管子·水地〉新探》，载艾兰、汪涛、范毓周主编：《中国古代思维模式与阴阳五行探源》，江苏古籍出版社，1998 年，第 311 页。

② 曹峰：《清华简〈汤在啻门〉与“气”相关内容研究》，《哲学研究》2016 年第 12 期。

现在看来，这种思路过分看重相克在《汤在啻门》中的意义，是比较牵强、没有必要的。

再来看《管子·水地》“五味者何？曰五藏。酸主脾，咸主肺，辛主肾，苦主肝，甘主心”。魏启鹏指出，这段话和《黄帝内经·素问·阴阳应象大论》“木生酸，酸生肝……火生苦，苦生心……土生甘，甘生脾……金生辛，辛生肺……水生咸，咸生肾”颇有出入，《黄帝内经》和《今文尚书》欧阳说同，呈现为“木、火、土、金、水”的相生序列，而《管子·水地》则是“木、水、金、火、土”，既不相生也不相克。“假如《水地》有五行观念，那么也一定与《洪范》《左传》一样，尚未具备五行相生或相胜的含义，对五种基本物质的认识尚处于朴素的初始阶段。”①

那么，我们是否可以得出结论，《汤在啻门》被创作出来的时代还没有相生相克的观念呢？这也未必。庞朴认为，五行的相生相克，其实起源都很早。相生说可以上溯到春秋时代，他引用了王引之《经义述闻·春秋名字解诂》中以下这段话：

> 秦白丙字乙。丙，火也，刚日也；乙，木也，柔日也。名丙字乙者，取火生于木，又刚柔相济也。
>
> 郑石癸字甲父。癸，水也，柔日也；甲，木也，刚日也。名癸

① 魏启鹏：《〈管子·水地〉新探》，载艾兰、汪涛、范毓周主编：《中国古代思维模式与阴阳五行探源》，江苏古籍出版社，1998年，第311页。

字甲者，取木生于水，又刚柔相济也。

楚公于壬夫字子辛。壬，水也，刚日也；辛，金也，柔日也。名壬字辛者，取水生于金，又刚柔相济也。

卫夏戊字丁。戊，土也，刚日也；丁，火也，柔日也。名戊字丁者，取土生于火，又刚柔相济也。

并指出："春秋时代，见于经传而以十干为名字者，约十余人。其中，除不可考知字号的如鲁孟丙、仲壬兄弟、晋胥甲、楚门辛，及另寓他意的楚公子午字子庚外，尚无足以推翻王说的反证。"[①] 笔者以为，王引之及庞朴的观点来自春秋时代的客观现象——名字，应该没有后世修改的痕迹，是可以成立的。

庞朴又以《左传·文公七年》"水、火、金、木、土、谷，谓之六府"为例认可相克说的存在，但这一点如前文论证的那样，尚需存疑。不过《墨子·贵义》中日者所说"帝以甲乙杀青龙于东方，以丙丁杀赤龙于南方，以庚辛杀白龙于西方，以壬癸杀黑龙于北方"，则证明相克说也当由来已久。

所以，我们不能因为《汤在啻门》中没有确切的相生相克观念，就简单推断《汤在啻门》创作时代尚无相生相克观念。相生相克多运用于预测系统，用来表示个人、国家、朝代命运变迁更替的原理，《汤在啻

① 庞朴：《先秦五行说之嬗变》，载刘贻群编：《庞朴文集》第一卷，山东大学出版社，2005年，第257页。

门》未涉及这类问题，所以没有体现。

四、从《汤在啻门》五行观看此文的性质和时代

如前所述，《汤在啻门》大量地使用“五”这个数字，应该是在喜欢将世界数字化、条理化、统一化，同时尤其尚“五”的时代背景下完成的作品。其中所见“水、火、金、木、土”是比较明确的“地”之五行，而且可能已经有尚土的意识，但是并无明显的证据证明已运用相生相克的观念。吾淳认为：“春秋中期特别是晚期以后，‘五行’概念已经有可能开始逐渐定型，这主要体现为后世所因循的一些基本观念和方法已经大致形成。这包括：观念之一就是通过‘五行’概念来把握事物的基本属性特别是功能价值。观念之二就是以‘五行’来展示一种宇宙图式，这与原始整体和秩序观念是一脉相承的。在方法上其突出表现为大量有关‘五行’或‘五’的思想与论述都使用了‘比类’和‘附数’的思维，体现为‘五类’化和‘五数’化。”[①] 依据这一论述来比照《汤在啻门》所见“五”的观念，可以发现基本上是吻合的。《汤在啻门》所见“水、火、金、木、土”是与“地”相关的基本属性与功能价值，对“五”的运用表现出试图涵盖天、地、邦、人的宇宙图式以及“比类”“附数”的思维方式。

这种情况，比照与《汤在啻门》抄写时期相同的郭店简《五行》、

① 吾淳：《中国哲学的起源：前诸子时期观念、概念、思想的发生发展与成型的历史》，上海人民出版社，2010 年，第 200 页。

上博简《凡物流形》也是类似的。郭店简《五行》把人间的五种德行与五行相匹配，并刻意突出“圣”，视其为“天道”。这是试图将人间伦理纳入宇宙运行的规范和系统之中。上博简《凡物流形》和《汤在啻门》一样，追问包括人在内的宇宙万物得以生成并存在的根本原因。例如：“民人流形，奚得而生？流形成体，奚失而死？有得而成，未知左右之情。天地立终立始，天降五度，吾奚衡奚纵？五气并至，吾奚异奚同？五音在人，孰为之公？”这段话大意为：“人胚胎始结，究竟依靠什么才得以出生？胚胎始结而成形出生后，又究竟失去了什么而会死亡？虽然人有所依靠而生成为人，但不懂得左右（世间万物由对立两方构成之法则）的实际情状。天地为人类建立了终始（法则），天为人类降下五种度数，我应该如何从横的方向和纵的方向加以把握？五种气同时出现，我应该如何从异的角度和同的角度加以认识？人可以发出五种声音（泛指各种思想），谁能为他们公正裁定？”这里的“五度”“五气”“五音”都是天所赋予人的、具有根本意义的原理和因素，显然也是“五行”观念的一种体现。除《汤在啻门》外的其他清华简，也有很多涉及“五”的观念，除上述的《管仲》外，还有很多是尚未发表的。例如，清华简的整理者之一李守奎曾在一篇论文中透露，清华简的“古帝王传说与阴阳五行及诸神密切结合，系统而丰富，长篇中大都是这类内容，其中有的把五纪、五算、五时、五度、五正、五章等内容组织成一个缜密的系统，其丰富程度令人惊叹，完全超出了我们的想象。这部分内容对于我们了解战国人的古史观念和阴阳五行框架的重要性自不待言”[①]。由此可知，《汤在啻门》中“五”的观念的盛行并不偶然，而是尚“五”时代背景下的作品。

然而，如前所述，《汤在啻门》中的五行还只是狭义的五行，尚未见到相生相克观念的运用。同时，“五”也非最高的、绝对的元素，如“四以成邦，五以相之；九以成地，五以将[之]。九以成天，六以行之”“唯彼四神，是谓四正，五以相之，德、事、役、政、刑”“唯彼九神，是谓地真，五以将之，水、火、金、木、土”“唯彼九神，是谓九宏，六以行之，昼、夜、春、夏、秋、冬”所示，起主宰作用的是称为“四正”的“四神”、称为“地真”的地之“九神”、称为“九宏”的天之“九神”。“五”在“邦”和“地”的场合，只起到“相”和“将”即辅助的作用。在“天”的场合，起配合作用的是“六”，即“昼、夜、春、夏、秋、冬”。因此，“五”还称不上是绝对的、至高的数字。[②]尤其需要指出的是，《汤在啻门》中的五行还不是阴阳与五行相配的阴阳五

---

① 李守奎：《楚文献中的教育与清华简〈系年〉性质初探》，载复旦大学出土文献与古文字研究中心编：《出土文献与古文字研究》第六辑，上海古籍出版社，2015年，第297页。

② 例如《礼记·礼运》在论述人是“五行之秀气”“五行之端”时，说“五行、四时、十二月，还相为本也。五声、六律、十二管，还相为宫也。五味、六和、十二食，还相为质也。五色、六章、十二衣，还相为质也”，就体现出比《汤在啻门》更强的条理性。而且以五行为主，既论述五行迭相为主，缺一不可，又说“五行之动，迭相竭也”，陆佃注曰“水旺则金竭，木旺则火竭”，包含了相生之义。

行，因此，不能等同于后世发达的阴阳五行观念。[①] 就五行的排列而言，和阴阳五行学说广泛流行后比较固定的相生序列“木、火、土、金、水”以及相克序列“水、火、金、木、土”也不相同。

因此，与后世比较典型的阴阳五行学说如“五德终始说”相比，与比较典型的阴阳五行类文献，如作为预测工具的睡虎地秦简《日书》，作为兵阴阳技巧的张家山汉简《盖庐》[②]，作为政治管理手段的《管子·五行》、《礼记·月令》、《吕氏春秋》之十二纪、《淮南子·天文》以及《春秋繁露》讨论阴阳与五行的各篇相比，《汤在啻门》虽然也力图贯通天地人神，但其中的五行仍然只是狭义的朴素的五行，而不是阴阳与五行两相结合、时间上循环往复、空间上无所不包、结构上灵活多变、内涵上丰富多样、可以总结过去展望未来的阴阳五行。与狭义五行观相比，笔者将这种发达的阴阳五行观称为广义五行观。在广义五行观中，“五”已经不再处于神的影子之下，而成为一统天下的宇宙图式的最高代表。

综合上述考察，我们可以得出这样的结论：《汤在啻门》体现出当

---

① 清华简《管仲》篇整理者说“其中包含较多阴阳五行的思想”。参见李学勤主编：《清华大学藏战国竹简（陆）》，中西书局，2016 年，第 110 页。但其中并未发现阴阳与五行相配的迹象。上引李守奎《楚文献中的教育与清华简〈系年〉性质初探》也多次提到今后即将发表的论文中有“阴阳五行”，但笔者对此表示怀疑，可能仅有五行，或阴阳与五行被分别描述，尚未合流。

② 睡虎地秦简《日书》中的阴阳五行，可参见刘乐贤：《睡虎地秦简日书研究》，台湾文津出版社，1994 年，第 346-349 页；王爱和：《中国古代宇宙观与政治文化》，金蕾、徐峰译，上海古籍出版社，2011 年，第 117-121 页。张家山汉简《盖庐》中的阴阳五行，可参见邵鸿：《张家山汉简〈盖庐〉研究》，文物出版社，2007 年。

时的思想家利用五行建构世界秩序的努力，但五行不是唯一的标准，而且这种狭义五行观和秦汉之际将世界万象编入五行框架的广义五行观有很大的不同。清华简的抄写时代大约在战国中期，因此，《汤在啻门》的创作时代有可能在战国早期甚至春秋晚期。从五行观念演变的历史看，狭义五行观也大致和这一历史时期相吻合。通过考察《汤在啻门》的气论[①]以及鬼神观[②]，我们得知，《汤在啻门》体现出养生以治国的思想特色，黄老道家尤其重视这个问题。伊尹是道家的重要人物，“地真”是特有的道教用语，“四神”“九神”“天尹”也很有可能和道家、道教中的“神人”“真人”“天人”等神仙有关，因此后世道家、道教可能从《汤在啻门》这类文献中吸收过资源。就鬼神观而言，《汤在啻门》既重视鬼神，又不唯鬼神，既重视人的理性思考，又借重鬼神作为禁忌所能产生的神秘力量，因此和将鬼神视为绝对力量的墨家无关，思想倾向更接近黄老道家。前引《鹖冠子》《黄帝四经》等黄老道家文献都积极地将五行纳入自身思想系统之中。因此，就文献性质而言，说包含着丰富五行观的《汤在啻门》是后世各类思想尤其是黄老道家思想的源头，可能是合适的。

① 曹峰：《清华简〈汤在啻门〉与“气”相关内容研究》，《哲学研究》2016 年第 12 期。

② 曹峰：《清华简〈三寿〉〈汤在啻门〉二文中的鬼神观》，《四川大学学报（哲学社会科学版）》2016 年第 5 期。

第五章　清华简《殷高宗问于三寿》上下两部分简文研究

本章主要由四个部分构成。第一部分，誊录《殷高宗问于三寿》释文以及介绍目前为止的研究情况。第二部分，介绍《殷高宗问于三寿》一文的基本情况和主要内容，此文与清华简第五册其他篇的相关性以及和上博简《彭祖》的相关性。第三部分，《殷高宗问于三寿》可以分成上、中、下三个部分，本章将重点对上、下两部分的内容加以解读。第四部分，讨论本篇文献的性质。笔者不赞成整理者“其理念主要承自儒家”“其思想体系与后来的荀子已颇相似”的观点，认为《殷高宗问于三寿》没有非常明确的思想属性，和《荀子》更是距离遥远，部分内容的思想倾向比较接近早期道家和《易传》的忧患意识。

一、《殷高宗问于三寿》释文及研究现状

《殷高宗问于三寿》[①] 是清华简第五册中的一篇，整理者是李均明。此文由 28 支简组成，简背有次序编号“一”至“廿八”，所以编联不存

① 参见李学勤主编：《清华大学藏战国竹简（伍）》，中西书局，2015 年。

在问题，但缺第 3 简，缺序码“三”。另外，序号有错乱，其中原编号“十五”当排在第 10 简位置，而原编号“十”当排在第 15 简位置，整理者已据文意互换。现存 27 支简中，第 25 简上部大半缺损，第 8 简上、下及第 9 简下端亦稍残。完整简长约 45 厘米，宽 0.6—0.7 厘米，设 3 道编绳。满简书写 28—34 个字符。篇题“殷高宗问于三寿”写在篇末最后一简简背。文字绝大部分都很清晰，为整理和研究提供了很好的条件。

以下就是清华简整理者的释文[①]：

高宗观于洹水之上■，三寿与从■。

高宗乃问于少寿曰：“尔是先生，尔是【1】知二有国之情■，敢问人何谓长■？何谓险■？何谓厌■？何谓恶■？”少寿答曰：“吾【2】……[②]【3】中寿曰：“敢问人何谓长■？何谓险■？何谓厌■？何谓恶■？”中寿答曰：“吾闻夫长莫【4】长于风■，吾闻夫险莫险于心■，厌非（必）臧■，恶非（必）丧■。”

高宗乃又问于彭祖曰：“高【5】文成祖，敢问人何谓长？何谓险？何谓厌？何谓恶？”彭祖答曰：“吾闻夫长莫【6】长于水■，吾闻夫险莫险于鬼■，厌非（必）平■，恶非（必）倾。”

高宗乃言曰：“吾闻夫长莫长于【7】□■，吾闻夫险非（必）

---

① 《殷高宗问于三寿》释文、注释，见《清华大学藏战国竹简（伍）》第 149-160 页。对于没有异议的通假字，这里直接使用通行字体。重文不再标出重文符号。这是一篇韵文，押韵情况参见该书第 160-161 页。“【 】”内为简号，“■”是原文中的墨块，“□”表示残缺的字。

② 第 3 号简缺，最后几个字当为“高宗乃问于”。

矛及干■，厌非（必）富■，恶非（必）无飤（食）■。苟我与尔相念相谋■，世世至于后飤（嗣）。我思【8】天风，既寕（回）或止。吾勉自印（抑）畏以敬，夫孳（兹）□■。”“君子而不諱（读）箸（书）占■，则若小人之寵（宠）瘽（狂）而【9】不啓（友）■，殷邦之蚕（妖）祥并起。八纪则緍（紊），四厰（严）将行，四海之夷则作，九牧■九矣（有）将丧。煌=（惶惶）【10】先反，大茖（路）用见兵。龟筮孚忒，五宝变色，而星月乱行■。”

高宗恭（恐）愳（惧），乃尃（复）[①]语彭祖【11】曰：“呜呼，彭祖！古民人迷乱，象矛（茂）康駜（懋），而不智（知）邦之将丧。敢问先生之遗训，【12】何谓祥？何谓义■？何谓德■？何谓音■？何谓仁■？何谓圣？何谓智？何谓利？何谓【13】信？”彭祖答曰：“闻天之常，鬵（祇）神之明，上昭顺穆而敬[②]民之行，余亯（享）献衽（攻），适（括）还妖【14】祥，是名曰祥。�（迩）则文之化，鬲（厤）象天时，往尼（宅）毋諻（徙），戟（申）豊（礼）觀（劝）怾（规），尃（辅）民之化，民觀（劝）毋疲【15】，

① 马楠指出，“尃”当读为“敷”，“言所论之广”，参见清华大学出土文献读书会：《清华简第五册整理报告补正》，清华大学出土文献研究与保护中心网，2015年4月8日。

② 整理者把“敬”假借为“警”，恐不必。

是名曰义■。揆（揆）中水奥（衡），不力[①]，寺（时）型（刑）罚訪（赦）[②]■，晨（振）若叙（除）忞（慝）[③]，冒神之福，同民之力，是【16】名曰德。惠民由壬（任）[④]，均（徇）寳（句）傑（遏）怪（淫），闌（宣）义（仪）和药（乐），非褱（怀）于愖（湛），四方麲（劝）教，监（滥）茓（媚）莫淦（感），【17】是名曰音■。衣服端而好信，孝慈而哀鳏，恤远而谋亲■，喜神而頋（忧）[⑤]人，是名曰仁■。恭【18】神以敬，和民用政（正）■，窗（留）邦旻（偃）

① 补白认为，九大理念的首句绝大多数入韵（如关于"祥"，首句为"闻天之常"；关于"义"，首句为"迩则文之化"；关于"音"，首句为"惠民由任"；关于"仁"，首句为"衣服端而好信"；关于"圣"，首句为"恭神以敬"；关于"利"，首句为"内基而外比"；关于"睿信之行"，首句为"观觉聪明"）。讲"德"的这段话押职部韵（力、慝、福、力、德），如按整理者的断读，其首句便不入韵，所以应该读为"揆中水衡不力"，"力"疑即《周礼·夏官·司勋》"事功曰劳，治功曰力"之"力"，指"治法成制"之功（参郑玄注）；"不力"即不以为力。此句意谓统治者所制定、实行的准则法度中正、平衡，但不以此为功劳。可备一说。参见补白：《清华简〈殷高宗问于三寿〉臆说四则》，复旦大学出土文献与古文字研究中心网，2015年4月16日。

② 鹏宇认为"寺"当读为"持"，"寺（特）型（刑）罚訪（赦）"，"大概是说须保守或谨遵先王之刑法，并以此为罚赦的依据，对臣民进行罚赦"。参见鹏宇：《〈清华大学藏战国竹简（伍）〉零识》，清华大学出土文献研究与保护中心网，2015年4月10日。

③ 鹏宇认为"若"读为"弱"。他指出"振弱除慝"，即救助贫弱、铲除邪恶之义。《史记·周本纪》："命南宫括散鹿台之财，发巨桥之粟，以振贫弱萌隶"，《史记·吴王濞列传》中刘濞遗诸侯书云："今诸王苟能存亡继绝，振弱伐暴，以安刘氏，社稷之所愿也"。"振弱伐暴"与"振弱除慝"语意相近。参见鹏宇：《〈清华大学藏战国竹简（伍）〉零识》。

④ 马楠指出，"壬"即"任"，"任"是高才之义。参见清华大学出土文献读书会：《清华简第五册整理报告补正》。

⑤ "頋"字，陈伟认为可以读为"扰"，安抚之义。参见陈伟：《读〈清华竹简（伍）〉札记（续）》，简帛网，2015年4月12日。

兵，四方达宁，元折（哲）并进，譃（谗）繇（谣）则敂（屏）[①]■，是名曰圣■。昔勤【19】不居，虡（浃）譜（祗）不易[②]，共（供）皇（皇）思坚（修），内（纳）谏受訾，神民莫责，是名曰智。内基而外比，上下毋仓（攘），【20】左右毋比，强敂（并）丩（纠）出[③]，经纬顺齐，土（妒）悁（怨）毋作[④]，而天目毋眉（眯），是名曰利■。覾（观）臺（觉）悤（聪）明，音色■【21】柔巧而睿武不罔，夭（效）屯（纯）烜（宣）猷■，牧民而䭾（御）王，天下䟢（甄）爯（称），以夆（诰）四方[⑤]，是名曰睿信之【22】行■。"彭祖曰："呜呼！我寅（寅）晨共（降）䔢（在）九厇（宅）[⑥]，䟢（诊）夏之归商，方曼（般）于荟（路），甬（用）肖（孽）卲（昭）句（后）成汤，弋（代）傑（桀）【23】尃（敷）有下方。"

高宗又问于彭祖曰："高文成祖，敢问疋（胥）民胡曰

---

① "譃繇"，陈剑认为可以读为"谗谀"，他指出马王堆帛书中多见"臾""犹"相通的例子，而"繇""犹"可通。此说可从。参见陈剑：《〈清华简（伍）〉与旧说互证两则》，复旦大学出土文献与古文字研究中心网，2015年4月14日。

② 补白认为"昔勤不居，虡譜不易"当读为"措勤不居，狎祗不易"，是说放下功劳而不占有，习于祗敬而不改变。另外"海天"读"虡譜不易"为"摄祗不易"，"摄"训"持"，此句意为"持敬而不易"。参见补白：《清华简〈殷高宗问于三寿〉臆说四则》。

③ 补白认为"强敂丩出"可以读为"强勑收绌（或'诎'）"，意思是说强势大力者要使其收缩、减损，这和后一句"经纬顺齐"相类。可备一说。参见补白：《清华简〈殷高宗问于三寿〉臆说四则》。

④ "土"字，陈伟认为可以读为"杜"，杜绝之义。参见陈伟：《读〈清华竹简（伍）〉札记（续）》。

⑤ 马楠指出，"夆"当读为"觉"，训为"直"。参见清华大学出土文献读书会：《清华简第五册整理报告补正》。

⑥ 马楠等人指出，"共"读为"供"，"䔢"读为"兹"，"厇"读为"度"，意为标准，指代上文九种标准。参见清华大学出土文献读书会：《清华简第五册整理报告补正》。

昜（扬？扬）则舌（悍）達（佚）无常■。胡曰晦？晦则【24】□□□□□□□□□□□□□□□□□□□□□戏（虐）怪（淫）自嘉而不缕（数），訡（感）高玟（文）富【25】而昏忘寳（訽），急利■嚣神慕（莫）恭而不顾于后■，神民并尤而九（仇）悁（怨）所聚，天罚是加，用凶以见【26】訽■。”曰：“呜呼！若是■。”“民之有晦，晦而本由生光，则唯小心翼翼，顾复孳（勉）鬻（祇），闻教训，舍（余）敬恙（养），恭【27】神劳民，揆中而象常。棘（束）柬（简）和募（慕），専（补）缺而救枉，天顾复之用休，虽阴又明。”曰：“呜呼！若是■。”【28】

《殷高宗问于三寿》一文极其难读，清华简整理者李均明的释文颇见功力，打下了非常好的基础，同时李均明撰写了《清华简〈殷高宗问于三寿〉概述》[①]一文，是除释文之外，目前所见最为全面的研究论文。此外，李均明还分别撰写了《清华简〈三寿〉“音”说解析——与〈荀子·乐论〉的比较》《清华简〈三寿〉“利”说解析》，对《殷高宗问于三寿》所见九种理念中的两种作了详细分析。[②]而《清华简〈殷高宗问于三寿〉与荀子思想的比较》[③]一文，尤其侧重讨论《殷高宗问于三寿》和《荀子》之间的关联。笔者《读〈殷高宗问于三寿〉上半篇一些心得》

① 李均明：《清华简〈殷高宗问于三寿〉概述》，《文物》2014年第12期。

② 李均明：《清华简〈殷高宗问于三寿〉与荀子思想的比较》，“出土文献与先秦经史国际学术研讨会”论文，香港大学，2015年10月。

③ 曹峰：《读〈殷高宗问于三寿〉上半篇一些心得》，清华大学出土文献研究与保护中心网，2015年5月25日。

一文对此篇的第一部分作了比较全面的探讨。其他见于网络的论文均是字词的考释，其中王宁《读〈殷高宗问于三寿〉散札》[①] 的考释比较全面，可以参考的内容较多，其余论文则多为对某一字、某一句的研读。总的来看，《殷高宗问于三寿》作为一篇思想内容极为丰富的出土文献，目前的研究还相当缺乏，亟待获得学者瞩目，以加大研究的深度。

二、基本情况和主要内容

从形式上看，《殷高宗问于三寿》记述的是殷高宗武丁和三寿之间的对话。全篇大致可以分为三个部分。第一部分从“高宗观于洹水之上，三寿与从”开始，到“五宝变色，而星月乱行”结束，主要是殷高宗分别向少寿、中寿、彭祖（即高寿）请教“人何谓长？何谓险？何谓厌？何谓恶？”少寿、中寿、彭祖分别作了回答，应该是在探讨长治久安之道。三寿和殷高宗对话的内容，既接近《老子》也接近《易传》，属于居安思危、趋吉避凶之道。彭祖的话除戒惧敬慎的思路外，也充满天人感应的味道。第二部分从“高宗恐惧，乃复语彭祖曰”开始，到“代桀敷有下方”为止，这一部分全为殷高宗与彭祖之间的对话，殷高宗问彭祖什么是“祥”“义”“德”“音”“仁”“圣”“智”“利”“信”，彭祖一一作了回答。“祥”指的是敬重“天之常”、“神之明”、祖先神灵和“民之行”；“义”指的是教导民众遵循天地的规则和人间的礼法；

① 王宁：《读〈殷高宗问于三寿〉散札》，复旦大学出土文献与古文字研究中心网，2015 年 5 月 17 日。

“德”指的是处理政事、扬善除恶能够公平公正，既能获得“神之福”，又能会合“民之力”；“音”指的是用好的音乐来感化民众，而不受坏的音乐影响；“仁”指的是能够“好信”、“孝慈”、“恤远”、“谋亲”、“喜神”（满足神灵）、“忧人”（思念百姓）；“圣”指的是让神民都满意，不好战争，进用贤能；“智”指的是坚持正道，敢于接受不同意见，使神民都不会指责；“利”指的是能够理顺内外关系，使上下左右不至于相互侵害或朋党营私，不至于产生“妒怨”；“信”指的是聪明柔巧、睿智神武，既能牧民又能御王，被天下称颂，可以领袖四方。可见彭祖将此九者视为政治上最为重要的理念或是九大对策。然后彭祖再次发言，“呜呼！我岀（寅）晨共（降）𡏳（在）九厇（宅），䞓（诊）夏之归商，方曼（般）于茖（路），甬（用）肖（孽）卲（昭）句（后）成汤，弋（代）傑（桀）尃（敷）有下方”。但这段话很难解读，似乎是在叙述商汤受到神灵之助，得以灭夏，代替夏桀统领天下的过程。从“尃（敷）有下方”而非“尃（敷）有四方”来看，似乎是天上神灵的口吻。第三部分从“高宗又问于彭祖曰”开始，到“呜呼！若是”为止，依然是殷高宗与彭祖之间的对话，殷高宗向彭祖请教应该如何看待民性中“阳”和“晦”两种因素，从字面上看，这问的是“民性”，实际上这里的“民性”指的就是人性，因此还是针对统治者而言的。显然“阳”是不好的、被彭祖反对和批判的人性，“晦”则是好的、被彭祖肯定和倡扬的人性，天将这种美好的人性开显给人，用以“柬简和慕”“补缺而救枉”，因此，人性中虽有“阴”暗的一面，但也会走向光“明”的一面。

在清华简第五册中还有一篇《汤在啻门》，与《殷高宗问于三寿》形式接近，是汤与小臣（即伊尹，文中又称其为“天尹”）之间的对话录，全篇也是用韵文写成。[①]内容是汤向小臣请教留存于今的“古之先帝之良言”，这一良言显然说的是人世间最为根本的问题，那就是“何以成人？何以成邦？何以成地？何以成天？”显然回答最为详尽的部分是“何以成邦”，“何以成邦”有五个关键词，那就是“德、事、役、政、刑”，这五个关键词又可以分成“美德”“恶德”、“美事”“恶事”、“美役”“恶役”、“美政”“恶政”、“美刑”“恶刑”。这和彭祖所谈九大对策有接近之处。而“美恶”之分和“阳晦”之分也有类似之处。《汤在啻门》还提到在“成邦”“成地”“成天”中起到重要作用的“四神”、“九神”（地真）、“九神”（九宏），可见《汤在啻门》也是非常重视“神”的。所以我们在考察《殷高宗问于三寿》的文献性质时，是可以和《汤在啻门》关联起来考虑的。

在传世文献中，彭祖是以“治气养生”闻名的，例如，《庄子·刻意》有“吹呴呼吸，吐故纳新，熊经鸟申，为寿而已矣；此道引之士，养形之人，彭祖寿考者之所好也”；《荀子·修身》有“扁善之度，以治气养生则后彭祖，以修身自名则配尧、禹”；《楚辞·天问》“彭铿斟雉，帝何飨？受寿永多，夫何久长？”从出土文献记载看，张家山汉简

① 其韵部，可参见李守奎：《汉代伊尹文献的分类与清华简中伊尹诸篇的性质》，清华大学出土文献研究与保护中心网，2015年4月8日；此文又见《深圳大学学报（人文社会科学版）》2015年第3期。

《引书》开头云“春产、夏长、秋收、冬藏，此彭祖之道也”[①]，这是说彭祖导引之术顺于四时。马王堆汉墓帛书《十问》中有“王子巧父问于彭祖”章，属于房中保健，这些文献中的彭祖均不直接涉及政治理念。在《大戴礼记·虞戴德》中出现的“老彭”似乎是个全能政治家的形象，十分难得，“昔商老彭及仲傀，政之教大夫，官之教士，技之教庶人，扬则抑，抑则扬，缀以德行，不任以言”。[②]上博简《彭祖》和本篇最为相近，其中彭祖也属于帝师形象，如本章附录所示，文中虽有“远虑用素，心白身怿”之类养生之言，但其中大部分还是在讨论利用何种方法，以达到国祚长久的目的。其方法既有类似儒家的“五纪”（可能就是“五伦”）等纲常伦理，也有道家的谦恭姿态和虚心之术，在判定《殷高宗问于三寿》的文献性质时，最有参考价值，这一点在下文第四部分还将论述。

三、上下两部分的解读

如前所述，《殷高宗问于三寿》可以分成上、中、下三个部分，在此将重点对上、下两部分的内容加以解读。第二部分即论述九大理念的部分，限于篇幅，这里不再作详细讨论。

《殷高宗问于三寿》上半部分原释文如下所示：

---

① 张家山二四七号汉墓竹简整理小组编著：《张家山汉墓竹简【二四七号墓】》（释文修订本），文物出版社，2006年，第171页。

② 关于“老彭”，还可参见《论语·述而》：“子曰：述而不作，信而好古，窃比于我老彭。”

高宗观于洹水之上■，三寿与从■。

高宗乃问于少寿曰：“尔是先生，尔是【1】知二有国之情■，敢问人何谓长■？何谓险■？何谓厌■？何谓恶■？”少寿答曰：“吾【2】……。”……【3】中寿曰：“敢问人何谓长■？何谓险■？何谓厌■？何谓恶■？”中寿答曰：“吾闻夫长莫【4】长于风■，吾闻夫险莫险于心■，厌非（必）臧■，恶非（必）丧■。”

高宗乃又问于彭祖曰：“高【5】文成祖，敢问人何谓长？何谓险？何谓厌？何谓恶？”彭祖答曰：“吾闻夫长莫【6】长于水■，吾闻夫险莫险于鬼■，厌非（必）平■，恶非（必）倾。”

高宗乃言曰：“吾闻夫长莫长于【7】□■，吾闻夫险非（必）矛及干■，厌非（必）富■，恶非（必）无飤（食）■。苟我与尔相念相谋■，世世至于后飤（嗣）。我思【8】天风，既寍（回）或止。吾勉自印（抑）畏以敬，夫䜭（兹）□■。”“君子而不讟（读）箸（书）占■，则若小人之寵（宠）瘽（狂）而【9】不畜（友）■，殷邦之蚕（妖）祥并起。八纪则緍（紊），四厰（严）将行，四海之夷则作，九牧■九矣（有）将丧。炷＝（惶惶）【10】先反，大茖（路）用见兵。龟筮孚忒，五宝变色，而星月乱行■。”

关于“厌”和“恶”，整理者训“厌”为“足”，训“恶”为“过”。那么，“厌”和“恶”也就是指人心的满足与不满足，从后文“夫险莫险于心”看，这一解释是合理的。至于“厌非臧，恶非丧”“厌非平，恶非倾”“险非矛及干，厌非富，恶非无飤”中的“非”字，有一些学者表示应该读如字，如郭永秉认为应读为“匪”，训为“彼”，“厌非平，恶非倾”意为“满足公平持正，厌恶倾覆不平”。[①]马楠等学者读“非”为“未必”，认为这是一种特殊的修辞，大意是“臧”“平”“富”未必是最“厌”的东西，“丧”“倾”“无飤”未必是最“恶”的东西。[②]王宁训“厌”为“喜欢”，训“恶”为“厌恶”，说“非”相当于今言“不仅”，以“厌非臧，恶非丧”为例，王宁将其释为“使人喜欢的不仅仅是厚藏财物，使人厌恶的不仅仅是丧失财物”。[③]这些学者的见解即便语法上成立，也无法打通整体文意，因为《殷高宗问于三寿》显然希望“长”和“臧”“平”“富”，而不希望“险”和“丧”“倾”“无飤”，同时也是强烈反对“矛及干”的。没有其他的选择，使用“未必”“不仅”给人还有其他选择的感觉。再来看“吾闻夫险非矛及干”一句，“险”字不是动词，而是名词，“非”无法用“彼”来解释。如果像整理者那样，读“非”为“必”，举例而言，我们可以把“险非（必）矛及干，厌非（必）富，恶非（必）无飤”解释为“危险必然引发争斗，知足必然带来富有，不知足必然导致贫穷”，语义通顺，也最符合《殷高宗问于三寿》整体文意，但把“非”字读为“必”的假借字，的确非常牵强，很难理解作者为何不直接写作“必”。这里，或许应该把“非”字

① 郭永秉：《释清华简中倒山形的“覆”字》，“清华简与《诗经》研究”国际学术研讨会，香港浸会大学，2013年11月1–3日；又见《中国文字》新三十九期，台湾艺文印书馆，2013年。

② 清华大学出土文献读书会：《清华简第五册整理报告补正》。

③ 王宁：《读〈殷高宗问于三寿〉散札》。

句读为疑问句，“厌非臧？恶非丧？”意为“知足不就会（导致）富足吗？不知足不就会（导致）丧失吗？”“厌非平？恶非倾？”意为“知足不就会（导致）蓄藏吗？不知足不就会（导致）倾覆吗？”“险非矛及干？厌非富？恶非无飤？”意为“危险不就会（导致）争斗吗？知足不就会（导致）富有吗？不知足不就会（导致）饥饿（贫穷）吗？”在《论语·颜渊》中有这样一段话：

> 樊迟从游于舞雩之下，曰：“敢问崇德、修慝、辨惑。”子曰：“善哉问！先事后得，非崇德与？攻其恶，毋攻人之恶，非修慝与？一朝之忿，忘其身，以及其亲，非惑与？”

这里的“非崇德与”“非修慝与”“非惑与”，和“非”字句的句式是相同的，只不过《殷高宗问于三寿》没有加上疑问词“与”罢了。[①]

这种强调知足，反对贪欲，以求长久的思想，以及反向言说的辩证思维方式，出现于先秦各类典籍中，但以道家文献和《易传》最为突出，如《老子》第三十三章云“知足者富”，第四十四章云“知足不辱，知止不殆，可以长久”，第四十六章云“祸莫大于不知足，咎莫大于欲得。故知足之足，常足矣”，第五十九章云“治人事天，莫若啬”，《庄子·天下》云“无藏也，故有余”。“平”“倾”相对为文，见于《易传·系辞》“《易》之兴也，其当殷之末世，周之盛德邪？当文王与纣之

① 把“非”字句当疑问句来理解，得到了大西克也的提示。以《论语·颜渊》作为用例，得到了近藤浩之的提示。在此表示感谢。

事邪？是故其辞危。危者使平，易者使倾。其道甚大，百物不废。惧以终始，其要无咎，此之谓《易》之道也”。这是说文王作《易》出于忧患意识，力图使居安思危者获得平安，不使戒惧者走向倾覆。三组“非”字句总体上也和“惧以终始，其要无咎”的易道接近。

关于“吾闻夫长莫长于□”中的“□”，王宁指出疑为“山”之残泐，并指出“盖三寿与高宗均用自然之事物为喻，中寿言‘风’，彭祖言‘水’，高宗则言‘山’也。残存的字形可以与本书《厚父》12简之‘山’类比”[①]。确实有此可能，“长”与“险”相对而言，显然“长”代表长久、安定，与殷高宗“世世至于后飤”的政治期待相吻合，自然物中长久存在的“风”“水”“山”都是恰当的比喻。“险”则代表不稳定的、危险的因素，《殷高宗问于三寿》用“心”“鬼”“矛及干”来作比喻，如整理者李均明所指出的那样，关于人心之险，《庄子・列御寇》中有：“孔子曰：凡人心，险于山川，难于知天。”[②]《庄子・在宥》中有：“老聃曰：‘汝慎无撄人心。人心排下而进上，上下囚杀，淖约柔乎刚强。廉刿雕琢，其热焦火，其寒凝冰。其疾俯仰之间，而再抚四海之外，其居也渊而静，其动也县而天。偾骄而不可系者，其唯人心乎！’”[③]都是很适当的用例。至于“矛及干”，不用说显然是动荡祸患的

① 王宁：《读〈殷高宗问于三寿〉散札》。

② 李均明：《清华简〈殷高宗问于三寿〉概述》，《文物》2014年12期。但李均明在释文中引的是《荀子・解蔽》：“故《道经》曰：‘人心之危，道心之微。’危微之几，惟明君子而后能知之。”或许关系不大。因为这里的“人心之危”，一般解释为人有警戒危惧之心。

③ 当然《殷高宗问于三寿》没有明确提出“淖约柔乎刚强”的观念，这是老庄所特有的想法。

直接起因。而《殷高宗问于三寿》将“鬼”视为不安定的象征，可能和“心”的迷失有关，也就是说，这里指的不是实际的“鬼”，而是心之鬼，如《荀子·解蔽》云：“中心不定，则外物不清，吾虑不清，则未可定然否也。……凡人之有鬼也，必以其感忽之间疑玄之时定之。”《论衡·订鬼》云：“人病则忧惧，忧惧则鬼出。”“鬼之见也，人之妖也。”《殷高宗问于三寿》设计成“少寿”“中寿”“彭祖”和“殷高宗”之间的问对，应该暗含着讨论之深度越来越高的意思，就长久、安定的程度而言，“风”“水”“山”逐级上升，就不定、危险的程度而言，“心”“鬼”“矛及干”也是逐级明显。

“苟我与尔相念相谋，世世至于后飤”，当指假如殷高宗与彭祖两人相互深思熟虑，就能开创长治久安的政治局面。银雀山汉简《六韬》有：“文王在酆，召太公望曰：‘呜呼！谋念哉！……汝尝助予务谋，今我何如？’”[①] 这是周文王让太公望为之谋念。《逸周书·文儆解》：“后戒后戒，谋念勿择〈斁〉。”这是周文王告诫太子发要勤于思虑。“后飤”和前面的“无飤”，马楠指出当读如字，“《尚书·盘庚上》‘世选尔劳，予不掩尔善。兹予大享于先王，尔祖其从与享之’，‘至于后飤’语意即同于‘从与享之’，谓世世配享”[②]。将“飤”理解为享祀，可从，“世世至于后飤”表面上指的是祖先世代得以享祀，实际指的是后代地位福禄的维护和保障。上博简《三德》有“忌而不忌，天乃降灾；已而不已，

① 这部分大致可与今本《发启》篇对应。

② 马楠：《清华简第五册补释六则》，载《出土文献》第六辑，中西书局，2015年。

天乃降异。其身不没，至于孙子”。意为该忌讳不忌讳，该制止不制止，天就要降下灾异，不仅本人不保，还会殃及子孙，这是反向言之。总之，这段话表达了殷高宗自我警戒，希望慎守勿失的意愿，和前文“厌非（必）臧，恶非（必）丧”“厌非（必）平，恶非（必）倾”“厌非（必）富，恶非（必）无飤”是相呼应的。

笔者以为，殷高宗的话应该到此结束了，从后面开始是彭祖的话。整理者认为，从“君子而不读书占”开始是彭祖的话，但没有提出理由。其实这里的断句是可以商榷的，笔者以为，“我思天风，既回或止”“吾勉自抑畏以敬，夫兹囗”“君子而不读书占，则若小人之瘻瘥而不友”是三句独立的话，很可能引自经典，彼此之间，和后面“殷邦之妖祥并起”之间应该没有直接因果关系。从其中的主语一会儿用“我”，一会儿用“吾”，也可看出其间存在不统一。

“我思天风，既回或止”，如整理者所言，这说的是“风起风止”，但《殷高宗问于三寿》为什么要讲这句话呢？由“我思”构成的四字句，常见于《诗经》，如《绿衣》有“我思古人，俾无訧兮”，“我思古人，实获我心”。《泉水》有“我思肥泉，兹之永叹”。因此，“我思天风，既回或止”可能是古诗中的一句。讲天风既回旋又停止，可能比喻人事也应该有相应的举措。例如《六韬・明传》记载周文王问姜太公：“先圣之道，其所止，其所起，可得闻乎？”即古代先圣发扬什么，废止什么。彭祖以此展开说理，是非常合适的。“吾勉自抑畏”，如整理者所言，“勉自抑畏”是有出典的，那就是《尚书・无逸》：“周公曰：‘呜呼！厥亦惟我周太王、王季，克自抑畏。”“夫兹”下面那个字残泐不清，但细察残存笔画，确有可能如马楠所云，可以补作“怠”。马楠还指出，“以敬”应该下属为句，这样的话前后文就以“谋、飤、止、怠、友、起为韵”。[①] 笔者发现，在古典文献中，“敬”和“怠”常相对为文，如《大戴礼记·武王践阼》和《六韬·明传》都有“敬胜怠者吉，怠胜敬者灭”。上博简《三德》有“敬者得之，怠者失之，是谓天常”。“以敬夫兹怠”或许可以朝这个方向解释。

程浩此处断句为：“吾勉自抑畏以（矣）。敬夫兹（哉）！怠君子而不譆（读）书占”[②]。可备一说。或许还有一种可能，那就是“吾勉自抑畏以敬”是一句话，“夫兹怠”为下一句的句首，变成“夫兹怠君子而不读书占”。因为用“以敬”结语，古书常见，如：《论语·宪问》：“子路问君子。子曰：‘修己以敬。’”《管子·君臣下》：“官必中信以敬”等。而以“夫”作为句首，也很合理。不过，“怠”下面有墨块，还是以“怠”结句为好吧。

“君子而不读书占，则若小人之痝痓而不友”一句，有一个清晰的语言结构，那就是本该如此，却没有如此。本应“读书占”的君子却没有“读书占”，本来“不友”的小人却反而“痝痓”。其结构有点类似《论语·宪问》的“君子而不仁”“小人而仁”；《论语·里仁》的“士志于道，而耻恶衣恶食者，未足与议也”。所以笔者赞同陈健的思路，这

① 清华大学出土文献读书会：《清华简第五册整理报告补正》。

② 清华大学出土文献读书会：《清华简第五册整理报告补正》。

里的“而”表示转折。[①]“读书占”，整理者解释为“读书数”，胡敕瑞认为，“书”可读，“数”不可读，古无“读占”的文例。此处“占”当读如“笘”，也是简书。[②]其说可从。总的来讲，这两句可能意为，“作为一个君子却不喜欢读书，就像一个不懂友爱的小人却瘸痓一样”。这都是奇怪的反常的现象。“瘸痓”，应该是个好词。

如果与“我思天风，既回或止”对应，“吾勉自抑畏，以敬夫兹怠”可能正是要发扬的部分，“君子而不读书笘，则若小人之瘸痓而不友”可能正是要反对的部分。

“殷邦之妖祥并起，八纪则緍（紊），四厰（严）将行，四海之夷则作，九牧九有将丧。矬=先反，大茖（路）用见兵。龟筮孚忒，五宝变色，而星月乱行。”整理者在“不友”和“殷邦之妖祥并起”之间使用逗号，在“殷邦之妖祥并起”下用句号，而笔者认为从“殷邦之妖祥并起”开始，作者叙述的是“殷邦”已经发生和将要发生的状况，所以应该和“不友”之前的文字区别开来。

与这段话类似的描述，可见《史记·龟策列传》：

---

① 包括整理者在内的许多学者将“瘸痓”理解为贬义词，陈健则将“瘸痓”理解为褒义词，释为“宠皇”，意同“荣华”，将“友”训为“亲”，陈健认为“小人之瘸痓而不友”意为“小人一旦有‘荣’，则拒人于千里之外，不可亲近”。前后两句话的意思是说“君子不习书数，就好像小人只有外在的光彩，（而缺乏内在的优良品质）使人无法亲近”。参见陈健：《也说〈清华五·殷高宗问于三寿〉的“宠皇”》，复旦大学出土文献与古文字研究中心网，2015年4月14日。笔者在语言结构的理解上和对“瘸痓”词性的理解上支持陈健，但对句意的理解有很大不同。

② 胡敕瑞：《〈殷高宗问于三寿〉札记一则》，清华大学出土文献研究与保护中心网，2015年4月16日。

> 桀纣为暴强也，固以为常。桀为瓦室，纣为象郎。征丝灼之，务以费氓。赋敛无度，杀戮无方。杀人六畜，以韦为囊。囊盛其血，与人县而射之，与天帝争强。逆乱四时，先百鬼尝。谏者辄死，谀者在傍。圣人伏匿，百姓莫行。天数枯旱，国多妖祥。螟虫岁生，五谷不成。民不安其处，鬼神不享。飘风日起，正昼晦冥。日月并蚀，灭息无光。列星奔乱，皆绝纪纲。以是观之，安得久长！虽无汤武，时固当亡。故汤伐桀，武王克纣，其时使然。乃为天子，子孙续世；终身无咎，后世称之，至今不已。

这是典型的天人感应思路，如《礼记·中庸》云："国家将兴，必有祯祥；国家将亡，必有妖孽。"《左传·庄公三十二年》云："国将兴，听于民；国将亡，听于神。"《晏子春秋·内篇谏上》云："日月之气、风雨不时、彗星之出，天为民之乱见之，故诏之妖祥，以戒不敬。"《论衡·订鬼》云："天地之道：人将亡，凶亦出；国将亡，妖亦见。"因此，这类文章一般先讲人事之混乱，再讲天之灾异。所以笔者理解"八纪则緍（紊），四厰（严）将行，四海之夷则作，九牧九有将丧。皇=先反，大茖（路）用见兵"为人事之混乱，"龟筮孚忒，五宝变色，而星月乱行"为天地之妖祥。

"纪"，整理者释为"纲纪"，并引《黄帝内经·素问·阴阳应象大论第五》"天有八纪"，即天有八种节气。可能因为八种节气规范约束着人间的生产生活，所以可以称为纲纪。类似的说法，还有《吕氏春秋》

按四时运行次第编排的“十二纪”。[①]“凡《十二纪》者，所以纪治乱存亡也，所以知寿夭吉凶也。”（《吕氏春秋·序意》）即便从这一角度理解，我们也不应该把“八纪则緍（紊）”视为天之灾异，而应理解为人对天之纲纪的遵循发生了紊乱。或者可以把“纪”直接理解为人所制定的社会规范，如《礼记·乐记》云：“夫古者，天地顺而四时当，民有德而五谷昌，疾疢不作而无妖祥，此之谓大当。然后圣人作为父子君臣，以为纪纲。纪纲既正，天下大定。”

“四严”，如整理者所言，应该指的是人间四种紧急的或严厉的措施。接下来的“四海之夷则作，九牧九有将丧。矬=先反，大茖（路）用见兵”也指人间乱象。“九牧”“九有”同时出现于《荀子·解蔽》，均指九州。“矬=”，整理者读为“惶惶”，笔者以为或许可以读为“往往”。“矬=先反”可视为“四海之夷则作，九牧九有将丧”的结果，即各地往往先起来反叛。“见兵”多见于睡虎地秦墓竹简《日书》，例如“外害日，不可以行作。之四方野外，必遇寇盗，见兵”，“空外害之日，不可以行。之四邻，必见兵”[②]。可见“见兵”指遇见战争，“见兵”前面的词多指方位。所以整理者把“大茖”释为“大路”是可信的。

王宁称“矬=”即“往矢”之合文，读为“枉矢”，是妖星名，并指出《开元占经》卷八六《妖星占中》引《洪范五行传》曰：“枉矢者，

① 《逸周书·小开武》有“九纪”之说：“九纪：一辰以纪日，二宿以纪月，三日以纪德，四月以纪刑，五春以纪生，六夏以纪长，七秋以纪杀，八冬以纪藏，九岁以纪终。”

② 释文参见刘乐贤：《睡虎地秦简日书研究》，台湾文津出版社，1994年，第23、315页。

弓弩之象也。枉矢之所触，天下之所伐，灭亡之象也。”又引《春秋合诚图》曰：“枉矢……故以为谋反之征，在所流受者灭，皆为天子之祥。阴道于六，期六年，萌二十四年，天子以兵亡。”又引《尚书中候》曰：“夏桀无道，枉矢射。”因此“枉矢先反”为兵起之征。“大茖”当读为格斗之“格”，本字作“挌”，大格即大战。[①]王宁所引为后代文献，可信度较低，但可备一说。如果这一解释成立，那么“𥎦=先反，大茖用见兵”就应当作灾异现象理解。

“龟筮孚忒”，整理者认为是“卜筮信疑混乱”，可从。“五宝变色”，整理者认为是五星变色，王宁认为是太阳所发五色变色，然所据多为《开元占经》等后世的资料，不知是否合适。[②]或许“五宝”就是“五色”，古人需要“建律历、别五色、异清浊、味甘苦”（《淮南子·本经》）、“正五色之位”（《大戴礼记·曾子天圆》），因此五色难以分辨确认，应是灾异之象。“星月乱行”，除整理者所举长沙子弹库楚帛书“日月星辰，乱逆其行”外，还可举上引《史记·龟策列传》“日月并蚀，灭息无光。列星奔乱”，《韩诗外传》卷二“国无道则飘风厉疾，暴雨折本，阴阳错氛，夏寒冬温，春热秋荣，日月无光，星辰错行，民多疾病，国多不祥，群生不寿，而五谷不登”。这些应该都是妖祥的表现。

基于上述分析，笔者认为可以对这段话作重新释读、标点。

① 王宁：《读〈殷高宗问于三寿〉散札》。

② 王宁：《读〈殷高宗问于三寿〉散札》。

高宗乃言曰："吾闻夫长莫长于［山］，吾闻夫险非矛及干？厌非富？恶非无飤（食）？苟我与尔相念相谋，世世至于后飤（嗣）。""'我思天风，既宭（回）或（又）止。''吾勉自印（抑）畏，以敬夫䎡［息］。''君子而不讟（读）箸（书）占（笘），则若小人之痝痓而不啓（友）。'殷邦之妖祥并起，八纪则緍（紊），四厰（严）将行，四海之夷则作，九牧九有将丧，𢓊=（往往）先反，大茖（路）用见兵。龟筮孚忒，五宝变色，而星月乱行。"

总结《殷高宗问于三寿》上半部分的宗旨，应该是在探讨长治久安之道，三寿和殷高宗对话的内容，既接近《老子》也接近《易传》，属于居安思危、趋吉避凶之道。彭祖的话除继续戒惧敬慎的思路外，也充满天人感应的味道，所以"妖祥"会在文中多次出现。

接着讨论《殷高宗问于三寿》下半部分即最后一部分的内容，原释文如下所示：

高宗又问于彭祖曰："高文成祖，敢问疋（胥）民胡曰昜（扬？扬）则𠯑（悍）逵（佚）无常■。胡曰晦？晦则【24】□□□□□□□□□□□□□□□□□□□□□□□□□戏（虐）悜（淫）自嘉而不缕（数），諴（感）高玟（文）富【25】而昏忘寶（訽），急利■嚣神慕（莫）恭而不顾于后■，神民并尤而九（仇）悁（怨）所聚，天罚是加，用凶以见【26】訽■。"曰："呜呼！若是■。""民之有晦，晦而本由生光，则唯小心翼翼，顾复孪（勉）䚙（祇），闻教训，舍（余）敬恙（养），恭【27】神劳民，揆中而象常。棘（束）柬（简）和蓦（慕），専（补）缺而救枉，天顾复之用休，虽阴又明。"曰："呜呼！若是■。"【28】

"胥"字，如整理者李均明指出的那样，可读为"斯"，训为"是"，可从。"昜"字，整理者读为"扬"，意为"骄扬"，在另一篇论文中，李均明又提出"昜"可读为"扬"或"阳"，但两者都意为"亢扬"。"《逸周书·官人》'扬言者寡信'，朱右曾集训校释'扬，振扬张大也'。此类人系张扬外向者，如《庄子·人世间》'夫以阳为充孔扬'，注'言卫君亢扬之性充张于内而甚扬于外，强御之至也'。疏：'阳，刚猛也。充，满也。孔，甚也。言卫君以刚猛之性满实内心，强暴之甚，彰扬外迹。'"[①] 从"悍佚无常"等负面评价看，"昜"字可读为"扬"，但如王宁所言，此字与下文"晦"为对，当依字读为"阳"或"旸"。"舌"字，整理者读为"悍"，意为"凶悍"，王宁引蚊首先生意见，认为此字从"舌"，读为"摄"，训为"引持"，亦收敛义，与"佚"为放纵义相反，"慑（摄）佚无常"即或收敛或放纵，反复无常，可备一说。[②] "戏怪"，整理者读为"虐淫"，并引《尚书·西伯戡黎》"惟王淫戏用自绝"、《史记·殷本纪》"维王淫虐用自绝"为证。王宁引《论衡·语增》"《传》又言：'纣悬肉以为林，令男女倮而相逐其间。'是为醉乐淫戏无节度

① 李均明：《清华简〈殷高宗问于三寿〉概述》，《文物》2014年12期。

② 王宁：《读〈殷高宗问于三寿〉散札》。

也”，认为“戏怪”直接读为“淫戏”即可。[①]可从。“諡高玟富而昏忘賓”，整理者读为“感高文富而昏忘詢”，引《逸周书·谥法》“满志多穷曰感”释“感”，释“文”为“饰”，释“詢”为“耻”。此句，补白结合暮四郎的意见，读为“諡（歆）高玟（文）富而昏忘賓（眗）”，意为“这句话可能是批评统治者因贪羡‘高文’之富而昏忘了禀给之事”[②]。两说可能都难以成立。这里“諡”和“玟”显然都是动词，因此用“满志多穷曰感”释“感”恐不确，而殷高宗称彭祖为“高文成祖”，所以说“高文”是贬义词也不确。这里，“高”“文”“富”都是“阳”者所夸耀的事情，因此，如果读“諡”为“歆”，其余照整理者的释读即可。“急利器神莫恭而不顾于后，神民并尤而仇怨所聚”，可参照整理者的释读，我们解释为“做事急功近利，在神前喧哗不恭，不为今后打算，遭到神与人的共同责备，成为仇怨聚集之所在”。“用凶以见詢”，大概意为“因为凶险受耻辱”吧。

“晦”字，整理者李均明读为“暗昧”，可见和“骄扬”一样，是不可取的。关于整个第三部分，整理者李均明提出：“段末述彭祖对朝代更替之感叹，又与武丁讨论俗民性格之两端：‘昜（扬）’之亢扬外向及‘晦’之内敛愚昧，详述如何以教化的方式发掘后者之积极面，使之向善。”[③]他还提出，“晦”是“形容人的愚昧无知。简文列举了此类人的种

① 王宁：《读〈殷高宗问于三寿〉散札》。

② 补白：《清华简〈殷高宗问于三寿〉臆说四则》。

③ 李学勤主编：《清华大学藏战国竹简（伍）》，中西书局，2015年，第149页。

种不良表现，终而遭神民所责，但指出其本性仍有可取之处，即简文所云：‘晦而本由生光’。……故主张积极引导，采用了包括‘补缺而救枉’的多种手段，使晦暗者开朗向善”[①]。然而，我们从关于“晦”的描述中完全看不到“内敛愚昧”，而且它指的不是俗民性格，应该指的是统治者的人性，而且是统治者人性中好的、值得肯定的、需要倡扬的一面，下面作详细论述。

什么是“晦而本由生光”呢？从整理者的解释看，指的是本性自明。其实“本由”是个专有名词，《史记·屈原贾谊列传》所引《怀沙》中有“易初本由兮，君子所鄙”。关于“本由”，《集解》引王逸曰：“由，道也。”《正义》云：“本，常也。”因此，“本由”就是常道，或者说最为根本的东西，只有通过“晦”才能让常道或者说最为根本的东西发出光亮，可见“晦”是一种姿态和方式，具体而言，就是下文所谓“小心翼翼”，“顾复勉祗”，“闻教训，舍（余）敬恙（养）”。关于“顾复孪（勉）髗（祗）”，整理者认为“顾复”就是“反复”的意思，下文还有“天顾复之用休”，整理者认为其中“复”是“报”的意思，即“回报”。如王宁指出的那样，“顾复”一词出自《诗经·蓼莪》“顾我复我”，《毛传》：“顾，旋视也。复，反覆也。”《疏》：“旋视，谓去之而反顾也。复，反也，故为‘反覆’，谓小者，就所养之处，回转反覆之也。”由此而言，所谓“顾复”犹照顾、顾念、关爱、关照等义，后用以代指父母

① 李均明：《清华简〈殷高宗问于三寿〉概述》。

的关爱抚育。[1]因此"顾复"是一种上对下的姿态，这里应该指的是统治者对于百姓的顾念、关爱。"勉祗"可能指面对神灵能够勉于恭敬。"敬恙（养）"可能也是针对百姓，即敬爱和养育。"揆中"和"象常"看来也是分别面向人事和神灵，"揆中"即前文的"揆中水衡"，公平公正之义。"象常"即法象天之常法常道。

关于"楝（束）柬（简）和慕（慕）"，整理者指出：束，约束。《庄子・秋水》："曲士不可以语于道者，束于教也。"柬，《荀子・修身》："柬理也"，杨倞注："柬，与简同，言柬择其事理所宜而不务骄逸。"慕，《说文》："习也。"但整理者并没有对这四个字作整体的解释。王宁指出："'束'本为束缚义，有聚集、紧密意，引申为亲近意；'柬'本为挑拣、选择义，有分别、分离意，引申为疏远意，故本文'束柬'很可能就是传世典籍中常见的所谓'亲疏'、'远近'之意，'束柬和慕'为无论关系亲近的还是疏远的都和谐爱慕。"[2]笔者以为这个解释比较合理，也可以理解为是统治者的一种态度。"尃（补）缺而救枉"，指能善于处理危机，做到协调和平衡。"束柬和慕"和"补缺而救枉"可以说都是"小心翼翼""顾复勉祗"的结果。"天顾复之用休，虽阴又明"应该也是结果，即上天用"休"这种美好的东西来关照人间，使人不至于永远处于阴暗中，而能走向光明。这样看来，这里的"阴"实际上和上文的"阳"相关，而"晦"和"明"相关。所谓"虽阴又明"，实际上

① 王宁：《读〈殷高宗问于三寿〉散札》。
② 王宁：《读〈殷高宗问于三寿〉散札》。

就是“虽阴又阳”，意思是“阴”和“阳”相互对立，相互依存，相互交替，不可能一方永远占据优势。马王堆帛书《缪和》云：“凡天之道壹阴壹阳，壹短壹长，壹晦壹明，夫人道仇之。”《逸周书·官人》云：“民生则有阴有阳。”[①] 这里之所以没有用“阳”，可能和此文对人性中的“阳”持贬斥态度有关，而“明”显然是褒义词。同样，之所以没有用“晦”，而用“阴”字，可能是因为“晦”在文中是值得倡扬的品性，如果写成“虽晦又明”，则显然“晦”成了“明”的反面，所以故意用了“阴”字。不管怎样，作者想要表达的意思很明确，人性中既有“阴”的一面，又有“明”的一面。在文中，具体表现为“阳”和“晦”的交替与轮转。只不过，在这里“阳”是要否定的一面，“晦”是要弘扬的一面，之所以这样表达，可能和道家“守弱”“守雌”“守黑”的立场有关。

四、本篇的性质

最后，笔者想就此篇文献的性质作些判断。在我看来，此篇的思想面貌非常驳杂。第一，此篇有着与道家接近的戒惧谨慎、居安思危的倾向，例如第三部分，关于人性，作者认为“阳”的确是人身上不好的、需要否定的因素，而“晦”正好相反，是人身上值得肯定的、需要倡扬的因素。对“晦”的肯定与倡扬，与《殷高宗问于三寿》第一部分

---

① 不过，《逸周书·官人》并没有“阴”和“阳”哪个好哪个不好的意识，而是强调两者都会显发出来，无法隐藏。如“喜气内蓄，虽欲隐之，阳喜必见。怒气内蓄，虽欲隐之，阳怒必见。欲气、惧气、忧悲之气，皆隐之，阳气必见。五气诚于中，发形于外，民情不可隐也”。

关于“厌非臧？恶非丧？”“厌非平？恶非倾”？“吾勉自抑畏”的论述是相呼应的。此外“彭祖”为道家人物，这为我们理解此篇的性质提供了重要契机。但可以说，戒惧谨慎、居安思危的倾向也和《易传》的忧患意识相接近，而且此篇并未展露出“守柔守雌”这种老庄道家常见的明确意向。同时，此篇虽然指出人心险恶，不易满足，但也没有因此要求“虚心”“白心”，所以和上博简《彭祖》也有一定距离。第二，尤其值得注意的是，其中“神”“民”并举屡见不鲜，如“冒神之福，同民之力”“喜神而膑人”“恭神以敬，和民用正”“神民莫责”“神民并尤”“恭神劳民”所示，彭祖反复强调，是否能让“神”与“民”均得到满足，是衡量统治者是否高明的一个重要标志。“祥义”是《殷高宗问于三寿》中的关键词，如《左传·成公十六年》“背盟，不祥；欺大国，不义；神人弗助，将何以胜”，《墨子·公孟》“有义不义，无祥不祥”，《管子·白心》“祥于鬼者义于人”“义于人者，祥其神也”，马王堆帛书《十六经·前道》“圣［人］举事也，阖（合）于天地，顺于民，羊（祥）于鬼神。使民同利，万夫赖之，所胃（谓）义也”等文献所示，“祥”指神事，“义”指人事，因此“祥”“义”实际上也对应“神”“民”。所以，要判断《殷高宗问于三寿》的文献性质，既重神事又重人事，强调天人感应，强调灾异与妖祥，应该是一条重要的线索。如此高调强调神的地位和作用，似乎接近墨家，而且九大理念中的“利”正是墨家所倡导的。但墨家并不讲灾异与妖祥，《殷高宗问于三寿》也没有显示出宗教信仰意义上的鬼神决定论，九大理念中的“利”似乎指向君臣上下关系，所以和墨家有距离。第三，《殷高宗问于三寿》出现了“德”“仁”“圣”“智”“信”等儒家常用的概念，例如“仁”指的是能够“好信”“孝慈”“恤远”“谋亲”“喜神”“忧人”，这些都是儒家积极弘扬的。但有趣的是，“仁”在九大理念中并不占主位，九大理念起于“祥义”，终于“睿信之行”，可见“祥义”最为重要，而“睿信之行”是至高的体现。这九种理念及其排序，在儒家经典中都没有看到过，因此整理者仅仅因为荀子突出音乐的教化作用，同时强调“利”，就说“其理念主要承自儒家”“其思想体系与后来的荀子已颇相似”，似乎不具备强大的说服力。第四，此篇中有关于人性的论述，极为珍贵，但好像接近《逸周书·官人》“民生则有阴有阳”，将“阳”（代表“恶”）和“晦”（代表“善”）均视为人性的组成部分，这与孟子性善、荀子性恶均有距离。不过，作者又强调“本由”，这才是令人“生光”的东西，“阳”和“晦”成了能否使人“生光”的途径和手段，这样的表达方式，也是少见的。第五，此篇作者好引古典，例如“德音”就来自《诗经》，这种特殊的用词现象也具有参考价值。

总之，《殷高宗问于三寿》可能成书较早，思想属性尚不能像后世那样作出明确的立场区分，儒道有可能都从这里获得过资源。其文献性质可能与《逸周书》类文献比较接近。

附录：上博简第五册《彭祖》释文[①]

耇老问于彭祖曰："耇氏执心不忘，受命永长。臣何设何行，而举于朕身，而毖于禘尝？"彭祖曰："休哉！乃将多问因由，乃不失度。彼天之道唯恒……不知所终。"耇老曰："眇眇余冲子，未则于天，敢问为人？"彭祖［乃曰："……。"耇老曰］："既跻于天，又邃于渊。夫子之德盛矣。何其充！顾君之愿，良……。"

［彭祖曰］："……言。天地与人，若经与纬，若表与里。"问："三去其二，奚若已？"彭祖曰："吁，汝孳孳博问，余告汝人伦，曰：戒之毋骄，慎终葆劳。泰匡之愆，难以遣欲。余［告汝尤］：父子兄弟，五纪毕周，虽贫必攸。五纪不正，虽富必失。余告汝祸：……匆匆之谋不可行，怵惕之心不可长，远虑用素，心白身怿。余告汝咎：倍者不以，多务者多忧，贼者自贼也。"

彭祖曰："一命二俯，是谓益愈。一命三俯，是谓自厚。三命四俯，是谓百姓之主。一命二仰，是谓遭殃。二命［三仰］，是谓不长。三命四仰，是谓绝世。毋怙富，毋倚贤，毋尚斗。"

耇老三拜稽首曰："冲子不敏，既得闻道，恐弗能守。"

① 该释文采用林志鹏：《宋钘学派遗著考论》，万卷楼图书股份有限公司，2009年，第80-81页。

第六章　从“食烹之和”到“和民”
——清华简《汤处于汤丘》“和”思想研究

《汤处于汤丘》是清华简中五篇与伊尹相关文献中的一篇。这五篇是一个整体，都和伊尹帮助商汤灭夏有关，反映出战国早中期知识界关于伊尹思想的系统认识。《汤处于汤丘》借助“食烹之和”来阐述“和民”思想，认为只有“和利万民”才能强大商邦、顺从天意、征伐夏桀。其“和”的观念和表达方式与《国语》《左传》《吕氏春秋》等文献所载烹调之道及治国理念属于同一系列。通过与儒道两家“和”思想的比较，可以发现《汤处于汤丘》更倾向于道家一些。

一、《汤处于汤丘》的基本情况

战国时期，有关“和”的论述极为丰富，这一点即便在出土文献中也有所反映，出土文献《汤处于汤丘》提及伊尹善于“食烹之和”，并借此向商汤传授“和民”之道，这是传世文献所不见的珍贵资料，对于我们了解借助伊尹传达的“和”的理念、了解战国早中期的“和民”思想、了解伊尹“以滋味悦汤”的具体内容与过程，有很大帮助。在对《汤处于汤丘》展开研究之前，有必要首先考察清华大学藏战国竹简所见伊尹类文献的整体情况，因为这有利于我们确定《汤处于汤丘》的性质。

《汤处于汤丘》简文已经在《清华大学藏战国竹简（伍）》一书中正式公布。[①] 此篇由 19 支竹简组成，约 600 字，内容完整无缺。在已公布的清华简中算是规模较大的一篇。清华简因为是从香港古董市场回购的被盗流失文物，所以无法确定其出土地，也没有科学的考古发掘记录。专家根据竹简形制、文字及其内容，鉴定其年代为战国中晚期，C_{14} 测定及树轮校正的年代为公元前 305 ± 30 年。[②] 因此《汤处于汤丘》成书的时代应该不晚于战国中期。此文原无篇题，篇题为整理者所加。其内容是伊尹与汤之间的对话，在《清华大学藏战国竹简（伍）》中，还有一篇伊尹与汤之间的对话，即《汤在啻门》。清华大学出土文献读书会指出：“从竹简长度、宽度以及简背竹节位置和形状来看，《汤在啻门》简 21 与《汤处于汤丘》第一组的 17 支简应同属一段‘竹筒’辟削而成，若据此顺序，似乎将《汤在啻门》排在《汤处于汤丘》之前更为妥当，且从编痕位置看，两篇当时很可能编连在一册。”[③] 也就是说，在《清华大学藏战国竹简（伍）》中有两篇伊尹的故事，而且有意识地编在了一起。

① 李学勤主编：《清华大学藏战国竹简（伍）》，中西书局，2015 年。整理者为沈建华。

② 李学勤主编：《清华大学藏战国竹简（壹）》，中西书局，2010 年，前言。

③ 清华大学出土文献读书会：《清华简第五册整理报告补正》，清华大学出土文献研究与保护中心网，2015 年 4 月 8 日。

值得注意的是，在已经公布的清华简中，已经出现了不少与伊尹有关的记载，如清华简第一册中的《尹至》《尹诰》，第三册中的《赤鹄之集汤之屋》[①]，这样加起来就已经有五篇，数量相当可观。《尹诰》就是《尚书》中的《咸有一德》，不过这和伪古文《尚书》中的《咸有一德》完全不是一回事，而是真正的古文《尚书》。[②]《尹诰》并不长，主要内容讲伊尹与汤同心一德，鉴于“天之败西邑夏”，伊尹告诫汤要汲取夏灭亡的教训，千万不能失去民众的支持，要懂得施惠于民。可见这则故事显然发生于商汤刚刚取代夏桀之后。《尹至》也不长，全篇叙述夏因失去民心而灭亡的过程。主要内容讲伊尹从夏回到商，告诉他在夏的所见所闻，由于夏桀施行暴政，百姓甚至说“余及汝偕亡”，而且夏已经出现种种灾异，于是商汤决定实施征夏计划。这则故事显然发生于商汤取代夏桀之前。“惟尹自夏徂亳”这句话，很可能印证了伊尹去夏做间谍的传说。这两篇从内容上看，都紧扣民心所向这一主题。李守奎认为：“《尹至》《尹诰》是两篇性质相同、战国中期已经普遍流传的《商书》类文献。”[③]

第三册中的《赤鹄之集汤之屋》讲述了一个非常离奇的故事，巫术色彩非常浓厚。此篇简文记载，汤射获一只赤鹄，令小臣（伊尹）做成

① 现在学界多将“赤鹄”读为“赤鸠”，参见孙飞燕：《论清华简〈赤鸠之集汤之屋〉的性质》，载《简帛》第十六辑，上海古籍出版社，2018年。

② 详参李守奎：《汉代伊尹文献的分类与清华简中伊尹诸篇的性质》，清华大学出土文献研究与保护中心网，2015年4月8日；此文又见《深圳大学学报（人文社会科学版）》2015年第3期。

③ 李守奎：《汉代伊尹文献的分类与清华简中伊尹诸篇的性质》，《深圳大学学报（人文社会科学版）》2015年第3期。

羹汤，汤的妻子强迫伊尹把羹给她吃，还让伊尹自己也吃，结果两人都具备了神奇的能力，伊尹因为害怕汤的惩罚而逃往夏国，结果商汤诅咒伊尹，伊尹倒在路边不能动弹，一群乌鸦要吃了伊尹，被为首的神鸟制止。伊尹能够听懂乌鸦们的话，知道上帝派了黄蛇、白兔作祟，要让夏桀生病。神鸟帮助伊尹恢复了健康，之后伊尹去了夏桀之处，帮助他斩杀了作祟的动物，得到了夏桀的信任，但一只白兔逃跑了。[①]

这显然是一个还没有结束的志怪故事，有学者认为应该属于小说。[②]但也有学者认为本篇既然和《尹至》《尹诰》同抄，那么也应该属于《书》类文献，但性质仍属于小说。[③]不管内容如何离奇，通过苦肉计使伊尹得以进入夏国，并获得夏桀的信任，仍然是伊尹帮助商汤完成灭夏大业之过程的一个部分。因此本篇和《尹至》《尹诰》乃至《汤处于汤丘》的内容是可以对应的。《赤鹄之集汤之屋》未完的部分，应该是伊尹探明夏的国情民情，最终潜回商邦。这就可以和《尹至》接应起

① 关于商汤使用苦肉计让伊尹获得夏桀信任，从而刺探夏的实情，《吕氏春秋·慎大》有比较详细的记载，《尹至》中的一些文字与之接近。所以李学勤认为“《慎大》的作者曾见到这篇《尹至》或类似文献”。参见李学勤主编：《清华大学藏战国竹简（壹）》，中西书局，2010 年，第 127 页。在笔者看来，《赤鹄之集汤之屋》就属于类似文献，虽然《慎大》没有采用《赤鹄之集汤之屋》的故事情节，但总体线索是一样的。

② 黄德宽：《清华简〈赤鹄之集汤之屋〉与先秦“小说”——略说清华简对先秦文学研究的价值》，《复旦学报（社会科学版）》2013 年第 4 期。

③ 如李守奎指出：“从《赤鹄之集汤之屋》与《尹至》、《尹诰》竹简形制完全相同、字迹相同来看，当时同编一册的可能性很大，很可能当时是当做同类看待的。”“这篇不仅完全合乎‘其语浅薄，似依托也’的‘小说家’言，也是文学意义上的最早的志怪小说。”参见李守奎：《汉代伊尹文献的分类与清华简中伊尹诸篇的性质》，《深圳大学学报（人文社会科学版）》2015 年第 3 期。

来了。我们不能用今人的眼光，因为文风的不同、内容的浅薄，就把《赤鹄之集汤之屋》独立出来，说这只是一篇志怪小说。是否可以纳入《书》类文献，还可以讨论，但这五篇被当时的人视为一个整体，是可以想象的。

再来看清华简第五册中与《汤处于汤丘》同抄的《汤在啻门》。这是一篇思想性很强的文章，内容是汤向小臣请教留存于今的“古之先帝之良言”，也就是说古之先帝是如何认识把握人世间最为根本问题的。这个根本问题可以总结为“何以成人？何以成邦？何以成地？何以成天？”四大问题，即构成“人”“邦”“地”“天”各自最为重要的因素究竟是什么。伊尹的回答简明而神秘，那就是“五以成人，德以光之；四以成邦，五以相之；九以成地，五以将[之]。九以成天，六以行之”。显然，作者有好用数字传递宇宙间重要信息的倾向，这些数字中“五”出现最多，很可能与五行有关。[①]所以，在《汤在啻门》中伊尹化身为天道代言人。就文献性质而言，笔者以为：《汤在啻门》这部出土文献存在着大量对先秦思想史而言重要而有趣的现象。其中，从养生到治国，从天道到人道，重视利用术数、鬼神等自然规则、禁忌的力量，同时以“帝师类文献”的方式加以阐说，这些，都可以说与黄老道家有一定关

① 关于《汤在啻门》所见“五”的观念，笔者有详细研究，参见曹峰：《清华简〈汤在啻门〉所见“五”的观念研究》，《哲学与文化》（台北）2017年第10期；又见本书第四章。

联。[①]关于《汤在啻门》的创作时代，笔者从五行的角度作过考察。笔者认为，《汤在啻门》体现出当时的思想家利用五行建构世界秩序的努力，但五行在《汤在啻门》中还不是唯一的、最高的标准，而且尚未见到明确的相生相克观念的运用，因此只是一种狭义五行观，和秦汉之际将世界万象编入五行框架的广义五行观有很大的不同。清华简的抄写时代大约在战国中期，因此，《汤在啻门》的创作时代有可能在战国早期甚至春秋晚期。从五行观念演变的历史看，狭义五行观也大致和这一历史时期相吻合。[②]

我们难以确认《汤在啻门》在伊尹与商汤故事时间序列中的位置，因为这些对话有可能被安排在灭夏之前，也有可能安排在商王朝建立之后。[③]但是《汤处于汤丘》的时间设计是很清楚的，那就是在伊尹成功地“以滋味悦汤”之后，被作为间谍派往夏国之前。此文先讲伊尹如何善于“食烹之和”，因此受到商汤赏识，话题转到“和民”之道以及灭夏大计。但这时伊尹病了，于是商汤不顾自己身份的尊贵，三顾茅庐前往

① 曹峰：《清华简〈汤在啻门〉译注》，《出土文献と秦楚文化》（日本）第10号，2017年3月；又见曹峰：《文本与思想：出土文献所见黄老道家》，中国人民大学出版社，2018年，第129–187页。

② 曹峰：《清华简〈汤在啻门〉所见“五”的观念研究》，《哲学与文化》（台北）2017年第10期。又见本书第四章。

③ 在出土文献中，还有一篇伊尹与商汤的对话，那就是马王堆帛书《九主》。此文有两个话题，一是分析八种不好的君主产生的原因，强调君主集权的必要性，防止君主被大臣专制；二是强调“主法天、佐法地、辅臣法四时、民法万物”，君臣万民必须遵循自然法则，才能“天下太平”。可见该文既有法家的倾向，也有黄老道家的倾向。和清华简所见五篇伊尹文献一样，《九主》所见伊尹与商汤的对话，毋庸置疑是假托的。但从对话设计的时间来看，应该是商王朝建立之后。

伊尹住地请教，甚至引起侍从的不满。伊尹向商汤阐述了夏桀为什么离心离德，征伐夏桀之前该如何自重、爱民，以及如何让臣下用命。总的来讲，这是一篇政论，并没有太复杂的内容，也没有出现类似《汤在啻门》的宇宙情怀、天地之道。其中最为引人注目的是伊尹关于“和”的论述，这是以往的伊尹文献中所不曾看到的，有助于我们了解伊尹“以滋味悦汤”的具体内涵，也可以为战国时期“和”思想提供新的资料，因此具有较高的思想价值。

总之，清华简这五篇伊尹文献，把传世文献以及其他出土文献所见伊尹的主要特征全部都涵盖进去了，如出身卑贱，以滋味悦汤，以间谍身份进入夏地，作为天道代言者开启商汤，作为政治引领者辅佐商汤。这样就为伊尹构建了一条系统的、完整的故事链条。我们在讨论伊尹“和”的思想时，也必须置身于这样的背景之下，才能获得比较准确的观察。

二、《汤处于汤丘》关于“和”的论述

《汤处于汤丘》开始部分是这样一段文字：

> 汤处于汤丘，娶妻于有莘，有莘媵以小臣。小臣善为食烹之和，有莘之女食之，绝芳旨以粹，身体痊平，九窍发明，以道心嗌，舒快以恒。汤亦食之，曰：“允！此可以和民乎？”小臣答曰：

“可。”乃与小臣惎谋夏邦。[①]

这段话的大意是：夏末之际，成汤居于汤丘之地，娶有莘氏之女为妻，小臣（伊尹）作为有莘氏之女的婚嫁陪臣一同随行。小臣非常懂得调和五味，做出的饭菜极为美味可口，使人身体平和，各种身体器官以及心气都特别安宁舒畅。成汤也吃了，说：“味道很好，烹调之理也可以用于治国吧。”小臣说：“可以。”于是与小臣商量谋反夏王朝的事情。

小臣作为有莘氏女的媵臣一起来到商邦的故事，《史记·殷本纪》有记载：“伊尹名阿衡。阿衡欲奸汤而无由，乃为有莘氏媵臣，负鼎俎，以滋味说汤，致于王道。”《吕氏春秋·本味》也有记载：“（伊尹）长而贤。汤闻伊尹，使人请之有侁氏。有侁氏不可。伊尹亦欲归汤。汤于是请取妇为婚。有侁氏喜，以伊尹为媵送女。”显然《史记·殷本纪》和《吕氏春秋·本味》的记载更为详尽，可能《史记》和《吕氏春秋》是在参考了包括《汤处于汤丘》在内的资料后扩充而成的。

值得注意的是，《汤处于汤丘》开头部分在讲述“乃与小臣惎谋夏邦”后，接下来没有讨论具体的计策，而是开始讲伊尹患病，“三月不出”，成汤“反复见小臣，归必夜”，以至引发身边近臣不满的事。这和《史记·殷本纪》所见“伊尹处士，汤使人聘迎之，五反然后肯往从汤，

① 释文采用沈建华《汤处于汤丘》(“人性、道德与命运：清华大学藏战国竹简中的《汤处于汤丘》、《汤在啻门》与《殷高宗问于三寿》”国际学术会议，德国埃尔朗根-纽伦堡大学，2016年5月9—13日）一文中的通行文字，但在标点上有所调整。如沈建华作“小臣善为食，烹之和”，我们认为不合适，调整为“小臣善为食烹之和”。以下所引沈建华观点均出自此文，不再一一出注。

言素王及九主之事”可以形成对照，只不过所言之事有所不同。[①]《汤处于汤丘》讲的主要是如何“和民”，而《史记》所见“九主之事”见于马王堆帛书《九主》。可见《史记》对所见伊尹资料作了选择，但依然保存了礼贤下士的内容。在《吕氏春秋·本味》中，礼贤下士的内容得到进一步的强调，变成了“事之本”，即“求之其本，经旬必得；求之其末，劳而无功。功名之立，由事之本也，得贤之化也。非贤其孰知乎事化？故曰其本在得贤”。可见“事之本”可以具体化为“其本在得贤”。但《吕氏春秋·本味》没有展开伊尹如何面授机宜，而是把话题转向了烹调之术。《汤处于汤丘》则不然，在叙述完成汤如何礼贤下士之后，便是君臣对话和伊尹大段的发言，发言内容可以分为这样几个部分：第一，夏桀之德非常败坏，已经不可能再拥有天下；第二，因为成汤敬天爱民，举伐夏国一定会成功；第三，小臣告诉成汤，古之圣人如何自爱，那就是做事不走极端，懂得与百姓分利；第四，小臣告诉成汤，该如何为君为臣，那就是为君要爱民，为臣要恭命。

因此，整篇文章的主旨在于作出伐夏之前的政治评估，而基调就是能否爱民，夏之将亡在于“民人趣忒”（百姓开始怀疑）、“民人皆瞀偶瑟”（意义不明，但一定是负面意义）。而成汤这一侧，不仅懂得如何为

① 《孟子》有“不召之臣”的说法，其中就提到伊尹。“故将大有为之君，必有所不召之臣；欲有谋焉，则就之。其尊德乐道，不如是不足与有为也。故汤之于伊尹，学焉而后臣之，故不劳而王。……汤之于伊尹，桓公之于管仲，则不敢召。”（《孟子·公孙丑下》）所以孟子有可能看到过《汤处于汤丘》或类似故事。马王堆帛书《九主》也有“汤乃自吾（御），五致伊尹。乃是其能，五达伊尹”。

君、如何为臣，更重要的是懂得如何对待百姓。《汤处于汤丘》一开始就提出“和民”的重要性。虽然在后面的文字中没有反复强调，但从字里行间可以看出基本上紧扣“和”的主题。例如当成汤的侍从对于成汤对伊尹过于卑躬表示不满时，成汤的理由是“今小臣能展彰百义，以和利百姓，以修四时之政，以设九事之人，以长奉社稷”。所谓“展彰百义”，应该是能够容纳与打通不同的意见、不同的倾向。所谓“四时之政”“九事之人”，是说伊尹能够因时而变，能够满足多元化的要求，使得不同职能的人各尽其才，因此社稷得以长治久安。[①] 所谓“和利百姓”，说明伊尹能够采取低姿态，在最大程度上让各种价值诉求和利益诉求都得到满足。

值得注意的是，“百义”一词，在先秦文献中并不多见，如《墨子·尚同中》云：“子墨子曰：方今之时，复古之民始生，未有正长之时，盖其语曰‘天下之人异义’。是以一人一义，十人十义，百人百义，其人数兹众，其所谓义者亦兹众。是以人是其义，而非人之义，故相交非也。”《墨子·尚同下》云：“古者，天之始生民，未有正长也，百姓为人。若苟百姓为人，是一人一义，十人十义，百人百义，千人千义，逮至人之众不可胜计也，则其所谓义者，亦不可胜计。此皆是其义，而非人之义，是以厚者有斗，而薄者有争。是故天下之欲同一天下之义也，是故选择贤者，立为天子。”在墨子看来，“百义”绝不是件好事，

① “九事之人”，沈建华认为指《周礼·大宰》中的九职。“一曰三农，生九谷；二曰园圃，毓草木；三曰虞衡，作山泽之材；四曰薮牧，养蕃鸟兽；五曰百工，饬化八材；六曰商贾，阜通货贿；七曰嫔妇，化治丝枲；八曰臣妾，聚敛疏材；九曰闲民，无常职，转移执事。”可备一说。

只有在强有力的政治首领没有出现时，才会出现这种局面，这种局面必然会导致相互敌对，所以对于“贤者”“天子”而言，“同一天下之义”就是首要之事，所以墨家提倡“尚同”。儒家虽然没有提到“百义”，但是对思想的多元、歧义的产生还是持警惕态度的。例如，孔子关于“正名”的论述，“名不正，则言不顺；言不顺，则事不成；事不成，则礼乐不兴；礼乐不兴，则刑罚不中；刑罚不中，则民无所措手足”。这段话在笔者看来实际上是“孔子作为一个政治家注意到并预见到了‘名’之不确定性、暧昧性、随意性对政治会带来的影响。看到了语言在无法准确表意、或为人无法准确接受时会出现的政治后果。意识到了‘名’作为明确是非、建立标准之手段对社会政治所能产生的巨大作用”[①]。荀子对社会上思想不能统一，“析辞擅作名，以乱正名，使民疑惑，人多辨讼”(《荀子·正名》)的现象表示强烈愤慨，强调要由王者来“制名”。至于法家更是不遗余力地推行思想专制，秦始皇的“焚书坑儒”便是极致。与之相比，“能展彰百义”正是对伊尹对于不同价值理念、不同行为方式持宽容态度的表彰。

接下来分析小臣关于“古之先圣人何以自爱”的回答，这里面也透露着“和”的精神。

> 古之先圣人何以自爱？不事问，不居疑；食时不嗜饕，五味皆哉，不有所重；不服过文，器不雕镂；不虐杀；与民分利。此以自爱也。

① 曹峰：《中国古代“名”的政治思想研究》，上海古籍出版社，2017 年，第 112 页。

所谓“自爱”，就是自我珍重、自我爱惜，伊尹所论述的品德颇有一些道家的味道，“不事问，不居疑”是一种无为的态度，即不事事过问，放手让下属做事而不加怀疑。[①]吃饭不好珍馐，各种味道都吃，没有特殊专一的偏好。[②]“五味皆哉”的“哉”字，整理者隶定为“䊵”，“䊵”字，《说文》云“设饪也”。与《汤处于汤丘》同抄的《汤在啻门》在论述“五以成人”时说：“唯彼五味之气，是哉以为人。”可以理解为人必须通过五味的烹饪、调和与摄入来维持生命。平等对待世间万物，对构成世界、对构成生命的要素全部加以重视和吸收，是先秦和合思想的重要表现之一，这里也不例外，强调对不同食材一视同仁，保障生命对于各种物质的全面吸收。“不服过文，器不雕镂”以及“不虐杀”，看上去是强调过朴素的生活，但也可以理解为是甘居平淡，不使自己走极端，以免养成好胜偏执之心，这与“和”的原理是一致的。最后“与民分利”，是一种克制、退让的态度，以避免激化矛盾，促进和谐社会形成，正符合“和”的精神。

《汤处于汤丘》后面还谈到如何才能“为君爱民”，“远有所亟，劳有所息，饥有所食，深渊是济，高山是逾，远民皆极，是非爱民乎？”大意是，如果对于远方的人、对于劳作的人、对于挨饿的人都能给予照顾，那么人民无论多么偏远，都会跋山涉水前来投奔。这看上去是在讲

---

① 沈建华译为“做事不昏庸，居之而不懈怠”，我觉得不合理，因为这和自爱无关。

② “五味皆哉”，沈建华译为“五味用小鼎，菜肴不重味”，就是很朴素节约的样子。笔者的解释不同。

好的君德及其感召力，但也可以理解为，好的君主善于处理、协调各种社会关系，不至于让弱势群体遭到抛弃，从而引发社会危机，所以依然紧扣“和民”的主题。

总之，《汤处于汤丘》以伊尹善于“食烹之和”为引子，把烹调的原理运用到治国之上，阐述了一套“和民”的理论。认为“和利万民”是战胜夏桀最为重要的因素，“和”的重点在于调整君民双方的对立与矛盾，夏朝之所以亡，就在于激发了这一矛盾，而商朝之所以兴，就在于弥合了这一矛盾。如前文所示，清华简已经公布的五篇伊尹文献是一个完整的系列（当然不排除今后再出伊尹文献的可能），这五篇文献文风不同，长短也有区别，但在伐夏以及建国大业上各有分工。《汤处于汤丘》属于战前的准备，强调如何用“和民”之道最大程度凝聚民心与国力。《赤鹄之集汤之屋》讲述了为了刺探敌情，伊尹不惜牺牲自己深入敌国的故事，这一篇小说味道最浓。《尹至》讲述了伊尹回来汇报敌情，分析夏因何而失民心，并描述了伐夏的过程。《尹诰》在完成伐夏大业之后，伊尹敦促成汤要吸取夏亡的教训，懂得施惠于民。《汤在啻门》则从天道的高度，论述了“人”“邦”“地”“天”的构成要素，还有五行论、气论，内容最为神秘，有天人合一的味道。可见这五篇基本上涵盖了传世文献所能看到的伊尹的各种角色、各种思想和各种故事。[①]

① 依据《汉书·艺文志》，伊尹文献可以分成《诗》《书》所见部分、道家类《伊尹》与小说家类《伊尹说》，显然已经是按文风和思想主旨来分了。不像清华简这样，可以按照故事发生的序列来组合。

《孟子·万章上》有这样一段话：

> 万章问曰：“人有言，伊尹以割烹要汤。有诸？”孟子曰：“否，不然。伊尹耕于有莘之野，而乐尧舜之道焉。非其义也，非其道也，禄之以天下，弗顾也；系马千驷，弗视也。非其义也，非其道也，一介不以与人，一介不以取诸人。汤使人以币聘之，嚣嚣然，曰：‘我何以汤之聘币为哉？我岂若处畎亩之中，由是以乐尧舜之道哉？’……吾闻其以尧舜之道要汤，未闻以割烹也。”

孟子为贤者讳，不信伊尹真的“以割烹要汤”，他从儒家的角度对伊尹的精神作出了总结和概括。从清华简这五篇来看，伊尹曾为庖厨的故事在战国中期以前确实广为流传，而为万章之徒所闻，孟子只是故意回避罢了。孟了对伊尹精神的总结也主要从他牺牲小我、服务大众的角度出发，至于伊尹“和”的观念、伊尹的天道观等，都被孟子有意识地排除了，并把伊尹的精神向“仁义之道”靠拢。这只是孟子个人有意为之罢了，不然很难理解《汉书·艺文志》为何要把伊尹列入道家及小说家类，而非儒家类。[①]而清华简所见伊尹故事系列则向我们还原了当时伊尹形象的完整面貌。

---

① 《孟子》书中多次提及伊尹，可见孟子看到过很多伊尹的资料，而且非常欣赏伊尹，并把他塑造成儒家的理想人物。向净卿《清华简〈汤处于汤丘〉与孟子仁政学说》（“首届中国哲学博士生论坛”论文，中国人民大学，2018年9月27日）则认为孟子的仁政学说、“时政”观念、分工学说、君臣关系学说吸收了《汤处于汤丘》中具有黄老道家倾向的思想，如“和利万民”“四时之政”“设九事之人”“汤访伊尹”等。

三、从“和”的角度看此文的思想属性和时代特征

笔者以为,《汤处于汤丘》所见“和”的思想，主要可以从两个视角展开分析：第一，烹调之“和”；第二，“和民”。这两个角度，一个与“和生万物”的理念有关，一个与“以和惠民”的理想有关。

关于伊尹论烹调中的“调和”，传世文献中,《吕氏春秋·本味》描写较多，我们来看以下这段话：

> 凡味之本，水最为始。五味三材，九沸九变，火为之纪。时疾时徐，灭腥去臊除膻，必以其胜，无失其理。调和之事，必以甘酸苦辛咸，先后多少，其齐甚微，皆有自起。鼎中之变，精妙微纤，口弗能言，志不能喻。若射御之微，阴阳之化，四时之数。故久而不弊，熟而不烂，甘而不哝，酸而不酷，咸而不减，辛而不烈，澹而不薄，肥而不腴。

《汤处于汤丘》的重点在于“和民”与伐夏，“食烹之和”只是一个引子，并没有细说。《吕氏春秋·本味》的开头提了一下尊贤，但后面大段论述了烹调之理，这对我们理解“食烹之和”有很大帮助。上面这段话说的是，“调和之事”，要以“水”为基本，然后综合各种材料，调节各种味道，掌握各种火候。这里面的道理，极为精微，几乎无法意会言传。但最好的味道如“久而不弊，熟而不烂，甘而不哝，酸而不酷，咸而不减，辛而不烈，澹而不薄，肥而不腴”所示，一定是居中平衡之

道，不走向极端。“× 而不 ×”的表达方式，在早期文献中，可以说极为多见，这里仅举孔子和老子的言论。例如《论语·八佾》“关雎，乐而不淫，哀而不伤”。《论语·述而》“子温而厉，威而不猛，恭而安”。《论语·述而》“君子和而不同”。《论语·卫灵公》“君子矜而不争，群而不党”。《论语·尧曰》“君子惠而不费，劳而不怨，欲而不贪，泰而不骄，威而不猛”。《老子》第十章“生而不有，为而不恃，长而不宰”。《老子》第五十八章“圣人方而不割，廉而不刿，直而不肆，光而不曜。”《老子》第八十一章“天之道，利而不害；圣人之道，为而不争”。在孔老看来，最高的境界就是对于“度”的拿捏，既能达到理想的效果，又不至于走向极端，这是他们的共识。《汤处于汤丘》“不事问，不居疑；食时不嗜饕，五味皆哉，不有所重；不服过文，器不雕镂；不虐杀”可以说也类似这样的境界，或者说是“食烹之和”在政治上的延伸和发挥。

通过烹调言说“和”的道理，从文献看，最早见于《左传·昭公二十年》所载齐景公与晏婴关于“和同之异”的对话中：

> 齐侯至自田，晏子侍于遄台，子犹驰而造焉，公曰：“唯据与我和夫。”晏子对曰：“据亦同也，焉得为和？”公曰：“和与同异乎？”对曰：“异。和如羹焉，水火醯醢盐梅，以烹鱼肉，燀之以薪，宰夫和之，齐之以味，济其不及，以泄其过，君子食之，以平其心。君臣亦然。君所谓可，而有否焉，臣献其否，以成其可；君所谓否，而有可焉，臣献其可，以去其否。是以政平而不干民无争

心。故诗曰：‘亦有和羹，既戒既平，鬷假无言，时靡有争。’先王之济五味，和五声也，以平其心，成其政也。声亦如味，一气，二体，三类，四物，五声，六律，七音，八风，九歌，以相成也。清浊大小，长短疾徐，哀乐刚柔，迟速高下，出入周疏，以相济也。君子听之，以平其心，心平德和，故诗曰：‘德音不瑕’。今据不然，君所谓可，据亦曰可，君所谓否，据亦曰否，若以水济水，谁能食之，若琴瑟之专壹，谁能听之。同之不可也如是。”

这段话主要通过“和羹之道”讲述“和”与“同”的差异，就是“同”不等同于“和”，“同”意味着单一、死亡，而“和”意味着多元、包容，意味着取长补短、相辅相成。因此，要想“平其心，成其政”只有让不同的事物“相成”“相济”，通而不涩，才能展现出强大的生命力。这段话和《国语·郑语》以下的话应该属于同一思想背景：

夫和实生物，同则不继。以他平他谓之和，故能丰长而物归之；若以同裨同，尽乃弃矣。故先王以土与金木水火杂，以成百物。是以和五味以调口，更四支以卫体，和六律以聪耳，正七体以役心，平八索以成人，建九纪以立纯德，合十数以训百体。出千品，具万方，计亿事，材兆物，收经入，行姟极。故王者居九畡之田，收经入以食兆民，周训而能用之，和乐如一。夫如是，和之至也。于是乎先王聘后于异姓，求财于有方，择臣取谏工而讲以多物，务和同也。声一无听，物一无文，味一无果，物一不讲。王将弃是类也而与剸同。天夺之明，欲无弊，得乎？

史伯和郑桓公之间这段著名的对话，发生于西周末年周幽王时期，以前学界已经作过大量分析，例如以研究和合学闻名的张立文指出：“金木水火土是人生天地之间日用常行的五种差异性质能元素。善于和合这五种元素，就能风调雨顺、五谷丰登，就可生机勃勃、王道荡荡。相反，如果片面追求类同，强调一统，那么，毁弃多样，毒害生灵，势必危亡。”[①] 他还认为“和实生物，同则不继”的和合思想，萌发于先民“异德合姓”的婚育经验。如《国语·晋语》里，有“异姓则异德，异德则异类，异类虽近，男女相及，以生民也”。因此，这里虽然没有以和羹之道为背景，但思想观念是一致的，即只有糅合不同性质的事物，才能让万物焕发生机，如果一味追求“剸同”，那就只有死路一条。[②]

《汤处于汤丘》没有展开具体的和羹之道，所以我们只能通过《吕氏春秋·本味》《左传·昭公二十年》《国语·郑语》来推测伊尹所述“食烹之和”的内涵，可能这也是一种对“度”的高超把握，是一种不走极端、不求同一的和合理念，甚至可能包含着“和生万物”的哲学思

① 张立文：《和合哲学论》，人民出版社，2004 年，第 40 页。

② 《国语·郑语》这段话的前面提到，“虞幕能听协风，以成乐物生者也。夏禹能单平水土，以品处庶类者也。商契能和合五教，以保于百姓者也。周弃能播殖百谷蔬，以衣食民人者也”。即虞幕、夏禹、商契、周弃这些最有成就的先王，他们的成就全部体现为对事物多样性的充分利用，并使其各得其所。这也是“和”思想的充分体现。商契的“和合五教”与《汤处于汤丘》的“展彰百义”有异曲同工之处。

想。从时代上讲，夏末商初伊尹当然早于春秋初年的史伯和春秋晚年的晏婴。但我们可以确信，包括清华简在内的大量伊尹故事应该是战国时人的假托，因此，把史伯和晏婴的话视为《汤处于汤丘》“食烹之和”的背景也是完全可以成立的。因为《汤处于汤丘》中说伊尹“能展彰百义，以和利百姓，以修四时之政，以设九事之人”的“长奉社稷”之道，以及“不事问，不居疑；食时不嗜饕，五味皆哉，不有所重；不服过文，器不雕镂；不虐杀”的为君之道，与史伯“声一无听，物一无文，味一无果，物一不讲”的原理和晏婴所述“相成”“相济”的精神是相通的。

由于《汤处于汤丘》成于战国时期，那么，就有可能受到过史伯和晏婴思想的影响。[①]但是，反过来说史伯和晏婴的话受到了类似《汤处于汤丘》等伊尹传说的影响而作出进一步发挥也是成立的。因为善于烹调之道，从而悟出“和”之重要性的伊尹传说，可能已经流传很久。《国语・周语中》记载周定王为晋侯使者随会宴享时说：“五味实气，五色精心，五声昭德，五义纪宜，饮食可飨，和同可观，财用可嘉，则顺而德建。”也是从包括“五味”在内的多样性出发，导出了“和同”的可能性与必要性。[②]五行学说的发展更是为和合思想的发展提供了哲学基

① 如果我们不相信《汤处于汤丘》是商代初年伊尹思想的真实记录，那么我们也不能轻易相信史伯和郑桓公之间的对话就是西周晚期的真实记录，因为这同样有可能是后人的伪托。

② 需要注意的是，先秦文献中有很多“上下和同”之类的话，这与仅仅尊重并强调多样性的“和”不同，而是在多样性基础上向着一元靠近、趋同。例如《管子・法禁》“昔者圣王之治人也，不贵其人博学也，欲其人之和同以听令也”。

础，如前引《国语·郑语》就有“先王以土与金木水火杂，以成百物”之说。考虑到与《汤处于汤丘》同抄的《汤在啻门》强调的“五以成人，德以光之；四以成邦，五以相之；九以成地，五以将[之]。九以成天，六以行之”中有比较强烈的五行元素①，我们虽然认同《汤处于汤丘》是战国文献，但此文有可能承继了比较早期的“和”思想，只不过《汤处于汤丘》将其作为一种广为人知的道理，没有再作具体说明。

总之，就从烹饪之道导出的“和”思想而言，我们很难在《汤处于汤丘》与《左传·昭公二十年》及《国语·郑语》这两篇重要文献之间排出时间先后②，但它们应该属于同一思想系列。用食物调和之理来论述治国之道或者万物生成的哲学原理，很可能有悠久的历史渊源并流传甚广，如《吕氏春秋·本味》《史记·殷本纪》所示，其原理、故事直到秦汉之际还在广泛传承。

再来看“和民”一词。这个词以及相关词汇，在中国早期文献中就已频频出现。例如《尚书·梓材》“皇天既付中国民越厥疆土于先王，肆王惟德用，和怿先后迷民”，这是周公说先王通过德政来和悦殷的遗民。《尚书·洛诰》“公称丕显德，以予小子扬文武烈，奉答天命，和恒

① 详见曹峰：《清华简〈汤在啻门〉所见“五”的观念研究》，《哲学与文化》（台北）2017年第10期。又见本书第四章。郭梨华则指出，从思想旨趣看，“人－邦－地－天”这四者共同构成一种“天人之和”，“这是最大极至之‘人之和’，是将人置于人文社会之邦国中，同时也置于自然之天地氛围中，人唯有处于自然与人文之交融中才得以‘和’”。参见郭梨华：《清华简（五）关于“味”之哲学研究》，“道统思想与中国哲学国际学术研讨会”论文，四川师范大学，2016年10月。

② 《左传·昭公二十年》及《国语·郑语》中记载的事件，也未必是西周晚期或春秋晚期的真实记录，也很有可能是战国时人的创作。

四方民”，这是成王对周公说自己要努力做到让四方之民都和悦。《尚书·无逸》“自朝至于日中昃，不遑暇食，用咸和万民”，这是周公说周人先祖兢兢业业、鞠躬尽瘁，用诚来协和万民。张永路认为，这里的“和民”概念，“被用来表述以周公为代表的周初为政者施行德政保民和民，这也就是以往研究者经常提及的周初保民思想”[①]。

到了《国语》等文献，“和民”更为多见。如《国语·周语上》“王事唯农是务……若是，乃能媚于神而和于民”，即只有搞好农业，才能上使神灵、下使百姓高兴。《国语·周语上》“先王知大事之必以众济也，是故祓除其心，以和惠民”，即成就大事必须依赖万民，因此君主必须祓除心中邪念，才能团结、施惠于民。其他如《国语·周语下》记载太子晋劝谏周灵王不要做“不和民”的事；《国语·鲁语上》说“民和”才能“神降之福”；《国语·晋语四》说周文王能够“柔和万民”；《国语·晋语九》说赵简子以“民必和”作为自己的执政目标。

因此，政治能否取得成功，“和民”即百姓是否和悦、亲附是一个重要的标志，这是一个从西周初年就开始追求的、古老的理念。《汤处于汤丘》在使用“和民”“和利万民”时，很可能也有这方面的考虑，即能否通过执政者的德政，让百姓实现美满的、愉悦的生活。《汤处于汤丘》作为战国时代创作的伊尹故事，在描述伊尹批判夏桀的统治导致“民人趣忒”“民人皆瞀偶瑟”，并激励商汤“淑慈我民”时，可能承

① 张永路：《价值与理想——〈国语〉和合思想研究》，人民出版社，2016年，第161页。

继了这类有着悠久传统的保民意识。不过，需要注意的是，虽然《汤处于汤丘》没有具体展开“食烹之和”的原理，但是此文毕竟是由此入手的。伊尹“以滋味悦汤”后开始阐述政治原理的历史记载也极为丰富。因此，我们不能抛开“食烹之和”去谈“和民”，认为《汤处于汤丘》的“和民”仅仅是德政意识下的保民惠民行为。从逻辑上看，“食烹之和”是前提，“和民”是结果，不然就没有必要从“食烹之和”导入。所以从“和生万物”的线索去理解《汤处于汤丘》的“和”思想显然更为合理。从政治行为的角度看，这种“和民”理念就是执政者竭力克制自己的欲望和偏见，对事物的多样性、思想的多元性给予最大限度的尊重和宽容，努力把握好处事的“度”，不多干预，不走极端，从而导致和谐的、生机勃勃的政治局面。笔者认为这才是《汤处于汤丘》“和”思想的本质所在。

这里还有必要提及《中庸》所谓舜的品德：“执其两端，用其中于民”，以及《中庸》中孔子的话：“君子和而不流”“中立而不倚”。这也是一种反对“过”与“不及”的思维。在反对走极端这一点上，《中庸》与伊尹的思想确实有相似之处，可能正因为这种相似，孟子才会说伊尹接近尧舜。但两者之间的区别也是很显著的，《中庸》的“和”建立在不改变自己基本立场的前提下，随机应变，对自己的处事方式作适当的调整。从这个角度看《中庸》的名言“喜怒哀乐之未发，谓之中。发而皆中节，谓之和。中也者天下之大本也，和也者天下之达道也。致中和，天地位焉，万物育焉”，就容易明白，《中庸》的“中和”并不是对事物多样性、复杂性的彻底尊重，归根结底是对理念、操守的坚持，所以要“慎独”。

与之相比，道家也重视“和”，例如《黄帝四经·道原》云：“一者其号也，虚其舍也，无为其素也，和其用也。”这是说“一”是“道”的名号，“虚”是“道”的处所，“无为”是“道”之本，“和”是“道”之用。因此这样的“和”一定不会预设自我的立场，而是以虚无的姿态、无为的方式对待万物。这样的“和”不是儒家“和而不同”“和而不流”的“和”，而是“闭九窍，藏志意，弃聪明，反无识，芒然仿佯乎尘垢之外，逍遥乎无事之业，含阴吐阳而与万物同和”（《文子·精诚》）的“和”，即对主观意念的舍弃；是“神明接，阴阳和，万物生矣”（《文子·精诚》）的“和”，即对立两极相互融摄，从而生出新的事物[①]；是“与民同欲则和”（《文子·微明》）、“漠然无为而天下和”（《文子·下德》），即通过政治上的无为和谦逊，君主向人民靠拢。

上博简《天子建州》有一段话，“洛尹行身和二，一喜一怒”。结合这段话前面关于文武、阴阳的记载，我们认为这说的是洛尹“立身行事”不走极端，善于调和阴阳喜怒之气，实行中和之道。林文华推测“洛尹”就是“伊尹”，因伊、洛地理相近，故“伊尹”又称为“洛尹”。[②]这虽然属于推测，但从伊尹的思想特征看，确实可以关联起来。

① 《鹖冠子·环流》云：“阴阳不同气，然其为和同也；酸咸甘苦之味相反，然其为善均也；五色不同采，然其为好齐也；五声不同均，然其可喜一也。”也指出差异与和谐是一体之两面。

② 林文华：《〈天子建州〉零释》，简帛网，2007年10月10日。

《天子建州》是一篇综合儒道思想的文献，而这段话位于“文阴而武阳”章，这一章阴阳家以及黄老道家的思想色彩特别浓厚。[①]

所以道家的“和”是建立在尊重事物多样性、差异性基础之上的“和”，是不同性质事物间的相互涵摄与融合，是统治者在政治上所采取的无为的、克制的姿态（用《老子》的话讲就是“和其光、同其尘”）。

通过与儒道两家“和”思想基本理念的对比，我们认为《汤处于汤丘》倾向于道家更多一些。首先，烹调之理是对材料、味觉多样性的充分摄取和极大发挥，就是说，让多元性、丰富性得到最大限度的保存与体现，是味之“和”的秘诀。[②]其次，通过烹调之理延伸出来的治国之理，则是对“百义”的彰显，是对“四时之政”“九事之人”的充分利用，是“自爱”即对臣下的尊重、对自我的约束、与民的“分利”，从而达到众望所归的向心力。

关于《汤处于汤丘》的学派属性，学界多倾向于认为属于道家。例如李守奎引用宋王应麟的话，“于兵权谋省《伊尹》《太公》而入道家，盖战国权谋之士著书而托之伊尹也”[③]，认为《汤处于汤丘》属于兵权谋，而兵权谋可以纳入道家。同时他认为此篇和《赤鹄之集汤之屋》一样，也有小说家的特征。郭梨华将《汤处于汤丘》与《汤在啻门》两者并

① 曹峰：《上博楚简所见阴阳家思想的影响——以〈三德〉〈天子建州〉为中心》，《哲学与文化》（台北）2015 年第 10 期。

② 如果说有一个基础的话，那即是“水”，但“水”正是虚无和柔弱可以容纳一切的象征。

③ 王应麟：《汉制考·汉艺文志考证》，中华书局，2011 年，第 213 页。

论，从“味”与“气”的关系角度出发，提出：“可以发现清华简这两篇简文，确实在殷商之‘和羹’思维的流传中，开展出属于‘味—气’论述之特质，展现出既有道家思想的传承，又与战国时期《管子》思想有所关联，这正展现其归属黄老思维的特质。”郭梨华把出土文献所见伊尹资料分为三类：“一类是与《尚书》、伪古文《尚书》有关之清华简（一）之《尹至》《尹诰》；一类是夹杂史事的野史或小说类记载，如《赤鳉之集汤之屋》与部分之《汤处于汤丘》；还有一类是与思想论述有关，可探究其中之哲学义理，如部分之《汤处于汤丘》《汤在啻门》《九主》。”郭梨华详细论述了第三类资料，她认为：“其思想包含有政治思想、气与味等，这些思想论述也都与战国时兴盛之黄老思想相关，其中气与味之论述，既与生命之源、生命之和有关，也以譬喻形式展现其与治国思想的联系。”“思想史上被归为‘伊尹’思想的特质在‘味—气’与治国思想，而这两种特质正可与黄老思想有所联系。”[①] 笔者在考察《汤在啻门》之际也指出：“《汤在啻门》体现出养生以治国的思想特色，黄老道家尤其重视这个问题。伊尹是道家的重要人物，‘地真’是特有的道教用语，‘四神’‘九神’‘天尹’也很有可能和道家、道教中的‘神人’‘真人’‘天人’等神仙有关，因此后世道家、道教可能从《汤在啻门》这类文献中吸收过资源。就鬼神观而言，《汤在啻门》既重视鬼神，又不惟鬼神，既重视人的理性思考，又借重鬼神作为禁忌所能产生的神秘力量，因此和将鬼神视为绝对力量的墨家无关，思想倾向更接近黄老

① 郭梨华：《出土资料中的伊尹与黄老思想》，《哲学与文化》（台北）2017 年第 11 期。

道家。”[①]《汤处于汤丘》与《汤在啻门》两者既然同抄，则两者在思想上或许有共同的倾向，用烹调之理推展治国之道，可以说也是养生以治国的体现。同时，在前文中，笔者分析了儒道两种“和”的思想，也认为《汤处于汤丘》更近道家。因此总的来说，笔者认为《汤处于汤丘》确实具有一定道家倾向。

四、余论

如前所述，从“和”思想角度看，《汤处于汤丘》应该是战国中期以前知识界假托伊尹而成的一篇文献。其“和”的思想，无论是用烹调论“和”，还是“和民”观念，可能有更早的源头。就思想属性而言，已经具有一定的道家倾向。需要再三指出的是，笔者只是说此文具有一定道家倾向，而不是说就是道家。李守奎指出：

> 春秋、战国是个百家争鸣的时期，学术自由而活跃，还没有形成钦定的官方独尊一家的思想，各家主张有交迭，有冲突，师法也未必像后人推断的那么泾渭分明。用汉代学者的分类标准去衡量先秦文献，难免陷入削足适履的尴尬处境。汉代学者也会遇到类似的问题，但有折中的办法，“小说家”就是其中之一。[②]

① 曹峰：《清华简〈汤在啻门〉所见“五”的观念研究》，《哲学与文化》（台北）2017年第10期。又见本书第四章。

② 李守奎：《汉代伊尹文献的分类与清华简中伊尹诸篇的性质》，《深圳大学学报（人文社会科学版）》2015年第3期。

笔者深表赞同，“小说家”的定性，看似着眼于其文体，有时可能正是难以定性的权宜之举。我们不应该用汉以后“六家”或“九流十家”的框架去限定先秦思想尚未定性的文献，但也不能因此就不考察其思想的大致倾向。本章就是从“和”思想的角度作出的一种尝试。

第七章 清华简《心是谓中》的心论与命论

《心是谓中》是《清华大学藏战国竹简（捌）》中的一篇，共7支简，虽然第一、六简下部略残，但内容是完整的，简序根据文意并结合简背划痕等因素排列。这篇竹简没有自带篇题，篇题为整理者所拟。《心是谓中》虽然非常简短，但其内容所涉及的心论与命论，和传世文献既有相似之处，又有不同之处，为先秦思想研究提供了非常新鲜的、可供比照的资料。关于其主旨，整理者作了如下简要的总结：

> 简文谓“心”“处身之中”，主宰“百体”和“四相”，决定人的好恶言行。为君者忧民之心，应以此为鉴，统治其人民。简文强调人的有为，在于谋而有度，处理好“心”与“身”、“身命”与“天命”的关系，体现了战国时期有关天命、心性的思想。[①]

我们在整理者研究成果基础之上，希望对简文文意作出进一步的梳理，对其思想作出进一步的挖掘。在此，首先提出结论：心论与命论

① 李学勤主编：《清华大学藏战国竹简（捌）》，中西书局，2018年，第148页。此文的主要整理者是沈建华。

是《心是谓中》的两大主题，但以心论为主，命论是心论统摄下的命论。作者强调身心关系、君民关系中“心”对“四相”、“君”对“民”予以统率、主宰的重要性，可能暗含有五行意识。《心是谓中》既突出心君同构，又强调认知功能的心论，可能对《荀子》、马王堆帛书《五行》产生了影响，但《心是谓中》的心论并不具备伦理指向，又有强烈的现实政治关怀，因此可能也影响了后世突出君权的黄老道家与法家。《心是谓中》提出“取命在人”的论断，即决定人命运的“天命”虽然重要，但由“心”决定的“身命”也很重要，上至君公、侯王，下至庶人、平民，都不能轻易地把命运交给鬼神与天，人也可以操纵自己的死生，因而要充分发挥自身的能动性、积极性。作者这种思想倾向与《命训》较为相近，并影响到《荀子》。此文的撰作时代有可能在战国前期到战国中期之间，这段时间正是人的主体性、心的能动性开始大为强化，而普通人之命运的不确定性、命运的可操作性开始广受关注的时代。作为一种没有特定学派倾向的政治思想，《心是谓中》对于促进战国中晚期君权的隆升，对于促进个人身心的解放，都起到了积极的作用。命运可以转变的思想更是塑造了后世中国人的理性精神。

一、简文文意的梳理

《心是谓中》并不长，除个别地方还有争议之外，大部分文意并不是特别难懂，这里参考整理者所作释文以及学界的讨论，先用通行文字列出简文，然后对其文意作出我们的理解和概括。

心，中，处身之中以君之，目、耳、口、踵[①]四者为相，心是谓中。心所为美恶，复诃若影；心所出小大，因名若响。[②]心欲见之，目故视之；心欲闻之，耳故听之；心欲道之，口故言之；心欲用[③]之，踵故举之。心静毋有所至，百体四相莫不㬥浸。[④]为君者其监于此，以君民人。

人之有为，而不知其卒，不唯谋而不度乎？如谋而不度，则无以知短长。短长弗知，妄作衡触，而有成功，名之曰幸。幸，天；

---

① 该字整理者认为从纟，适省声，读为"肢"，恐不确。简帛网"简帛论坛"的"清华简八《心是谓中》初读"栏目，围绕此字，ee（2018年11月18日）、王宁（2018年11月19日、20日）等学者有不少讨论。笔者赞同王宁的意见，这个字可能是"纵"的或体，在简文中读为"踵"，本义是脚后跟，代指足。下文"心欲用之"后，"故举之"前那个字也当读为"踵"。古人每以"延颈""举踵"表示期盼、赞许之意。

② "复诃若影"原作"复何若倞"。"复何若倞"，整理者训"复"为"又"，训"若"为"以"，读"倞"为"谅"，意为诚信，恐不确。"心所为美恶，复何若倞"和"心所出小大，因名若响"显然相对为言。"心所为美恶"和"心所出小大"显然指心所作出的指导性的、规范性的意见。"因名若响"比较好理解，"名"即"命"，指"百体四相"对于心之所命，犹如"响"之从"声"一般予以随从，因此"复何若倞"也只能从这个方向理解。笔者赞同陈伟《〈心是谓中〉"心君"章初步研读》（简帛网，2018年11月17日）的意见，把"倞"读为"影"，这样就可以和"响"相对为文。笔者也赞同陈民镇《清华简（捌）读札》（清华大学出土文献研究与保护中心网，2018年11月17日）一文以及陈民镇在简帛网"简帛论坛"的"清华简八《心是谓中》初读"栏目（2018年12月6日）中的意见，把"何"读为"诃"，意为"责问"，这样"复诃"和"因名"相对为文，都表示遵循、听从心所作出的指导性、规范性意见。

③ 如"水之甘"在简帛网"简帛论坛"的"清华简八《心是谓中》初读"栏目（2018年12月5日）中所言，"用"可以读为"通"，即"达""至"之意。

④ "心静毋有所至"，整理者作"心，情毋有所至"，这里从陈伟《〈心是谓中〉"心君"章初步研读》（简帛网，2018年11月17日）读"情"为"静"，因为前文描述的都是心之动，接下来应该是心之静，这和后文"毋有所至"也正相吻合。"㬥浸"，整理者读为"逸沉"，意为"放纵沉沦"。但既然是心静的结果，那么这二字应该表示平静、无所作为。在与笔者的通信中，陈民镇告诉笔者，他将此二字读为"恬湛"，均表示安静。

知事之卒，心。必心与天两，事焉果成。[①] 宁心谋之、稽之、度之、鉴之，闻讯视听，在善之麇[②]，心焉为之。

断命在天，苛疾在鬼，取命在人。人有天命，其亦有身命。心厥为死，心厥为生。死生在天，其亦失在心。君公、侯王、庶人、平民，其毋独祈保家没身于鬼与天，其亦祈诸 [心] 与身。

如整理者所划分的那样，全篇大致可以分为三章。以下就是笔者所理解的三章大意：

心，是人的中枢，处于人身体的中心以支配身体，眼、耳、口、足四者是心的佐助，因此心被称为“中”。心对外物作出或好或坏的评价，眼、耳、口、足四者就会跟随指令如影随形地加以配合；心对外物作出或大或小的判断，眼、耳、口、足四者就会跟随指令如响随声地加以应和。心想看到什么，眼睛就会去看；心想听到什么，耳朵就会去听；心想说什么，嘴巴就会说出来；心想去什么地方，脚跟就会举起来。如果心静无所欲求，那么各种身体器官也会无所作为。统治者如果能够借鉴心身之间的关系，就可以治理天下了。

人有所作为，却不能察觉最终的后果，这就是不懂得思谋度量的结

① 整理者原标点为“必心与天两事焉，果成……”这里的标点采纳 lht 在简帛网“简帛论坛”的“清华简八《心是谓中》初读”栏目（2018 年 12 月 10 日）中的意见。

② 整理者读“麇”为“攈”，引《说文》训为“拾也”。王宁在简帛网“简帛论坛”的“清华简八《心是谓中》初读”栏目（2018 年 11 月 19 日）中进一步指出：“攈”“捃”“攟”同，《广雅》训“攟”为“取也”，古书言“攈摭”，即今言之“采取”。“在善之麇”意为“在于采取善的方面”。

果。如果不懂得思谋度量，就不懂得为事的准则。不懂得为事的准则，胡乱作为而获得成功，这叫作“侥幸”。侥幸成功，这是天赐好运而已；能够推知事情的最终结果，这是心的能力。一定是人心和天运两方面都起作用，事情才能最终获得成功。沉静的心作出谋划、稽核、度量、品鉴，身体器官的闻、讯、视、听，之所以能够采取善的（正确的）决定，是因为心在那里起作用。

人的寿命由天定，身体疾病是鬼在作祟，但人也可以“取命”。人有天所决定的命，也有人自身决定的命，心可以让人死，也可以让人生。死生由天决定，亦会因为心而发生改变。君公、侯王、庶人、平民，从上到下所有阶层，不要只是向鬼神、上天祈求家庭与自身的平安，也应祈求于自己的心身。

概括而言，这三章中，第一章突出身体中居于中枢位置的心对于身体其他器官具有绝对的支配地位，这里的“美恶”可以理解为价值判断上的是非准则，如《礼记·学记》：“君子知至学之难易而知其美恶，然后能博喻。”郑玄注云：“美恶，说之是非也。”“小大”则和后文“短长”一样，指的是事实判断上的规定和标准。如《韩非子·解老》云：“理者，方圆、短长、粗靡、坚脆之分也。故理定而后可得道也。”“凡物之有形者易裁也，易割也。何以论之？有形，则有短长；有短长，则有小大；有小大，则有方圆；有方圆，则有坚脆；有坚脆，则有轻重；有轻重，则有白黑。短长、小大、方圆、坚脆、轻重、白黑之谓理。理定而物易割也。”可见短长、小大和方圆、坚脆、轻重、白黑一样都是可以称为“理”的事物的规定性。依据“中”（中枢、主宰）与“相”（辅助）的主次关系，心为身体确立、制定、发出是非和标准，四相则完全是接受的一方。统治者如果以这种身心关系为样板来管理人民，就能做到说一不二，令行禁止。这就点出了《心是谓中》的一个重要出发点——君民之道。

值得注意的是“目、耳、口、踵”四相这种说法。参照相关的传世文献，会发现以心为主、以身为辅的心身关系有各种各样的表达，有时只是笼统地将心与体对应起来，将心比作体的主宰。如郭店楚简《缁衣》云：“心好，则体安之”(《礼记·缁衣》作：“心好之，身必安之”)；《礼记·大学》云：“欲修其身者，先正其心”；《荀子·解蔽》云：“心者，形之君也，而神明之主也”；《管子·立政》云：“令则行，禁则止……如百体之从心”；《鹖冠子·天则》云：“一人唱而万人和，如体之从心”。有时虽然点出身体各种器官，但未必一定是四种，如郭店楚简和马王堆帛书《五行》云：“耳、目、鼻、口、手、足六者，心之役也”；《管子·戒》云：“心不动，使四肢耳目”；《管子·心术上》云：“心之在体，君之位也；九窍之在职，官之分也。心处其道，九窍循理”；《荀子·天论》云：“耳、目、鼻、口、形能，各有接而不相能也，夫是之谓天官。心居中虚，以治五官，夫是之谓天君”。有时虽然是心与四肢对应，但四肢并不见得代表各种身体器官，如《尉缭子·战威》云：“故战者，必本乎率身以励众，如心之使四支也”；《尉缭子·兵教上》云：“令民从上令，如四支应心也”；《荀子·君道》云：

“块然独坐而天下从之如一体，如四肢之从心”。而《心是谓中》则有意识选择“目、耳、口、踵”这种不见于其他文献的说法，使用“四相”的名称来代表身体器官，可能是有用意的。笔者以为，这里很可能包含了五行的观念，即以心为“一”，以身体器官为“四”。清华简第八册中，与《心是谓中》同时公布的，还有《八气五味五祀五行之属》，而清华简第五册《汤在啻门》中，也有明显的五行意识。[①] 五行中“一”与“四”正是本与末、主与次、主宰与被主宰的关系，因此，刻意选出四种身体器官，作为四相来接受心的支配，正是为了配合作者所要强调的君民关系吧。这样的君民关系，既有“中”（主导）又有“相”（辅助），两者既相互区别，又浑然一体，这正是战国时期各国追求的理想政治形态吧。

第二章刻意强调人心具有认知（谋之、稽之、度之、鉴之）的功能与作用，这恰恰是其他身体器官所不具备的。而且这种认知是对是非、规范（美恶、短长）的认知。因为心的这种认知作用，身体的闻、讯、视、听，才能作出正确的举动。心的认知作用是如此之强大，甚至可以和天相比，甚至可以决定生死。离开心的认知作用，即便获得成功，也只是侥幸而已。因此，事情的成功，一定是心与天共同作用的结果。

行文至此，我们可以确认这是一篇以心论为主旨的文章，尤其强调人作为能动主体的作用和力量。为了突出这一点，作者又在第三章进一步展开了命论的话题。作者不否认人的命运掌握在鬼与天的手里，但是

① 曹峰：《清华简〈汤在啻门〉所见“五”的观念研究》，《哲学与文化》（台北）2017年第10期。又见本书第四章。

仅仅认识到这一点，或者完全服从于鬼与天是不够的，人可以和鬼与天三足鼎立，或者说天人可以二分，但天和人都对命运产生着实质性的影响，由人控制的命就是所谓的“身命”，这个命虽然称之为“身命”，但实际上还是由心来主导的。作者详尽地区分出“君公、侯王、庶人、平民”多个层次，显然也是有用意的，作者想明明白白地告诉读者，不仅仅统治阶层，不仅仅知识分子，社会上从上到下任何一个人，都有可能、都有资格去挑战、去把握自己的命运。因此，这是一篇面向社会所有阶层、高调宣扬人主体能动性的心论作品，里面有命论，但属于心论统摄下的命论。

二、《心是谓中》中的心论

春秋之前的文献，例如《尚书》《诗经》固然有一些“心”的论述，但都是零碎的、不完整的。即便在《论语》《老子》中，“心”依然不是一个独立的哲学概念。进入战国时代，诸子百家兴起所谓“言心思潮”，产生出各种各样的心论以及各种各样的身心关系论。

例如《内业》《心术上》《心术下》《白心》等《管子》四篇有意识地将精神性的心灵和肉体的心灵区别开来，提出了所谓两重心的概念，即“心以藏心，心之中又有心”(《管子·内业》)，一重是个体的、肉体的、有限的、低级的心，一重是如鬼神般神通广大的、无所不能的、高级的心。[①] 在此基础上,《内业》篇提出:“我心治,官乃治。我心安,官乃安。治之者心也,安之者心也。”就是说这颗高级的、精神性的心灵,是包括肉体之心在内的其他器官的主宰者、治理者,因此有所谓“心之在体,君之位也。九窍之有职,官之分也。耳目者,视听之官也,心而无与视听之事,则官得守其分矣”(《管子·心术上》)的说法。在高度评价心的统领地位与主宰作用上,《管子》四篇与《心是谓中》确实有相似之处,但是《管子》四篇的心论建立在道论和气论基础之上。《内业》篇说“定心在中,耳目聪明,四枝坚固,可以为精舍”,即“心中之心”仿佛一间充盈着精气的房间。首先,如果有一颗不会动摇的心处于中枢位置,那么就能耳目聪明,四肢强健,就可以成为精气的住所。人心如果储存了足够的精气,其他身体器官和人的智力都会受益无穷。“精存自生,其外安荣。内藏以为泉源,浩然和平,以为气渊。渊之不涸,四体乃固;泉之不竭,九窍遂能。”其次,心安静,气通畅,道才会留止。所以《内业》篇说“凡道无所,善心安爱,心静气理,道乃可止”。这里的“爱”字当为“处”字之误[②],道没有固定处所,只有善于修心才能使其安处。所以,《管子》四篇的心论几乎就是养心修心的工夫论,如《内业》篇所云“敬除其舍,精将自来”,即只有虔诚地打扫心房,精气才会来到。养心修心的实质在于使心处于虚静的状态,如

① 上博楚简《凡物流形》云“心不胜心,大乱乃作”,显然也受到过《管子》四篇两重心论的影响。

② “安”是“乃”“则”的意思,“爱”为“处”字之误。参见王念孙:《读书杂志》,上海古籍出版社,2015年,第1067页。

“心而无与视听之事，则官得守其分矣”所示，通过心的无为，使身体其他器官能够不受支配和干扰，从而最大程度地发挥各自的作用。因此，这里看上去身心关系强调的是心主身辅，但实质上强调的是心既不能为身体所左右，又要使心灵和身体各就其位、各得其道。如“气，道乃生，生乃思，思乃知”所示，气通达之后的生命才能够思考，才能够有最高的智慧，但这个智慧不是为了导向“有为”“成功”“保家没身”的现实目标，而是为了进入得道的崇高境界。[①]而《心是谓中》显然看不出和道论、气论有关。

在战国中期的思想家中，《庄子》也特别突出人的主体性，希望获得一颗强大的、纯净的、超越的心灵，但这种主体性并不是为了用来有效地操控万物、管理臣民。和《管子》一样，《庄子》也认为可以通过修炼，使“心”和“气”“道”贯通起来，例如《庄子·人间世》有著名的“心斋”“虚室生白”之说，“回曰：‘敢问心斋。’仲尼曰：‘若一志。无听之以耳而听之以心，无听之以心而听之以气。听止于耳，心止于符。气也者，虚而待物者也。唯道集虚。虚者，心斋也。’”这是一种使心得以斋戒的方法。高级的“听”不使用耳朵，而使用心，甚至不使用心，而使用气。耳朵的功用只在于聆听，心的作用只在于感知外界。只有气，因为是虚无的，所以能够最广泛地应对接纳外物。只有使道汇集于虚无之中，才能使作为道之载体的心超越有限的个体和肉体，变得虚

① 具有黄老倾向的上博楚简《凡物流形》先说“君之所贵，唯心”，又说“心之所贵，唯一”，这是把心最终引向了“道”。

无空明，从而达致“游心”的境界。显然《庄子》的心论也以“道论”和“气论”为背景，强调不受外界干扰、牵制、污染，致力于打造一颗高级的、无限的、纯净的心灵。因此，除了推崇心具有灵妙作用这一点相同之外，《庄子》和《心是谓中》之间也没有可比性。

和《庄子》一样，孟子也特别强调人的主体性。在《孟子》这里，心和其他身体器官被分成大体和小体。小体，即口腹之欲，耳目之养；大体，指人的心志。《孟子》也认为心具有思的功能，“心之官则思，思则得之，不思则不得也”。这样看上去，《孟子》和《心是谓中》很有可比性。如前文所引，整理者沈建华就认为《心是谓中》体现了战国时期的心性思想。沈建华在《初读清华简〈心是谓中〉》一文中进一步指出：“这是一篇宣扬早期儒家伦理心性学说的短文……虽然在形式上《心是谓中》与《孟子》《荀子》文本有所不同，但主要思想方面，如尽心、知性、知天、存心、养性、修身等，均有不同程度的呼应，反映了战国时期孟子、荀子学说对楚国贵族的影响。”[①] 这个结论恐怕操之过急，因为《孟子》之心具有明确的伦理指向，“心之官”所思所得也是天所赋予的善性。因此孟子有所谓“养其小者为小人，养其大者为大人”“无恻隐之心，非人也，无羞恶之心，非人也，无辞让之心，非人也，无是非之心，非人也”的说法。恻隐之心、羞恶之心、辞让之心、是非之心是上天赋予人的自然潜能，是仁、义、礼、智这些德性的发端，只有

① 沈建华：《初读清华简〈心是谓中〉》，载《出土文献》第十三辑，中西书局，2018年，第136-141页。

“养其大者”的“大人”才能认知、存养、扩充、实践天生就潜藏在人心中的这些德性，不然就是“小人”，甚至“非人”。通过“尽心”“知性”“知天”，“存心”“养性”“事天”，孟子的心论和性论、天论紧密结合起来，孟子的“天”主要是善性的来源和保障。而《心是谓中》完全没有提到“性”，《心是谓中》的心也没有明确的伦理指向，文中虽然提到了一次“善”（“在善之麇”），但这个“善”当理解为“好的”“正确的”，未必有确切的伦理意涵。[①]因此如陈民镇指出的那样，“该篇当与伦理心性学说无直接关系”[②]。再来看《孟子》中的身心关系。池田知久对记述身心关系的古代文献作过详细梳理，指出在《孟子》中，“心”与身体各器官尚未见到支配与服从的关系。[③]因此，总的来看，《心是谓中》和《孟子》的关系是比较远的。

整理者引用的郭店简《缁衣》也值得关注：“子曰：‘民以君为心，君以民为体。心好，则体安之；君好，则民欲之。故心以体废，君以民亡。’”这是比较典型的心君同构论，以君主在国家中的显贵地位来比喻心在身体中的至尊位置，或者反之以“心”喻“君”。[④]但是要注意这里

① “在善之麇”的“善”的用法，可能接近于“扁善之度”（《荀子·修身》）、“辩善之度”（《韩诗外传》）中“善”的用法。

② 陈民镇：《“清华简”又新披露了哪些重要文献》，《中华读书报》2018年11月21日，第9版。

③ 池田知久：《马王堆汉墓帛书五行研究》，线装书局，2005年，第416–417页。陈伟通过对池田知久观点的引用，也强调了这一点，参见陈伟：《〈心是谓中〉“心君”章初步研读》，简帛网，2018年11月17日。

④ 关于心君同构，可参见刘畅：《心君同构：作为一种思想史现象》，《天津社会科学》2004年第5期；刘畅：《心君同构——中国古代政治思想史的一种原型范畴分析》，南开大学出版社，2009年。

的结论，《缁衣》既强调心对身、君对民的统率，但如“心以体废，君以民亡”所示，反过来也强调心对身、君对民的依赖，强调两者的一体性，而这种一体性以及君民关系中对民的尊重，甚至是《缁衣》的主调，所以《心是谓中》和《缁衣》两者间差异还是很大的。[①]

那么，就心论而言哪种文献和《心是谓中》最为接近呢？我们认为陈伟的把握是比较准确的：

> 《心是谓中》所述的“心身”关系，与郭店简《五行》和帛书《五行》经文的内容最为接近，行文也有类似之处。而《心是谓中》将心比作君，则见于马王堆帛书《五行》的说文。此外，简帛《五行》只谈心身关系，《心是谓中》则引申说“为君者其监于此，以君民人”，关联到政治层面。[②]

确实如陈伟所言，郭店简《五行》云：“耳、目、鼻、口、手、足六者，心之役也。心曰唯，莫敢不唯；诺，莫敢不诺；进，莫敢不进；后，莫敢不后；深，莫敢不深；浅，莫敢不浅。”[③] 这种心对于身具有绝对支配地位的说法和《心是谓中》完全一致。

---

① 与之相反，《淮南子 · 缪称》则仅仅强调心对身、君对臣单向的支配性。“主者，国之心也。心治则百节皆安，心扰则百节皆乱。故其心治者，支体相遗也，其国治者，君臣相忘也。”（《文子 · 上德》有类似内容。）

② 陈伟：《〈心是谓中〉“心君”章初步研读》，简帛网，2018 年 11 月 17 日。

③ 庞朴：《竹帛〈五行〉篇校注及研究》，台湾万卷楼图书有限公司，2000 年，第 7 页。马王堆帛书《五行》经文在该书第 76 页。“心之役”的“役”，就文字而言郭店简本尚不能直接判定为“役”，但马王堆帛书本作“役”，为方便理解文意，这里直接写作“役”。

《五行》的“心”也是一颗认知心，例如“目而知之”“喻而知之”“譬而知之”“几而知之”等所有由已知推未知的工夫，都是由心完成的。为了大大强化心的作用，帛书《五行》还有所谓“舍夫五”的说法，“五”指的是身体的五官，五官为小体，而心为大体，“人体之大者，故曰君也”。帛书《五行》强调要舍弃小体，故称舍体，“舍体就是不让身体五官的作用影响心”，“慎其独就是顺其心，就是舍去其它的知觉所好而专顺一心”[①]。

如前所述，《心是谓中》的“心”是一颗认知心，同时这颗心又对身体器官有着绝对的主宰作用，因此《心是谓中》和《五行》有着类似的思想基础是可以肯定的。但两者也存在很多差异，和《孟子》一样，简帛《五行》的“中心”有着明确的指向性，那就是“仁义礼智”等道德内涵，这是《心是谓中》所不具备的。如前所引，陈伟指出“简帛《五行》只谈心身关系，《心是谓中》则引申说‘为君者其监于此，以君民人’，关联到政治层面”。可能受主题的影响，简帛《五行》确实没有往“以君民人”的思路上发展。不过，“人体之大者，故曰君也”的说法，说明帛书《五行》开始有了心君同构的思维。这可能是竹简《五行》向帛书《五行》发展的过程中，受到了《心是谓中》之类文献的影响吧。陈伟指出，“综合来看，《心是谓中》的写作年代似乎略晚于《五行》”[②]。如果这个《五行》指的是汉初的马王堆帛书《五行》的说文，恐

① 陈来：《“慎独”与帛书〈五行〉思想》，《中国哲学史》2008 年第 1 期。

② 陈伟：《〈心是谓中〉“心君”章初步研读》，简帛网，2018 年 11 月 17 日。

怕难以成立。清华简虽然没有明确的考古学年代，但学界基本上认可其时代为战国中期，因此，《心是谓中》和郭店简《五行》时代或许大致平行，都是言心思潮的产物，只不过一个是没有明确伦理指向性的心论，一个走向了明确的伦理指向性。

那么，《荀子》和《心是谓中》关系如何呢？如陈民镇指出的那样，《心是谓中》"更接近《荀子》中经验性的心"[①]，对此笔者表示认同。不管《心是谓中》的"心"有多么强大，这颗"心"首先是一颗认知之心，既能够认知事物的结局（知其卒），又能够认识事物的准则（短长）。这颗"心"能够通过"谋之、稽之、度之、鉴之"等各种认知方式，去指导身体器官作出正确的决定（在善之麋）。《荀子》的心可以分为两类，一类是认知心或者说更高的智识心，"所以知之在人者谓之知。知有所合谓之智。智所以能之在人者谓之能。能有所合谓之能"（《荀子·正名》）。而且这是每个人天生都有的能力，"材性知能，君子小人一也"（《荀子·荣辱》）。为了防止个人认知的有限性和片面性，荀子还提出了"解蔽"及"虚壹而静"等理论来加以补救。另一类是喜怒哀乐爱恶欲等情感心，这一类心需要用礼义师法等教化来培养和改造。

在身心关系上，荀子视"心"为"天君"，视身体的其他器官为"天官"，《荀子·天论》云："耳、目、鼻、口、形能，各有接而不相能也，夫是之谓天官。心居中虚，以治五官，夫是之谓天君。"《荀子·解

① 陈民镇：《"清华简"又新披露了哪些重要文献》，《中华读书报》2018年11月21日，第9版。

蔽》云："心者，形之君也，而神明之主也。出令而无所受令。自禁也、自使也、自夺也、自取也、自行也、自止也。"可见和《心是谓中》一样，《荀子》也有心君同构的意识。当然这个心是认知心或者说智识心，而不是情感心。我们在下一节还会谈到，荀子认为人完全可以与天分庭抗礼，这和人心具有强大的认知功能也有关系。

与《心是谓中》不同之处在于，《荀子》的认知心或者说智识心主要是用来认知礼义之道的，因此心的作用归根结底和伦理有关。这一点和《孟子》《五行》类似，而和《心是谓中》不同。同时，《荀子》认为身体其他器官也具有认知或者说感知功能，感官作为当簿者，在认知中也起到重要作用。没有感官"当簿其类"，心之"征知"也无知可征，只不过身体器官在能力上各有局限，不像心那样具有主宰和统合的能力。而《心是谓中》所见身体器官更多被视为感情、欲望的器官。虽然有这些不同，但较之上述其他文献，《荀子》和《心是谓中》的关系显然更近一些。结合命论的考察，陈民镇等学者认为《心是谓中》在前，《荀子》在后，《心是谓中》为《荀子》提供了思想基础。[①] 我认为这个结论是妥当的。

就心论而言，值得注意的还有《尸子·贵言》："一天下者，令于天下则行，禁焉则止。……目之所美，心以为不义，弗敢视也；口之所甘，心以为不义，弗敢食也；耳之所乐，心以为不义，弗敢听也；身之所安，心以为不义，弗敢服也。然则令于天下而行，禁焉而止者，心也。

① 陈民镇：《"清华简"又新披露了哪些重要文献》，《中华读书报》2018 年 11 月 21 日，第 9 版。

故曰：心者，身之君也。”这段话对我们理解“闻讯视听，在善之麇，心焉为之”也很有帮助。这里的“心”完全没有特定的伦理指向性，而且在心君同构的思想背景下特别强调“心”的至高地位与统率效果，因此完全是政治语境下的身心关系，其对“一天下”“令于天下则行，禁焉则止”的强烈关注，和《心是谓中》“有为”“成功”“保家没身”的现实政治指向也相当一致，只不过《尸子》没有讨论心的认知作用以及心论统摄下的命论。还有《鹖冠子·天则》说“夫使百姓释己而以上为心者，教之所期也”（又见《管子·立政》），“一人唱而万人和，如体之从心”。一般认为，《尸子》《鹖冠子》的思想和战国晚期的黄老道家或法家思想关系密切，笔者以为，《心是谓中》的观念后来被黄老道家或法家继承和利用，也是完全可能的。

三、《心是谓中》中的命论

如前所言，心论与命论是《心是谓中》的两大主题，但以心论为主，命论是心论统摄下的命论。从传世文献（如前引《尸子·贵言》《鹖冠子·天则》《淮南子·缪称》等）看，政治语境下的身心关系论、心君同构论，最终走向对绝对君权的维护，以及对令行禁止政治效果的颂扬，《心是谓中》有这个倾向，然而并不止有这些。在文章的最后部分，《心是谓中》转向了命论，借助命论把心的强大作用倡扬到了极点，借助命论来高扬心论，这在传世文献中极为少见，而且《心是谓中》还提出了“取命”“身命”等传世文献所不见的新概念，这些正是《心是谓中》这篇出土文献的珍贵之处。

进入战国时期之后，随着政治、经济、社会的剧烈变动，不仅仅统治阶层，即便普通人的命运走向也变得难以预期。于是与言心思潮一样，知识界也产生了言命思潮，“命”成为诸子百家难以回避的话题。例如，《墨子》宣扬“非命”，《孟子》讨论“性命”，《庄子》提倡“达命”，《逸周书·命训》分出“大命”和“小命”，还出现了“天命”“随命”“遭命”“正命”“受命”等许多概念。[①] 在此，结合《心是谓中》所见的命论，笔者想从不可改变的命与可以改变的命两个方面，来分析先秦时代的命论。

所谓不可改变的命，即天所赋予的、不得不接受的命，这又可以分为两类。第一类是有目的的、确定不移的命，一旦接受这样的命，就会肩负大的使命。这种命往往被神圣化、人格化，并针对特定的族群，或特定的人。例如《尚书·皋陶谟》说的“天命有德”；《诗经·商颂·玄鸟》说的“天命玄鸟，降而生商”；大盂鼎铭文说的“丕显文王受天有大命”；等等。第二类是不确定的、体现出巨大差异性的命，这类命在战国时代之后非常普遍。如果用道家的理论来解说，这意味着万物都必然从道（或“天”）那里分有德性，虽然也是先天的、确定不移的禀

① 汉以后，对先秦命论有过很多总结。例如王充《论衡·命禄》、严遵《老子指归》的《道生篇》《上士闻道篇》。关于先秦命论的集中研究，可参见林玫玲：《先秦哲学的“命论”思想》，台湾文津出版社，2007 年；姚彦淇：《重返神圣之域——先秦两汉时期命论思想研究》，台湾成功大学中国文学研究所博士论文，2010 年 6 月。

赋[1]，然而落实到具体之物的德性却是千差万别的，正因为千差万别，所以才具备了此物区别于他物的内在规定性。由于内在规定性的不同，世界才呈现出千姿百态的样貌，后世道家包括一部分儒家更从阴阳气禀的多少厚薄来解释这种特殊性、差异性的缘由。[2]内在规定性的不同，不仅导致万物样貌的千差万别，也导致万物福祸寿夭的千差万别，这就是同样的个体，命运会大不相同的缘由。因此，无论是确定的命还是不确定的命，都是天生的、人力无法更改和转移的。《论语》中既有“天生德于予”（《论语·述而》），又有“五十而知天命”（《论语·为政》）、“死生有命，富贵在天”（《论语·颜渊》），其理由就在于此。

墨子恰恰反对这种在一部分儒家那里特别流行的命定论，因此而有“非命”之说，强调人努力有为的重要性。孟子把同样得之于天的性和命加以区别，既把天生的、固有的、不以人的意志为转移的东西称之为“性”，又把同样天生的，但得到程度有别的东西称之为“命”。因此有“口之于味也，目之于色也，耳之于声也，鼻之于臭也，四肢之于安佚也，性也。有命焉，君子不谓性也。仁之于父子也，义之于君臣也，礼之于宾主也，知之于贤者也，圣人之于天道也，命也。有性焉，君子不谓命也”（《孟子·尽心上》）的论述。但事实上孟子承认善性的开发

---

① 如《庄子·天地》云：“物得以生，谓之德；未形者有分，且然无间，谓之命；留动而生物，物成生理，谓之形；形体保神，各有仪则，谓之性。”《礼记·中庸》“天命之谓性”、《孔子家语·本命解》中孔子的话“分于道谓之命，形于一谓之性”，也都有此意。

② 例如严遵的《老子指归》的《上德不德篇》云：“清者为天，浊者为地，阳者为男，阴者为女。人物禀假，受有多少，性有精粗，命有长短，情有美恶，意有大小。”

和实践过程中，会出现福报不一致的现象，这正是“命”的结果。这就是孟子说“求之有道、得之有命”（《孟子·尽心上》）、“莫之为而为者，天也；莫之致而至者，命也。匹夫而有天下者，德必若舜禹，而又有天子荐之者，故仲尼不有天下”（《孟子·万章上》）的缘由。

战国时代的社会动荡，为大量有理想期待、有政治目标、有利益追求的人提供了活跃的空间和机会，但因此也会产生许多福报、福命不一致的问题。这就是郭店简《穷达以时》为何会通过大量事例反复讨论“天”“世”“遇”“时”的原因，“天”“世”“遇”“时”都是命运的代名词。作者感叹天人有分，人再怎么努力，如果没有天时和机运，还是无法成功。这看上去非常悲观，但事实上《穷达以时》还是体现了一些积极的姿态，真正的君子不求荣达、不求名誉、不求回报，“敦于反己”，只求按照内心的道德自律自觉去从事。

《庄子》命论也是天人相分思维下的产物，庄子将“命”视作天赋予万物的本性和宿命，既然万物的大小长短都由命决定，因此没必要用人力去刻意拒绝和改变。这看上去是安于偶然，实际上是安于天地之必然；看上去是一种悲观的宿命论，实际上是更为超脱豁达的心态。如“死生，命也，其有夜旦之常，天也”（《庄子·大宗师》）、“知其不可奈何而安之若命，德之至也”（《庄子·人间世》）所示，命运就是天地的自然，既然无法预测也不能改变，不如坦然接受它、顺应它，从而获得内心安宁和德行升华。因此“达命”“安命”作为一种工夫，于庄子而言就是一种上达天道的修养方式。《庄子》还区分了“大命”和“小命”，

"达大命者随，达小命者遭"(《庄子·列御寇》)。郭象注释"大命"句为"随者，泯然与化俱也"，注释"小命"句为"达者，每在节上住乃悟也"。[①] "达大命"即与大化流行浑然一体，这是最高境界。"达小命"则是在面临不同人生际遇时，都能有所领悟、随遇而安。总之，庄子以旷达超脱的态度来面对命运，以期实现身心的平和自由。

《荀子》集中讨论"命"的地方似乎并不多，从零散的表述来看，荀子是把"命"视为命运遭际的。例如《荀子·正名》说"节遇谓之命"，把"命"规定为个人现实生活中的具体境遇，《荀子·强国》则说"人之命在天，国之命在礼"，这也把人的命运交给了天。《荀子·宥坐》借孔子之口说："遇不遇者，时也；死生者，命也"，认为生死境遇皆由"时"与"命"决定，这是给"命"赋予了客观限定的意味。

《心是谓中》说"幸，天"，即幸运、侥幸是天赐的结果；"断命在天，苛疾在鬼"，即人的寿夭由天决定、人的疾病由鬼神引起；"死生在天""人有天命"，即命运的不确定性人力无法改变。这就和上述文献一样，承认了差异性、偶然性是命运的必然，这里的"天"和"天命"，毋庸置疑是机遇、侥幸的代名词。和《穷达以时》一样，《心是谓中》承认福报不一致是正常的，"短长弗知，妄作衡触，而有成功，名之曰幸"，即不遵循规矩准绳、任意妄为却获得成功的事情确实会发生，但不像《穷达以时》那样，对命运的不公表示悲观，对"天""时""世""遇"表示无奈之余，把人生的希望仅仅交给"反己"，

---

① 郭庆藩撰：《庄子集释》，中华书局，2012 年，第 1055 页。

即自身的努力与自我的肯定。《心是谓中》则理性得多，如“必心与天两，事焉果成”所示，《心是谓中》对“天”与“人”的作用一视同仁，事情之所以获得成功，既有赖于机遇，也有赖于人为。《心是谓中》甚至认为“取命在人”，“人有天命，其亦有身命”，“心厥为死，心厥为生。死生在天，其亦失在心”，人的命运可以分成两个部分，即由天决定的命和由人决定的命（“取命”“身命”），这在先秦思想史上是极为罕见的。《心是谓中》提出了一种全新的命运观，这种命运观在不否定偶然与机遇的前提下，提出了人的命运可以改变，而且命运的改变掌握在人手中，准确地说掌握在人心中，心甚至可以决定生死。这样的气魄、这样的境界可以说把先秦时代对人主观能动性的强调推向了极致。

那么，从传世文献和出土文献来看，先秦时代哪些人提倡命运可以转变呢？我们首先会想到《易传》，《周易》由一本占卜命运的书，变成一部激励人积极进取以改变处境的励志之书，《系辞》等《易传》类文献起到了很大的作用，如“三陈九德”就是教导人如何通过谦逊之道保持最佳的生存状态，其结果必然会影响到人的命运。然而，直接通过“命”讨论命运转变的问题，《易传》并无集中的论述。目前所见先秦文献中，对于可以改变的命，论述最多的是《逸周书·命训》，此文亦见于清华简，在此主要依据清华简简文概述其命运观。

《命训》的宗旨是从统治者的角度叙述牧民之道。其命运观最值得注意之处是“大命”和“小命”对举的观念，如“[天]生民而成大命”“大命有常”所示，《命训》的“大命”显然指的是“天命”，是天赋的、无法改变的、无法抗拒的命；如“小命日成”所示，“小命”指的是人们通过日积月累可以改变的“命”。《命训》又说“大命世罚，小命命身”，即违背了“大命”就会世代受罚，而“小命”的福祸只体现在个人身上。积善累功则降以福，积不善者则降以祸，这种降临到具体个人身上的福祸是可以由个人自己来把握的。《命训》还说“极命则民堕乏，乃旷命以代其上，殆于乱矣”，这是从统治者的角度要求不要过分强调“天命”的作用，以免挫伤百姓的主观能动性，因为如果百姓将一切都归结于天命的安排，就会变得怠惰，这样长此以往，难免会出现混乱。这种“大命”和“小命”对举的观念，在强调顺应天命的同时，也强调通过发挥人的主观能动性来改变属于自己的命运，相对于传统消极的宿命论或“非命”的思想都是一种进步。

清华简《命训》写道：“夫天道三，人道三。天有命，有福，有祸。人有耻，有市冕，有斧钺。以人之耻当天之命，以其市冕当天之福，以其斧钺当天之祸。”可见，在《命训》中，天命的作用是以善恶为标准降人以吉凶祸福，从而引导人趋善避恶。这种善恶标准的规范从天道层面下降到人事层面，便体现为人内在的道德制约，如此，人才能“知耻”。因此“知耻”某种程度上也就是“知天命”。这就类似孟子把天赋予人的最为根本的东西直接限定在道德的范围，从而使其命运观也有了明确的伦理指向。

和《庄子》一样，清华简《命训》区分了“大命”和“小命”，但并不是教导人顺应自然的变化。“是故明王奉此六者以牧万民，民用不失。”其目的是帮助君主更好地牧民，即强调“大命”的恒常和“小命”的可控，敦促民众积极上进，更好地生活与生产。

总之，《命训》的“小命”是可以改变的，只不过这种改变和“大命”有关，即遵循天命所降的善恶标准，敬畏天命所降的吉凶祸福，由君主教导“万民”通过积善累功、发挥每个人的主观能动性来改变和把握属于自己的吉凶祸福。

再回过头来看荀子。如前所述，荀子把“命”视为命运遭际，但这并不等于荀子是一个无奈的宿命论者。从《荀子·天论》所描述的天人关系来看，荀子事实上希望人能够尽可能地把命运掌握在自己手中。“不为而成，不求而得，夫是之谓天职。如是者，虽深，其人不加虑焉；虽大，不加能焉；虽精，不加察焉。夫是之谓不与天争职。天有其时，地有其财，人有其治，夫是之谓能参。舍其所以参而愿其所参，则惑矣。”荀子将人和天地并列论之，“天”和“人”自有各的职分，人不要与天“争职”，也应该履行好自己的职分，即顺应天时地利的规律并加以运用，这便是“与天地参”。如“从天而颂之，孰与制天命而用之”“错人而思天，则失万物之情”所示，荀子心目中的人不是匍匐于天地权威之下无可奈何的奴隶，有时甚至要“制裁天之所命而我用之”（杨倞注），即人有必要积极地从天那里争得可以有所作为的空间，这实际上极大地扩充了人命运的伸展余地。如前文所言，荀子的心论特别强调人的主观能动性，经过解蔽等工夫之后的人心可以变得极其强大，事实上这有助于人把控、决定自身的行为，并最终影响自身的命运。因此，荀子虽然没有命运可以转变的具体论述，但实际上就是一个命运转变论者。如果追溯这一思想的源头，那么，《命训》和《心是谓中》之类作品曾经进入荀子视野是很有可能的。

纵观先秦命论，大部分的命论都将命运的不确定性视为必然性，在命运的偶然性面前，人只能无奈地加以认可、服从。认为命运可变，并在政治语境中加以集中讨论者只有《命训》,《易传》的《系辞》以及《荀子》的天人有分论，在事实上也可以推导出命运可变的思想，但并没有从“命”的话题出发作详尽阐述。现在《心是谓中》的出现，可以说为先秦命论尤其是命运可变的理论提供了更为丰富的资料，因此，其思想史的价值是不可估量的。

与《命训》《系辞》《荀子》不同,《心是谓中》的“命”并没有特定的道德属性，而且,《心是谓中》对天命、鬼神的地位和作用给予了充分的尊重，显示出一种极为理性、辩证的姿态。① 因此很有可能不受学派的限制，对战国中后期乃至秦汉以后的思想界产生了广泛影响。

四、结语

如前所述，战国时代是言心思潮和言命思潮盛行的时代，《心是谓

① 葛洪《抱朴子・内篇・黄白》云“我命在我不在天”，认为命运完全可以掌握在人的手中，这是对人的能动性作了极端性的评价。事实上这种思想并不多见，先秦之后的中国人多持类似《心是谓中》的立场，既尊重天命，又认为人的努力可以转变命运，可以说这塑造了后世中国人的理性精神。例如王夫之就提出“性日生日成”，认为自然禀赋也是可以转变的。

中》正是受这两股思潮推动，并将两者结合起来的产物。战国时代的社会动荡，为大量有理想期待、有政治目标、有利益追求的人提供了活跃的空间和机会，《心是谓中》通过身心主从关系理论，为君权的隆升，为君主令行禁止、以一统万的重要性、可能性，提供了思想上的论证。《心是谓中》通过对心主宰功能及认知功能的论述，突出了主体能动性的强大，而这种强大直接导致个人对于命运的重新认识，这又为上至贵族、下至百姓的所有个体，摆脱传统天命观念的束缚，在激荡多变的社会中主动把握自身命运创造了思想条件。因此此文的撰作时代有可能在战国前期到战国中期之间，这段时间正是人的主体性、心的能动性开始大为强化，而普通人之命运的不确定性、命运的可操作性开始刻意强调的时代。

如果仅与先秦文献作比较，那么可以说《心是谓中》的心论和《管子》四篇、《孟子》、《荀子》、简帛《五行》存在可比之处，《心是谓中》的命论和《孟子》、《庄子》、上博简《穷达以时》、两种《命训》、《易传・系辞》、《荀子》可以关联起来。简本《五行》《命训》可能是《心是谓中》的同时代产物，而《心是谓中》的思维方式、精神气质可能对帛书《五行》、《荀子》产生过实质性影响。特别是《荀子》，《心是谓中》认为天人有分，人的作用甚至与天相等，从上到下所有的人都不能屈服于天，而要敢于与天争夺领地，这很有可能培养了荀子的气魄。

但是《心是谓中》没有特定的伦理导向，也不崇尚无为和虚静，因此和儒家、道家在思想倾向和基本立场上存在很大差异。我们认为《心是谓中》并没有明确的学派意识，其不甘束缚、积极进取的姿态正是战国精神的体现。战国时代各国君主锐意进取，对各种贤能之士的重视，促使过去僵死的社会阶层、身份制度受到极大的冲击，不同阶层的人的能动性、积极性都得到极大提升，因此整个社会从君主到平民都充满昂扬、奋发的情绪，这就是战国精神。《心是谓中》培育或者说参与了战国精神的形成。以《尸子》《荀子》《韩非子》《鹖冠子》以及《管子》部分文献、《吕氏春秋》部分文献为代表的战国晚期儒家、黄老道家、法家现实主义政治思想能够将人的作用和地位提升到前所未有的高度，而且几乎不谈天命的限制，和《心是谓中》这类文献的影响估计有很大关系。

第八章 “色”与“礼”的关系
——上博简《孔子诗论》、马王堆帛书《五行》、《孟子·告子下》之比较

《孔子诗论》、马王堆帛书《五行》、《孟子·告子下》均有关于“色”与“礼”的论述。《孔子诗论》、马王堆帛书《五行》两者相同，有讨论“色”（情、欲）与“礼”（外在规范）关系的问题意识，也有“礼”来自情欲，是对情欲之调节或引导的表述，《孟子·告子下》则不讨论这些问题。对情欲和礼之关系的认识，《孔子诗论》、马王堆帛书《五行》的思想倾向更接近《荀子》。用诗来改变人的情性之观念，《孔子诗论》和《毛诗序》一脉相承。

一、三家所见“色”与“礼”关系的论述

《上海博物馆藏战国楚竹书（一）》[①] 所收《孔子诗论》中有一句话，即“《关雎》以色谕于礼”（简 10），笔者最早撰文指出这一说法与马王

① 马承源主编：《上海博物馆藏战国楚竹书（一）》，上海古籍出版社，2001 年。本章所引所有简帛资料，对能确定的假借字均使用宽体，对不能确定者用“（？）”表示。

堆帛书《五行》第二十五章说文（简称“《五行》二十五章说文”）之表述相似。[①]《五行》二十五章说文如下：

> 谕而［知］之，谓之进［之］。弗谕也，谕则知之［矣］，知之则进耳。谕之也者，自所小好谕乎所大好。“窈窕［淑女］，寤寐求之”，思色也。“求之弗得，寤寐思服”，言其急也。“悠哉悠哉，辗转反侧”，言其甚［急也。急］如此其甚也，交诸父母之侧，为诸？则有死弗为之矣。交诸兄弟之侧，亦弗为也。交［诸］邦人之侧，亦弗为也。［畏］父兄，其杀畏人，礼也。由色谕于礼，进耳。

这段话的意思是：

> （将级别低的东西与级别高的东西）相比较而知道（某种道理），称这一现象为“进一步（领会）”。假如把（级别低的东西与级别高的东西）比较了，就可以知道（某种道理）了。假如知道了（某种道理）就“进一步（领会）”了。所谓“谕”，是拿小的所好跟大的所好相比。《诗经·关雎》篇说“窈窕淑女，寤寐求之”，这是描述（男子对女子）的思念。“求之弗得，寤寐思服”，是说这种思念很切。“悠哉悠哉，辗转反侧”，是说这种思念相当强烈。但如此强烈的思念，在父母面前向淑女表达出来，可以做到吗？即便用死来威胁也是不做的。在兄弟面前向淑女表达出来，也是不做的。

① 曹峰：《试析上博楚简〈孔子诗论〉中有关“关雎”的几支简》，简帛研究网（http://www.jianbo.sdu.edu.cn），2001年12月26日，又收入郭店楚简研究会编：《楚地出土资料と中国古代文化》，汲古书院，2002年，第291–310页。

> 在国人面前向淑女表达出来，也是不做的。首先怕自己的父母兄弟，其次怕其他人，这就是礼。通过好色这件事，再加以比较而知礼，这就是进了一步。[①]

这样看来，《孔子诗论》中“《关雎》以色谕于礼”，其实是有所本的，《五行》二十五章说文以《关雎》为例，对“由色谕于礼”之原理作了非常详尽的解释。说《孔子诗论》影响了《五行》二十五章说文，这种可能性不大，因为在《孔子诗论》中对“《关雎》以色谕于礼”并未作什么论证，几乎是拿来就用的，它的前提是《五行》二十五章说文的论述已经广为人知，毋需再作解释了。[②]在《孔子诗论》和《五行》二十五章说文中，“色”都指的是“情”“欲”，“礼”都可以视为抑制“情”“欲”的外在规范。

马王堆帛书《五行》的思想与《孟子》极为密切，这是众所周知的。所以，通过马王堆帛书《五行》，《孔子诗论》或许与《孟子》也能建立起关系。那么，在《孟子》中，是否也有“色”与“礼”关系之论述呢？我们在《孟子·告子下》中发现了一段文字，与马王堆帛书《五行》之表述方式有相似之处。

> 任人有问屋庐子曰：“礼与食孰重？”曰：“礼重”。“色与礼孰

① 释文据池田知久：《马王堆汉墓帛书五行篇研究》，汲古书院，1993年。原文为日文，笔者作了翻译。顺便指出，郭店楚简《五行》找不到可以和这段文字相对应的地方。

② 当然，从逻辑上看，不能否定还有第二种可能性，那就是《孔子诗论》和《五行》说文引用了共同的文献。

重？”曰：“礼重”。曰：“以礼食则饥而死，不以礼食则得食，必以礼乎？亲迎则不得妻，不亲迎则得妻，必亲迎乎？”屋庐子不能对。明日之邹，以告孟子。孟子曰：“于答是也何有？不揣其本，而齐其末，方寸之木可使高于岑楼。金重于羽者，岂谓一钩金与一舆羽之谓哉？取食之重者与礼之轻者而比之，奚翅食重？取色之重者与礼之轻者而比之，奚翅色重？往应之曰：‘纱兄之臂而夺之食则得食，不纱则不得食，则将纱之乎？逾东家墙而搂其处子则得妻，不搂则不得妻，则将搂之乎？’”

这段话的意思是：

任国有人问孟子学生屋庐子说：“礼与食，哪一个重要？”屋庐子回答说：“礼重要。”又问：“色与礼，哪一个重要？”屋庐子回答说：“礼重要。”任国的人又说：“按照礼的方式去求食就会饿死，不按照礼的方式去求食则能得食，还一定要遵照礼吗？行亲迎之礼得不到妻子，不行亲迎之礼则能得到妻子，还一定要行亲迎之礼吗？”屋庐子不能回答。第二天到了邹邑，把这话告诉了孟子。孟子说：“回答这个问题有何难。不衡量其根本，而只向其末节看齐，方寸之木可以让它高于岑楼。金子重于羽毛，哪里指的是一个带钩的金子与一车的羽毛相比？取食之重者与礼之轻者而比之，岂止是食更重要？（两者差别太大了）。取色之重者与礼之轻者而比之，岂止是色更重要？（两者差别太大了）。你去回答他：‘扭断你哥哥的胳臂夺取他的食物，你就有吃的，不扭断你就没有吃的，你会去扭断吗？跳过东家院墙去抱那家姑娘，你就能得到妻子，不抱，就得不到妻子，你去抱吗？'”

《告子下》篇和《五行》二十五章说文及《孔子诗论》相比，有三点是相同的。第一，《告子下》篇也论证了“色”与“礼”关系。第二，论证的方法相似，也运用了比较的方法。第三，《告子下》篇的“色”也指的是“情”“欲”，“礼”也可以视为外在规范。

然而，三者虽然围绕“色”与“礼”展开话题，但问题意识并不相同。《告子下》篇的问题意识在于“色”与“礼”哪个更重要，毋庸置疑，“礼”更重要，但讨论这个问题时，必须在可以接受的范围之内，不能绝对化，当“礼”绝对化到了危及生存（如饿死、不能娶妻生子延续生命等）时，这样的“礼”是不敢要的。这一方面反映了孟子在“礼”这个问题上的一贯态度，即“礼”主要是发自内心的“德”，而作为外在规范的“礼”是可以变通的。另一方面也展示出孟子高超的辩论技巧。《五行》二十五章说文及《孔子诗论》则不同，这两家是通过“色”（以《关雎》为例）说明“礼”为什么会产生，“礼”在什么样的情况下发挥作用，“诗”对于“礼”而言具有怎样的意义。总之，《五行》二十五章说文及《孔子诗论》是一家，《告子下》篇是一家，两家只是话题、论证形式相似，思路并不相同。《五行》二十五章说文及《孔子诗论》讨论的不是“情”“欲”和“礼”孰轻孰重的简单问题，而是人性与“礼”之间的相互关系，所以更为复杂，更具哲学意义。

二、三家关于“色”与“礼”关系的讨论

在此，有必要具体分析《孔子诗论》《五行》《孟子》这三家是如何讨论“色”与“礼”之关系的。《孔子诗论》中涉及《关雎》及“色”“礼”的地方有好几处，先引用如下：

《关雎》以色谕于礼……（简 10）

《关雎》之攺，则其思益矣。（简 11）

反纳于礼，不亦能攺乎。（简 12）

以琴瑟之悦，怡好色之愿，以钟鼓之乐……（简 14）

简 10 的“《关雎》以色谕于礼”，通过《五行》二十五章说文可以了解其意。简 11 的“《关雎》之攺，则其思益矣”中的“攺”，有多种解释，但除了释作“改”值得参考外，其余或无法准确释意，或缺乏文献例证，都不能令人满意。[①]笔者提出，这个字是“已”的假借字，意为

① 如饶宗颐《竹书〈诗序〉小笺》假借为“卺”，指男女合卺之礼。周凤五《〈孔子诗论〉新释文及注解》假借为“婴”。李零《上博楚简校读记》、范毓周《上海博物馆藏楚简〈诗论〉的释文、简序与分章》假借为“妃”，王志平《〈诗论〉笺疏》假借为“逑”。这些见解都是由《关雎》诗意推测而来，不能对“《关雎》以色谕于礼”及相关简文作出准确解释。廖名春《上博简〈关雎〉七篇诗论研究》将此字读为“改”，“即毛《序》之‘风’、‘正’、‘化’，也就是毛《序》所谓‘移风俗’或《礼记·乐记》所谓‘移风易俗’”。李学勤《〈诗论〉说〈关雎〉等七篇释义》也读为“改”，训为更易。读为“改”之见解，现已为众多学者接受，其解释与笔者观点最为接近，但缺乏有力的文献例证。对各家之解释，可参见刘信芳：《孔子诗论述学》，安徽大学出版社，2003 年，第 170-172 页；黄怀信：《上海博物馆藏战国楚竹书〈诗论〉解义》，社会科学文献出版社，2004 年，第 23-24 页。

“中止”“抑止”。[①] 因为我们可以找到有力的文献例证。《荀子·大略》中有“国风之好色也，传曰，盈其欲而不愆其止。其诚可比于金石，其声可内于宗庙”。杨倞作注曰：“好色，谓《关雎》乐得淑女也。盈其欲，谓好仇，寤寐思服也。止，礼也。欲虽盈满而不敢过礼求之。此言好色人所不免，美其不过礼也。”这里谈的也是《关雎》，也是将“色”和“礼”联系起来，把“止”，即把有界限看作“礼”。《毛诗序》说：“变风发乎情，止乎礼义。发乎情，民之性也。止乎礼义，先王之泽也。”其宗旨和《荀子·大略》相同，只是更明晰地指出“止”意为“抑止”。“已”在古典文献中用作“止”意极为常见。所以将“攺”释为“已”，意为“止”，具备最有力的文献依据，比释“改”更为合理。同时，和《五行》二十五章说文相对照，我们也相信，“攺”字只能借为“已”，意为“止”。“《关雎》之攺，则其思益矣”可以这样解释，为什么需要“《关雎》之已”，是因为思色之心实在太重了，需要通过“礼”来抑止它。简 12 的“反纳于礼，不亦能攺乎”意思相近，即“反过来用礼去对应，不就能够克制思色之心了吗？”简 14“以琴瑟之悦，怡好色之愿，以钟鼓之乐……”因为简文残断，不能准确理解，但这两句显然从《关雎》篇“窈窕淑女，琴瑟友之”“窈窕淑女，钟鼓乐之”而来，里面的“好色”并不具有否定的意义。总之，后面这三支简也都和“色”有

① 曹峰：《试析上博楚简〈孔子诗论〉中有关“关雎”的几支简》，载郭店楚简研究会编：《楚地出土资料と中国古代文化》，汲古书院，2002 年，第 293–295 页。池田知久《上海楚简〈孔子诗论〉中出现的“礼”的问题》持同样观点，参《池田知久简帛研究论集》，曹峰译，中华书局，2006 年，第 378–381 页。

关系。

通过《孔子诗论》的《关雎》简文，我们可以读出以下的信息。其一，“色”是一种“情”、一种“欲”，或者说是一种生而有之的本能的“性”。其二，“好色”是一种正常的情欲，只有当它超越一定限度，有害于社会时，才需要借助“礼”之外力去加以克制。其三，《孔子诗论》论述《关雎》的宗旨何在？显然，它强调“诗”是“礼”之教化的重要手段和工具。这一点，不光从“《关雎》之已”，从简 10“《樛木》之时、《汉广》之智、《鹊巢》之归、《甘棠》之保、《绿衣》之思、《燕燕》之情”中也能看得出来。廖名春认为“《关雎》之已、《樛木》之时、《汉广》之智、《鹊巢》之归”是对好色本能的超越，“《甘棠》之保”是对利己本能的超越，“《绿衣》之思、《燕燕》之情”是对见异思迁本能的超越，而这些本能最终得以由浅至深，达到“贤于其初”（简 10）的地步，是在得到礼的教化之后，才得以升华的。[①] 因为简文的缺少，《关雎》以外各篇这样去解释是否准确合理，还不敢定论，但这些篇章和《关雎》一样，是礼教中的工具，这一点是可以肯定的。

笔者曾指出，在《孔子诗论》中有四个“民性固然”，分别和《葛覃》《甘棠》《木苽》《杕杜》四诗相关。[②] 而这几个“民性固然”其实和“礼”都有密切的关系，《葛覃》说的是“反本”之礼，《甘棠》说的是

① 廖名春：《上海博物馆藏诗论简校释札记》，载朱渊清、廖名春主编：《上博馆藏战国楚竹书研究》，上海书店，2002 年，第 263 页。

② 曹峰：《对〈孔子诗论〉第八简以后简序的再调整》，载朱渊清、廖名春主编：《上博馆藏战国楚竹书研究》，上海书店，2002 年，第 204 页。

"宗庙"之礼。在文献中均可找到对应。《木苽》一诗,《诗》毛传和《孔丛子》说与"苞苴之礼"相关。[①] 拙文《试析上博楚简〈孔子诗论〉中有关"木苽"的几支简》认为,《孔子诗论》中有关《木苽》的论述,可以和《礼记·表记》《仪礼·士相见礼》相对照。[②]《杕杜》因简文缺失,不知其详,但因为和《葛覃》《甘棠》《木苽》论述格式相同,所以也一定和"礼"有关。值得注意的是,这四篇诗的论述,都是先说"民性固然",然后再引导出相关的"礼"来。因此,这里谈的是"性"与"礼"的关系。

这样看来,在《孔子诗论》中,由诗谈礼,通过诗开展礼的教化,绝非《关雎》孤立的现象,而是一个普遍的现象。我们在研究《孔子诗论》时,往往注重它和《毛诗》之间的区别,这两者间的确有很大差异,但试图用诗来改变人的情性,移风易俗,两者是相通的。《毛诗序》说"变风发乎情,止乎礼义。发乎情,民之性也。止乎礼义,先王之泽也",又说"故正得失,动天地,感鬼神,莫近于诗。先王是以经夫妇,成孝敬,厚人伦,移风俗"。《毛诗序》强调"止乎礼义"以及"经夫妇,成孝敬,厚人伦,移风俗"是"先王"即统治者的事,而《孔子诗论》没有点明,在"色"(情、性)与"礼"的关系上,两者的区别,仅在于此吧。

再来看《五行》二十五章说文,因为它用《关雎》来作说明,而且

① 《诗》毛传:"孔子曰,吾于木瓜,见苞苴之礼行。"《孔丛子·记义》:"孔子读诗……于木瓜,见苞苴之礼行。"

② 曹峰:《试析上博楚简〈孔子诗论〉中有关"木苽"的几支简》,载谢维扬、朱渊清主编:《新出土文献与古代文明研究》,上海大学出版社,2004年,第57-58页。

结论是“由色谕于礼”，所以，它的立场、观点和《孔子诗论》是完全一致的。论述的同样是“情”“欲”与“礼”的关系，同样将“色”视为人正常的本能，同样突出了“诗”的教化功能。值得注意的是，马王堆帛书《五行》第二十五章说文不见于郭店楚简，而且和马王堆帛书《五行》所见其他的“色”有很大区别。马王堆帛书《五行》中的“色”大部分指的是形于人之外表的“容色”，《五行》经文中有所谓“玉色”之说，以下引用相关的简文。

> 仁之思也清。清则察、察则安、安则温、温则［悦、悦则戚、戚则亲、亲则］忧〈爱〉、忧〈爱〉则玉色、玉色则形、形则仁。
>
> 知之思也长。［长］则得、得则不忘、不忘则明、明则［见贤人、见贤人则玉色、玉色］则形、形则智。[①]

《五行》区别人之行有“德之行”和“行”两类，“玉色”是“成德”过程中，一个重要的外显指标。所以，这里的“色”既非表现为“情”“欲”之色，也和外在的“礼”无关，“色”和“德”相关，“玉色”是“德”的呈现。郭梨华《儒家简帛佚籍中“德”与“色”的辨析》认为：“‘色’之能为‘德’，并非源自外在的教化或礼仪规准使然，而是源自本然已有之仁、义、礼、智不形于内时的‘行’，及‘形于内’时

① 郭店楚简《五行》有几乎相同的内容，通假字的确定、内容的增补，均依据郭店楚简《五行》。

的作用结果。”[①] 除了二十五章说文，马王堆帛书《五行》(包括郭店楚简《五行》在内）中的“色”都和“礼”无关，“色”指容色，“礼”指内在的潜质。[②] 而二十五章说文在论述“谕而知之，谓之进［之］”之认识论原理时，突然引“由色谕于礼”为例，“色”指情欲，“礼”指外在规范。因此，在思想内容上，马王堆帛书《五行》主体部分与二十五章说文有很大差异，这实在是值得深思的现象，郭店楚简中不见二十五章说文的内容，显然，这是马王堆帛书《五行》形成过程中添加上去的。但这里加入的，显然是和《五行》的主导思想（与《孟子》最为接近）不相统一的、其他成分的思想。

如前所述，马王堆帛书《五行》(包括郭店楚简《五行》)的思想与《孟子》极为密切，但有着密切关系的并不是二十五章说文，而是论述“仁、义、礼、智”的部分。如《尽心上》篇有以下两段话：

> 孟子曰：“……君子所性，仁义礼智根于心。其生色也，睟然见于面，盎于背，施于四体，四体不言而喻。”
>
> 孟子曰：“形色，天性也。惟圣人然后可以践形。”

这同样论述的是“色”和“德”的关系，认为“君子”“圣人”之

① 郭梨华:《儒家简帛佚籍中“德”与“色”的辨析》，载《湖南省博物馆馆刊》第一期，《船山学刊》杂志社，2004年，第111页。

② 《孟子》也将“礼”视为内在于心的一种德。如《告子上》篇有“恻隐之心，仁也。羞恶之心，义也。恭敬之心，礼也。是非之心，智也。仁义礼智，非由外铄我也。我固有之也。弗思耳矣”。

“色”和常人是不同的，在这个问题上，《孟子》和马王堆帛书《五行》的主体部分完全一致。

在《孟子》其他篇章中，“色”多为颜（脸）色之意。如下所示，《孟子》中“色”有时也指包括女色在内的“美色”。

> 口之于味也、目之于色也、耳之于声也、鼻之于臭也，性也。（《尽心下》篇）
>
> 王曰：“寡人有疾，寡人好色。”对曰：“昔者太王好色，爱厥妃。诗云：‘古公亶父，来朝走马，率西水浒，至于岐下。爰及姜女，聿来胥宇。’当是时也，内无怨女，外无旷夫。王如好色，与百姓同之，于王何有？”（《梁惠王下》篇）
>
> 天下之士悦之，人之所欲也，而不足以解忧。好色，人之所欲。妻帝之二女，而不足以解忧。富，人之所欲。富有天下，而不足以解忧。贵，人之所欲。贵为天子，而不足以解忧。人悦之、好色、富贵无足以解忧者，惟顺于父母，可以解忧。人少则慕父母，知好色则慕少艾，有妻子则慕妻子，仕则慕君，不得于君则热中。大孝终身慕父母，五十而慕者，予于大舜见之矣。（《万章上》篇）

《尽心下》篇和《梁惠王下》篇将喜爱美色视为人之常情，孟子并不否定好色的行为，即便好色的主体是君主，但这两条既未论及“色”与“礼”的关系，也未论及“色”与“德”的关系。《万章上》篇谈的是舜如何尽孝的问题，说“人悦之、好色、富贵”这些使人欢悦的事情都不足以使舜解忧，唯有“孝”才能使舜解忧。这既非“色”与“礼”的关系，也谈不上“色”与“德”的关系，“色”在这里只是孟子论“孝”时的一个参照而已。

因此，在《孟子》中，真正谈及“色”与“礼”关系的，只有《告子下》篇，如前所述，《告子下》篇中“色”是“情”是“欲”，“礼”是外在规范。孟子为什么会在《告子下》篇中突然涉及这一话题呢？我们注意到，“色”与“礼”的关系并不是孟子主动提出的，而是一种被动的回答，里面不仅谈到“色”与“礼”的关系，还谈到“食”与“礼”的关系，这使我们想到告子那段著名的话“食、色，性也。仁，内也，非外也。义，外也，非内也”（《告子上》篇），因此《告子下》篇这段话的出现，很可能有这样的思想背景，即当时有人在讨论“食、色”这些自然本性和外在规范（礼）发生冲突时，该服从谁的问题。在孟子看来，这不成为问题，从《告子下》篇的回答来看，孟子强调的是不要把问题绝对化，但从孟子的一贯思想看，他认为“礼”是否接受或实施，首先要经过内心的裁判。以下这段话就是一个很好的例证。

> 万章曰：“敢问交际，何心也？”孟子曰：“恭也。”曰：“却之却之为不恭，何哉？”曰：“尊者赐之，曰：‘其所取之者，义乎，不义乎？’而后受之，以是为不恭，故弗却也。”曰：“请无以辞却之，以心却之，曰：‘其取诸民之不义也。’而以他辞无受，不可乎？”曰：“其交也以道，其接也以礼，斯孔子受之矣。”万章

曰：“今有御人于国门之外者，其交也以道，其馈也以礼，斯可受御与？”曰：“不可。《康诰》曰：‘杀越人于货，闵不畏死，凡民罔不憝。’是不待教而诛者也。殷受夏，周受殷，所不辞也。于今为烈，如之何其受之？”（《万章下》篇）

总之，在《孟子》那里，并无讨论“性”（食、色）与“礼”之关系的问题意识，是向屋庐子提问的任国人有这样的意识。但即便“色”与“礼”之关系的问题意识，任国人与《孔子诗论》及《五行》二十五章说文的角度又不同，任国人注意的是“色”和“礼”孰轻孰重，《孔子诗论》及《五行》二十五章说文注意的是“礼”来自何处，以及“诗”在外在规范（礼）建立时所能发挥的作用。在《孔子诗论》及《五行》二十五章说文看来，“礼”来源于“色”这种人类的情欲，“礼”是为了防止人类的情欲给社会带去危害才产生的，而“诗”教则有助于“礼”的建设和传播，这就是《孔子诗论》论述“色”“礼”关系之目的。

三、先秦文献所见以“礼”制“色”

那么，在先秦文献中，哪些是正视人的情欲，认为“礼”出自人的情欲，是对情欲的正确化解和引导呢？我们首先来看看出土文献中的有关资料。

礼，因人之情而为之节文者也。（《郭店楚简·语丛一》）

情生于性，礼生于情。（《郭店楚简·语丛二》）

礼作于情。(《郭店楚简·性自命出》)

传世文献中，这类资料就更多了。

古者圣王以人性恶，以为偏险而不正，悖乱而不治，是以为之起礼义，制法度，以矫饰人之情性而正之，以扰化人之情性而导之也。(《荀子·性恶》)

礼者，因人之情，缘义之理，而为之节文者也。(《管子·心术上》)

礼者，因人之情而为之节文，以为民坊者也。(《礼记·坊记》)

先王本之情性，稽之度数，制之礼义。(《礼记·乐记》)[①]

故礼者，因人情为文。(《韩诗外传》卷三)

礼者，则天地之体，因人情而为之节文者也。(《韩诗外传》卷五)

观三代损益，乃知缘人情而制礼，依人性而作仪，其所由来尚矣。(《史记·礼书》)

礼者，因时世、人情，为之节文者也。(《史记·刘敬叔孙通列传》)

礼者，实之文也。……故礼因人情而为之节文。(《淮南子·齐俗》)

---

① 《礼记·乐论》还有“合情饰貌者，礼乐之事也”“哀乐之分，皆以礼终”，说的即是礼乐所做之事在于调和感情，检束仪容。这也是以“礼”节“情”之表述。

民有好色之性，故有大婚之礼。有饮食之性，故有大飨之宜。有喜乐之性，故有钟鼓管弦之音。有悲哀之性，故有衰绖哭踊之节。故先王之制法也，因民之所好而为之节文者也。因其好色而制婚姻之礼，故男女有别。因其喜音而正雅颂之声，故风俗不流。因其宁家室，乐妻子，教之以顺，故父子有亲。因其喜朋友而教之以悌，故长幼有序。(《淮南子·泰族》)

虽然，《孔子诗论》没有采用“礼生于情”“礼，因人之情而为之节文”的说法，但人之有情属于天性，因民之情、以礼导之的基调完全相同。《孔子诗论》没有作理论上的总结，而是用《关雎》这一非常具体的例子，来说明“色”是如何升华到“礼”的。

这就不能不谈到《荀子》。《荀子》与《孔子诗论》及《五行》二十五章说文在形成时代上孰先孰后，暂且不论，但这三者之关系要远远超出《孟子》与《孔子诗论》及《五行》二十五章说文的关系，这是难以否定的。理由有三。第一，在目前所能找到的传世文献中，通过《关雎》谈“色”与“礼”的关系，最早是《荀子》。这一点拙文《试析上博楚简〈孔子诗论〉中有关“关雎”的几支简》和池田知久《上海楚简〈孔子诗论〉中出现的“礼”的问题》[①] 作了非常详尽的论述，这里

① 曹峰：《试析上博楚简〈孔子诗论〉中有关“关雎”的几支简》，载郭店楚简研究会编：《楚地出土资料と中国古代文化》，汲古书院，2002 年，第 295–296 页。池田知久：《上海楚简〈孔子诗论〉中出现的“礼”的问题》，载《池田知久简帛研究论集》，曹峰译，中华书局，2006 年，第 390–398 页。

不再重复。第二，既肯定人的情欲，又将情欲和礼关联起来，这是荀子思想极为重要之组成部分。荀子所讲的“性”是人生而有之的自然赋予的东西，在人有“欲”这一点上，任何人都不例外。“欲”的追求是多种多样、没有止境的，如果不加限制，就会给国家、社会带去混乱。先王之所以作“礼”，就是为了调节“性”、节制“欲”，为了止“争”救“乱”。池田知久《上海楚简〈孔子诗论〉中出现的“礼”的问题》对此作了极为详细的论述，这里不再重复。第三，人性是可以通过“诗书礼乐”的教育和学习改变的，所以“诗书礼乐”是教人知礼的重要方法和手段。《荀子》这方面的论述不可胜数，也是广为人知的事。[①]

如果说《荀子》与《孔子诗论》、《五行》二十五章说文的区别何在，后者并不强调人性之善恶，也未提及“礼”之制作者是“先王”一类的统治者，两者的区别仅在于此吧。

在孔子以后的儒学传人中，有人强调要“远色”，如《礼记·坊记》中有以下内容：

> 子云：“寡妇之子，不有见焉，则弗友也，君子以辟远也。”故朋友之交，主人不在，不有大故，则不入其门。以此坊民，民犹以色厚于德。子云：“好德如好色。”诸侯不下渔色。故君子远色以为

① 郭店楚简《性自命出》也一样，强调人之“情”是活动的、可变的，通过“诗书礼乐”这种外“物”的教育引导，可以激发、改善人的“情”，使人的“情”朝着希望的方向发生变化。这种论述对《孔子诗论》的研究有参考价值。参见金谷治：《楚简〈性自命出〉的考察》，载山东大学儒学研究中心编：《儒林》第二辑，山东大学出版社，2006年，第49-60页。

> 民纪。故男女授受不亲。御妇人则进左手。姑、姊、妹、女子子已嫁而反，男子不与同席而坐。寡妇不夜哭。妇人疾，问之不问其疾。以此坊民，民犹淫泆而乱于族。

这同样是将“色”视为“情”“欲”，也论述了“色”与“礼”（“男女授受不亲”以下均为“礼”）的关系，指出要用“礼”去节制“色”，思路和《孔子诗论》、《五行》二十五章说文、《荀子》相同，但把重点放在“礼”的政治作用上。就是说，“礼”之节制已非引导和调节，而是将“色”视为一种不正常的心理，刻意加以防范，将“色”与“礼”对立起来了。《礼记·中庸》有“齐明盛服，非礼不动，所以修身也。去谗远色，贱货而贵德，所以劝贤也”，也是相似的表述。《礼记·乐记》中记载魏文侯和子夏论乐时，子夏特别强调声色之好有害君德，“郑音好滥淫志、宋音燕女溺志、卫音趋数烦志、齐音敖辟乔志。此四者皆淫于色而害于德，是以祭祀弗用也”，也对“色”持排斥之态度。

四、余论

通过以上比较，我们得知，《孔子诗论》、《五行》二十五章说文、《孟子》三者虽然都有“色”与“礼”关系之论述，但《孟子》与前两者只是表面的相似。《孟子》并无深入讨论“色”（情、欲）与“礼”（外在规范）的问题意识，也无“礼”来自情欲，是对情欲之调节或引导的任何表述。《五行》二十五章说文的思想倾向接近于《孔子诗论》，但《五行》二十五章说文在论“色”论“礼”方面和《五行》的主体思想有区别。“礼”来自情欲，是对情欲之调节或引导，《诗》是“礼”之教化的重要工具。这方面之论述，出土文献见于郭店楚简《性自命出》及《语丛一》《语丛二》，传世文献见于《管子》《荀子》《礼记》及汉以后《毛诗序》等许多文献，尤以《荀子》的论述最为丰富。我们在研究《孔子诗论》时，既要注意这种思想倾向之一致，又要注意《孔子诗论》未讨论人性善恶，未言及圣人、先王等统治者制礼，也未见浓厚政治化倾向等方面之区别，这就是本章的结论。

第九章　上博简《鲁邦大旱》思想研究

在上海博物馆所藏战国楚简中，《孔子诗论》《子羔》《鲁邦大旱》三篇虽然笔迹相同，而且均以孔子为主人公，但这三篇的思想内容其实是各自独立的，相互之间并没有必然的联系。《鲁邦大旱》实际上是一则短篇故事，一则关于孔子或者说假托孔子的短篇故事，之所以称之为假托，是因为极其相似的故事格局和对应话语在《晏子春秋》和《说苑》中也出现了，只不过那里的主人公换成了晏子。我们目前无法确定，真实的主人公究竟应该是孔子还是晏子，或者是其他的贤人。这种确认性的工作，不但难以做到，而且没有必要。我们可以想象，这类关于大旱对策的套话曾经一度十分流行，它是一个时代或一个学派在阐述天灾与人事的关系时，一种典范式的对应态度。那么，在这个或这类故事中，哪些是值得重视的思想现象呢？这正是本章所欲探求的重点。

一、《鲁邦大旱》的重新解读

在此之前，有必要对《鲁邦大旱》这段不长的故事再作一次解释。

《上海博物馆藏战国楚竹书（二）》[①] 出版后，关于《鲁邦大旱》的释文又出现了许多值得重视的意见，笔者欲博采众家之长，在新的释文基础上更准确地理解《鲁邦大旱》的思想内容。

原文：

鲁邦大旱。哀公胃（谓）孔子：“子不为我图之？”孔子倉（答）曰：“邦大旱，毋乃遊（失）者（诸）型（刑）与悳（德）虖（乎）。售（唯）”☐[②]【简1】之可才（哉）。孔子曰：“庶民智（知）敚（说）之事禩（鬼）也，不智（知）型（刑）与悳（德）。女（如）毋悉（爱）珪璧㡀（币）帛于山川，政（正）坓（刑）与［悳（德）］☐”【简2】出遇子赣（贡），曰：“赐，而（尔）昏（闻）逩（巷）逄（路）之言。毋乃胃（谓）丘之遣（答）非与（欤）？”子赣（贡）曰：“否殹（殴）。虖（吾）子女（如）達（重）命，亓（其）与。”“女（若）夫政（正）坓（刑）与悳（德）以事上天，此是才（哉）。若天〈夫〉毋悉（爱）圭璧【简3】㡀（币）帛于山川，毋乃不可。夫山，石以为肤，木以为民。女（如）天不雨，石牆（将）𤎩（焦），木牆（将）死。亓（其）欲雨或甚于我，或必寺（待）虖（乎）名虖（乎）？夫川，水以为肤，鱼以【简4】为民。女（如）天不雨，水牆（将）沽（涸），鱼牆（将）死。亓（其）欲

① 马承源主编：《上海博物馆藏战国楚竹书（二）》，上海古籍出版社，2002年。

② “☐”是个符号，表示下面所缺的字无法计算。

雨或甚于我，或必寺（待）虖（乎）名虖（乎）？”孔子曰：“於虖（乎）☐【简5】公剀（岂）不飤（饱）杒（粱）飤（食）肉才（哉）？䜴（抑）亡（无）女（如）庶民可（何）。■【简6】”

译文：

鲁国大旱。鲁哀公对孔子说：“您不为我想想办法吗？”孔子回答说：“鲁国大旱，恐怕是因为在刑与德方面有缺失（才引起的啊。……”）［鲁哀公说：“……］之可才（哉）。”孔子答曰：“庶民虽然知道用说祭来祭祀鬼神，却不知道刑与德方面的事情。如果在祭祀山川（等神祇）时不吝惜珪璧币帛，而匡正刑与德……”退出朝廷遇到子贡，孔子说：“赐，你听到众人的街谈巷议了吧。是不是他们觉得我回答得不对？”子贡说：“没有啊，如果您重视人的生命，他们都会听从您的。”（孔子说：）“匡正刑与德以事奉上天，这是对的。在祭祀山川（等神祇）时不吝惜珪璧币帛，恐怕就不可以。山以石头为皮肤，以树木为民众。如果天不下雨，石头将会枯焦，树木将会死去。他们希望降雨之情更甚于我，又怎会必然等到我们（在祭祀时）去呼唤他的名字呢？河流以水为皮肤，以鱼为民众。如果天不下雨，水将干涸，鱼将死亡。他们希望降雨之情更甚于我，又怎会必然等到我们（在祭祀时）去呼唤他的名字呢？”孔子说：“呜呼……哀公不是还在那里大吃大喝吗？他拿老百姓又怎么样了。”①

关于上述译文，有两处需要在此详加说明的地方。

第一，关于“忎”字的解释，学界目前有两种截然相反的意见。“忎”，原注释读为“薆”，认为声符和字义同于“瘗”，意为“埋”。这个解释得到了大多数学者的认可。但刘乐贤释“忎”为“爱”，意为吝惜，颜世铉表示赞同。笔者认为释作“爱”是正确的，理由如下。

首先，“忎”字在楚系文字中多见，如郭店楚简和《上海博物馆藏战国楚竹书（一）》中，几乎无一例外地释作“爱”。将“忎”释为“瘗”的假借字，虽然假借关系上不存在问题，但缺乏例证。

其次，“不爱……”或与“不爱”相类的句式在文献中多见，而且常用于与祭祀有关的场合。颜世铉举《诗经·云汉》“靡神不举，靡爱斯牲。圭璧既卒，宁莫我听”是一例。其他还有：

> 郑国有灾，晋君、大夫不敢宁居，卜筮走望，不爱牲玉。（《左

① 释文与译文，除参考马承源所作《鲁邦大旱》释文外，还采用了以下论文中的一些观点。陈剑：《上博简〈子羔〉〈从政〉篇的拼合编连问题小议》，简帛研究网，2003 年 1 月 8 日；刘乐贤：《读上博简〈民之父母〉等三篇札记》，简帛研究网，2003 年 1 月 10 日；何琳仪：《沪简二册选释》，简帛研究网，2003 年 1 月 14 日；徐在国：《上博竹书（二）文字杂考》，简帛研究网，2003 年 1 月 14 日；颜世铉：《上博楚竹书散论（三）》，简帛研究网，2003 年 1 月 19 日；黄德宽：《〈战国楚竹书〉（二）释文补正》，载朱渊清、廖名春主编：《上博馆藏战国楚竹书研究续编》，上海书店出版社，2004 年，第 434-443 页，又见简帛研究网，2003 年 1 月 19 日；俞志慧：《〈鲁邦大旱〉句读献疑》，简帛研究网，2003 年 1 月 27 日；秦桦林：《上博简〈鲁邦大旱〉虚词札记》，简帛研究网，2003 年 2 月 15 日；广濑薰雄：《关于〈鲁邦大旱〉的几个问题》，《武汉大学学报（哲学社会科学版）》2004 年第 4 期。下文引用这些学者的观点，不再一一出注。

传·昭公十八年》)

余不爱衣食于民，不爱牲玉于神。(《国语·鲁语上》)

可见，“不爱……”释作不吝惜要比释作不埋更具合理性，也有更多文献例证。

最后，或许有学者认为，如果将“不爱……”释作不吝惜，那整个文意就会前后冲突，因为子贡问孔子“若夫毋爱圭璧币帛于山川，毋乃不可？”即子贡先提出不给山川供奉圭璧币帛恐怕是不行的吧，然后后面孔子才会解释为什么祭祀山川是没有意义的，基于这样一个逻辑，“悉”就无法解释为“吝惜”，只能看作是“埋”的意思。刘乐贤、颜世铉虽然指出孔子不反对祭祀山川，关于孔子对“说祭求雨”的看法，颜世铉还进一步解释道：“百姓对于祷神求雨的认知，往往只在其眼睛所见表面仪式的现象及止灾的作用上；却不知祷神求雨的精神主要是在于要使为政者反躬自省其施政作为。”但并不能圆满回答上述的问题。

笔者以为，将“不爱……”释作不吝惜，看上去文意上会发生矛盾，但其实并不矛盾。因为按照我的释文去理解，就知道孔子虽然不反对“不吝惜珪璧币帛于山川”，但认为还有更重要的事情要做，那就是“正刑德”，即通过实质性的行动去拯救民众的生命。当然，这一解释的成立出于对子贡、孔子问答归属的重新排列。这一问题在第二点详述。

第二，从“子贡曰：否殴”到“或必待乎名乎”为止，看上去只有一个主语，即“子贡”。但如果这一大段话都是子贡一个人的发言，显然说不过去。俞志慧最先意识到这个问题，并在这段话中途插入了“孔子曰”。俞志慧和广濑薰雄两位学者从文意上，从古文献的写作特征上，详细地论证了“孔子曰”插入的可能性。对此笔者深表赞同。但在“孔子曰”插入的具体位置上，两位的意见有所不同。

俞志慧的释文为：

孔子：“赐，尔闻巷路之言。毋乃谓丘之答非欤？”

子贡：“否。”

孔子：“繄吾子如重名其欤？”

子贡：“如夫正刑与德，以事上天，此是哉！如夫毋瘗圭璧币帛于山川，毋乃不可？”

孔子：“夫山，石以为肤，木以为民，如天不雨，石将焦，木将死，其欲雨或甚于我，又必恃乎名乎？夫川，水以为肤，鱼以为民，如天不雨，水将涸，鱼将死，其欲雨或甚于我，又必恃乎名乎？”

孔子：“於乎□”

广濑薰雄的释文为：

孔子：“赐，而昏递迻之言。毋乃胃丘之畣非与？”

子贡：“否。殹虖子女逋命，丌与。女夫政坓与悳（德）以事上天，此是才？女天〈夫〉毋㤅圭璧㡀帛于山川，毋乃不可？”

孔子："夫山，石以为肤，木以为民。女天不雨，石牺[illegible]，木牺死。丌欲雨或甚于我，或必寺虖名虖？夫川，水以为肤，鱼以为民。女天不雨，水牺沽，鱼牺死。丌欲雨或甚于我，或必寺虖名虖？

孔子："於虘☐"

关于"吾子如迶（重）命，其与"，笔者赞同广濑薰雄的断句和解释，认为它是子贡说的话，"吾子"可以看作下对上的称呼，在此代表孔子。"其"在这里当副词用，是"乃"的意思。"与"是动词，是"参与"的意思。关于"迶（重）命"，广濑薰雄认为是重复命令的意思。"吾子如重命，其与"意为"如果您重复命令的话，民众会随从您的"。但孔子并非执政者，并无重复命令的权力，所以这一解释不妥。从整段故事体现出孔子重视生命来看，这里的"命"还是释作"生命"最为妥当。关于"若夫政（正）刑与德以事上天，此是才（哉）。若天〈夫〉毋悉（爱）圭璧币帛于山川，毋乃不可"这两句话的归属，笔者则认为它是孔子说的。因此，最为合理的释文应当是：

孔子："赐，尔闻巷路之言。毋乃谓丘之答非欤？"

子贡："否殹。吾子如重命，其与。"

孔子："若夫正刑与德以事上天，此是哉。若夫毋爱圭璧币帛于山川，毋乃不可。夫山，石以为肤，木以为民。如天不雨，石将焦，木将死。其欲雨或甚于我，或必待乎名乎？夫川，水以为肤，鱼以为民。如天不雨，水将涸，鱼将死。其欲雨或甚于我，或必待

> 乎名乎？”
>
> 孔子：“呜呼☐”

也就是说，“若夫正刑与德以事上天，此是哉。若夫毋爱圭璧币帛于山川，毋乃不可”都非子贡提出的疑问，而是孔子对自己政见的再次总结。即孔子突出的是正刑与德，轻视的是给山川祭祀时拼命加供的行为；突出的是人事，轻视的是神事。后面的“夫山”“夫川”正是对“若夫毋爱圭璧币帛于山川，毋乃不可”所作的形象解释，把两者割裂开来是不妥当的。《礼记·檀弓下》有这样一段话：

> 岁旱，穆公召县子而问然，曰：“天久不雨，吾欲暴尫，而奚若。”曰：“天久不雨，而暴人之疾子，虐，毋乃不可与。”“然则吾欲暴巫，而奚若。”曰：“天则不雨，而望之愚妇人，于以求之，毋乃已疏乎。”

这里两次出现的“毋乃”，即“毋乃不可与”“毋乃已疏乎”，都是县子向穆公表示反对的意见，与本简文中“若夫毋爱圭璧币帛于山川，毋乃不可”以及“夫山”“夫川”一段话的倾向是一致的。如果“夫山”“夫川”是孔子的话，那么表现出同一态度的“毋乃不可”就依然是孔子的言论，不应当划给子贡。至于颜世铉指出的“祷神求雨的精神主要是在于要使为政者反躬自省其施政作为”，这点从简文中似乎还看不出来。

二、《鲁邦大旱》的思想特色：与《晏子春秋》比较

基于以上对简文的理解，笔者在此想对这段故事所表现出的思想特色作些分析。这一分析可以从两个角度出发：其一，与《晏子春秋·内篇谏上》第十五章的比较分析。其二，与其他大旱对策的比较分析。

不用说，《鲁邦大旱》最应引起重视的现象是它与《晏子春秋·内篇谏上》第十五章的相似。马承源《鲁邦大旱》的释文引用了《晏子春秋·内篇谏上》内容的一部分，由于篇幅不长，笔者在此全部引用，以作彻底分析。

齐大旱逾时，景公召群臣问曰："天不雨久矣，民且有饥色。吾使人卜，云祟在高山广水。寡人欲少赋敛以祠灵山，可乎？"群臣莫对。晏子进曰："不可。祠此无益也。夫灵山固以石为身，以草木为发，天久不雨，发将焦，身将热，彼独不欲雨乎？祠之何益。"公曰："不然，吾欲祠河伯，可乎？"晏子曰："不可。河伯以水为国，以鱼鳖为民，天久不雨，水泉将下，百川将竭，国将亡，民将灭矣，彼独不欲雨乎？祠之何益。"景公曰："今为之奈何？"晏子曰："君诚避宫殿暴露，与灵山河伯共忧，其幸而雨乎。"于是景公出野暴露三日，天果大雨，民尽得种时。景公曰："善哉。晏子之言，可无用乎。其维有德。"[①]

① 吴则虞编著：《晏子春秋集释》，中华书局，1962年，第55–59页。

先来比较两者的共同之处。首先，从内容来看，两者均为旱灾之对策，且均为君臣之间的问对，只不过国家有别、人物各异。《鲁邦大旱》中的鲁哀公和孔子到《晏子春秋》换成了齐景公和晏子。其次，两者故事骨架相似，君主都想不惜代价地祭祀山川神祇，即在应付天灾时，表现出一种以神事为主的态度。而孔子和晏子则予以反对，表现出一种以人事为主的态度。最后，两者的语言表述相似，《鲁邦大旱》中的"夫山，石以为肤，木以为民。如天不雨，石将焦，木将死。其欲雨或甚于我，或必待乎名乎？夫川，水以为肤，鱼以为民。如天不雨，水将涸，鱼将死。其欲雨或甚于我，或必待乎名乎？"与《晏子春秋》中的"夫灵山固以石为身，以草木为发，天久不雨，发将焦，身将热，彼独不欲雨乎？祠之何益""河伯以水为国，以鱼鳖为民，天久不雨，水泉将下，百川将竭，国将亡，民将灭矣，彼独不欲雨乎？祠之何益"在构思和表达上极为相似。

有以上三处这样极其关键的相似，我们不难推测，这类故事是由相同或相近的时代，由思想观点相同或相近的学派创作出来的，用于阐明其关于天灾的基本政治立场。在大旱面前，山川神祇最终自身难保的那段话，实在是太生动精辟了，始作者未必是所谓的孔子或晏子，也可能另有所出，但被组合进孔子或晏子的故事中，成为一种大旱对策的经典应对方式。

再来比较两者的不同之处。第一，关于"民"的态度。《鲁邦大旱》表现出比较强烈的重民意识，其中有忧患意识，孔子既指出民众的愚昧，"庶民知说之事鬼也，不知刑与德"，又担忧大旱面前，由于统治者不为民众做什么，民众可能会面临苦难。“公岂不饱粱食肉哉？抑无如庶民何。”也有不敢轻视公众舆论的意识，一出朝廷，马上就问子贡，“赐，尔闻巷路之言。毋乃谓丘之答非欤？”《晏子春秋》虽谈到“民且有饥色”“民尽得种时”，但不是文章的重点，重民意识似无《鲁邦大旱》强烈。第二，《鲁邦大旱》表现出对君主较强烈的批判意识，文章最后一句，显示出对统治者的极端不满。第三，《晏子春秋》和《鲁邦大旱》虽然都表现出重人轻神的态度，但在人事方面，《鲁邦大旱》提出了具体的对策，即“正刑与德”，《晏子春秋》则提出要君主到野外去，“与灵山河伯共忧”。所以，《晏子春秋》显示出思想内容的前后不一致，前面对神的作用几乎完全予以否定，后面却又对神表示亲近，在政治上无所作为。第四，结论不同。《鲁邦大旱》以批判统治者作结。《晏子春秋》则描绘了一个天人感应的结局，“于是景公出野暴露三日，天果大雨，民尽得种时”。第五，出场人物不同。《鲁邦大旱》多了一个子贡，但子贡的存在与否，并不构成关键区别，因为他对故事格局和思想内容的影响并不大。第六，语言表述不同。《晏子春秋》显然更具敷衍性，不光故事更长更具体，而且在个别用词上也更合理，例如，《鲁邦大旱》的“夫山，石以为肤，木以为民”显然不如《晏子春秋》的“以石为身，以草木为发”表达得好。“灵山”“河伯”的说法也比“山”“川”要生动。

那么，是否可以说《晏子春秋》这段文字晚于《鲁邦大旱》，《晏子春秋》受《鲁邦大旱》的影响呢？《晏子春秋》这段文字晚出的迹象的确明显，例如故事更长，表述更成熟，而且思想内容的前后不一致，显示出最后的结论部分很可能是后代即关于灾异的天人感应说被大力提倡的时代附加上去的。[①]《晏子春秋》是传世文献，它被不断整理、润色、修改，是完全可能的事。但不能简单地认为《晏子春秋》这段文字一定受《鲁邦大旱》的影响，《晏子春秋》这段文字被敷衍、被修改之前的原型，很可能与《鲁邦大旱》相接近。除去语言修饰的成分，以及天人感应说的结尾，《晏子春秋》这段文字的原型比《鲁邦大旱》早也完全可能。如前所述，《鲁邦大旱》有《晏子春秋》所无的重民意识、君主批判意识，以及“正刑与德”的具体对策，体现出思想内容上的前后一致和成熟。

笔者认为很难区分《鲁邦大旱》与《晏子春秋》这段文字孰前孰后，它们很可能诞生于非常接近的时代和非常接近的学派。《晏子春秋》中有相当多的篇章谈到天灾，谈到人事和神事孰重的问题，与《鲁邦大旱》接近的《晏子春秋》的这段文字虽然没有重民意识、君主批判意识，以及政治上的具体举措，但在其他有关鬼神、灾异、祭祀的篇章中，这些问题都被提及。如《内篇谏上》之第十二章、第十四章，《内篇问上》之第十章，《内篇杂下》之第四章、第六章，《外篇》之第二章、第三章、第六章、第七章，其主要思想意识与《鲁邦大旱》非常接近。所以它们有可能是同时代的作品。

---

① 除这段文字之外，《晏子春秋》还有很多地方可以看出按感应说整理故事的痕迹。如与《左传·昭公二十年》相似的关于齐景公生病的文章，在《晏子春秋·外篇》之第七章及《内篇谏上》之第十二章，结论部分被加上“公疾愈”，以显示有效的政治举措会影响到君主身体的好转。这种感应式的故事亦见于《晏子春秋·内篇谏上》之第十八章（彗星出现）、第二十一章（火星的出现与消失），《外篇》之第二章（彗星的出现与消失）等。

通过与《晏子春秋》的比较，我们可以尝试回答以下两个问题。第一，旱灾发生的年代问题。马承源在《鲁邦大旱》释文中引用了《左传·哀公十五年》的经文“秋八月，大雩”，以及《春秋繁露·精华》中的一段话“大雩者何？旱祭也。难者曰，大旱雩祭而请雨，大水鸣鼓而攻社”，认为《鲁邦大旱》所言及的旱灾是哀公十五年发生的。廖名春也作如此推测。[①] 杨朝明则认为不一定发生在哀公十五年这一年，“说它发生在鲁哀公十一年到鲁哀公十六年的六年之内更好一些”[②]。但既然《晏子春秋》中也出现了同样的故事格局和对应话语，我们就无法确定这个故事一定发生在鲁国。虽然不能排除发生在鲁国的可能性，但从思想史的角度看，这种确认性的工作其实没有多大意义。如果缺乏依据，永远得不出令人信服的结论。另外，旱灾只是引发思想内容的一个前提条件，就思想史而言，它具体何时发生其实并不太重要。第二，关于孔子真实性的问题。和第一个问题一样，这里势必产生故事主人公归属于孔子还是晏子的疑问，有可能是其中一位，有可能两位都是，有可能两位都不是。在充满多种可能性的前提下，我们不能匆忙地将其归属于孔子。众所周知，有关鲁哀公与孔子之间问对的资料极多，其数量可能不下于晏子与齐景公之间的问对。马骕《绎史》卷八十六《孔子类记一》中有《哀公问》一节，从中可知，其材料分布于《论语》《墨子》《庄子》

---

① 廖名春：《上海简〈鲁邦大旱〉札记》，载廖名春编：《清华简帛研究》第二辑，清华大学思想文化研究所，2002 年。

② 杨朝明：《上海博物馆竹书〈鲁邦大旱〉管见》，载《儒家文献与早期儒学研究》，齐鲁书社，2002 年。

《荀子》《韩非子》《吕氏春秋》《礼记》《大戴礼记》《韩诗外传》《史记》《孔丛子》《孔子家语》《说苑》《新序》等多种书籍中，其中虽有真实的成分，但不乏编造的故事。目前出土的《鲁邦大旱》可以说又多了一则新的鲁哀公与孔子之间的问对故事。前文指出，《鲁邦大旱》的最后一句显示出对统治者的极端不满。然而遍查所有的鲁哀公与孔子问对的文献材料，看不到一例孔子对鲁哀公的直接批判。倒是《晏子春秋》中，晏子对君主毫不留情的批评几乎比比皆是。从这一特征看，我们可以说《鲁邦大旱》的整体风格更接近于《晏子春秋》，而与传统文献所刻画的孔子形象有距离。

三、《鲁邦大旱》的思想特色：神事与人事

笔者认为，还应该将《鲁邦大旱》和文献所见其他君臣之间关于旱灾的对策作一比较。这一比较中所需要突出的思想现象在于两个方面，一是神事与人事孰重的问题，二是刑与德的问题。

传统文献中关于旱灾的记载为数不少，但由此引申出对策的并不多见。除上引《晏子春秋·内篇谏上》第十五章外，较典型的还有以下数例。

夏，大旱。公欲焚巫、尪。臧文仲曰："非旱备也。修城郭、贬食、省用、务穑、劝分，此其务也。巫、尪何为。天欲杀之，则如勿生。若能为旱，焚之滋甚。"公从之。是岁也，饥而不害。(《左

传・僖公二十一年》)

这也是发生于鲁国的大旱，鲁僖公欲照民间迷信风俗，焚烧残疾人以求雨，被鲁大夫臧文仲阻止。臧文仲的对策主要有二：一是修城郭，二是“贬食、省用、务穑、劝分”，即节省民力和加强生产。关于“修城郭”，孔疏引服虔云：“国家凶荒，则无道之国乘而加兵，故修城郭为守备也。”清人沈钦韩《春秋左氏传补注》云：“民难于食，故修土功，给其稍食，亦救荒之策。”两说似都可通。其结果是“是岁也，饥而不害”。这里并无天人感应式的描述，承认发生灾害，但由于实施了理智的政治举措，并未酿成大灾。

与这段描述接近的是上文所引《礼记・檀弓下》的鲁穆公与县子的那段话。县子在反对用人作为牺牲的态度上与臧文仲无异，但未阐明具体对策。

《孔子家语・曲礼子贡问》中有一段孔子和齐景公关于旱灾的问对。

> 孔子在齐，齐大旱，春饥。景公问于孔子曰：“如之何？”孔子曰：“凶年则乘驽马，力役不兴，驰道不修，祈以币玉，祭祀不悬，祀以下牲。此贤君自贬以救民之礼也。”

孔子的对策主要是通过君主的自我约束，如不乘好马、不发力役、祭祀时用低等的祭祀用品来代替高等的祭祀用品，即自贬来达到救民之目的，并认为这才合于礼。与之接近的是《礼记・曲礼下》和《礼记・杂记下》中的这两段话。

> 岁凶，年谷不登，君膳不祭肺，马不食谷，驰道不除，祭事不县。大夫不食粱，士饮酒不乐。(《礼记·曲礼下》)[①]
>
> 孔子曰："凶年则乘驽马，祀以下牲。"(《礼记·杂记下》)

可见，《左传·僖公二十一年》与《礼记·檀弓下》等文献对神事几乎完全予以否定，体现出一种重人事、轻神事的精神。

类似的话题亦见于《左传·昭公二十年》。

> 齐侯疥，遂店，期而不瘳。诸侯之宾问疾者多在。梁丘据与裔款言于公曰："吾事鬼神丰，于先君有加矣。今君疾病，为诸侯忧，是祝、史之罪也。诸侯不知，其谓我不敬，君盍诛于祝固、史嚚以辞宾？"公说，告晏子。晏子曰："日宋之盟，屈建问范会之德于赵武。赵武曰：'夫子之家事治，言于晋国，竭情无私。其祝、史祭祀，陈信不愧。其家事无猜，其祝、史不祈。'建以语康王。康王曰：'神、人无怨，宜夫子之光辅五君，以为诸侯主也。'"公曰："据与款谓寡人能事鬼神，故欲诛于祝、史，子称是语，何故？"对曰："若有德之君，外内不废，上下无怨，动无违事，其祝、史荐信，无愧心矣。是以鬼神用飨，国受其福，祝、史与焉。其所以

① 类似的说法亦见贾谊《新书·礼》："岁凶谷不登，台扉不涂，榭彻干侯，马不食谷，驰道不除，食减膳，飨祭有阙。"

蕃祉老寿者，为信君使也，其言忠信于鬼神。其适遇淫君，外内颇邪，上下怨疾，动作辟违，从欲厌私，高台深池，撞钟舞女。斩刈民力，输掠其聚，以成其违，不恤后人。暴虐淫从，肆行非度，无所还忌，不思谤讟，不惮鬼神。神怒民痛，无悛于心。其祝、史荐信，是言罪也。其盖失数美，是矫诬也。进退无辞，则虚以求媚。是以鬼神不飨其国以祸之，祝、史与焉。所以夭昏孤疾者，为暴君使也，其言僭嫚于鬼神。"公曰："然则若之何？"对曰："不可为也。山林之木，衡鹿守之。泽之萑蒲，舟鲛守之。薮之薪蒸，虞候守之。海之盐蜃，祈望守之。县鄙之人，入从其政。逼介之关，暴征其私。承嗣大夫，强易其贿。布常无艺，征敛无度。宫室日更，淫乐不违。内宠之妾，肆夺于市。外宠之臣，僭令于鄙。私欲养求，不给则应。民人苦病，夫妇皆诅。祝有益也，诅亦有损。聊、摄以东，姑、尤以西，其为人也多矣。虽其善祝，岂能胜亿兆人之诅。君若欲诛于祝、史，修德而后可。"公说，使有司宽政，毁关，去禁，薄敛，已责。

几乎完全相同的文字又见于《晏子春秋·外篇》之第七章。《晏子春秋》加了三个字结论，即"公疾愈"。同样题材的记述亦见于《晏子春秋·内篇谏上》之第十二章。上引文字虽然很长，但值得全引。这篇文章对鬼神本身并未表示否定的态度，但站在理智的立场上，否定的是连鬼神也无法接受的人事，并指出如果不"修德"，即不采取"使有司宽政，毁关，去禁，薄敛，已责”之政治措施，仅仅加大祭祀力度是没有任何用处的。它虽然不是有关大旱的题材，但笔者认为其整体基调与《鲁邦大旱》接近，有助于我们对简文的理解。

《荀子·天论》有以下这段话：

> “雩而雨，何也？”曰：“无佗也，犹不雩而雨也。日月食而救之，天旱而雩，卜筮然后决大事，非以为得求也，以文之也。故君子以为文，而百姓以为神。以为文则吉，以为神则凶也。”

《荀子·天论》指出祭祀和降雨其实没有关系，祭祀活动在君子看来只是一种形式，在百姓看来则是神事。如果都像老百姓那样将祭祀看作神事，就不吉利了。《鲁邦大旱》其实也是这种态度，它表面看上去并不否定祭祀活动，但最终的真实的态度是否认山川祭祀有绝对的效果，并用生动的比喻对其作用予以了嘲讽。

《孔子家语·曲礼子贡问》和《礼记·曲礼下》、《礼记·杂记下》、贾谊《新书·礼》可能均来源于同一话题，都是在谈岁凶之际，如何表现礼的精神，它对祭祀即神事并不否定，但认为在必要的时候可以降低标准。如果将《论语》作为比较可信的孔子材料，从中可以看出，孔子虽然不言“怪、力、乱、神”，但也重视祭祀以及由祭祀体现的礼的精神。如《论语·八佾》中，有一段孔子和子贡关于祭祀时所用牺牲的谈话。

子贡欲去告朔之饩羊。子曰："赐也，尔爱其羊，我爱其礼。"

因为告朔之礼早已不行，子贡欲去除作为牺牲的饩羊，孔子则宁可保持牺牲，以恢复其礼。《鲁邦大旱》贬低牺牲的作用，而且也没有提到要用礼的精神去对付大旱，视"正刑德"为首要问题。所以《鲁邦大旱》中的孔子与《论语》所见孔子有着一定差距，与《孔子家语·曲礼子贡问》、《礼记·曲礼下》、《礼记·杂记下》、贾谊《新书·礼》所见孔子也有所不同，在整体基调上接近《左传·昭公二十年》、《晏子春秋·外篇》之第七章、《荀子·天论》。

上述分析告诉我们，《鲁邦大旱》与重人事、轻神事的思想倾向相一致。虽然这一思想的发生、发展及影响还有待更深入的研究，但基本上可以肯定，它与这样的时代要求相伴生，即要求强化君主的权力，提高君主对臣民的影响力和控制程度，形成一个以君主为中心的国家。因此，神的作用不能取代人的即君主的作用，如果神的作用无助于君主或者有害于君主时，就会遭到否定。《鲁邦大旱》虽没有绝对否定山川祭祀，但把它看作低层次的、类似民间迷信的东西。在大旱面前，《鲁邦大旱》更强调君主的作用与权威。这样的思维方式，基本上是战国时代君主权威被强化后的产物。

四、《鲁邦大旱》的思想特色：刑与德

关于《鲁邦大旱》思想之时代烙印的考察，还可以从第二个方面，

即刑与德的问题入手。

马承源的释文引了《韩非子·二柄》“明主之所导制其臣者，二柄而已矣。二柄者，刑德也。何谓刑德。曰，杀戮之谓刑，庆赏之谓德。为人臣者，畏诛罚而利庆赏。故人主自用其刑德，则群臣畏其威而归其利矣。故世之奸臣则不然”以及《说苑·政理》“治国有二机，刑德是也。王者尚其德而希其刑，霸者刑德并凑。强国先其刑而后其德。夫刑德者，化之所由兴也。德者养善而进其阙者也。刑者惩恶而禁后者也。故德化之崇者至于赏、刑罚之甚者至于诛”，但未作分析。廖名春的论文《上海简〈鲁邦大旱〉札记》也引用了这两段，但他认为简文与《韩非子·二柄》最为接近，“简文‘刑与德’，就是指杀戮与庆赏，所谓‘失诸刑与德’，就是指鲁哀公‘非使赏罚之威利出于己也，听其臣而行其赏罚’。即批评鲁哀公政不在己，治国之权柄操诸于季氏”①。对此，杨朝明予以反对，他认为孔子提倡实行德治，以刑罚作为德治的补充。②

笔者以为两位学者的意见都有偏颇。首先，“刑与德”不等于“刑德”。“刑德”是一个专有名词，它主要为法家、阴阳家、黄老思想家所用。在法家中《韩非子》使用最多，上引《说苑·政理》显然也受到过法家思想的影响。《鲁邦大旱》在总体思想倾向上接近于儒家，与《韩

① 廖名春:《上海简〈鲁邦大旱〉札记》，载廖名春编:《清华简帛研究》第二辑，清华大学思想文化研究所，2002 年。

② 杨朝明:《上海博物馆竹书〈鲁邦大旱〉管见》，载《儒家文献与早期儒学研究》，齐鲁书社，2002 年。

非子》君主作为控制臣下手段之“刑德”还是有距离的，在《韩非子》那里，“刑德”并非“正”的对象，不是一种理念，而是具体的操作工具。因此，不能将这里的“刑与德”释作“杀戮”与“庆赏”二柄。同样，也看不出“正刑与德”与阴阳家、黄老思想家有何关联。其次，如前文所述，把《鲁邦大旱》中的孔子视为真孔子，这是不慎重的。如果先视其为真孔子，再将所谓的孔子思想套到《鲁邦大旱》上作简单模拟，这是不合适的。

《鲁邦大旱》将大旱产生的原因归结为“失诸刑与德”，又将大旱对策归结为“正刑与德”。从中可以看出它非一般的临时的救灾问题，而是借大旱对策，谈君主应该如何统治的政治问题。这一特征比前文所引任何一篇大旱对策都要强烈。不同时代的儒家思想关于“刑与德”有不同的解释，“刑”可以意为重刑，即强化刑罚的作用，也可以意为轻刑，通过减轻本来过于严酷的刑罚来缓解社会矛盾。“德”可以意为向民众施行“教化”之德政，匡正君主自身的德行，推行上行下效的政治，也可以意为给民众更多的利益恩惠，使之向统治者亲附。由于简文缺失，或者说《鲁邦大旱》过于简短，我们无法弄清“刑与德”究竟何意。虽然如此，我们依然能看出一些值得重视的思想现象。《鲁邦大旱》将“刑”与“德”放在并重的位置，同时将“刑”放在“德”之前，这极为有趣。因为早期儒家一向是将“刑”视作否定对象的。例如《论语・为政》中有：

子曰："道之以政，齐之以刑，民免而无耻。道之以德，齐之以礼，有耻且格。"

与之相近的态度在郭店楚简《缁衣》《成之闻之》以及上博楚简《从政》中也能看到。

子曰："伥（长）民者，⿱爻言（教）之以悳（德），齐之以豊（礼），则民又（有）欢心。⿱爻言（教）之以正（政），齐之以坓（刑），则民又（有）免心。"（郭店楚简《缁衣》第23—24号简）

是古畏（威）备（服）型（刑）罚之娄（屡）行也，繇（由）⿱上土（上）之弗身也。昔者君子有言，曰，战与型（刑）人，君子之述（遂）悳（德）也。（郭店楚简《成之闻之》第5—7号简）

豊（礼）则寡而为⿱身心（仁），詻（教）之以型（刑）则述（遂）。（上博楚简《从政》甲篇第3号简）

随着时代的推移，儒家轻刑重德的态度逐渐变化，开始重视"刑"作为国家统治手段的作用，将它同"德"放到等同的位置上。如郭店楚简《缁衣》所见以下这段话正是儒家态度变化的例证。

子曰："正（政）之不行，⿱爻子（教）之不成也，则坓（刑）罚不足耻，而雀（爵）不足欢（劝）也。古上不可以埶（亵）坓（刑）而翌（轻）雀（爵）。（郭店楚简《缁衣》第27—29号简）

再看《鲁邦大旱》，它把国家统治最重要的问题放在“刑与德”上，而不是以“德”为主，以“刑”为辅，也没有像荀子那样突出以“礼”治国。从这个角度看，它似乎与早期儒家思想不相吻合，而与君主专制意识日渐强烈，希望通过“刑”“德”两方面的措施更直接更有效地控制民众的意识接近。当然《鲁邦大旱》的“刑与德”未必已如《韩非子》那样具体化为“刑”“德”二柄，在“刑德”这一固定名词的形成上，《韩非子》受“正刑与德”这类说法以及意识的影响也有可能。

第十章　上博简《天子建州》注释

校点说明

20世纪90年代，上海博物馆分数次从香港古董市场购回流失到海外的湖北地区出土竹简，内容多为古代典籍。其年代据推断和郭店楚简大约同时，在战国中期偏晚，即公元前300年前后，但墓中所出竹书的年代应早于墓葬年代。《天子建州》被收入《上海博物馆藏战国楚竹书》第六册中，篇题是整理者据简文拟加。有甲乙两个本子，甲本比较完整，共13支简，竹简两端为平头，完简长约46厘米，编线3道，书写字数在32字左右。其中9支简简首有残损，残缺1字到2字，但据乙本可以补足。全篇文字共407字（含合文）。简13有篇号在篇尾，作钩形“乚”。乙本内容相同，为另一书手所抄，字迹不及甲本工整，仅存十一支，完简长约43.5厘米，书写字数在35字左右。篇尾部分残缺。故本释文虽同时列出甲乙两个本子，但以甲本为底本。甲本简8、简9有墨块，作“▁”，当为分章符号；甲本简6、乙本简5有墨块，作钩形“乚”，当为上下两编分割符号；甲本简1、简2、简5、简7、简8、简9均见合文号，乙本简 1、简 2、简 5、简 7、简 8 均见合文号，作“=”。

由于《天子建州》有两个文本，保障了内容的完整性，在编联上也没有歧义，使研究得以比较顺利地进行。

《天子建州》具有礼制汇编的性质，涉及封建制度、庙制、兵阴阳、朝聘之礼、祭礼，以及立、视、旋、言等各种礼容。既有具体礼仪制度的描述，也有一般礼仪精神的阐述。这是一篇极有价值的礼学出土文献。简文所载，很多内容可与传世礼书进行对证，其中有的可以和《礼记》《大戴礼记》《仪礼》《新书》等先秦礼书相对照，有的可以和上博简《昔者君老》《三德》等相关联，引起了学者们的高度重视。《荀子·礼论》说：“礼有三本：天地者，生之本也；先祖者，类之本也；君师者，治之本也。”这几个层次，在本篇中均有反映。整理者认为这是一部儒家文献，但先秦礼学并不仅仅为儒家所占有，《天子建州》中“文阴而武阳”带有浓烈的阴阳家色彩，这种思想成分既被儒家吸收，也被黄老道家接受。上博简《三德》将许多归结为“善勿灭，不祥勿为”的禁忌称为“天礼”，这对理解《天子建州》所见“礼”的观念与特征有帮助。[①] 值得注意的是，《天子建州》讨论的“礼”内容驳杂，刑狱之事也被放在礼书之中，这拓展了我们对古代“礼”之范围的认识。

《天子建州》的文字具有齐文字的特色，有关讨论可参见复旦学生读书会。

① 有关讨论可参见曹峰 2。在本章参考文献部分附有论著全称及简称。

整理者将简文分为两章，我们参考各位学者的意见，分为上下两编，上编四章，下编九章，共十三章。

凡例

（1）本书以马承源主编:《上海博物馆藏战国楚竹书（六）· 天子建州》（上海古籍出版社，2007 年）的曹锦炎释文为校勘底本。

（2）竹简简号标在每简最后一字旁。

（3）竹简上原有的标识一依其旧。合文号后写出合文及标点，并以括号“( )”表示。

（4）简文残缺或残泐无法辨识的字，可据行文格式推定字数者，释文以“□”号表示，一“□”代表一字。

（5）简文残缺之字，尚有残留笔画者，外加“□”号；原简补字及据文意拟补者，外加方括号“[ ]”。

（6）简文中的通假字、异体字随文注出本字、正字，外加“( )”表示。

（7）本章所引各家之说，均以简称标记，详见章后参考文献目录。

上编

第一章

【甲】[凡] 天子昰（建）之以州，邦君昰（建）之以垢（都），夫=（大夫）𦘦（建）之以里，士𦘦（建）之以室。[①] 凡天子七殜（世），邦君五【简1】[殜（世），夫=（大夫）]三殜（世），士二殜（世）。[②] 士象夫=（大夫）之立（位），身不字（免）；夫=（大

① "凡"字，甲本缺损，据乙本补。"建"如曹锦炎释文所言，意为建立、设置，《周易》比卦有"比，先王以建万国，亲诸侯"。"坭"如曹锦炎释文所言，即"垞"字的异体字，读为"都"。关于《天子建州》所见"室、里、都、州"行政区划，何有祖4有过整理，即《管子·度地》为"家、里、术、州、都"；《周礼·地官·大司徒》为"家、比、闾（与'里'相当）、族、党、州、乡"；《鹖冠子·王𫓧》为"家、伍、里、扁、乡、县、郡"；银雀山汉简《田法》简937—简938为"家、里、州、乡"。《管子·度地》同时存在"家""里""都""州"，虽然州的位置次于都，但比较而言，与《天子建州》的记载更接近一些。这段话关键在于"建"的对象是什么，曹锦炎释文认为"天下之州都是天子所建"；杨华认为本句指封建制度，"封邦建国"，贵族等级之制（天子、邦君、大夫、士）与居民行政体系（州、都、里、室），两者配合，实行分封。杨华译此句为"封建制度，天子按州来分封，诸侯按都来分封，大夫按里来分封，士下面再管辖若干家"。而墨子涵结合下文关于庙制的内容，认为"第一行是说各个级别在居民行政单位上建庙的相对权利，而第二行接下来说在牌位、建筑规模上建庙的相对权利"。何有祖4也认为此处说的是封建制度，但天子也是封建的对象，因为"之"在这里指代"前述对象"，而"表示大地域的'州'超出了'邦君'之境"，因此"简文是说建天了以州，建邦君以都，建大夫以里，建士以室。总的来说，天子、邦君、大夫、士，分别与州、都、里、室相对应，体现了封邦建国之制的等级性，也是简文此后所述庙数以及各种礼仪制度的基础"。我们认为这一句和下一句都以"凡"起首，故内容未必相关，墨子涵说难从，这里说的应该是封建之等级制度。如《礼记·礼运》"天子有田以处其子孙，诸侯有国以处其子孙，大夫有采以处其子孙，是谓制度"，《左传·桓公二年》"天子建国，诸侯立家，卿置侧室，大夫有贰宗，士有隶子弟，庶人、工商，各有分亲，皆有等衰"所示，天子基本上处于分封顶点，建的对象应低其一个等级，以下类推。故这里从杨华之说。

② "邦君五"后面两个缺字及一个重文符号据乙本补。从"天子七世"到"士二世"，如曹锦炎释文，说的是祭礼之庙制。"天子七世"指天子有七代祖先可以祭祀，以下类推。《大戴礼记·礼三本》云："故有天下者事七世，有国者事五世，有五乘之地者事三世，有三乘之地者事二世，待年而食者不得立宗庙。"《荀子·礼论》《史记·礼书》有相似内容。《礼记·王制》指出"天子七庙，三昭三穆，与太祖之庙而七。诸侯五庙，二昭二穆，与太祖之庙而五。大夫三庙，一昭一穆，与太祖之庙而三。士一庙。庶人祭于寝"。《礼记·礼器》有"天子七庙，诸侯五，大夫三，士一"。《史记·秦始皇本纪》有"古者天子七庙，诸侯五，大夫三"。值得注意的是，《春秋穀梁传·僖公十五年》有"天子七庙，诸侯五，大夫三，士二"，与《天子建州》最为接近。关于"士二"，何休《春秋公羊传解诂》在成公六年条下有"（天子）元士二庙，诸侯之卿大夫比元士二庙，诸侯之士一庙"。因此《天子建州》的"士"可能指天子之"元士"，非诸侯之士。杨华认为指诸侯之"上士"，并引《礼记·王制》郑玄注"谓诸侯之中士、下士名曰官师者。上士二庙"为证。

夫）象邦君之立（位），身不字（免）；邦君象天子之【简2】[立（位）]，身不字（免）。[①]

【乙】凡天子圭（建）之以州，邦君圭（建）之以垞（都），夫=（大夫）圭（建）之以里，士圭（建）之以室。凡天子七殜（世），邦君五殜（世），夫=（大夫）三殜（世），士二殜（世）。【简1】士象夫=（大夫）之立（位），身不字（免）；夫=（大夫）象邦君之立（位），身不字（免）；邦君象天子之立（位），身不字（免）。

第二章

【甲】豊（礼）者，义（仪）之屍（兄）也。[②]豊（礼）之于宗（宗）宙（庙）也，不腈（精）为腈（精），不娧（美）为娧（美）。

① “天子之”后面一个缺字据乙本补。象，曹锦炎释文作“为”，但此字不从“爪”，当从陈伟2释为“象”，意为仿效。“立”，曹锦炎释文与下文连读为“立身”，刘洪涛属上读作“位”，指宗庙的昭穆之位。刘洪涛之说合理。“免”，曹锦炎释文作“字”，刘洪涛改释为“免”，可从。何有祖4指出“身不免”与《国语·晋语》“赵文子称贤随武子”章之“不免其身”意同，“身不免”即不免于诛讨。整个这一段的文意，如杨华所言，“象”在这里引申为僭越，“如果某级贵族僭越礼制，祭以高一等级的贵族之礼，便会不免于诛讨”。林文华1说整句意为“士效法大夫之地位，设置宗庙庙数三（本应二）；大夫效法邦君之地位，设置宗庙庙数五（本应三）；邦君效法天子之地位，设置宗庙庙数七（本应五），如此都是僭越了本身应有的地位，违犯礼法，将遭致‘身不免’的祸害”。这里无疑指如果有违反礼制的僭越行为，身将不免于诛讨。但是否一定指违反了庙制上的礼制，不能确定。何有祖4认为这里的“位”不单与庙制有关，也和天子等阶层本身的位序有关。

② 关于“礼”和“义”的关系，曹锦炎释文认为，“义”体现的是“理”，既是道德规范，也是“礼”所要达到的目的。所以，“礼”是“义”之兄。裘锡圭认为不合理，他指出：“简文‘义’字皆应读为‘仪’。‘义’者‘宜’也，礼应以义为根据，不得言礼为仁义之义之兄。仪出于礼，故可言‘礼者，仪之兄也’。”杨华指出：“简文下段主要讲礼之仪节，可证之。”“以礼为兄，便意味着在礼与仪二者的关系中，礼的重要性大于仪，正如孔子所谓‘礼云礼云，玉帛云乎哉’。”故此从裘锡圭，读“义”为“仪”。

义（仪）反之，腈（精）为不【简3】腈（精），媺（美）为不媺（美）。[①]古（故）亡（无）豊（礼）大瀍（废），亡（无）义（仪）大譎（孽）。[②]

【乙】豊（礼）者，义（仪）之蜆（兄）也。【简2】豊（礼）之于层（宗）窗（庙）也，不腈（精）为腈（精），不媺（美）为媺（美）。义（仪）反之，腈（精）为不腈（精），媺（美）为不媺（美）。古（故）亡（无）豊（礼）大瀍（废），亡（无）义（仪）大譎（孽）。

第三章

【甲】型（刑），屯用青（情），邦丧；屯用勿（物），邦丧[③]；必

① “层窗”，曹锦炎释文读为“尸庙”，意为“陈列”。何有祖4指出，“尸庙”不见于典籍，当为宗庙。但“尸”“宗”声韵相隔，不大可能是通假字，“层”在此处可能是用作“宗”的异体字。何有祖观点可从。“腈”，曹锦炎释文读为“精”，意为“纯净、精细”。裘锡圭指出：“礼、仪二者，礼为根本，仪为形式，故有‘不精为精，不美为美’及‘精为不精，美为不美’之不同。礼重玄酒大羹，即以不精为精，不美为美。仪者斤斤计较于形式，故与礼反。”裘说可从。即“精”重的是内在的质，“美”重的是外在的美。《论语·八佾》：“林放问礼之本。子曰：‘大哉问！礼，与其奢也，宁俭；丧，与其易也，宁戚。’”《礼记·礼器》：“有以素为贵者，至敬无文，父党无容。大圭不琢，大羹不和，大路素而越席，牺尊疏布鼏，椫杓，此以素为贵也。”

② “譎”，曹锦炎释文隶定为“诮”，解释为“责备”。刘洪涛将该字改释为“孽”，已为学界接受，其构字原理可详参何有祖4的分析。“废”指彻底败坏，“孽”指给事物造成危害。所以，虽然“无礼”和“无仪”都会造成损失，但程度有轻重之别。

③ “型”，从曹锦炎释文读为“刑”。“屯”，曹锦炎释文训为“皆”。从下文“屯用情”“屯用物”相对而言、相互排斥看，“屯”当读为“纯”，意为“纯粹”“单纯”。“青”，从曹锦炎释文读为“情”。“勿”，从曹锦炎释文读为“物”。“情”，曹锦炎释文认为指“感情、情绪”。“物”，曹锦炎释文认为指“物资、财物”。曹锦炎释文认为“型，屯用情，邦丧；屯用物，邦丧”意为“刑若皆用感情处置，或皆以财物代罚，都会遭致国家丧亡”。何有祖4认为，“情”

中青（情）以罹（罹）于【简4】勿（物），几（僟）杀而邦正。[①]

【乙】型（刑）【简3】，乇用青（情），邦丧；乇用勿（物），邦丧；必中青（情）以罹（罹）于勿（物），几（僟）杀而邦正。

第四章

【甲】文侌（阴）而武昜（阳）。信文㝵（得）事，信武㝵（得）

字"应该与情感无关，而是指案件诉讼双方所反映的情实"。杨华读"情"为"情感"，认为从刑狱之事纯任"情"就会导致国丧来看，不可能是"情实"即真实情况，而只能是"人情""情感"。"物"，杨华训为"事"，"泛指刑狱之事"。何有祖4认为"物"意为"法"，并引《诗经·大雅·烝民》"天生烝民，有物有则"，《国语·周语下》"比之地物，则非义也；类之民则，则非仁也"为例，很有说服力。我们支持杨华及何有祖的见解，把"物"解释为"法"。《老子》第五十七章，王弼本"法令滋章"，郭店本、汉简本、河上公本均作"法物滋章"也可以为证。此句意为：刑罚纯用感情或纯用法律处置，都会导致亡国。

① "罹"，曹锦炎释文读为"罗"，意为"包罗、囊括"。陈伟、何有祖4也读为"罗"，但训为"约束"。刘洪涛认为此字即"离""罹""罗"的异体，读为"丽"，训为"附"。"必中情以罹于物"，这里可能漏一"于"字，应作"必中[于]情以罹于物"，"中[于]情"和"罹于物"是相对而言的，结合上文"纯用情"和"纯用物"都会导致"邦丧"看，既不能纯任"感情"，也不能纯任"法令"，而必须两者兼顾，折中处理。因此，如果把"中"读为"符合"的话，那么与之相应的"罹"，如刘洪涛所言，作"罹"的异体，读为"丽"，训为"附"，就比较合适。《周礼·秋官·小司寇》"以五刑听万民之狱讼，附于刑，用情讯之"，正是把"情"与"法"相结合的例子。关于此句，郑注云："用情理言之，冀有可以出之者。"贾疏云："以囚所犯罪附于五刑，恐有枉滥，故用情实问之，使得真实。"这个"情"正是一种同情、怜悯的人情。"几"，曹锦炎释文训为"察"；"杀"，曹锦炎释文训为"减省、裁削"。陈伟读"几"为"僟"，训为"精谨"。僟杀，是说对死刑的判处要精确、谨慎。陈伟说更为合理。"僟杀而邦正"，如杨华所言，指"谨慎判处，这样国家才会立于不败"。

田。文惪（德）絧（治），武惪（德）伐，文生武杀。[①] 冃 =（日月）㝵（得）亓（其）【简5】甫（辅），埅（相）之以玉枓（斗），戟（仇）戬（雠）戋（残）亡。[②] 洛尹行身和二，一憙（喜）一𢙐

① “文阴而武阳”，先秦儒家谈“阴阳”并不少见，然而将“阴阳”和“文武”“生杀”相结合，在先秦礼书中却没有看到过。这里的文武之道，就是对内统治安定、对外开拓疆土、文治而武功的政治理想，这种政治理想的实现必须和天地间阴阳生杀之原理相配合，这也是下文说“日月得其辅”的原因。“信”，曹锦炎释文理解为“用”，可从。“事”，曹锦炎释文认为是乙本“吏”字之讹写，应该正好相反，乙本“吏”字是甲本“事”之讹写。“信文得事，信武得田”，张崇礼等学者把“信文”“信武”理解为任用文官、武官，恐不合理。曹峰1指出因为这一章“文武”频出，和“阴阳”“生杀”相配合，有着更为广泛的含义，不应特指文官、武官。“得事”有把握事物、取得成功之意，如《战国策·魏策》有“犀首曰：衍不肖，不能得事焉。何敢恶事”。马王堆汉墓帛书《道原》有“得道之本，握少以知多。得事之要，操正以正奇”。在《天子建州》中，“得事”显然指的是文治上的成功，“得田”指的是武功上的建树。“文德治，武德伐，文生武杀。”与之最为相似的表述见于《黄帝四经·经法·君正》“天有死生之时，国有死生之政。因天之生也以养生，谓之文；因天之杀也以伐死，谓之武。［文］武并行，则天下从矣”，“审于行文武之道，则天下宾”，以及《黄帝四经·经法·论约》“始于文而卒于武，天地之道也。四时有度，天地之理也。日月星辰有数，天地之纪也。三时成功，一时刑杀，天地之道也”。就是说，天地四时已经向人展示了生杀予夺的自然法则，因此人的政治行动（文武、动静、赏罚）必须与之合拍。

② “甫”，曹锦炎释文作“央”，苏建洲1作“甫”，释读为“辅”。可从。“埅”字，曹锦炎释文作“根”，范常喜认为此字乃“相”繁构。可从。“辅”“相”二字正好构成意义的对应。“戟戬戋亡”，曹锦炎释文隶定为“棘戟戋亡”，读为“格陈践亡”。不通。陈伟读为“仇雠残亡”。“戟”，陈伟指出此字从求从戈，当读为“仇”。“戬”，陈伟指出此字疑是“寿”字声符，可读为“雠”。可从。关于这段话的意思，范常喜认为“日月得其辅，相之以玉斗”指的是以日月为辅，以玉斗为相。杨华译作“若以日月为辅，再以玉斗为相，则仇敌必然残亡”。林文华1以“日月”比拟文王，至于“玉斗”则是辅佐日月者。因此他译此句为“日月（天子）得到玉斗（辅相）的佐助”。沈培2在林文华观点的基础上，把此句释为“日月得到了文武之德的辅助，又用玉斗作工具而运行（于天）”。何有祖4读“辅”为“布”，释此句为“日月布列，玉斗相助，则仇敌必然残亡”。我们认为，范常喜、杨华的释文比较合理，“日月得其辅”可能是为了突出宾语而将其前置，“其”指代的就是“日月”，“相之以玉斗”则更容易理解，即得到玉斗之相。这段话应该译为“统治者如果得到日月和玉斗辅助指引，将无往而不胜”。这是站在天地人相呼应的立场，用天象来引导比喻政事。玉斗即北斗，北斗主杀伐，如《淮南子·天文训》有“北斗所击，不可与敌”，《汉书·艺文志》说兵阴阳家“顺时而发，推刑德，随斗击，因五胜，假鬼神而为助者也”。因此，这段话所反映的礼制渗入了兵阴阳家的思维。

（怒）。乚[①]

【乙】文侌（阴）而武易（阳）。信文㝵（得）吏（事），信武㝵（得）田。文直（德）【简4】䌹（治），武直（德）伐，文生武杀。冐＝（日月）直（得）亓（其）甫（辅），埅（相）之以玉料（斗），戕（仇）戳（雠）戋（残）亡。洛尹行身和二，一惪（喜）一忞（怒）。乚

下编

第一章

【甲】天子坐以巨（矩），飤（食）以义（仪），立以县（悬），

① 曹锦炎释文读“洛”为“乐”，训“尹”为“治”，把“行身”理解为“人之性情所行”，认为此句说的是“乐主管人之性情所行，合喜怒二气之和”。杨华由此作出解释，说这种和谐是“身体”和“行容”之和。浅野裕一说是太阳和月亮位置的调和。张崇礼疑“洛尹”即洛伯，为洛水之神。林文华3推测“洛尹”就是“伊尹”，因伊、洛地理相近，“伊尹”又称为“洛尹”，他引《吕氏春秋·本味》所记伊尹曾作庖厨之人为例，说他懂得“调和之事”。何有祖4则断读此句为“格尹行，身和二：一喜一怒”，“格尹行”指人的行为要有规范约束，“尹”通“君”，“格尹行”也可能就是匡正君主之行，“身和二：一喜一怒”则指人身能和合喜怒二气。沈培视“洛尹”为地名，并和上一句联读为“仇雠残亡洛、伊”，意即“仇雠残亡于洛、伊”。我们认为，这里的“喜怒”应该和前面的文武、阴阳、生杀、日月配合起来考虑，表现为对立统一，“和”当指“喜怒”之和。因此，把“洛尹”视为类似伊尹的精通天道与和合之道的圣人比较合适。“行身”，指“立身行事”，如《庄子·天下》“其行身也，徐而不费，无为也而笑巧”。“行身和二”，不走极端，善于调和阴阳，协调喜怒之气，实行中和之道，如杨华所言，“喜怒不适，属于失礼”。此章结尾有“乚”符，表示上半部分到此结束。

行以【简6】[兴（绳），视］医（侯）量，募（顾）还身。[①]者（诸）

① “坐以巨”之“巨”，曹锦炎释文读为“矩”，意为“曲尺”。这句话说的是坐的礼容，如杨华所言：“指坐如规矩之状，上身与下身成九十度。《新书·容经》载，坐容的基本姿势，是‘坐以经立之容，胻不差而足不跌’。在此基础上，又分经坐（‘视平衡’）、共坐（‘微府视尊者之膝’）、肃坐（‘府首视不出寻常之内’）、卑坐（‘废首低肘’）四种。简文之‘坐以矩’，当指经坐。”何有祖4指出商代已经采用这种“双膝着地，与身成矩形”的坐姿。“食以义”之“义”，曹锦炎释文读为“宜”，陈伟2读为“仪”，可从。这句话说的是进食的礼容，杨华引《新书》和《大戴礼记》之《保傅》篇：“（天子）食以礼，彻以乐。失度，则史书之。”认为此句“指天子根据日晷之影而按时进食”。古人每日的进食节律皆与日影测时有关。杨华还引《论语·乡党》“不时不食”，《集解》引郑注“不时，非朝、夕、日中时”为证。何有祖4认为“仪”就是指仪态，未必与进食时间有关。我们认为，这里谈论的是礼仪制度，必然具体而严格，故杨华的解释可从。“立以县”之“县”，即“悬”的假借字，曹锦炎释文云：“‘县’，悬挂，引申为悬挂的垂直线。《墨子·法仪》：‘直以绳，正以县。’‘立以县’，指天子的站立姿势，如同悬线一般垂直。”杨华指出：“《容经》载，立容的基本姿势，是‘固颐正视，平肩正背，臂如抱鼓，足间二寸，端面摄缨，端股整足’。在此基础上，又分经立（‘体不摇肘’）、共立（‘因以微磬’）、肃立（‘因以磬折’）、卑立（‘因以垂佩’）四种。按照天子的等级，当取经立之容，即固颐、平肩、正视，身体如乐器垂悬一样。简文用‘悬’字，与古人常用悬物来表示立容有关，如悬磬、垂佩之类。”“行以兴”之“行”，曹锦炎释文说指“出行”，陈伟2以为指行走，可从。“兴”，甲本残，曹锦炎释文据乙本补，释为“辟”，读为“璧”，解释此句为“指天子出行时持（佩）璧”。刘洪涛释为“兴”。从字形看，当作“兴”。单育辰认为“兴”可读为“绳”，“古书多‘矩’‘绳’连言”，并以《大戴礼记·哀公问五义》“行中矩绳”、《孔子家语·五仪解》“行中规绳”，为“行以绳”之佐证。何有祖4支持，但他认为这里的行不是广义的行为，而是本义的行走，“简文‘行以绳’中的‘绳’也应用为本义，大意是天子行走要像绳子一样成直线”。杨华认为“行”主要指在堂上走路。“行以兴”指行容必须合乐。兴，指作乐起舞。他举以下文献为证：《孔子家语·论礼》“入门而悬兴”，王肃注：“兴，作乐。”《诗经·小雅·伐木》“蹲蹲舞我”，郑笺：“为我兴舞蹲蹲然。”《周礼·地官·乡大夫》：“退而以乡射之礼五物询众庶……五曰兴舞。”天子急趋慢行，皆要合乎乐节。《保傅》：“行中鸾和，步中《采茨》，趋中《肆夏》，所以明有度也。”《周礼·春官·乐师》《礼记·玉藻》：“行以《肆夏》，趋以《采荠》。”杨华所言更有古礼依据，可从。“视侯量，顾还身”，曹锦炎释文作“视，侯量顾还身”，陈伟2认为两者对言，是一句话，可从。“视”，甲本残，曹锦炎释文据乙本补。此句，杨华认为说的是“视容”。侯，读作“惟”。“视惟量”，杨华认为“指按照天子自己愿意看到的量度、距离来行视礼，即随其所视”。“简文‘视唯量’的‘量’，也提示了下文诸侯、卿大夫和士所行视礼之高低距离”。“顾还身”，杨华认为说的是“顾容，即旋容”，并举《广韵·暮韵》“顾，回视也”，《诗经·小雅·蓼莪》“顾我复我”，郑笺“旋视也”，疏谓“旋视，谓去之而反顾也”为例。杨华认为“还”与“旋”通假，并举《礼记·祭义》“周还出户”、《玉藻》“周还中规”，陆德明《释文》“还”均作“旋”为例。

矦（侯）飤（食）同腯（状），视百正，募（顾）还膂（肩），与卿夫＝（大夫）同耻（止）厇（度）。①士视目垩（恒正），募（顾）还【简7】[面]。②不可以不聒（问）耻（止）厇（度），民之义（仪）

他指出："古代贵族讲求'周还中规，折还中矩'，据郑注，所谓'周还'，指'反行'，宜圜；所谓'折还'，是'曲行'，宜方。君子转身分为圆形转身和方形转身两种，本篇简文之'顾还身'或许属于'周还'（圆形转身）的一种。"何有祖4认为"侯可指君王，量指限度、容量"，"侯量即侯度，为君之法度"，"视侯度，当指天子所视有其法度"。并举《诗经·大雅·抑》"质尔人民，谨尔侯度，用戒不虞"，《礼记·曲礼下》"天子视，不上于袷，不下于带"为例。杨华所言更有古礼依据，可从。总之，本段描述了天子坐、食、立、行、视、顾的礼容。

① "诸侯食同状"，指的是比天子低一级的诸侯（即上文"邦君"），其饮食礼节和天子一样。这里显然省略了"诸侯"在"坐""立""行"上的规定。"百正"，曹锦炎释文理解为"百官"。杨华认为"百"在此通作"迫"，意为"近"，"迫正，即接近于正视。与后文士之'目恒正'，可互相观照"。"膂"字，曹锦炎释文认为是"脊"字异构，理解为"腿"。刘洪涛读为"肩"。何有祖4赞同，并作进一步论证，他指出"简文记载了'顾还身''顾还膂''顾还面'这样一组礼容"，"简文书写者所提及的人体部位如'身、膂、面'，大致上是按照由下往上的规律排列的"，"《君子为礼》7号简……也是一组礼容规范。对应的人体部位为：颈、脊（肩）、身，其中'颈'所在位置其实与《天子建州》的'面'很相近。从这个意义上说，所提及人体部位排列描述顺序与《天子建州》第6–8号简恰好相反。作为中间部分的'膂'，其位置相当于'脊（肩）'"，可从。"耻度"，曹锦炎释文云"耻辱之标准尺度"。侯乃峰2读"耻"为"止"，训为"容止""礼节"，可从。杨华指出："君子升降揖让、趋行顾还皆有度，仅《保傅》一篇便多次讲到天子的礼仪之度，如'所以明有度也''明度量以道之义''御器在侧不以度''失度，则史书之'，等等。""与卿大夫同止度"当指"卿大夫"的礼仪度数和诸侯是一样的。

② "士视目垩，顾还面"。"面"字甲本无，曹锦炎释文据乙本补。此句讲士一级的礼数，但只举了"视"和"顾"，其他均省略。"垩"字，字形从"亟"从"止"。杨华认为是一个合文，所以这里应该读为"目恒正"，与诸侯的"视百（迫）正"形成对比，即视容要求端正。可从。他还举《玉藻》"目容端"，郑注"不睇视也"，《容经》"朝廷之见，端流平衡"等为例，认为这些都是指"目毋游""毋改"之类。"上古视容有多种，有一般之视，有应答之视，有对君父之视等，其所在场合不同，又有军旅之视、朝廷之视、祭祀之视、丧纪之容等。本篇简文所言，可能是泛指。"本章至此为止，分别规范了自天子到士的身体动作。以"视""顾"为例，如杨华所言，"从天子之视'惟量'，到诸侯、卿大夫之视'迫正'，到士之视'恒正'，要求视线越来越端正，为什么？这与视容之讲求等级性有关，地位越低，其视容越拘谨"，"从天子之'顾旋身'，到诸侯、卿大夫之'顾旋肩'，再到士之'顾旋面'，地位越低其幅度越小，地位越高反而幅度越大，为什么？因为顾旋之礼在于展示贵族的仪态，不能太急促，须缓而有形，天子周旋的幅度大，其效果是身体姿势显得更端正，以符合'君子必正'的原则，所以《新书·傅职》中将'亟顾还面'作为天子居处燕私时失礼的行为，认为是少保的失职"。

也▃。[①]

【乙】天子坐【简5】以巨（矩），飤（食）以义（仪），立以县（悬），行以兴（绳），视矦（侯）量，募（顾）还身。者（诸）矦（侯）飤（食）同𤖳（状），视百正，募（顾）还膌（肩），与【简6】卿夫＝（大夫）同耻（止）乇（度）。士视目㔹（恒正），募（顾）还面。不可以不聒（问）耻（止）乇（度），民之义（仪）也。

第二章

【甲】凡天子钦（歆）燹（气），邦君飤（食）蜀（浊），夫＝（大夫）丞（承）廌（荐），士受余（余）▃。[②]

① "不可以不聒耻乇"，曹锦炎释文作"不可以不闻耻度"，杨华作"不可以不闻。耻度，……"何有祖4作"不可以不问耻度"。我们读为"不可以不问止度"，如上所示，读"耻"为"止"，可从侯乃峰。读"聒"为"问"，从何有祖4，如何有祖4所言，《礼记·曲礼》有"入竟而问禁，入国而问俗，入门而问讳"。"问耻度"与"问禁""问俗""问讳"用例相近。"民之仪也"，"仪"指表率、准则。杨华所举《管子·形势解》"仪者，万物之程序也；法度者，万民之仪表也；礼义者，尊卑之仪表也。故动有仪则令行，无仪则令不行。故曰：进退无仪则政令不行"，何有祖4所举《礼记·缁衣》"子曰：下之事上也，不从其所令，从其所行。好是物，下必有甚者矣。故上之所好恶，不可不慎也，是民之表也"，都是很好的例子。整句表示贵族统治者不可以不懂得行为仪表，因为那是万民的准则。

② "凡天子钦燹"，曹锦炎释文作"凡天子鸽（禽）燹（气）"。裘锡圭认为整理者隶作从金从鸟的那个字，应从"金"声，似可读为"歆"，"金"见母侵部，"歆"晓母侵部，古音相近。"歆气"与"食浊"形成比对，"歆气"指的是摄取食物之精华，"食浊"则正好相反。何有祖4认为该字右部从"次"，字当隶作"钦"，读为"歆"。此从何有祖4。"燹"，曹锦炎释文作"气"或"饩"，意为赠送。杨华读为"饩"，指杀牲。杨华认为"天子钦燹"与《礼记·礼器》所载"天子适诸侯，诸侯膳以犊。诸侯相朝，灌用郁鬯，无笾豆之荐。大夫聘礼以脯醢"有关，"同一种礼典，贵族之等级越低，其待遇反而越高，此种以少为贵的礼义原则上古常见"。何有祖4认为"从上下文看，简文'天子歆气'当为天子进食之礼。从文意看，'饩'似与赠送无涉。'饩'指生牲，似与简文讲食礼的情形不合"。我们认为，这一段简文朝着祭祀之后分食祭品的思路去理解更合适，故赞同裘锡圭与何有祖4的解释。"邦君飤蜀"，

【乙】凡天子钦（歆）燹（气），邦君飤（食）蜀（浊），夫=（大夫）【简7】氶（承）廌（荐），士受余（余）。

第三章

【甲】天子四辟【简8】[延（筵）]筶（席），邦君三辟，夫=（大夫）二辟，士一辟▃。[①]

【乙】天子四辟延（筵）筶（席），邦君三辟，夫=（大夫）二辟▃，士一辟。

第四章

【甲】事䰡（鬼）则行敬，懐（怀）民则以悳（德），剸（断）

曹锦炎释文作“邦君食浊”，“浊”引申为脏、不干净。裘锡圭读为“邦君事浊”，他认为第二章内容是天子与诸侯、大夫等共食之礼的记载，故越往后食物越粗糙、简单。杨华认为“浊”指郁鬯，“将郁金香草捣碎后和以黍酒，与泲去滓之后的‘清酒’相比，自然称为‘浊酒’”。何有祖4认为“蜀”或当读作“豕或椓”，指“去势之豕”，“‘诸侯食豕’用肥猪，与少牢接近。如果‘天子钦饩’与太牢有关的话，那么正好低出一等”。这里从裘锡圭的观点。“大夫氶廌”，如曹锦炎释文所言，“氶”即“承”之初文，“廌”读为“荐”。“荐”，曹锦炎释文认为指宴席上呈放的食物。裘锡圭训为“馂”，与“余”义近。从“大夫”和“士”都只能接受上对下的赐食来看，裘锡圭的观点更合理。“士受余”，“余”指剩下的食物。至于进食之礼的具体场景，裘锡圭认为“简文此章所述当即藉田礼毕后的用飨之礼”。杨华认为是天子、邦君、大夫“招待相食之礼”。

① “天子四辟延筶”，“延”字甲本无，曹锦炎释文据乙本补。“辟”字，曹锦炎释文指出意为“叠”，“四辟”犹言“四叠”“四重”。杨华指出，“筵席之辟，指其层数”。何有祖4认为，“辟”通“襞”，指重复，“这里指重叠的筵席数”。这一章的大意，曹锦炎释文认为近似于《礼记·礼器》“天子之席五重，诸侯之席三重，大夫再重”。何有祖4指出，此章还与《仪礼·乡饮酒礼》“公三重，大夫再重”所列席制对应，说明《天子建州》关于席制的记载基本上与传世礼书相符。

型（刑）则以衮（哀）。[①]

【乙】事䰟（鬼）则行敬，懐（怀）民则以悳（德），剸（断）型（刑）则以衮（哀）。【简8】

第五章

【甲】朝不討（语）内，祉（攻）【简9】[不討（语）]戳（战）。才（在）道不討（语）匿，凥（居）正（政）不討（语）乐。畚（尊）且（俎）不折（誓）事，聚众不討（语）慉（逸），男女不討（语）鹿（丽），塱（朋）督（友）不【简10】[討（语）分]，临飤

① “事䰟则行敬”，“䰟”读为“鬼”，以恭敬事奉鬼神，这是先秦时代超出学派的共同认识。如上博简《三德》有“䰟（鬼）神禋（禋）祀，上帝乃訇（怡）”。清华简《殷高宗问于三寿》有“恭神以敬……是名曰圣”。“懐民则以悳”，“懐”，读为“怀”。曹锦炎释文认为“怀”意为安抚。杨华认为意为“归附”，并举《诗经·皇矣》“予怀明德”等为例，指出本句意思是“用仁德使民人归附”，可从。“剸型则以衮”，陈伟1读“剸”为“断”，“断刑”即判刑，并引《吕氏春秋·孟秋纪》“戮有罪，严断刑”为证，可从。“衮”，曹锦炎释文读作“哀”，可从。此句意为对于犯罪之人，判刑时也要有爱怜之心，宽大为怀。上博简《三德》有“出欲杀人，不歆（饮）、不飤（食）。秉之不固，弛之不戳（威），至（致）刑以哀”，《老子》第三十一章有“杀人之众，以哀悲泣之”，《大戴礼记·曾子立事》有“杀人而不戚焉，贼也”，文意近似。尤其是《礼记·檀弓下》记载楚国工尹商阳在战场上不忍追杀败兵，孔子闻知此事后说“杀人之中，又有礼焉”，直接点出刑杀与礼的关系，与本句最近。

（食）不訨（语）亚（恶）。[①]

【乙】[朝]不訨（语）内，衼（攻）不訨（语）戰（战）。才

① “朝不訨内，衼不訨战。”后半句中“不訨”二字，甲本缺，曹锦炎释文据后文补。“訨”，曹锦炎释文读为“语”，“朝不语内”，曹锦炎释文认为即《礼记·曲礼下》“在朝言朝”之另一种说法，可从。杨华指出：“一般外朝议政，内朝主宗族和妇孺之事，所以《内则》说：‘男不言内，女不言外。……内言不出，外言不入。’”上博简《三德》云：“齐齐节节，外内有辨，男女有节，是谓天礼。”也是很好的例证。“衼”，曹锦炎释文读为“贡”，杨华读为“叙攻解”之“攻”，是一种祭祷巫术，常见于楚地卜筮祭祷简中。《论语·述而》：“子之所慎：斋、战、疾。”斋指祭祷，攻解巫术是其中之一。祭祀时应当“心不苟虑，必依于道”。“攻不语战”意为祭祷时不言战斗的事。杨华此说可从。“才道不訨匿，凥正不訨乐。”曹锦炎释文读“才”为“在”，读“凥”为“居”，读“正”为“政”，可从。匿，曹锦炎释文认为指隐藏、躲避。杨华读为慝，训为恶，并引《周礼·地官·诵训》“掌道方慝，以诏辟忌”，郑注“方慝，四方言语所恶也”，《礼记·王制》“大史典礼，执简记，奉讳恶”，指出“各地都有很多忌讳、鄙恶之语，在路上不宜语之”。“在道不语匿”，大意是各地忌讳、鄙恶之语，在路上不宜语之。此从杨华。“居政不语乐”，杨华指出“此句是说为政者不能耽于声歌乐舞，否则将荒废政事”。可从。以上均为言语方面的礼仪。“誊且不折事”，从曹锦炎释文读为“尊俎不折事”，曹锦炎释文指出：尊俎是古代盛酒肉的器皿，尊为酒器，俎为载肉之具。《礼记·乐记》云：“铺筵席，陈尊俎。”古书中常以“尊俎”作为宴席的代称。《晏子春秋·杂上》：“夫不出于尊俎之间，而折冲千里之外，其晏子之谓也。”折，读为“誓”，“誓事”指发誓之事。简文是说宴会的时候不行发誓之事。曹锦炎释文可从。杨华指出，《礼记·礼器》有“聚众而誓之”，《礼记·郊特牲》有“君亲誓社”“王立于泽，亲听誓命”，军事、社祭、射礼、田猎等各类礼仪，都要用到誓戒，均可谓之“誓事”。“凡誓都是主誓者前有专人对誓众宣读誓辞，显然当在室外而不可能处于尊俎之间。”这个补充也很有说服力。“聚众不訨憯”，曹锦炎释文读“憯”为“逸”，理解为过失，恐不可从。陈剑指出，“聚众常为举事，将有劳苦，故在此场合不言安逸、逸乐”。“逸”当理解为安逸。“男女不訨鹿”，曹锦炎释文释“鹿”为“独”，单独之意。范常希读“鹿”为“丽”，可从，但训为分离，不合适。陈伟1读为“丽”，训为偶，杨华支持，“男女分别，不轻言偶合之事，比较合乎儒家礼制”。何有祖4赞同，认为“古书言及男女，较多谈的是男女之防的问题”，并举《礼记·曲礼上》《礼记·内则》《礼记·大传》等为例。此从陈伟、杨华、何有祖之说。“堲簪不訨分”，“语分”，甲本缺，曹锦炎释文据乙本补。与“男女不语丽”强调男女分别形成对照，朋友之间恰恰重视的是亲密关系，因此会说“朋友不语分”。“临飤不訨亚”，曹锦炎释文训“临”为“面对”，读“飤”为“食”，意为食物，读“亚”为“恶”，可从。刘钊认为“恶”意为“污秽”，此句意为吃饭时不要语及污秽之物，杨华理解此句为“吃饭时不要谈论影响食欲的脏话”，均可从。可能考虑到与下句“临兆不言乱”句式相同，杨华把此句放到下一章，但下一章的主题都是占卜之事，故不可从。

（在）道不詁（语）匿，凥（居）正（政）不詁（语）乐。畚（尊）且（俎）不折（誓）事，聚众不詁（语）憰（逸），男【简 9】女不詁（语）鹿（丽），塱（朋）習（友）不詁（语）分，临飤（食）不詁（语）亚（恶）。

第六章

【甲】临卝（兆）不言䜌（乱），不言帰（侵），不言威（灭），不言犮（拔），不言耑（短）。古（故）黽（龟）又（有）五畀（忌）。[①]

【乙】临卝（兆）不言䜌（乱），不言帰（侵），不言威（灭），【简 10】不言犮（拔），不言耑（短）。古（故）黽（龟）又（有）

① "临卝不言䜌"，曹锦炎释文读为"临兆不言乱"，可从。"临"，曹锦炎释文训为"查看"，杨华释"临兆"为"占卜之前"，何有祖 4 释为"正要占卜的时候"，从后文"龟有五忌"看，这里指占卜之际的各种禁忌，所以杨华、何有祖的见解更合理。杨华指出"不言"和上文"不语"不同，并举《说文・言部》"直言曰言，论难曰语"为例。结合前后文，杨华指出，"临兆""临城""观邦"时不能主动说出与之相关的忌讳内容。"䜌"，曹锦炎释文认为同"乱"，意指杂乱、无条理。杨泽生 1 认为"乱"表示"动乱、暴乱、淫乱"之类的意思。结合前后文，杨泽生观点更合理。"不言帰"，"帰"，曹锦炎释文读作"寝"，训为"伏、隐藏"，杨泽生 1 读为"侵"，指出古书"侵""乱"连言，如《潜夫论・思贤》"国以侵乱，不自知为下所欺也"。此从杨泽生。"不言威"，"威"，曹锦炎释文读作"灭"，意为消除。何有祖 4 训为"灭亡"，从与前文"乱""侵"并言看，解为"灭亡"更合理。"不言犮"，"犮"，曹锦炎释文读作"拔"，意为挑选、选取。杨泽生 1 训为攻伐、攻取。杨华训为"魃"，意为"旱鬼"。这里暂从杨泽生观点。"不言耑"，"耑"，曹锦炎释文读为"短"，杨华以为就是《尚书・洪范》所见"凶短折"中表示夭殇的"短"，指夭殇之灾。何有祖 4 训为"诛"，意为攻伐。这里暂从杨华。"古黽又五畀"，曹锦炎释文读为"故龟有五忌"。杨泽生 2 认为从字形上看，"黽"是"龟"之误字。这一章讲述的是占卜之际所要注意的五种忌讳，其内容是动乱、侵害、灭亡、攻伐、夭殇等不吉利的事。何有祖 4 认为，这段话可能与古代占卜时不让说会带来噩运的话这种"蔽志"习俗有关。

五畀（忌）。

第七章

【甲】临城不【简 11】［言］毁，观邦不言丧，古（故）见傷（禓?）而为之誓（祈），见窔而为之内（入）。[①]

【乙】临城不言毁，观邦不言丧，古（故）见傷（禓?）而为之誓（祈）。【简 11】

第八章

【甲】时言而殜（世）行，因悳（德）而为之折（制），是胃

---

① “临城不［言］毁”，“言”字，甲本缺，曹锦炎释文据后文补。“城”，曹锦炎释文认为指“城垣”，“毁”即“坏”，并举《礼记·曲礼上》“登城不指，城上不呼”为例。“观邦不言丧”，曹锦炎释文训“观”为“观察”。杨华指出丧邦见于《尚书·多士》（“凡四方小大邦丧”）、《论语·子路》（“一言而丧邦”）等文献，解释此句为“观国不能说与丧国有关的话”，可从。和前文“故龟有五忌”一样，这两句也是指庄重场合的忌讳。“古见傷而为之誓”，曹锦炎释文读“傷”为“禓”，意为《说文》所谓“道上之祭”，认为“誓”为“祈”之繁构。杨华认为“傷”字从“易”，不从“昜”，不能直接释为“禓”。此处“傷”即“禓”之讹写（这两个字容易写混，何有祖 4 有详细论述），“禓”为强鬼之意。《礼记·郊特牲》和《论语·乡党》记载了孔子看到乡人驱逐强鬼，便赶紧穿上祭服（朝服）立于庙之阼阶，准备祭祷自己的家庙神主。杨华指出，简文“见禓而为之祈”，与此处完全相合。这一见解有合理之处，这里暂从杨华。“见窔而为之内”，曹锦炎释文作“见窔而为之纳”，释“窔”为指室之东南角。杨华读此为“见窔而为之入”，指出“窔”是平时收集、暂存垃圾的地方。杨华引《仪礼·既夕礼·记》所载“比奠，举席，埽室，聚诸窔，布席如初”，指出“人死后居殡期间，每月要对之举行朔月奠（士在月初，大夫以上还包括半月奠）”。《仪礼》这段话的意思是，“先撤去旧奠祭品，卷起旧奠祭席，打扫全室，将杂物暂聚到室东南窔处，新奠紧接着入室”。由此证明“见窔而为之入”的意思是，“当看到旧奠撤到窔处时，便立即把新奠端进去。之所以如此，是因为从始死至入葬期间，奠品为鬼神之所依，不可须臾或缺”。因此这一句与上句“见禓而为之祈”意思相当，“都是强调要让先人鬼魂时时得到安宁”。这一论证有说服力，这里从杨华之说。

（谓）【简 12】中不韦（违）。[①]

【乙】缺

第九章

【甲】所不줄（学）于帀（师）者三：弜（强）行、忠𧨸（谋）、信言，此所不줄（教）于不帀（师）也。乚【简 13】[②]

---

① “时言而殜行”，“殜”，曹锦炎释文读为“世”，释“时”为“有时，偶尔”。陈伟 2 读“时”为“持”，意为守持。杨华释读“时言而世行”为“一时之言要用一世来践诺”。因为“时”与“世”相对而言，指不同的时间长度，结合下文“因德而为之制”，显然杨华之说更合理。“因悳而为之折”，陈伟 2 读“折”为“制”，杨华从之，解释为“礼乐制度”。何有祖 4 亦从之，但认为这里作动词用，“与上文言、行相对应，制有决断之义”，并引《大戴礼记·五帝德》“依鬼神以制义”之王聘珍解诂“制，断也”为证。何有祖 4 还指出“因德而为之制”文例近似《性自命出》19 号简“当事因方而制之”，也即人的言行要合乎“德”，用“德”来决断人的言行。何有祖之说比较合理。“是胃中不韦”，曹锦炎释文把“中不韦”分开读，训“中”为“正”，“不偏不倚，无过不及”。读“韦”为讳，“隐瞒”之意。陈伟 2 连读，释“不韦”为“不违”，指不远。“中不违”意为“不过多偏离正确的标准”。杨华认为“不韦”未必与“中”相关。何有祖 4 读“中”为“终”，认为“违”在简文中疑指不正当的行为，即邪行或不正之行，并引《左传·桓公二年》“君人者，将昭德塞违，以临照百官，犹惧或失之”，“终不违”指行为终生端正不邪。我们认为陈伟观点更合理，整句意为：一时之言用一世来践诺，用德来决断人的言行，这叫作中正而不会太过偏离。

② “所不줄于帀者三”，整理者读“줄”为“教”，当从陈伟 2 读为“学”，因为此句意为有三种品德是不能从老师学得的。“弜行”，曹锦炎释文指出“弜”即“强”字，“强行”即“勉力而行”。林文华 2 从之，并引《老子》“强行者有志”，上博简《从政》“君子强行以待名之至”，指出《孟子》《礼记》均有“力行”，《庄子》有“勤行”，认为“强行”亦可通“力行”“勤行”，都是勉力、努力实行之意。刘钊指出，战国文字中“刚”字常常借“强”字为之，故“强行”即“刚行”，意为行为果断刚正。我们认为整理者和林文华的观点更为可信。关于“忠谋”“信言”，杨华指出，《论语·学而》记载曾子有三省，即“为人谋而不忠乎？与朋友交而不信乎？传不习乎？”“忠谋”“信言”与《论语·学而》类似，唯“强行”一项与“传习”不同，但“强行”又确是曾子的理念，见于《大戴礼记·曾子立事》：“君子攻其恶，求其过，强其所不能。”所以，杨华颇疑简文此句就是曾子所言，《论语》中的“传不习乎？”可能有误，因为以逻辑言之，“强行”不必受教于师，而“传习”非受教于师则不可。这是非常有价值的学术发现。

【乙】缺

参考文献

《上博（六）》：马承源主编：《上海博物馆藏战国楚竹书（六）》，上海古籍出版社，2007年。

曹锦炎释文：《天子建州（甲本、乙本）释文考释》，载《上海博物馆藏战国楚竹书（六）》，上海古籍出版社，2007年。

陈伟1：陈伟：《读〈上博六〉条记》，简帛网，2007年7月9日。

何有祖1：何有祖：《读〈上博六〉札记》，简帛网，2007年7月9日。

刘洪涛：《读上博竹书〈天子建州〉札记》，简帛网，2007年7月12日。

陈伟2：陈伟：《〈天子建州〉校读》，简帛网，2007年7月13日。

裘锡圭：《〈天子建州〉（甲本）小札》，简帛网，2007年7月16日；后刊于武汉大学简帛研究中心主办：《简帛》第三辑，上海古籍出版社，2008年，第105–106页。

何有祖2：何有祖：《读〈上博六〉札记三则》，简帛网，2007年7月17日。

沈培1：沈培：《〈上博（六）〉字词浅释（七则）》，简帛网，2007年7月20日。

杨泽生 1：杨泽生：《读〈上博六〉小札》，简帛网，2007 年 7 月 21 日。

苏建洲 1：苏建洲：《读〈上博（六）·天子建州〉笔记》，简帛网，2007 年 7 月 22 日。

范常喜 1：范常喜：《读〈上博六〉札记六则》，简帛网，2007 年 7 月 25 日。

单育辰：《占毕随录之二》，简帛网，2007 年 7 月 28 日。

何有祖 3：何有祖：《〈天子建州〉札记一则》，简帛网，2007 年 8 月 1 日。

刘信芳：《〈上博藏六〉试解之三》，简帛网，2007 年 8 月 9 日。

范常喜 2：范常喜：《上博简〈容成氏〉和〈天子建州〉中"鹿"字合证》，简帛网，2007 年 8 月 10 日。

张崇礼：《读〈天子建州〉札记》，简帛研究网，2007 年 10 月 9 日。

林文华 1：林文华：《〈天子建州〉零释》，简帛网，2007 年 10 月 10 日。

侯乃峰 1：侯乃峰：《上博六賸义赘言》，简帛网，2007 年 10 月 30 日。

杨华：《〈天子建州〉礼疏》，"中国简帛学国际论坛 2007"论文集，台湾大学，2007 年 11 月；又见《学鉴》第三辑，武汉大学出版社，2010 年。

浅野裕一：《上博楚简〈天子建州〉における北斗と日月》，"中国

简帛学国际论坛 2007”论文集，台湾大学，2007 年 11 月；后收入《中国研究集刊》第 45 号（特集号《战国楚简研究 2007》），大阪大学中国学会发行，2007 年；浅野裕一编：《竹简が语る古代中国思想（二）—上博楚简研究—》，汲古书院，2008 年 9 月。中文版见浅野裕一：《上博楚简与先秦思想》，万卷楼图书股份有限公司，2008 年。

刘钊：《读〈上博六〉词语札记三则》，“中国简帛学国际论坛 2007”论文集，台湾大学，2007 年 11 月。

墨子涵：《〈天子建州〉中所见反印文、未释字及几点臆断》，简帛网，2007 年 12 月 25 日。

陈剑：《甲骨金文旧释“䵼”之字及相关诸字新释》，复旦大学出土文献与古文字研究中心网，2007 年 12 月 29 日。

复旦学生读书会：《攻研杂志（一）——复旦大学出土文献与古文字研究中心学生读书会札记》，复旦大学出土文献与古文字研究中心网，2008 年 1 月 9 日。

侯乃峰 2：侯乃峰：《〈天子建州〉“耻度”解》，简帛网，2008 年 2 月 16 日。

林文华 2：林文华：《〈天子建州〉“强行”考》，简帛网，2008 年 2 月 23 日。

侯乃峰 3：侯乃峰：《〈天子建州〉释文》，中华孔子网（http：//www.chinaconfucius.cn/），2008 年 2 月 27 日。

胡琼：《〈上博六〉零札》，简帛网，2008 年 7 月 1 日。

林文华3：林文华：《〈天子建州〉释读五则》，简帛网，2008年7月15日。

苏建洲2：苏建洲：《楚简文字考释四则》，简帛网，2008年10月11日。

苏建洲3：苏建洲：《释〈语丛〉、〈天子建州〉几个从“乇”形的字——兼说〈说文〉古文“垂”》，简帛网，2008年11月18日。

杨泽生2：杨泽生：《上博藏简〈天子建州〉中有关言语的禁忌礼俗》，《文化遗产》2008年第4期。

何有祖4：何有祖：《上博简〈天子建州〉初步研究》，武汉大学博士学位论文，2009年5月。

清水浩子：《〈天子建州〉の一考察》，中国出土资料学会平成21年度第1回例会，2009年7月11日，成城大学。

李佳兴：《〈天子建州〉试释二则》，复旦大学出土文献与古文字研究中心网，2009年11月26日。

萧圣中：《上博竹书（六）补释二则》，简帛网，2010年1月11日。

平势隆朗：《上博楚简〈天子建州〉と“封建”论》，载出土资料と汉字文化研究会编：《出土文献と秦楚文化》第5号，2010年3月。

陈伟3：陈伟：《上博楚简〈天子建州〉试读》，载《出土文献与古文字研究》第三辑，复旦大学出版社，2010年。

曹建墩：《上博简〈天子建州〉“天子歆气”章的释读及相关问题》，复旦大学出土文献与古文字研究中心网，2011年9月30日。后改题为

《上博简〈天子建州〉与周代的飨礼》，发表于《孔子研究》2012年第3期。

苏建洲4：苏建洲:《〈天子建州〉“临城不言毁”章试解》，载《简帛》第六辑，上海古籍出版社，2011年。

曹峰1：曹峰:《上博简〈天子建州〉“文阴而武阳”章新诠》,《中华文史论丛》2013年第3期。

沈培2：沈培:《释上博简〈天子建州〉讲述“文”“武”的一段文字》，载《古文字研究》第三十辑，中华书局，2014年。

曹峰2：曹峰:《上博楚简所见阴阳家思想的影响——以〈三德〉〈天子建州〉为中心》,《哲学与文化》(台北)2015年第10期。

第十一章　郭店楚简《尊德义》分章考释

郭店楚简《尊德义》至今发表已过十年，这十年里，不断地有学者对其简序、字意、文意作出调整和考释，提出了很多有价值的意见。在充分吸收消化前贤成果的基础上，笔者希望能再稍稍推陈出新，对《尊德义》作出新的分章，并试图从整体上对其思想脉络作出梳理。

笔者的分章主要依赖广濑薰雄编排的简序[①]，稍有不同。广濑的排序建立在陈伟及陈剑编联基础之上[②]，容纳了众家之长，又能和简背数字结合起来，笔者以为，这是目前为止比较合理、比较精致的简序。简序确定了，正确的分章和内部结构的整体把握就有了实现之可能。

---

① 广濑薰雄：《郭店楚简〈尊德义〉和〈成之闻之〉的简背数字补论》，简帛网，2008年2月19日。以下简称“广濑薰雄”，不再出注。

② 陈伟：《〈大常〉、〈德义〉、〈赏刑〉三篇的编连问题》，载《郭店竹书别释》，湖北教育出版社，2003年，第83-108页；陈伟：《〈赏刑〉校释》，载《郭店竹书别释》，第152-172页。以下简称“陈伟”，不再出注，仅标页码。在《郭店竹书别释》一书前，陈伟有多篇论文讨论《尊德义》的简序，在此不一一提及，一切以《郭店竹书别释》为准。陈剑：《郭店简〈尊德义〉和〈成之闻之〉的简背数字与其简序关系的考察》，载武汉大学简帛研究中心编：《简帛》第二辑，上海古籍出版社，2007年，第209-225页。以下简称“陈剑”，不再出注。除他们外，周凤五和林素清（1999年）、李零（1999年）、王博（2000年）、顾史考（2000年）、涂宗流和刘祖信（2001年）、刘钊（2003年）等学者也考察过编联问题，在此不一一提及，可参见上述陈伟和陈剑的著述。

下面依据笔者的分章，对各段文意分别作出提纲挈领的概括，对已成学界共识的文字判别，采用宽式释文，不再一一标出原文和通假字。对前贤已详细论述、不存在歧义的思想内容，除必要的解说外，不作过多重复。仅对特别需要说明的文字和文意，作出详细考察。

第一章

尊德义，明乎民伦，可以为君。𣽁忿戀（戾），已忌胜，为人上者之务也。【1】

此句，通过“可以为君”和“为人上者之务”，点出《尊德义》一篇的主旨是讨论如何为君，同时通过“明乎民伦”和改造民性（“𣽁忿戾，已忌胜”）点出《尊德义》所要处理的政治关系主要是君民关系。

“𣽁”，原文作“[illegible]”，李零以为是“濩”字省体，读为“去”①；颜世铉读作“摧”或“推”，意为“排”②，刘钊见解相同③；何琳仪读为

① 李零：《郭店楚简校读记》（增订本），中国人民大学出版社，2007 年，第 183-184 页。以下简称“李零”，不再出注，仅标页码。

② 颜世铉：《郭店楚简浅释》，载《张以仁先生七秩寿庆论文集》，上册，学生书局，1999 年，第 393 页。

③ 刘钊：《郭店楚简校释》，福建人民出版社，2005 年，第 125 页。以下简称“刘钊”，不再出注，仅标页码。

"津"，意为"止""绝""除"[①]，颜世铉[②]、陈秀玉[③]见解相同；陈伟（136页）读为"沮"，意为终止、遏制；陈剑（216页）读为"淮"，疑为"绥"。广濑薰雄读为"淮"，意为"排""去"。笔者以为将其隶定为"滩"，是符合其构成要素的，至于字义则尚难定论，可能和"去除""消解"相关，和下面的"已"字形成对照。"忿戾"，从李零（184页）说。也有学者读为"忿懥"。[④]"已"，学者多读为"改"，此从陈伟（136-137页）读为"已"。"忌胜"，如李零（184页）所指出的那样，亦见于郭店楚简《语丛二》"胜生于怒，基生于胜，贼生于基"。刘钊（125页）认为同于睡虎地秦简《为吏之道》的"期胜"。"忌胜"即忌恨好胜之心。

关键问题在于"忿戾""忌胜"这些不良心态究竟是谁的。李零（184页）说"这两句似指去除或改变民性中的暴戾恣睢"，学者也多从这个思路展开。但刘钊（125页）认为"排除忿怒，戒掉忌妒和好胜，是在上者的任务"。陈伟（99页）也说"这条简文是谈人君的修养"。也就是说忌妒和好胜是君主所要改正的缺点。从传世文献用例看，这两者都有可能。从《尊德义》下文大量"教以……"来看，为人上者的确有改造民众不良品性的责任，而从下文"上也不以嗜欲害其仪轨"来看，

① 何琳仪：《郭店竹简选释》，载《文物研究》总第十二辑，1999年，第202页。

② 颜世铉：《郭店楚简散论（三）》，《大陆杂志》2000年第2期，第78页。颜世铉在此文中修改了他1999年的意见。

③ 陈秀玉：《〈郭店·尊德性〉"津"字小札》，简帛研究网，2008年2月28日。

④ 如颜世铉：《郭店楚简浅释》，载《张以仁先生七秩寿庆论文集》，上册，学生书局，1999年，第393页；何琳仪：《郭店竹简选释》，载《文物研究》总第十二辑，1999年，第202页；刘钊（125页）。

为人上者也需端正自身的品行，可见两者都有可能。如前所述，《尊德义》所要处理的政治关系主要是君民关系，由此内部构造推论，改变民性而非改变自身品性的可能性要更大些。从“可以为君”和“为人上者之务”的语气看，简 1 具有统领《尊德义》全篇的性质，陈伟（135 页）将简 1 移到《成之闻之》简 37 前，比较牵强。广濑薰雄将简 1 移到《尊德义》简 30 前，则和下一句难以对应，也不合理，这在下文《尊德义》第七章的讨论中还将论及。

第二章

赏与刑，祸福之基也，或（有）前之者矣。爵位，所以信其然也。正钦，所以【2】戉□［也］。刑□，所以□（举？与？）也。杀戮，所以叙（除）也。不由其道，不行。

这一段，由于竹简的缺损，学者们在字词考释上，各执一辞，尚难统一，但总体大意是可以把握的。也就是说，赏刑、爵位、正钦、刑□、杀戮，这些外在的规范都是需要的，但最终要依据的还是人道。

“有前之者矣”，涂宗流、刘祖信读为“有肯之者矣”，意为“有人完全赞同这种观点”。[①] 陈伟（152 页）作“有践之者矣”。陈剑（216 页）疑为“或延之者矣”。“正钦”，李零（184 页）疑读“征侵”，陈伟（152 页）疑读“政禁”，刘钊（125 页）疑读“征陷”。“除”，李零（184 页）

① 涂宗流、刘祖信：《郭店楚简先秦儒家佚籍校释》，万卷楼图书股份有限公司，2001 年，第 114–115 页。以下简称“涂宗流、刘祖信”，不再出注，仅标页码。

疑为“除害”，涂宗流、刘祖信（116–117页）读作“除犯”，刘钊（125页）读为“除怨”。

问题在于“不由其道，不行”的解释。关于“道”，陈来认为指的是赏罚运用的正确原则与方法。[①] 刘钊（125页）释为规则本身，读为“不遵循其规则是不行的”。顾史考也按这个方向考辨。[②] 如果这样的话，《尊德义》就是在特别强调外在规范的必要性和重要性。但《尊德义》后文并无呼应，而是反复强调“仁义”“礼乐”等道德规范，强调君对于民“教”的重要性。因此，这种解释使第二章显得十分突兀，无法确定其在《尊德义》的位置。丁原植认为，“‘道’，指下文的‘人道’”[③]。结合《尊德义》整体思想构造看，这个见解是很有道理的，也就是说，《尊德义》强调的是，外在规范再充分、再完善，也得要配合“人道”，才能施展开来。笔者以为，《荀子·议兵》以下这段话，或许可以成为很好的注解。

> 礼者，治辨之极也，强固之本也，威行之道也，功名之总也。王公由之，所以得天下也。不由，所以陨社稷也。故坚甲利兵不足以为胜，高城深池不足以为固，严令繁刑不足以为威。由其道则

---

① 陈来：《郭店竹简儒家记说续探》，载《中国哲学》第二十一辑，辽宁教育出版社，2000年，第72页。

② 顾史考：《读〈尊德义〉札记（增订篇）》，载《楚文化研究论集》第六集，湖北教育出版社，2005年，第543页。以下简称“顾史考”，不再出注，仅标页码。

③ 丁原植：《郭店楚简儒家佚籍四种释析》，台湾古籍出版社，2000年，第282页。以下简称“丁原植”，不再出注，仅标页码。

行，不由其道则废。[①]

第三章

仁为可亲【3】也，义为可尊也，忠为可信也，学为可益也，教为可类也。教非改道也，教之也。【4】学非改伦也，学𦔻也。禹以人道治其民，桀以人道乱其民。桀不易【5】禹民而后乱之，汤不易桀民而后治之。圣人之治民，民之道也。禹【6】之行水，水之道也。造父之御马，马也[②]之道也。后稷之艺地，地之道也。莫【7】不有道焉，人道为近。是以君子人道之取先。

从这一章开始，《尊德义》进入两大主题：第一，“人道之取先”；第二，“教道之取先”。“仁”“义”“忠”“学”“教”应该是“为人上者”针对“其民”的举动，目的是树立“民伦”和“人道”。具体而言，“仁”“义”“忠”是以自身举动，换取“其民”“亲”“尊”“信”的回报。“学”“教”则是树立“民伦”和“人道”的操作方式。这两大主题在后文中不断得到回应。

李零（188 页）指出，《性自命出》“凡道，心术为主。道四术，唯人道为可道也。其三术者，道之而已。诗、书、礼乐，其始出皆生于人。诗，有为为之也。书，有为言之也。礼乐，有为举之也”，说的

---

① 相似内容亦见《韩诗外传》卷四、《史记 · 礼书》。

② 这个“也”字可视为衍文。

是“人道”可以通过“诗”“书”“礼乐”三术培养出来。如果这个意见正确，那么，“人道”就是通过君子之“仁”“义”“忠”引导的、通过“诗、书、礼乐”教化的、可以和“水道”“马道”“地道”相比拟的、人之最为根本的因素。[①]这种因素不因时代而变化，却因统治者的能否把握而有“治”“乱”之不同。

这一章中比较难解的是“学曩也”。李零（187页）阐述“学曩也”前后文意思为“‘学’也不是为了改变‘伦’，而是从自己的人性中来发掘它”。也就是说将“曩”读为“己”。陈伟（154页）读“学曩”为“学其”，认为“学其”就是指“学伦”。刘钊（126页）释“学曩也”为“学习是为了自己”。如果说“教非改道也，教之也”和“学非改伦也，学曩也”相对、“教”和“学”相对、“道”和“伦”相对的话，那么，“之”和“曩”也是相对的。如果“之”指代“道”，那么“曩”就应该指代“伦”。从这个逻辑推论，陈伟的解读可能是正确的。

《淮南子·泰族》有与此章相似的表述：“圣人之治天下，非易民性

① 不过，通过与《性自命出》相对比，我们怀疑，“道四术”可能指的就是“人道”“水道”“马道”“地道”，其中只有“人道”是可以再成长、再引导的，而其他三种已经固定的“道”只是由之、从之的对象而已。所以说“道四术，唯人道为可道（导）也。其三术者，道之而已”。刘昕岚和陈来就持此说。参见刘昕岚：《郭店楚简〈性自命出〉笺释（上）》，《北京大学研究生学志》1999年第1期，第43–44页；陈来：《郭店竹简儒家记说续探》，载《中国哲学》第二十一辑，辽宁教育出版社，2000年，第74页。但陈来说《尊德义》的“四术”来自《性自命出》，恐未必。《性自命出》和《尊德义》可能运用了共同的思想资源。《性自命出》没有详细引述何谓“四术”，结果令人不明所以。陈伟（185页）说“四术”是“天道”“地道”“人道”“群物之道”。池田知久说是“天道”“地道”“人道”“鬼道”。参见池田知久：《郭店楚简〈性自命出〉篇中的“道之四术”》，载《池田知久简帛研究论集》，中华书局，2006年，第271–320页。

也。……禹凿龙门，辟伊阙，决江浚河，东注之海，因水之流也。后稷垦草发菑，粪土树谷，使五种各得其宜，因地之势也。汤、武革车三百乘，甲卒三千人，讨暴乱，制夏、商，因民之欲也。故能因，则无敌于天下矣。”这里除“造父之御马”，其他“民”“水”“地”三种因素也都出现了。不仅此处，下文中也时常能看到《淮南子·泰族》与《尊德义》的相似，这是非常值得注意的现象。

第四章

察[①]者（诸）出，所以知【8】己，知己所以知人，知人所以知命，知命而后知道，知道而后知行。由礼知【9】乐，由乐知哀。有知己而不知命者，亡知命而不知己者。有【10】知礼而不知乐者，亡知乐而不知礼者。善取，人能[②]从之。

这一章大意是说，必须做一个怎样的君子，民众才会跟从你。首先是反己以知人，《成之闻之》简19—20的“察反诸己而可以知人”可以对应。但仅仅知人不够，还必须进入更高境界，即“知命”“知道”“知乐”“知哀”。显然，知“己”和知“礼”的阶段还比较低，还不够完善。甚至“乐”也不是最高的。《尊德义》的下文就讨论了仅仅教授“礼”“乐”的局限性问题。唯有“知命”“知道”“知哀”者才是道德上完善的人。

① 陈伟（138-139页），“察”作“就”。
② 陈伟（155页）认为“能”是“乃”的意思。

不过,《尊德义》在这个问题上没有展开，一方面这不是其重点，另一方面也可能因为《尊德义》作者认为这些都是广为人知的知识背景，不必展开，仅仅加以概述即可。同为楚简的上博楚简《民之父母》讨论了“哀”高于“乐”的问题，郭店楚简《成之闻之》讨论了“圣人之性”高于“中人之性”及“圣人之性”和“民性”的不同,《性自命出》也阐发了性的差异及哀乐关系等问题。

值得注意的是,《语丛一》中有“知己而后知人，知人而后知礼，知礼而后知行。其知博，然后知命”,“知天所为，知人所为，然后知道，知道然后知命”，与《尊德义》接近。《语丛》是一种语录结构的文体，其中容纳的多为经典的短句、格言。《尊德义》除部分语句和《语丛一》接近外，如下文所述,《尊德义》还有好多引经据典的现象，这是否构成《尊德义》文章构造上的特征，本章将在最后回顾这个问题。

第五章

上也【11】不以嗜欲害其义（仪）旬（轨）。[①] 民爱则子也，弗爱则仇也。民五之方格,【26】十之方争，百之而后服。善者民必富，富未必和，不和不安，不安不乐。【27】善者民必众，众未必治，不治不顺，不顺不平。是以为政者教道【12】之取先。

“轨”是李零（185页）的读法,“仪轨”是陈伟（155页）的读法，

① 简11和简26相联，是陈伟（105页、155页）的意见。

陈伟认为“仪轨”或“轨仪”是规范、法度之意。但这“仪轨”究竟指代什么呢？笔者发现，在传世文献中，和“反己”“嗜欲”“害”相关的用例有：

何谓反诸己也？适耳目、节嗜欲、释智谋、去巧故，而游意乎无穷之次，事心乎自然之涂，若此则无以害其天矣。(《吕氏春秋·论人》)

此文有浓厚的道家气息，“节嗜欲”是“反诸己”的手段之一，最终目的是“无以害其天”，即不会伤害人身心中之自然和天然。这似乎与本篇没有什么关系。再看下面这段文例：

欲成霸王之业者，必得胜者也。能得胜，必强者也。能强者，必用人力者也。能用人力者，必得人心者也。能得人心者，必自得者也。故心者，身之本也；身者，国之本也。未有得己而失人者也，未有失己而得人者也。故为治之本，务在宁民。宁民之本，在于足用。足用之本，在于勿夺时。勿夺时之本，在于省事。省事之本，在于节欲。节欲之本[①]，在于反性。未有能摇其本而静其末，浊其源而清其流者也。故知性之情者，不务性之所无以为；知命之情者，不忧命之所无奈何。故不高宫室者，非爱木也。不大钟鼎者，

① 这两处“节欲”，本作“节用”，从王念孙读为“节欲”。参见王念孙：《读书杂志》，江苏古籍出版社，2000年，第954页。

非爱金也。直行性命之情，而制度可以为万民仪。今目悦五色，口嚼滋味，耳淫五声，七窍交争，以害其性，日引邪欲而浇其天和[①]，身弗能治，奈天下何！故自养得其节，则养民得其心矣。(《淮南子·泰族》)

这段引文很长，而且总体思想倾向也具道家色彩，似与《尊德义》不谐，“霸王”之类的话更是和《尊德义》格格不入，但笔者以为值得全引，从中可以得到很多启发。第一，从“而制度可以为万民仪”看，《尊德义》“不以嗜欲害其仪轨”，可能指的是君子不应因为嗜欲妨害其成为万民的仪表。这样，这段话也就很自然地能和下文的“爱民”“善民”联系起来。第二，从整个论述的序列看，《尊德义》和《淮南子·泰族》有类似之处，两者的最终目的都是得民心（《尊德义》是说使民“服”）。为得人心，《尊德义》提出要“察诸出”（通过和《成之闻之》对比，我们知道这就是“反己”），《淮南子·泰族》提出要“反性”。《尊德义》提出“不以嗜欲害其仪轨”，《淮南子·泰族》提出“节欲”，不以“五色”“滋味”“五声”等“害其性”，不以“邪欲而浇其天和”。第三，《尊德义》的“命”“道”或许和《淮南子·泰族》的“性命之情”在内容上有所不同，但其位置是相等的，甚至《尊德义》的“知己所以知人”和《淮南子·泰族》的“未有得己而失人者也，未有失己而得人

① “日引邪欲而浇其天和”，本作“日引邪欲而浇其身。夫调”，从王念孙说改。参见王念孙:《读书杂志》，江苏古籍出版社，2000 年，第 889-890 页。

者也”也非常接近。

那么，该如何解释这一现象呢？有几种可能：第一，《尊德义》受到过《淮南子·泰族》所收这段话之早期文本的影响。郭店楚简中儒家文献受道家影响并非不可思议，例如《语丛一》《语丛三》就有不少道家色彩的文句。[①]《尊德义》根据需要，对其内容有所取舍、有所改造，加入了“礼”“乐”“哀”这些儒家色彩的成分。在改造过程中，《尊德义》可能发生了过分压缩原文，以致意义不明的现象。“不以嗜欲害其仪轨”，如果仅作一般的理解，可能意为“不因嗜欲而破坏君子的法度”，但这和上下文是何关系呢？并不清楚，有了《淮南子·泰族》，我们才知道，这指的是君子不要因为嗜欲妨害成为万民的仪表，上下文关系也因此自然打通。所以，原文本该像《吕氏春秋·论人》和《淮南子·泰族》那样，是不以嗜欲“害其天”“害其性”“害其天和”，经过《尊德义》的改造和压缩，变成了我们现在看到的“不以嗜欲害其仪轨”。第二，《淮南子·泰族》吸收、改造了《尊德义》。这种可能性也是存在的。但从道家更多讨论“天”[②]、“命”来看，应是《尊德义》吸收、利用了《淮南子·泰族》所收那个文本的原理和框架。

通过“不以嗜欲害其仪轨”，上一章所谈君子的修养，和这一章如何治民的问题自然连接起来。这一章提出要爱民善民，“五之”“十之”“百

① 参见曹峰：《〈语丛〉一、三两篇所见“名”的研究》，载曹峰：《中国古代“名”的政治思想研究》，上海古籍出版社，2017 年，第 225–239 页。

② 《尊德义》没有说到“天”，但《语丛一》的“知天所为，知人所为，然后知道，知道然后知命”与《尊德义》“知己所以知人，知人所以知命，知命而后知道”有接近之处。

之”指的是以爱以善感化民众的过程，要屡行不辍，不遗余力。李天虹已指出，此说类似《说苑·政理》“天地之间，四海之内，善之则畜也，不善则仇也”“夫圣人之所为，非众人之所及也。民知十己，则尚与之争，曰不如吾也。百己则疵其过。千己则谁而不信？”及《吕氏春秋·适威》所载《周书》“民善之则畜也，不善则仇也”。李天虹还认为，简文“民爱”后面省略了“之”字。这也是合理的意见。但李天虹在解释这段话时，说意为“（如果）民众爱戴其君主，就会像子女侍奉父母一样对待他；反之，则会像仇人一样对抗他”[①]，恐怕有误。应该如丁原植（318 页）说的那样，意为“人君依循爱民之道，则对民慈爱如子”，“人君无爱，则与民为仇”。

君主爱民善民之后，民就能“富”，就能“众”，但未必能使其“和”“安”“乐”，未必能使其“治”“顺”“平”，这时就需要“教道之取先”。

第六章

教以礼，则民果以坙（轻）。教以乐，则民[illegible]（弗）德清牺（猷）。教【13】以辩说，则民亵陵长贵以忘。教以势，则民野以争。教以技，【14】则民小以吝。教以言，则民讦以寡信。教以事，则民力啬以衔利。【15】教以权谋，则民淫惃远礼亡亲仁。先之以德，则民进善安【16】为（化）。

---

① 李天虹：《郭店竹简与传世文献互徵七则》，《江汉考古》2000 年第 3 期，第 83-84 页。

这一章说的是，每一种教都有其局限，不可片面为之。所以要“先之以德”，也就是要将“德”和“教”结合起来，以“德”之感化为先，才能使民“进善安化”。

一些学者认为，教以“礼”“乐”，那百姓就会走上向善之路，所以努力将“果以轻”和“[illegible]德清酭”朝好的方向解释。从“教以辩说”以后，才开始向坏的方向解释。例如，涂宗流、刘祖信（110–114页）作“教以礼，则民果以经。教以乐，则民顺德清浆”，意为“以礼教人，人果敢而懂义理。以乐教人，人顺其德而心纯净无杂念”。丁原植（321–322页）也作相似的解释。刘钊（133–134页）作“教以礼，则民果以劲。教以乐，则民淑德清浆”，意为“教给民众以礼仪，民众就会果敢强劲。教给民众以礼乐，民众就会具有美善的品德而清新豪健”。这样的解释显然十分牵强。李零（183页、185页）读为“教以礼，则民果以劲。教以乐，则民弗德争将”，释“争将”为“将争”。陈伟（157–158页）读为“教以礼，则民果以轻。教以乐，则民弗德清壮”，指出“简文于此强调德教，而对包括礼、乐在内的片面性教育作出批评”。陈伟释“果以轻”为“果敢轻死”，这的确具有反面意义，但释“弗”为“矫”，释“弗德清壮”为“清越豪健”，这似乎并不具反面意义，和其结论矛盾。

笔者以为，这里说的是每一种教的片面性，所以“果以轻”和“[illegible]德清酭”都应具有反面意义。“果以轻”如陈伟所说是“果敢轻死”的意思，“以”在这里表示并列。问题在于“[illegible]德清酭”该如何解释。此四字有相当多学者展开讨论[①]，尤其在《容成氏》“尊卢氏、赫胥氏、高辛氏、仓颉氏、轩辕氏、神农氏、浑沌氏、伏羲氏之有天下也，皆不授其子而授贤，其德酋清，而上爱下”（简1—简2）问世之后，学者们发现“□德清牺”和“其德酋清”可以对照。田炜认为“酋”即“猷”，“猷”即治国礼法。他通过传世文献发现，“德”与“猷”往往连文，可以说是并列的概念。[②]虽然田炜认为“其德酋清”的“酋”与“□德清牺”的“牺”通假还存在问题，但笔者以为，说“□德清牺”和“其德酋清”两者相关应该是没有问题的。笔者怀疑“□德清牺”可以读为“弗德猷清”，就是说“弗”表示否定，而“德猷清”是一个固定词，“德清猷”可能是“德猷清”的错文。“弗德猷清”可能意为“德猷”不清。

不过，这种对“礼”“乐”的否定（尽管是在论述“教”之片面性时所作否定），在传世文献中并没有看到过，这是一个非常有意思的思想史现象。

从“教以辩说”至“进善安化”[③]，均从陈伟（157-161页）的考释。

第七章

故率民向方者，唯德可。德之流，速乎置邮而传【28】命。其

① 这方面讨论，可参见孙飞燕：《读〈尊德义〉札记一则》，简帛网，2007年11月27日。

② 田炜：《上博简丛考》，“简帛文献与思想史研究读书班”论文，中山大学，2008年1月12—13日，第1-2页。

③ 陈剑（218页）指出《淮南子·泰族》有“民化而迁善”“日化上迁善”，与“进善安化”类似。这是《淮南子·泰族》和《尊德义》有关的又一例证。

载也亡重焉，交矣而弗知也。亡。德者，且莫大乎礼乐。【29】故为政者，或论之，或养之，或由中出，或设之外，论隶（列）其类【30】焉。治乐和哀，民不可惑也。反之，此往（枉）矣。

这一章既陈述“德”在君民关系中的重要性，又进一步论述君子在明德过程中，“礼乐”与“哀乐”之开显的重要性。“德之流，速乎置邮而传命”一句，应该是对经典的引用。《孟子·公孙丑上》在引此句时即称“孔子曰”，《尊德义》中，对此句的引用极为常见。通过《性自命出》以下这段话，我们得知“故为政者，或论之，或养之，或由中出，或设之外，论隶（列）其类焉”可能源自《性自命出》，只不过套上“为政者”的主语，使其与本篇君民政治论主旨相符。

凡道，心术为主。道四术，唯人道为可道也。其三术者，道之而已。诗、书、礼乐，其始出皆生于人。诗，有为为之也。书，有为言之也。礼乐，有为举之也。圣人比其类而论会之，观其先后而逆顺之，体其义而节文之，理其情而出入之，然后复以教。教，所以生德于中者也。

《性自命出》要“比其类而论会之，观其先后而逆顺之，体其义而节文之，理其情而出入之”的对象是“诗”“书”“礼乐”，《尊德义》要“论”、要“养”、要“论列其类”的对象也是“礼乐”。具体而言，“礼”是“论”的对象，“乐”是“养”的对象。如各家所指出的那样，通过

《礼记·乐记》“乐由中出，礼自外作”“故乐也者，动于内者也。礼也者，动于外者也”，《礼记·文王世子》“乐，所以修内也。礼，所以修外也”，《说苑·修文》“故君子以礼正外，以乐正内”，可以知道，“或由中出，或设之外”，针对的就是礼乐。通过《性自命出》“然后复以教。教，所以生德于中者也”，我们还可以知道，《尊德义》这一章虽然没有提到“教”，但实际上是和“教”相关的。通过礼乐之教，使民懂得真正的“哀乐”，从而达致“不可惑”，不实施这样的礼乐之教，民就会“枉”。“往”，陈伟（164页）读“亡”，指“逃亡”。李零（182页）[①]、丁原植（296页）、刘钊（127–128页）、陈剑（218页）读“枉”，意为“淆乱”“不正”。兹取后者。

“其载也亡重焉”是说“德”的运载仿佛没有重量，和“速乎置邮而传命”呼应，形容其快。“交矣而弗知也”是说在不知不觉中就与德相交了。这两句话后面，有一个“亡”字，无法解释。陈伟（161页）认为“亡”是“明”的假借。此意见虽暂时解决问题，但“亡”作“明”的假借极其少见，而“德者，且莫大乎礼乐”已足以表达文意。所以，“亡”恐当作衍字处理。

广濑薰雄将简1置于此，难从。因为如前所述，简29的“礼乐”和简30的内容有着必然关系，从中切断是不应该的。

---

① 但李零的断句是“反之此，枉矣”，恐不确，下文有“此小人矣”“此乱矣”，可作对照。

第八章

刑不逮于君子，礼不【31】逮于小人。攻（公）[则]往者复依，惠则民财足。不时则亡劝也，不【32】爱则不亲，不[德]则弗怀，不理则亡威，不忠则不信，弗㦷（用）则【33】亡复。咎则民悭，正则民不吝，恭则民不怨。均不足以平政，埒【34】不足以安民，勇不足以沫众，博不足以知善，快（慧）不足以知伦，杀【35】不足以胜民。

这一章是将道德教化、感化的政治作用和片面的、违反德化的施政方法对立起来，强调道德教化、感化的重要性。道德教化、感化的内容有“不爱则不亲，不[德]则弗怀”“不忠则不信”“正则民不吝，恭则民不怨”。与之接近的表述或者说中性的表述有“公[则]往者复依，惠则民财足”“不时则亡劝”“不理则亡威”。认为做不到这些的话，就会出现“亡复”的结局。片面的或违反德化的施政手段有“咎”“均”“埒”“勇”“杀”。“博”和“慧”可能指仅靠知识的习得，没有道德的修养和实践并不足以达致“善”“伦”的境界。

“攻”，陈伟（164页）作“功”，但难以解释为何会导致“往者复依”。笔者以为，作为与下文“惠”相对应的词，读作“公”可能更合理。《吕氏春秋·贵公》有“昔先圣王之治天下也，必先公，公则天下平矣。平得于公。尝试观于上志，有得天下者众矣。其得之以公，其失之必以偏”。《淮南子·主术》有“养民以公，其民朴重端悫，不忿争而财足，不劳形而功成”。“攻”也有可能通“恭”，《论语·阳货》有“恭则不侮，宽则得众，信则人任焉，敏则有功，惠则足以使人”，“恭”和“惠”正好排列在一起，但下文已有“恭则……”，所以，这一可能性不大。

“复依”连读，从陈伟（164 页）。

“财足”与“不时”的前后关系不是偶然的，《墨子·七患》有“财不足则反之时，食不足则反之用。故先民以时生财，固本而用财，则财足”。《大戴礼记·诰志》有“子曰：‘知仁合则天地成，天地成则庶物时，庶物时则民财敬，民财敬以时作。时作则节事，节事以动众，动众则有极。有极以使民则劝，劝则有功，有功则无怨，无怨则嗣世久，唯圣人。’”这段话中的“财一时一劝”的前后关系，和《尊德义》非常相似，可以当相关资料参看。

“不［德］则弗怀”，“德”，李零（184 页）疑作“虑”。细审字形，不似“虑”字，而接近“德”。“德”与“怀”往往连用，如《左传·僖公七年》有“招携以礼，怀远以德。德礼不易，无人不怀”，《淮南子·缪称》有“至德之怀远”，《淮南子·泰族》有“德足以怀远”，均是极好例证。[①]

“弗恿则亡复”的“恿”从“甬”从“心”，学者多读为“勇”，但和下文“勇不足以沬众”的“勇”（从“甬”从“戈”）显然有别，当从

① 最近查到涂宗流、刘祖信（136 页）也补作“不［德］则弗怀”，看来前贤已着先鞭。

“裘按”读为“用”。

“亡复”，当为最坏结局。《韩非子·难一》有“以诈遇民，偷取一时，后必无复”。《吕氏春秋·义赏》有“诈伪之道，虽今偷可，后将无复”。《淮南子·人间》有“以诈伪遇人，虽愈利，后亦无复”。《春秋繁露·必仁且智》有“其规非者，其所为不得，其所事不当，其行不遂，其名辱，害及其身，绝世无复，残类灭宗亡国是也”。

“埒”，从李零（184 页）读，意为均等。正好可以和前文“均不足以平政”的“均”相对照。

“快”，学者多从“裘按”，读作“决”，释为“决断”。但“决断”为什么不足以知“伦”，很难作出周密的解释。陈剑（219 页）读为“慧”，这样就可以和“博”一样，看作和求知相关的词。笔者从之。不过，直接使用“快”（愉快、痛快）或许也是可以的。《淮南子·泰族》中有“小快害义，小慧害道”，与这里的“不足以知伦”也有可比性。

第八章的关键是，道德教化、感化的政治作用和片面的、违反德化的施政方法之对比，同“刑不逮于君子，礼不逮于小人”是什么关系呢？笔者百思不得其解，似乎和第七章的主旨也难联系起来。陈伟（164 页）认为，这句话“大概是要帮助民众不为礼乐所节，所以需要为政者以身垂范”，“以身垂范”和这句话是何关系呢？还是难以自圆其说。这句话又见《礼记·曲礼上》，是单独成文，和上下文无关。笔者在前文中反复提及，《尊德义》的作者喜欢引用经典，有时这些经典能够很好地和上下文照应起来，有时只是为引而引，上下的照应并不好。认识到这一点，我们也就不必硬作出注解了。

第九章

下之事上也，不从其所命，而从其所行。上好是物也，【36】下必有甚焉者。夫唯是，故德可易而施可遭（转）也。有是施，小【37】有利，遭（转）而大有害者，有之。有是施，小有害，遭（转）而大有利者，有之。【38】

这一章的结构比较清楚，先是一段经典的引用，然后加以阐发，其主旨看上去是在说明为人上者言行举动对民众的影响，强调德化的重要，其实是在突出德化过程的复杂和艰难。

“下之事上也，不从其所命，而从其所行。上好是物也，下必有甚焉者”，亦见传世本及郭店楚简、上博楚简《缁衣》，那里作“子曰”，其内容和《尊德义》大致相同，后面还有“故上之所好恶，不可不慎也，是民之表也”，点明了君主的好恶对民众具有政治上的示范意义。类似说法并不少见，《礼记·缁衣》及简本《缁衣》有“子曰：下之事上也，身不正，言不信，则义不壹，行无类也”，郭店楚简《成之闻之》有“上苟身服之，则民必有甚焉者”（简 7），“是故亡乎其身而存乎其词，虽厚其命，民弗从之矣”（简 4—简 5），“上不以其道，民之从之也难”（简 16）。

类似用例又见《孟子·滕文公上》：“孔子曰……上有好者，下必有甚焉者矣。君子之德，风也。小人之德，草也。草上之风必偃。”《管子·法法》：“凡民从上也，不从口之所言，从情之所好者也。上好勇，则民轻死。上好仁，则民轻财。故上之所好，民必甚焉。是故明君知民之必以上为心也。故置法以自治，立仪以自正也。”《淮南子·主术》：“故民之化上[①]也，不从其所言，而从其所行。故齐庄公好勇，不使斗争，而国家多难，其渐至于崔杼之乱。顷襄好色，不使风议，而民多昏乱，其积至于昭奇之难。”

通过这些用例，我们可以看出以下问题。第一，这段话本出自“子曰”，后被不同流派、从不同角度加以阐发。第二，虽有“行”比“言（命）”更重要的意思，但在总体上仍是突出为人上者之举动作为“民之表”的重要性，是对君之德化的强调。第三，这些用例都在强调“下”之举止是“上”之言行的模仿和放大，突出的是君德之表率作用和“上”对“下”的单向影响。

《尊德义》的阐释则有所不同。“故德可易而施可遭（转）也。有是施，小有利，遭（转）而大有害者，有之。有是施，小有害，遭（转）而大有利者，有之”，是在强调德化的复杂性。君主的“德”和“施”是会转化的，小利可以最终转成大害，小害也可以最终转成大利。君主必须把眼光放远，超越眼前的利害，从最终结果来把握德化的成效。见微知著、善于把握事物的变化转化是道家之所长。陈伟（167 页）所

① 本无“上”字，从王念孙说加，参见王念孙：《读书杂志》，江苏古籍出版社，2000 年，第 834 页。

引《淮南子·泰族》“故事有利于小而害于大，得于此而亡于彼者”，《淮南子·要略》“《人间》者，所以观祸福之变，察利害之反，钻脉得失之迹，标举终始之坛[1]也，分别百事之微，敷陈存亡之机，使人知祸之为福，亡之为得，成之为败，利之为害也”，《淮南子·人间》“事或欲以利之，适足以害之。或欲害之，乃反以利之。利害之反，祸福之门户，不可不察也”，确与此段可相发明。虽在着眼点上不同[2]，但论述方式有近似处。

第十章

凡遀（动）民必训（顺）民心，民心有恒[3]，求其养，童（重）义集理，言，此章也，【39】行，此文也，然后可逾（愉）也，因恒则固。察迈（昵？迩？）则亡避，不党则亡【17】怨，让（上）思[1]则□□。

这一章难解之处较多，难以归纳其大意，仅就一些关键词的考察看，似乎还是在论述君民关系。君主的政治行动必须顺民心，要使民心有恒，就要使其得到义理的涵养[5]。如果义理既有言之“章”，也有行之

---

① “坛”当读作“转”，详见陈伟（167页）。

② 如《淮南子·要略》“察祸福利害之反，考验乎老庄之术，而以合得失之势者也”所载的那样，《淮南子》是将“利害之反”和“老庄之术”联系在一起的。

③ 陈伟（167页）作“极”。

④ 陈伟（168页）作“畏”。

⑤ 这个“养”恐非普通的衣食之养，而是道德涵养，如下文有“养心于子俍（谅）”。

“文”，民众就会愉快地接受。“因恒则固”可能意为为政者如能因民之“恒心”，其国家就会强固。“察讧”以下意义不明。从“亡避”“不党”“亡怨”这些关键词看，似是指政治的清明。

“动”字，原文从“辵”从“童”，陈伟（168页）认为“动民”即“动用民众”，传世文献中所见“顺民心”往往和政治行动有关。

> 政之所兴，在顺民心。政之所废，在逆民心。（《管子·牧民》）
>
> 令顺民心，则威令行。（《管子·牧民》）
>
> 明主之动静得理义，号令顺民心，诛杀当其罪，赏赐当其功，故虽不用牺牲珪璧祷于鬼神，鬼神助之，天地与之，举事而有福。乱主之动作失义理，号令逆民心，诛杀不当其罪，赏赐不当其功，故虽用牺牲珪璧祷于鬼神，鬼神不助，天地不与，举事而有祸。（《管子·形势解》）
>
> 先王先顺民心，故功名成。夫以德得民心以立大功名者，上世多有之矣。失民心而立功名者，未之曾有也。（《吕氏春秋·顺民》）

“重义集理”[①]，至今为止的研究，尚未释出究竟何意。其实，“义理”或“理义”，在传世文献中极为多见，就一般意义而言，“义理”有时指称符合礼的精神、原理，有时指称符合礼的仪式、规范。其用例除上引《管子·形势解》外，还有：

① 陈伟（167页）作“踵义集理”。

圣人之求事也，先论其理义，计其可否。故义则求之，不义则止。可则求之，不可则止。故其所得事者，常为身宝。小人之求事也，不论其理义，不计其可否，不义亦求之，不可亦求之。故其所得事者，未尝为赖也。(《管子·形势解》)

人主出言不逆于民心，不悖于理义，其所言足以安天下者也，人唯恐不复言也。(《管子·形势解》)

心之所同然者，何也？谓理也、义也。圣人先得我心之所同然耳，故理义之悦我心，犹刍豢之悦我口。(《孟子·告子上》)

先王之立礼也，有本有文。忠信，礼之本也。义理，礼之文也。无本不正，无文不行。(《礼记·礼器》)

《礼记·礼器》的“义理，礼之文也。无本不正，无文不行”，或许对我们理解“言，此章也，行，此文也”有一些启发。即《尊德义》的“义理”可能指的就是有“文”有“章”的仪式规范。

“言，此章也，行，此文也”其他学者均句读为“言此章也，行此文也”，将“言”“行”视为动词，恐不确，应该当作名词。“此章也”“此文也”和上文“此往（枉）矣”、下文“此小人矣”“此乱矣”之句式是一样的。

第十一章

夫生而有职事者也，非教所及也。教其政，【18】不教其人，政弗行矣。故共是物也而又深焉者，可学也，而不可矣（俟）也。【19】可教也，而不可迪其民，而民不可止也。尊仁，亲忠，敬壮（庄），归礼。【20】行矣而亡违，养心于子俍（谅），忠信日益而不自知也。

这一章毋庸置疑又回到了教，讲述对民施教的重要性，及教对人伦形成的重要作用。

“夫生而有职事者也，非教所及也。教其政，不教其人，政弗行矣”一句，遵从陈伟（170页）的阐释，意为生而拥有的、天生的本能不用教，而在现实生活中，光教“政令”，不教人伦，政治无法施行。“故共是物也而又深焉者，可学也，而不可俟也。可教也，而不可迪其民，而民不可止也”一段，“共”字，字形不清楚，从李零（186页）、涂宗流和刘祖信（123页）、刘钊（130–131页）读为“共”。“矣”，从陈伟（168页）读为“俟”。[①] 笔者推测其意为“人（也是物）都是一样的，却有道德涵养深浅之不同，可以学的时候，不可以让其等待。可以教时不去教导其民，民众就不知所措”。《性自命出》的“四海之内，其性一也，其用心各异，教使然也”（简9），《成之闻之》的“君子之于教也，其道民也不浸，则其淳也弗深矣”（简4），可作参考。“不可迪其民”的“可”，笔者怀疑涉下“不可”而衍。“可学也，而不可俟也。可教也，而不迪其民，而民不可止也”的句式构造与下文“民可道也，而不可强也”“可

① 顾史考（546页）读“不可矣”为“不可已”，即不可终止，也是值得参考的见解。

从也，而不可及也”其实类似。

“尊仁，亲忠，敬庄，归礼”是“学”和“教”的结果。“行矣而亡违”一句，“违”字，字形不清楚，从李零（185页）读作“违”，即对“仁、忠、庄、礼”遵循之而不违反之。“养心于子谅”一句，可参《礼记·乐记》“君子曰：礼乐不可斯须去身。致乐以治心，则易直子谅之心油然生矣”(又见《礼记·祭义》)。“忠信日益而不自知也”，指“忠信”这种内在的道德伦理日益成长而浑然不知。这里的“忠信”和前引《礼记·礼器》“先王之立礼也，有本有文。忠信，礼之本也。义理，礼之文也”一样，特指内在之德。

第十二章

民可使道【21】之，而不可使知之。民可道也，而不可强也。桀不谓其民必乱，而民有【22】为乱矣，爰不若也。可从也，而不可及也。君民者，治民复礼民，余曷知？【23】逵（送）劳之旬（轨）也。为邦而不以礼，犹叟（御）之亡策也。非礼而民悦【24】戴，此小人矣。非伦而民服殜（慑?），此乱矣。治民非还（怀）生而已也。【25】

这一章总体讲如何治民，大体可以分为两部分内容。第一部分“民可使道之……逵劳之旬也”，继承上一章对民重在教导的思路，进一步提出民不可强迫，而且“君民者”要以“礼”待民。第二部分“为邦而不以礼……非还生而已也”，再次强调“礼”和“伦”的重要性。

“民可使道之，而不可使知之”，见于《论语·泰伯》，显然这是《尊德义》对经典的又一次引用。通过对照《尊德义》上下文意，我们得以确认，“不可使知之”并无愚民之意，同样是“不可强”的意思。[①]“民可道也，而不可强也”“可从也，而不可及也”是对“民可使道之，而不可使知之”的再次阐释。丁原植（313页）认为“可从也，而不可及也”是“君”对“民”的姿态，“从”为听从，“及”为干预，并引《管子·君臣》“是以上及下之事谓之矫”的尹知章注“及，预也”，指出此句意为“可依顺民心，而不可逞强”。

《成之闻之》有“是以民可敬导也，而不可弇也。可御也，而不可牵也”（简15–16），可以说和此处恰成对照。

“爰不若也”，意义不明。李零（185页）疑“爰”为“受”的错字，“受”读为“纣”，“纣不若也”即纣不顺民心。可备一说。

“君民者，治民复礼民，余曷知？菍劳之旬也”，“菍”字，整理者隶作“悳”，此从陈剑（222页）隶定为“菍”。这一句无论在字体判别、句读，还是在编联上都存在很多争议。笔者虽然尚未得出充满自信的结论，但认为以下三种读法，较具可能。

第一：“君民者，治民复豊（体）民余，曷？知菍（离）劳之旬（究）也。”“豊”，从陈伟（168页）读为“体”。“民余”，不知何意。“君

① 详细分析可参见廖名春：《新出楚简与〈论语〉研究三题》，载成均馆大学儒家文化研究所编：《儒家文化研究》第八辑，2007年，第82–90页。

民者，治民复豊（体）民余”可能是某一句经典的引用，《礼记·缁衣》中有不少“君民者……”的句子。“曷？知悤（离）劳之訇（究）也”是对上一句的解释。“悤劳”，或读“离劳”，或读“忧劳”，或读“劬劳”[①]，这里暂从“离劳”的读法，意为“忧劳”。“究”为“极端”之意。整句意思可能是“为何君民者既治理民众又体恤民众，因为他们知道百姓忧劳之极”。这样看来，“民余”的意思可能和“民忧”相关，《诗经·民劳》有“民亦劳止，汔可小休。……式遏寇虐，无俾民忧”可以参照。

第二：“君民者，治民复体民，余曷知？劬劳之訇（究）也。”还是将“豊”读为“体”，训“曷”为“何”，将“悤劳”读作“劬劳”，意为“辛劳”。意为“君民者，既要治民又要体民，我怎么知道呢？是因为百姓辛劳到了极点”，这是将整句当作经典的引用。

第三：“君民者，治民复礼民，余曷知？悤（送）劳之訇（轨）也。”这里将“豊”读为“礼”。将“悤”读为“送”是采用裘锡圭的观点，裘锡圭指出“‘送劳之轨’指人们送往劳来的轨度”，并举《楚辞·卜居》“将送往劳来，斯无穷兮”及《汉书·薛宣传》“送往劳来之礼不行”为证。[②]值得注意的是，《汉书·薛宣传》指明“送往劳来”是一种礼，而《尊德义》此处，前有“治民复礼民”，后有“为邦而不以

① 详见陈剑（222–223 页）。

② 裘锡圭：《释古文字中的有些“悤”字和从“悤”、从“囪”之字》，载复旦大学出土文献与古文字研究中心编：《出土文献与古文字研究》第二辑，复旦大学出版社，2008 年，第 8–9 页。

礼”，因此“送往劳来”可能是对民加以劝勉之礼。所以，“送往劳来”或许是比较符合文意的读法，现暂时取这一读法。

《礼记 · 乐记》和《史记 · 乐书》均有“乐也者，施也。礼也者，报也”。裴骃《集解》云：“郑玄曰：言乐出而不反，而礼有往来。”因此訇也很有可能读为“报”。①

有不少学者读此句为“君民者，治民复礼，民余（除）害智，蒠劳之訇也”。这主要是因为无法确认简 23 和简 24 是否可以连接，而不得不这样读。通过《尊德义》整篇分析，我们得知其他地方都能合理地连接起来，因此排除了简 23 和简 24 与其他简编联的可能性。况且简 23 的“治民”和简 25 的“治民”看来是相互关联的。

陈剑（222–223 页）也认为简 23 和简 24 可以连读，但他读为“君民者，治民复礼，民除害，知蒠（劬）劳之訇（究）也”。问题是这样读的话，“民除害”和上下文没有任何关系，主语也从君主转向人民，下文有“为邦而不以礼”，可见主语还是君主，中间插入“人民”作主语并不合适，故难信从。

“为邦而不以礼，犹疋（御）之亡策也。非礼而民悦戴，此小人矣。非伦而民服殜（慑?），此乱矣。”这一段中，“悦戴”，从陈伟（163 页）的释读。其他释读、句读，从陈剑（217 页）。“为邦而不以礼，犹御之亡策也”，意义类似《礼记 · 礼运》“故治国不以礼，犹无耜而耕也”。

---

① 读作“报”，是张光裕的意见。参见张光裕主编：《郭店楚简研究》第一卷《文字编》，台湾艺文印书馆，1999 年，“绪言”第 7 页。

"非礼而民悦戴，此小人矣"，说的是不靠礼而使民"悦戴"，这是小人的方法。"非伦而民服殜（慑?），此乱矣"，说的是不建立民伦而使民"服慑"，这是动乱的原因。这两句话和简 1 "尊德义，明乎民伦"可以呼应起来。

"治民非还（怀）生而已也"，"还生"从刘钊（132 页）、陈伟（163 页）读作"怀生"，意为"治民不是仅仅让民众安于生计而已"。《左传・僖公二十七年》有"晋侯始入而教其民，二年，欲用之。子犯曰：'民未知义，未安其居。'于是乎出定襄王，入务利民，民怀生矣。将用之。子犯曰：'民未知信，未宣其用。'于是乎伐原以示之信。民易资者，不求丰焉，明征其辞。公曰：'可矣乎？'子犯曰：'民未知礼，未生其共。'于是乎大搜以示之礼，作执秩以正其官。民听不惑，而后用之"。可见"怀生"和"知礼"相比，是非常低的层次。"治民非怀生而已也"言外之意是应该让民众有更高的道德追求，君主应实施更多的道德感化和教育，才能更好地治理民众。这也紧扣这一章重礼的主题，以此句作为《尊德义》的结束，笔者认为并无不可。

以上，依据广濑薰雄的编联（稍有不同），将《尊德义》全文分作 12 章，对其思想脉络进行了梳理。我们可以归纳出该篇的以下特征。

第一，如果这一编联正确，那么依据以上分析，《尊德义》的主旨应是"君民关系论"或者说是"治民论"，有两条比较清楚的线索，一是"人道"为先，一是"教道"为先。为此，《尊德义》强调了君德的重要性及礼乐教化的重要性。虽然如此，《尊德义》的论述似不能集中于某个话题，有分散、反复之嫌。故称不上一篇非常精致的文章。

第二，《尊德义》虽然有其中心和主题，但文章构成有一个显著的特征，就是喜好引用当时为人熟知的、成为知识背景的经典语句。这些语句未必紧扣《尊德义》的中心和主题，有时似是为引而引。

第三，显然，《尊德义》中包含许多成为共同知识背景的思想资源，如“反己”说、礼乐关系论、哀乐关系论、性情论等等，但因为《尊德义》的重点不在于此，故没有详谈。我们要了解《尊德义》的思想内容，首先要从与之相近的郭店楚简儒家四篇（其余三篇为《性自命出》《成之闻之》《六德》）寻找共同点，厘清其各自的论述重点。这四篇是一个松散的集合体，彼此既相关又不同，只有确定了每一篇在思想上的分工和位置，才能对各篇作出更精确的阐释。同时，《尊德义》的释读，不仅需要从儒家文献中，而且有必要从道家文献中寻绎其思想背景。例如，《尊德义》和《淮南子·泰族》的相似性就非常值得重视。

基于以上三点，《尊德义》不一定具有太多的原创思想，而是基于某种需要的资料整合。当然这只是一个推论，本章的目的在于为《尊德义》作基础性的考释，这里只是把问题提出来，留待有兴趣的学者作进一步的研究。

第十二章　郭店楚简中的“天”“命”“性”

郭店楚简问世至今，儒家文献中，关注最切、分析最多的是与人性论[①]相关的问题，讨论主要集中于《性自命出》《尊德义》《成之闻之》《六德》《语丛一》《语丛二》《语丛三》，和《五行》《穷达以时》《唐虞之道》以及上博楚简《孔子诗论》等篇也有一定关系。

在此，如果简要总结这些年郭店楚简人性论方面讨论的历程，可以说目前学界已经走出了一种狭隘的思路，这种思路认为：郭店楚简所见人性论述可以和道统论结合起来，郭店楚简为思孟学派的成立提供了更多的材料，郭店楚简是证成思孟道德形上学的有力证据。而更为广阔的思路强调从郭店楚简看出思想的多元性、复杂性。在学术脉络上，不仅注意郭店楚简和孟子之间的关系，也注意郭店楚简和荀子之间的关系。就人性论而言，较之道德本体的意义，学者们更注重郭店楚简中“性”

① 笔者尽量不使用“心性论”，因为使用“心性论”，有认同心性一体的倾向，而笔者以为郭店楚简中并不存在心性一体。

道德中立、自然而然的特征。[①]

笔者赞成郭店楚简研究中这种新的走向，同时认为，为了更好地理清思路，有必要再次回到文本中去，看看与此问题相关的重要材料，如“天”“命”“性”等概念，郭店楚简究竟是如何定位和阐发的，郭店楚简有没有花大力讨论这些问题，郭店楚简在讨论这些问题时，采用了怎样的论述方式，和先秦思想相比较，谁与郭店楚简的思路最为接近。在此，先提出结论：郭店楚简有非常清晰的本末意识，“命”和“性”属于“本”，为“天”所生，“命”是和“性”相接近的概念，学界习用的“天命”并不成立，“命”“性”是虚位概念，并非道德根源，因此和性善论没有直接关系。“情”属于“化”的领域，为“人”所生。正因为属于“天”的“性”具有非人为的自然而然性，因此，人必然最终采取与“本”相应的“化”（无为无形）的行为方式，以处理“情”及由“情”生长出来的各种道德伦理。正因为“命”属于“天”，因此也是人力不可把握的领域，是无常的，只能顺其自然。这种天人相分的思路，对“命”“性”自然性、无常性的认识，好用生成论概括的思维结构，都反映出郭店楚简所见儒家和道家有密切关系。这也就解释了郭店楚简儒家文献与《淮南子》等道家文献屡屡相似绝非偶然。沿着这条思路走出的儒家，更多归向于荀子而非孟子。

---

① 具体可参见梁涛：《郭店竹简与思孟学派》，中国人民大学出版社，2008 年，第一章、结语；曹峰：《思孟学派的建构与解构——评梁涛〈郭店竹简与思孟学派〉》，《哲学研究》2010 年第 4 期。

在解答这些问题之前，有必要首先对郭店楚简中一条始终未被人重视的材料，即“天生本、人生化”作出合理的解释，在此基础上，考察郭店楚简的儒家形上学，兼及郭店楚简所见的儒道交涉问题。由于郭店楚简儒家文献呈现出多元、复杂的面貌，本章在讨论相关问题时，主要以《性自命出》《尊德义》《穷达以时》《语丛一》《语丛二》《语丛三》等思想比较接近的文献为考察对象。

至今为止，已有不少学者论及郭店楚简所见儒道关系，大约可以分为两个方向。一个方向是郭店楚简道家文献所见道家对儒家的态度，这方面的文章更多一些，结论也比较一致，即认为早期儒道关系还没有达到尖锐冲突的地步。另一个方向是考察郭店楚简儒家文献中所见道家影响，这方面论文比较少，而且比较零碎，多停留于相似概念、相似语句的比较。系统性的论述，尤其是从儒家形上思维的角度所作的考察很少看到，本章想在这方面作一些尝试。

一、从“天生本、人生化”看天人意识

郭店楚简《性自命出》篇有所谓“性自命出，命自天降，道始于情，情生于性”，学者多与《中庸》的“天命之谓性，率性之谓道，修道之谓教”联系起来，倒推《性自命出》的文意，说《性自命出》的“性”是“天命”所致，又通过《中庸》的“率性之谓道”，认为“性”就是道德的根本，以此证成《性自命出》篇与子思的关系，证明《性自

命出》篇属于思孟学派。[1]然而，如果我们仔细分析《性自命出》这段话，可以发现，这里并没有“天命”连用。同时，我们还可以发现，在许多学者眼中如此重要的一段话，《性自命出》并没有加以展开，作出更为深入的分析，却只是一笔带过而已，这是非常值得注意的现象。

那么，在郭店楚简中，“天”“命”“性”是如何被排列和定位的呢？从《性自命出》的“性自命出，命自天降，道始于情，情生于性”看，这里显然有两条线索，一条是“天→命→性”，另外一条是“性→情→道”，这里的“道”显然指的是“人道”，即人应该遵循的人伦规范。[2]这两条线索分别代表两个不同的领域，前者属于“天”，后者属于人，而“性”既属于“天”又属于“人”，是由“天”到“人”的媒介。类似的表述方式还可见于《语丛》。如下所示，《语丛一》中也有地方论述到“天”“命”：

> 有天有命，有物有名。（《语丛一》简 2）
>
> 有天有命，有地有形。（《语丛一》简 12）
>
> 有命有文有名，而后（《语丛一》简 4）有穌。（《语丛一》简 5）

由此可见，“物”“名”“地”“形”这些非人力可为的、和人的道

① 如蒙培元：《〈性自命出〉的思想特征及其与思孟学派的关系》，《甘肃社会科学》2008 年第 2 期，第 37 页：“《性自命出》涉及很多问题，有比较丰富的内容，但是，就其整篇所反映的思维模式或模型而言，与今本《中庸》最为接近，不如说两者有基本相同的思维模式。”

② 《语丛二》有“情生于性，礼生于情”，可以佐证。

德伦理无关的存在直接来自“天”和“命”，第三句话虽然没有提到“天”，但结构相似。“緜”如下文所论证的那样，可以读为“本”，因此，在《语丛一》作者看来，“物”“名”“地”“形”“文”都是天生的、具有本质规定性的东西。

从“性自命出，命自天降，道始于情，情生于性”看，“性”既属于“天”的范畴，又是走向“人”的中介。《语丛》中没有找到“天”“命”“性”按前后排列的表述，但从《性自命出》的“性自命出，命自天降”看，“有天有命有性”的存在也是可能的。《性自命出》所见另外一条线索，即“情”出自“性”的论述，在《语丛二》中得到了充分的反映，《语丛二》以非常整齐的四字句格式，描述了各种各样的人“情”（“情”“欲”“爱”“子”“恶”“喜”“愠”“惧”“智”“强”“弱”）[1]及各种伦理“礼”“敬”“爱”“亲”“忠”，皆出自“性”。

《语丛》中还可以看到郭店楚简对存在物本末地位的清晰认识。郭店楚简《语丛一》中有一句非常重要的话，对了解文意起到关键性作用。原释文作“天生緜、人生[illegible]”（简 3）。裘锡圭的按语以为“緜”当解作“伦”，意为“伦序”。裘按释“[illegible]”为“卯”，但未进一步解释何谓“人生卯”。[2]这之后，关于“緜”和“[illegible]”又有多种解释。对于“緜”，有学者读为“本”“根”“玄”；对于“[illegible]”，有学者读为

① 释文参见李零：《郭店楚简校读记》（增订本），中国人民大学出版社，2007 年，第 220–221 页。

② 荆州市博物馆编：《郭店楚墓竹简》，文物出版社，1998 年，第 200 页。

“化”“末”“某”“流”“猷”“舛”。[①]不管怎么解释，有一个现象是不能忽视的，那就是这一句必须能够和《语丛一》“凡物有本有□，有终有始”（简49）及前引“有命有文有名，而后有鲧”相对应，也就是说，这里显著存在着本与末、始与终、主与从的鲜明对比意识。笔者以为，从字形、从文意看，将“鲧”读为“本”、将“□”读为“化”，可以为两个句子给出最为合理的解释。在《郭店楚简“天生本、人生化”解》一文中，笔者详细论证了这一解读的合理性，如果将“□”读为“化”，那么，“凡物有本有化”告诉我们“本”“化”有上下本质之别，包括人在内的世间万物都既有本生的成分也有化生的成分，本生是天生的、命定的、人力不可及的，化生虽然在下、在其次，但却是一种作用方式，体现出对人的作用和功能的尊重与肯定。将“鲧”读为“本”，不仅形成了“本”与“化”的对应，也可以得到“有命有文有名，而后有鲧”的印证，如前所述，“命”“文”“名”指天所赋予的本质性规定，“鲧”来自这三者，正表明这是一个来自“天”、非人力所能把握的概念。

《语丛一》说“知天所为，知人所为，然后知道，知道然后知命”（简30），就是强调既要了解“本”，也要了解“化”。“本”“化”相对，传世文献中可以举出《楚辞·天问》的“阴阳三合，何本何化？”为例证。把“天生鲧、人生□”读为“天生本、人生化”，对理解《性自

① 详见曹峰：《郭店楚简“天生本、人生化”解》，载《儒林（2011）》，山东大学出版社，2011年。

命出》为什么能够排列出“天→命→性”“性→情→道”两条线索，对理解郭店楚简儒家思想的背景具有重要意义。当然，郭店楚简儒家文献论述的重点其实不在于天，而在于人不同于天的、特殊的作用，即建立在自然人性基础上的、非强制的、感化式的道德政治。[①] 因此，可以说“化”字最能够体现这一功能。

二、郭店楚简所见儒家形上学意识

通过以上对“天生本、人生化”及相关资料的分析，我们得知，郭店楚简所见儒家也有关注本源的形上学思维，但这种思维，和我们通过《易传》或通过《中庸》《孟子》所见的形上学并不相同。

《周易·序卦传》说“有天地然后有万物，有万物然后有男女，有男女然后有夫妇，有夫妇然后有父子，有父子然后有君臣，有君臣然后有上下，有上下然后礼义有所错”。又说“昔者圣人之作《易》也，将以顺性命之理，是以立天之道曰阴与阳，立地之道曰柔与刚，立人之道曰仁与义”。这是将人类社会种种伦常秩序的发生，归因于天地外在的施与，视天地为伦常秩序的直接来源。郭店楚简也有类似表述，如《成之闻之》有“天降大常，以理人伦。制为君臣之义，著为父子之亲，分为夫妇之辨。是故小人乱天常以逆大道，君子治人伦以顺天德”。但这种思维在郭店楚简中并不多见。当郭店楚简使用生成论的表达方式，从

---

① 例如《性自命出》讨论“礼作于情”的问题，《缁衣》《尊德义》《成之闻之》均论及和“迁善”相关的问题。

“性”“命”之角度讨论这个问题时，显然不是这种框架。《中庸》有所谓“天命之谓性，率性之谓道，修道之谓教”，“诚者，天之道也。诚之者，人之道也”，“自诚明，谓之性。自明诚，谓之教。诚则明矣；明则诚矣。唯天下至诚为能尽其性；能尽其性，则能尽人之性；能尽人之性，则能尽物之性；能尽物之性，则可以赞天地之化育；可以赞天地之化育，则可以与天地参矣”。按照这个逻辑，存在所谓的“天命”之“性”，“诚”就是这种“天命”之“性”，因此“天命”就是道德命令，人伦道德由天直接进入人心内部，天人在此意义上是合一的。孟子进一步论证“心性”一体，认为德性是区别于动物的、人之为人的本质，将儒家所宣扬的伦理视为天赋的道德本能，“由仁义行，非行仁义也”（《孟子·离娄下》），然后通过“尽心”“知性”“存心”“养性”“事天”“立命”（《孟子·尽心上》）的修养工夫来确立德性主体，实现天人合一的圣人境界。郭店楚简显然不是这种框架，具体而言，郭店楚简所见儒学形上学有这样一些特征。

第一，从“天生本、人生化”“凡物有本有化、有终有始”“性自命出，命自天降，道始于情，情生于性”来看，郭店楚简通过生成论的表达方式追问事物的起源、存在的依据以及行为的方式，虽然不能说郭店楚简所见儒家典籍中看不到本体论的影子，但主要还是一种生成论。如梁涛指出的那样：“竹简的天……不具有明显的道德意义，与宋明理学的天或天理不能同日而语。从哲学的层面看，‘性自命出，命自天降’主要是生成论的，而非本体论的，由这种‘天’所出的‘性’，不论其与天统一与否，均不必然是一种善性。”[①] 不过，郭店楚简儒家文献所见形上建构，却极为零散，不是作者论述的重点，往往一笔带过而已，仿佛存在一个不言自明的思想背景。

第二，郭店楚简所见儒学形上思维是以天人相分为思想背景的，郭店楚简存在永恒不变的“本”和移动常变的“化”相对应的思路，天负责“本”的领域，人为作用的领域只在于“化”，对于“本”而言，人是无能为力的。

第三，郭店楚简并无“天命”的表述，也不存在“立命”之说。用“天命”这样一种带有意志性的表述去理解“性自命出”是不妥的，“性”由“命”所出和把“天命”直接判定为“性”有着很大的区别，这一点早已有学者指明。[②]

第四，如“喜怒哀悲之气，性也”“四海之内，其性一也”所言，“性”是带有普遍意义的气质之性，而非道德之性。如“好恶，性也”、“善不善，性也”[③]、“牛生而长，雁生而伸，其性［使然］”[④] 所言，“性”指的是天赋的本能。再如“凡人虽有性，心无奠志，待物而后作，待悦而后行，待习而后奠”“人虽有性，心弗取不出”所言，郭店楚简的

① 梁涛：《郭店竹简与思孟学派》，中国人民大学出版社，2008 年，第 144 页。

② 参见丁四新：《郭店楚墓竹简思想研究》，东方出版社，2000 年，第 176-177 页。

③ 此句郭店楚简缺，据上博简《性情论》补。笔者以为，这里的“善不善”其实也是“好恶”之义，可以作肯定否定解，绝非具有价值判断色彩的“善恶”。季旭升读“善”为“擅长”，参见季旭升主编：《上海博物馆藏战国楚竹书（一）读本》，万卷楼图书股份有限公司，2004 年，第 157 页。

④ 这句话上博简《性情论》缺。“其性”后补“使然”，参见李零：《郭店楚简校读记》（增订本），中国人民大学出版社，2007 年，第 136 页。

“性”和“心”作用意义完全不同，不可能合为一体。因此孟子的心性一体、良知良能是无法想象的。

因此郭店楚简的“天”“命”“性”虽然具有形上的意义，但却不能看作道德本体，和《易传》《中庸》《孟子》的论述是显然有别的。[①]

郭店楚简所见儒家文献为什么要设置这么一个简单的生成论框架，又不作详论呢？这个问题暂且不谈，我们先来看看这个生成论框架和谁最为相似。在古典文献中对“天”“命”“性”同时作出论述者，如余开亮指出的那样[②]，可以举出以下两个用例。

> 分于道谓之命，形于一谓之性，化于阴阳，象形而发谓之生，化穷数尽谓之死。故命者，性之终〈始〉也；[死者，生之终也。有始]则必有终矣。(《大戴礼记·本命》)[③]

> 泰初有无，无有无名，一之所起。有一而未形，物得以生，谓之德。未形者有分，且然无间，谓之命。留动而生物，物成生理，谓之形。形体保神，各有仪则，谓之性。性修反德，德至同于初。同乃虚，虚乃大，合喙鸣。喙鸣合，与天地为合。(《庄子·天地》)

《孔子家语·本命解》和《大戴礼记·本命》类似，前面有“鲁哀

---

① 梁涛《郭店竹简与思孟学派》也指出，《性自命出》“所谈主要是自然人性，与《中庸》的‘诚明’之性、道德人性显然有所不同”（第 26 页）。

② 余开亮：《〈性自命出〉的心性论和乐教美学》，《孔子研究》2010 年第 1 期，第 19–20 页。

③ 据《孔子家语·本命解》“故命者，性之终也”，当作“故命者，性之始也”。“则必有终矣”前面据《孔子家语·本命解》可补“死者，生之终也。有始”。

公问于孔子曰：‘人之命与性何谓也？’孔子对曰……”从其内容看，似是通过生命的过程去谈“性”“命”，余开亮说：命是自然万物形成的分定过程，而性则是自然万物形成的分定结果。①《大戴礼记·本命》恐没有那么复杂。关于“道”，王聘珍《大戴礼记解诂》谓“道者，天地自然之理”，可见“道”在这里也可以代表“天地”。关于“命”，王聘珍《大戴礼记解诂》谓“命，谓人物所禀受度也”。关于“性”，王聘珍《大戴礼记解诂》引董仲舒曰“性者，生之质也”。笔者以为杨朝明主编《孔子家语通解》对“性”“命”的解释可以接受，即“天道赋予人的，称作命”，“生来形成具有的，称作性”②。即“命”和“性”都属于生而具有的性质。《庄子·天地》是从宇宙生成论的角度谈“命”和“性”，起点是“无有无名，一之所起”的“泰初”，但从此篇后半“性修反德”，最终“与天地为合”的论述看，说其生成论的起点是“天地”也无大碍。《庄子·天地》以包括人在内的“物”为对象，指出在从无形到有形的生成过程中，“命”处在“有分”却又“无间”的阶段，这应该强调的是物所共有的统一性，而“性”则因有“形体”“仪则”，而具备了物区别于物的差异性。就“命”和“性”在本质上均代表物之内在规定性而言，两者并无大异，只是在前后次序上有所不同，这也是道家文献“性命”常常连用的原因。

《大戴礼记·本命》虽然属于儒家文献，但类似的表述在儒家文献

---

① 余开亮：《〈性自命出〉的心性论和乐教美学》，《孔子研究》2010年第1期。

② 杨朝明主编：《孔子家语通解》，万卷楼图书股份有限公司，2005年，第313页。

中并不多见。对“天”“命”“性”这些概念，使用生成论的框架，强调造化的过程，不认为其具有道德的属性，只强调其普遍性、自然性特征者，无疑是道家。而且这种论述一定是以天人相分为前提的，因为只有天人相分，才能在天人之间拉开距离，视与天相关者为本，视与人相关者为末。道家正是天人相分的倡导者，如《庄子·大宗师》有“知天之所为，知人之所为，至矣”。《庄子·在宥》说“何谓道？有天道，有人道。无为而尊者，天道也；有为而累者，人道也。主者，天道也；臣者，人道也。天道之与人道也，相去远矣，不可不察也”。《淮南子·泰族》说“凡学者能明于天人之分，通于治乱之本，澄心清意以存之，见其终始，可谓知略矣”。当然在天人相对的框架中，庄子肯定天，而否定人，肯定天性无为，而否定人道有为。郭店楚简“天生本、人生化”也有以天为本为主、以人为末为次的思路，不过对人绝非完全否定。不少学者将郭店楚简《语丛一》的“知天所为，知人所为，然后知道，知道然后知命”和《中庸》的“思知人，不可以不知天”联系起来解释，但《中庸》的思路是要达成天人一体、心性一体，为天赋予道德属性，为性设置道德属性，郭店楚简看不到这样的道德形上学。

这里有必要对先秦道家的人性论作一个简单的回顾。概而言之，先秦道家的人性论分为两种形态。第一种形态是将“无知”“无欲”视为人的本性。如《庄子·天道》“夫虚静恬淡寂漠无为者，万物之本也”。《庄子·马蹄》“同乎无知，其德不离；同乎无欲，是谓素朴；素朴而民性得矣”。这种人性论认为人性是真实不伪、自然而然的，因此，如

《淮南子·原道》“人生而静，天之性也。感而后动，性之害也”和《淮南子·诠言》“邪与正相伤，欲与性相害，不可两立。一植一废，故圣人损欲而从事于性”所言，为了维护、保持纯真的人性，必须要做减法，减除各种人欲、人为，听任人自然本性的自由发展，这是把先天的人性和后天的人为（包括各种伦理道德）对立了起来。第二种形态同样认为人性是真实不伪、自然而然的，但不把先天的人性和后天的人为（包括各种伦理道德的树立）对立起来，不是做减法，而是做加法。如《淮南子·泰族》有以下的话：

> 圣人之治天下，非易民性也。……（禹）因水之流也。……（后稷）因地之势也。……（汤、武）因民之欲也。故能因，则无敌于天下矣。……民有好色之性，故有大婚之礼。有饮食之性，故有大飨之谊。有喜乐之性，故有钟鼓管弦之音。有悲哀之性，故有衰绖哭踊之节。故先王之制法也，因民之所好，而为之节文者也。因其好色而制婚姻之礼，故男女有别。因其喜音而正雅颂之声，故风俗不流。因其宁家室，乐妻子，教之以顺，故父子有亲。因其喜朋友而教之以悌，故长幼有序。然后修朝聘以明贵贱，乡饮习射以明长幼，时搜振旅以习用兵也，入学庠序以修人伦。此皆人之所有于性，而圣人之所匠成也。故无其性，不可教训。有其性，无其养，不能遵道。……人之性有仁义之资，非圣王为之法度而教导之，则不可使向方。故先王之教也，因其所喜以劝善，因其所恶以禁奸，

> 故刑罚不用而威行如流，政令约省而化耀如神。故因其性，则天下听从。拂其性，则法县而不用。

这种说法表示，“好色”“饮食”这些都是人的自然本性，圣人之治，不是改变人的本性，而是因顺人的本性，利用自然之性中可以利用的“仁义之资”，经过圣人的教导，从自然之性中发展出礼乐、贵贱等伦理和规范来。

可以说，道家的这一路思维，是在承认人性自然的前提下，利用人性的自由发展，利用“性”处于天人之间的特殊位置，利用人的合理作为（如“教”“养”“明”“习”“修”），从“性”中引导出自然合理的人伦规范来。

笔者以为，郭店楚简儒家文献中，如《性自命出》《尊德义》，其思维结构和上述《淮南子·泰族》几乎同出一辙。[①] 甚至有些文句都极为相似，如《尊德义》的“禹以人道治其民，桀以人道乱其民。桀不易禹民而后乱之，汤不易桀民而后治之。圣人之治民，民之道也。禹之行水，水之道也。造父之御马，马也[②] 之道也。后稷之艺地，地之道也。莫不有道焉，人道为近。是以君子人道之取先”。如《性自命出》的“圣人比其类而论会之，观其先后而逆顺之，体其义而节文之，理其情而出入之，然后复以教。教，所以生德于中者也。礼作于情，或兴之

---

① 上博简《孔子诗论》的“民性固然”，也基于同样的思维方式，本章以郭店楚简为主，故不作展开。

② 这个“也”字可视为衍文。

也。当事因方而制之”等。

如前所述，已经有越来越多的学者倾向于认为，郭店楚简儒家文献所见的人性论，较之道德性的一面，更强调的是自然而然、真实不伪、反对做作、尊重情感的一面。[①] 有学者以为，“情的价值得到如此高扬，情的领域达到如此宽广，都是别处很少见到的”[②]。“可以说，《性自命出》的最大特色，在于它的情论，而不是性论”[③]。之所以花大量的篇幅论“情”，是因为“情”乃“性”的现实反映，通过对“情”的彻底分析和研究，可以了解“情”的各种作用方式，以此建立起更为自然、合理的社会伦理规范。因此，无论是《性自命出》《尊德义》，还是《淮南子·泰族》，性情（包括“欲”）是一体的，而非对立的，都是通过因顺自然人性，寻求最为合理的社会管理方式。论性论情，不是为人之德性的先天拥有寻求依据，而只是为现实政治的合理性寻求人性的依据。只要把握住了性命之本，其他顺其自然即可。《淮南子·泰族》以下的话，可以说是非常好的例子。

省事之本，在于节欲。节欲之本[④]，在于反性。未有能摇其本

① 可参见李友广：《真实不伪：前孟荀时代的人性论——以“眚自命出，命自天降”为基点》，《兰州学刊》2008 年第 11 期。

② 庞朴：《孔孟之间——郭店楚简中的儒家心性说》，载《中国哲学》第二十辑，辽宁教育出版社，1999 年，第 31 页。

③ 蒙培元：《〈性自命出〉的思想特征及其与思孟学派的关系》，《甘肃社会科学》2008 年第 2 期，第 40 页。

④ 这两处“节欲”，本作“节用”，从王念孙读“节欲”。参见王念孙：《读书杂志》，江苏古籍出版社，2000 年，第 954 页。

而静其末、浊其源而清其流者也。故知性之情者，不务性之所无以为；知命之情者，不忧命之所无奈何。故不高宫室者，非爱木也。不大钟鼎者，非爱金也。直行性命之情，而制度可以为万民仪。

所谓“人生化”也切合这样的思维方式。当然，这个“化”不是“造化”的“化”，不是物由生而死的变化，也不是由一物向另一物的转化，而是因人的作为而发生的量变（非质变），和人的社会伦理有关，但恐怕也不能简单视其为由上而下的“教化”。如《管子·七法》所言“渐也、顺也、靡也、久也、服也、习也，谓之化”，它是一种无形、渐进的影响方式，其基本思维构造应还是老子的“道”无为而“物（人）”自化的思路（见《老子》第三十七章、第五十七章），可以视其为在不违背“本”的前提下，使人能够自然而然地接受、遵循各种道德伦理和社会规范的姿态。《语丛一》有“察天道以化民气”，《尊德义》有所谓“民进善安为（化）”之说，《淮南子·泰族》则有“故圣人怀天气，抱天心，执中含和，不下庙堂而行于四海，变习易俗，民化而迁善，若性诸己，能以神化也”，《淮南子·缪称》有“圣人在上，民迁而化，情以先之也。动于上，不应于下者，情与令殊也”，均和《尊德义》的论述相似，也和“天生本、人生化”的精神一致。如前所述，近年来学者更多认识到《性自命出》中的“性”具有自然性，并通过自然性进入社会性，而“性”正好处于“本”和“化”之间，通过“性”既可以反归自然本初，也可以化生道德情感。当然，与“天生本”相比，郭店楚简更侧重于“人生化”,《性自命出》对“情”作出那么多的论述，说明了其虽然受到道家影响，但对本源的关注并非其重点，人伦道德、社会秩序的自然化生才是其着眼点。《性自命出》以大量篇幅论“情”,《语丛二》的绝大部分内容是论述各种情态、欲望生于“性（或欲)”之后的层层展开，这都是“人生化”的表现形态。在“人生化”的过程中,“心”起到了能动的作用[①]，对于“心”的作用，有学者使用“心术”去加以表示[②]，甚至认为可能和《管子》四篇稷下道家有关[③]，限于篇幅，这里不再展开。

回过头来回答前面的问题，郭店楚简所见儒家文献为什么要设置一个简单的生成论框架，又不作详论呢？笔者以为，这可能是因为郭店楚简所见儒家受到了道家（某一支）天道无为、性命自然思维模式的影响，在考虑和设计儒家政治思想时，自觉或不自觉地利用了一些基本的

① 如丁四新所言，这个能动作用，表示“心”是一个单纯的“心之官则思”的“心”，而孟子之“心”则不仅具有“思”的特性，而且推明了道德“本心”概念。参见丁四新：《“生”、“眚”、“性”之辨与先秦人性论研究之方法论的检讨：以阮元、傅斯年、徐复观相关论述及郭店楚简为中心（下)》，载刘笑敢主编：《中国哲学与文化》第七辑，广西师范大学出版社，2010年。

② 可参见郭齐勇：《郭店楚简〈性自命出〉、〈五行〉发微》，第一节“《性自命出》的主题‘心术’”，载丁四新主编：《楚地出土简帛文献思想研究（一)》，湖北教育出版社，2002年。欧阳祯人：《〈性自命出〉的性情思想研究》，载丁四新主编：《楚地简帛思想研究（二)》，湖北教育出版社，2005年，说“简文的真正意义是要拓展出‘心术’”。中嶋隆藏：《郭店楚简〈性自命出〉篇小考》，载丁四新主编：《楚地简帛思想研究（三)》，湖北教育出版社，2007年，甚至认为可以用“心术”或“奠志”来重新命名《性自命出》。

③ 陈鼓应：《楚简〈太一生水〉之宇宙生成论——兼论〈性自命出〉之尚情说》，载《老庄新论》(修订版)，商务印书馆，2008年，第118页，说“《性自命出》如此重视‘心术’，将心术视为道的核心部分，这个观点显然受到稷下黄老的影响”。

思维框架，如“命”“性”为天所生，属于本的领域，人力所不可及。相反，人的作为只能是“化”，即在顺应天性的前提下，演绎出与天性不相矛盾的、自然的、合理的人伦秩序来。这些东西既然道家已论之甚详，故只要点到为止即可，不必从头论起。[①] 由于“性”横亘于天人之间，通过“性”可以从统一性、普遍性走向差异性、特殊性，从圆融走向分化，从静到动，从隐到显，“性”以及与“性”相关的“情”“欲”就成为导出合理政治之第一步，所以“性情论”成了郭店楚简论述的重点。

我们再来看一下“命”的概念。“命”在郭店楚简儒学本体论中虽然具有重要地位，但对其论述却不多见。《语丛一》说“知天所为，知人所为，然后知道，知道然后知命”。由于《语丛》是语录体，前后文不相照应，我们仍然无法确定这个“命”究竟指什么，是一种确定的、人可以把握接受的东西，还是正好相反。《尊德义》有句话，“察者（诸）出，所以知己，知己所以知人，知人所以知命，知命而后知道，知道而后知行。由礼知乐，由乐知哀。有知己而不知命者，亡知命而不知己者”。从“知人所以知命”“亡知命而不知己者”看，“命”被归于超越“人”的更高的领域，那应该就是“本”吧。《语丛二》有几句话，李零将其归为一组，即“凡𨑨，有不行者也”（简 39），“其所之同，其行者异（简 52）。有行而不邎（由），有邎（由）而（简 53）不行”（简 54），“知命者无𨑨”（简 47）。从内容看，彼此的确相关，可以成为一组。“𨑨”，

① 无论是郭店楚简还是上博楚简，均儒道共存，相互影响是不言而喻的。

李零认为从“匕”从“才”，但未释。[①] 刘钊以为此字从“才”“匕”声，读为“必”，“凡㞢，有不行者也”意为“凡固执己见者，都有行不通的地方”。读“遾”为“迪”，说“其所之同，其行者异。有行而不遾（迪），有遾（迪）而不行”意为“目标相同，手段不一。有实行却不引导的，有引导却不实行的”。[②] 笔者以为，从字形看，尤其简 47 的字形与《忠信之道》“必至而不结”及《语丛三》的“必行，损”所见“必”相似，从内容看，这段话是在讲命运，虽然目标相同，但最终结果却有“行”与“不行”两分，“知命者”不可固执，因此读为“必”是合理的。整个这段话的精神和《穷达以时》几乎完全相同。《穷达以时》建立在“有天有人，天人有分”的框架之下，然后大谈命运的问题。说“穷达以时”“有其人，无其世，虽贤弗行矣。苟有其世，何难之有哉？”这里的“时”“世”与“天”相应，都是人力不可为的部分。所以作者的结论是“遇不遇，天也”。全文虽然没有提到“命”字，但谈的就是命运的问题。[③] 类似的问题，《庄子・山木》和《吕氏春秋・慎人》都是在“天人相分”的框架下讨论的。而以下几种文献都提到了“遇不遇”，如《荀子・宥坐》有“夫遇不遇者，时也。贤不肖者，材也。……夫贤不肖者，材也。为不为者，人也。遇不遇者，时也。死生者，命也”。《韩诗外传》卷七有“贤不肖者，材也。遇不遇者，时也”。《说苑・杂

① 李零：《郭店楚简校读记》（增订本），中国人民大学出版社，2007 年，第 222、226 页。

② 刘钊：《郭店楚简校释》，福建人民出版社，2005 年，第 205–206 页。

③ 《庄子・德充符》说“死生、存亡、穷达、贫富、贤与不肖、毁誉、饥渴、寒暑，是事之变、命之行也”，直接将“穷达”和“命”相联。

言》有“贤不肖者，才也。为不为者，人也。遇不遇者，时也。死生者，命也”。《孔子家语·在厄》有“夫遇不遇者，时也。贤不肖者，才也。……为之者，人也。生死者，命也”。也都是围绕“命”展开。可以说这些文章都在同一条思想线索上，即便没有明确讲“天人之分”，但一定有着“天人之分”的思想背景。

然而，上述这些文章都没有论述命运之所以不可把握的原因，从“天”“命”“性”的形而上的角度，论述命“不可勉”者，笔者管见，以王充最为详尽。王充虽然是东汉的人，但思想复杂、多元，儒道交融，保存了很多今已不存，但可上溯先秦的思想。王充也大谈“遇不遇”的问题，例如《论衡·逢遇》说“操行有常贤，仕宦无常遇。贤不贤，才也；遇不遇，时也”。之所以如此，和王充的自然论有关。王充的自然论来自道家，《论衡·自然》一开篇就说“天地合气，万物自生，犹夫妇合气，子自生矣。……试依道家论之”。所谓“自生”，指万物的生成并非“天”之意志的产物，彼此之间并不存在因果关系，一切都是自然而然的。万物由“气”“性”“命”三者组成，“用气成性，性成命定”（《论衡·无形》），“命，谓初所禀得而生也。人生受性，则受命矣。性命俱禀，同时并得，非先禀性，后乃受命也”（《论衡·初禀》），也就是说“性”有空间维度的特点，指受“气”之后存在物的多样性、差异性，“命”则有时间维度的特点，特指命运。由于王充对宇宙万物的生成总体上持自然观，即具体事物、事件之间不存在因果关系，“性”与“命”之间也不存在因果关系，因此，一切都是偶然的，人虽然有其主观能动性，可以作用于不同的“性”体，但由偶然构成的“自然”，却是一个整体的、不可抗拒的趋势，其结果只能是“命则不可勉，时则不可力，知者归之于天”(《论衡·命禄》)。

笔者以为，传世文献中只有《论衡》是依据天人相分的框架，以及“天”“命”“性”的关系[1]，利用天地自然、万物自生、不相因果的原理，解释了为什么“命不可勉”。利用这一框架，我们可以为《穷达以时》“天人有分”框架下的“遇不遇，天也”和“穷达以时”的理论提供合理的解释，结合《性自命出》的“性自命出、命自天降”和《语丛一》的“天生本、人生化”，我们也可以为《语丛二》的“有行”有“不行”、“知命者无𢎘（必）”找出背后的依据。同时，还可以由此推测，《语丛一》的“知天所为，知人所为，然后知道，知道然后知命”中的“命”应该指的是“命运”，前面的“道”应该指的是包括“天”“人”在内整体的“道”。而《尊德义》的“知人所以知命，知命而后知道”“有知己而不知命者，亡知命而不知己者”也是对人生无常的一种默认吧。

最后再对郭店楚简所见儒家形上学作一简单归纳。郭店楚简所见儒家有其形上学建构的努力，但这种建构并不是原创的，并非儒家之擅长，而是借来的框架。因此极为简单，语焉不详，只有与道家思想相对照，我们才能了解大意。通过“天生本、人生化”的天人相分思维，以及“天”“命”“性”的架构，郭店楚简设置了一个简单的生成论，以

---

① 当然，王充的框架中还有一个重要的概念，就是“气”，但这不影响王充整个思想框架对我们的启发。

“天”“命”“性”代表本源和根据，代表统一性和普遍性，“天”并没有意志，也不存在可以下达道德命令的所谓“天命”，“命”“性”均为事物存在的依据，代表着事物的本质，在此意义上可以“性命”连用。当“命”指向时间维度时，代表的是命运。当“性”指向空间维度时，代表的是存在物的特殊性、差异性。正因为天道自然，因此“行”“不行”、“遇不遇”由“天”决定，“穷达”由“时”决定。“性”是“天”与“人”的媒介，“人”由此获得“天”赋予的内在质性，又因为性情一体，为“人生化”即人心的能动性提供了广大的活动空间。这个空间建立在重“情”即重视人自然情感的基础之上，以“化”（自然无形而不强迫）的形式展开，故而特别重视诗乐之教以情动人的作用。只有基于真实不伪的性情，所有的人为（包括人伦道德和社会管理）才具有合理性。显然，这种本体论和依赖“天命”的、基于“心性”合一的、由人心推出天理的道统论完全不是一回事。[①]

如果我们承认郭店楚简中有着道家思想背景，就能解释很多有趣现象。第一，郭店楚简儒家文献不仅表现出对本源的关心，连叙述方式也力图使用生成论模式来排列各种重要的概念，这在儒家传世文献中是少见的。第二，郭店楚简中有一些重要的概念，如“无为”“物物”似乎也是直接来自道家。第三，郭店楚简儒家文献和传世道家文献往往语句重合。限于篇幅，对这些现象的分析只能另文展开。这些现象，恐怕

① 蒙培元《〈性自命出〉的思想特征及其与思孟学派的关系》说“《性自命出》和《中庸》都提出性命合一之学。命是指天命，性是指人性，性命就是天人合一”，“命就在性中，性就是命的实现”（第37页）。依照本章的逻辑，这样的结论怎么也无法导出。

不能仅仅用“同文重见”、资源共享来作说明，必须承认郭店楚简中一些儒家文献和道家有着思想上的密切关联。这些交流不是零散的、偶尔的，而是从形上框架到语言表达，从不同层次、不同角度展开的。

三、余论

这里再简单地梳理一下郭店楚简人性论的余韵。

毋庸置疑，“天人相分”是荀子思想的基本构造，对道家思想大量吸纳是《荀子》的一大特色。如果将荀子、孟子与郭店楚简相比，显然荀子更为接近。荀子关于“性”的种种认识，如“不事而自然谓之性”(《荀子·正名》)、“生之所以然者谓之性”(《荀子·正名》)、“凡性者，天之就也，不可学，不可事。礼义者，圣人之所生也，人之所学而能、所事而成者也。不可学、不可事而在天者，谓之性。可学而能、可事而成之在人者，谓之伪。是性伪之分也”(《荀子·性恶》)、“性之好、恶、喜、怒、哀、乐谓之情”(《荀子·正名》)、“性者，天之就也。情者，性之质也。欲者，情之应也”(《荀子·正名》)、“故曰：性者，本始材朴也。伪者，文理隆盛也。无性则伪之无所加，无伪则性不能自美”(《荀子·礼论》)，荀子对于“性”的定义，和郭店楚简的“性”论极为相似，和“天生本、人生化”的思路一脉相承，在天人相分基础上，荀子发展出了性伪之分。当然荀子更重视的是“人”，为此，他更倾向“人生化”的一侧，反复强调“圣王之治，而礼义之化”(《荀子·性恶》)，从而发挥出圣人“化性起伪”的哲学。和郭店楚简一样，荀子认为性情一体，因此荀子也主张基于人的性情来设置合理的政治。不过，他更侧重性恶的一面，所谓的“伪”也更多了强制的色彩。这是荀子根据现实政治的需要作出的新发展。但究其思想根源，依然可以上溯到郭店楚简。到了西汉，董仲舒视“性”为“自然之资”，说“性者，天质之朴也；善者，王教之化也”(《春秋繁露·实性》)，这里依然有“天生本、人生化”的痕迹。关于性情，在广义上，他说“天地之所生，谓之性情，性情相与为一瞑，情亦性也”(《春秋繁露·深察名号》)，和郭店楚简相似。但在狭义上，董仲舒又从阴阳论性情，说性生于阳，为仁、为善，情生于阴，为贪、为恶，这就是他新的发明了。

一些学者以《五行》是子思子之作为前提，使用《性自命出》和《中庸》看似相同、其实有别的材料，努力要在郭店楚简中打造出思孟心性论。如果说心性合一、天人合一是思孟的基本要素，那么，通过上述的分析，我们已经得出郭店楚简其实是天人相分、性情一体，要在其中找出思孟心性论来，看来相当困难。[①]

总之，郭店楚简中找不出心性论，只有借助道家框架和概念阐述的人性论。如果我们始终把眼界束缚于思孟儒家一隅，就不可能得到合理的解释。我们必须正视郭店楚简儒家文献所见思想的复杂性和多元性，这样才能更好地通过郭店楚简还原出那个时代真实的思想面貌。

---

① 中嶋隆藏也指出，“所谓《性自命出》篇的整理者有一个明显的判断错误，引用《中庸》首章，暗示属于思孟学派，而对与《荀子》的关联则等闲视之”。参见中嶋隆藏：《郭店楚简〈性自命出〉篇小考》，载丁四新主编：《楚地简帛思想研究（三）》，湖北教育出版社，2007年，第435–436页。

第十三章　睡虎地秦简所见对“孝”的重视

一般认为，秦国因严刑峻法而强大，并最终统一中国，秦朝又因严刑峻法而“仁义不施”[①]，导致速亡，因此，在秦国这个法制国家，以及秦国（包括秦朝）所统治区域，为儒家所积极倡导、尊为一切人伦道德之根基的孝道不可能得到重视和推行。司马谈在《论六家要旨》中说“法家不别亲疏，不殊贵残，一断于法，则亲亲尊尊之恩绝矣”。既然“不别亲疏”，既然“亲亲尊尊之恩绝”，那么，孝道也就无从说起了。商鞅力主严刑峻法，将“孝悌”称为“六虱”之一，“六虱：曰礼乐、曰诗书、曰修善、曰孝弟、曰诚信、曰贞廉、曰仁义、曰非兵、曰羞战。国有十二者，上无使农战，必贫至削”（《商君书·靳令》）。[②] 韩非子一派则把一切人际关系看作纯粹的利害关系，因此，所有的道德都是虚伪的，行“仁义”只会丧国，“慈惠”只会“乱政”。就孝道而言，“孝子爱亲，百数之一也”（《韩非子·难二》），韩非子一派不相信道德教化

① 参见《史记·秦始皇本纪》。贾谊《新书·过秦》作“仁心不施”。

② 高亨认为此文当作“六虱：曰礼、乐；曰诗、书；曰修善、孝弟；曰诚信、贞廉；曰仁、义；曰非兵、羞战”。今本衍三个“曰”字，其实是六项，全部可分为二，故为“十二者”。参见高亨：《商君书注译》，中华书局，1974 年，第 107 页。

在调节社会秩序时的作用，在他看来，只有专任刑法才能使天下为治，因此，国家只能奖励那些耕战有功的人，而不能去奖励慈父孝子。

但事实似乎并非那么简单，从传世文献看，无论是法家类作品，还是对秦国（包括秦朝）统治加以记载的内容中，“孝”并不是一个被完全否定的对象。例如，《商君书·境内》说“治主无忠臣，慈父无孝子”，就是说，《商君书·境内》并不反对“孝”本身，但认为仅靠父母的感化教育并不足以培养孝子，还得靠严刑峻法。《韩非子·忠孝》说“天下皆以孝悌忠顺之道为是也，而莫知察孝悌忠顺之道而审行之，是以天下乱”。就是说，《韩非子·忠孝》也提倡“孝悌忠顺”之道，只是反对孔子的“孝悌忠顺”之道。《韩非子·忠孝》还提出“孝子不非其亲”，但《韩非子·忠孝》的“孝子”观是和忠臣观联系在一起的，这一点在后文中还将论述。从历史记载看，《秦始皇峄山刻石》称始皇“孝道显明”，这说明秦始皇本人对“孝道”这份荣誉也极为珍视。《史记·李斯列传》中有“胡亥曰：废兄而立弟，是不义也。不奉父诏而畏死，是不孝也。能薄而材谫，强因人之功，是不能也”。胡亥假冒始皇诏书迫使其兄自杀的罪名就是“扶苏为人子不孝，其赐剑以自裁”。可见在秦人实际政治生活中，“不孝”是作为一种不可饶恕的重罪看待的。

以“不孝”立罪，史书有载，如《吕氏春秋·孝行》载有《商书》佚文，“刑三百，罪莫重于不孝”。高诱注曰：“商汤所制法也。”《尚书·康诰》：“元恶大憝，矧惟不孝不友。……乃其速由文王作罚，刑兹无赦。”就是说对“不孝不友”这类大罪要由周文王制定刑罚加以惩处。

《周礼·地官·大司徒》也载“以乡八刑纠万民：一曰不孝之刑，二曰不睦之刑，三曰不姻之刑，四曰不弟之刑，五曰不任之刑，六曰不恤之刑，七曰造言之刑，八曰乱民之刑”。但这些“不孝”罪分属不同时代，有时被视为重罪，有时也未必[①]，关键是具体如何处罚并不清楚[②]。然而，1975年至1976年在湖北省云梦县睡虎地出土了大量用秦系文字书写的法律文书[③]，其中即有“不孝”罪的具体案例及其处罚方式，为我们研究秦人生活中“孝”的地位和作用提供了极好的材料。云梦县睡虎地原为楚国领地，后被秦军占领，秦国在此设置了南郡，因此，这些出现于楚地的秦人法律文书和秦对楚的统治有着密切关系。睡虎地秦简中还出土有与民间信仰相关的《日书》甲乙两种以及发给各级官吏作为为政指导的《为吏之道》，其中也涉及“孝”。目前为止，笔者尚未看到对睡虎地秦简所见“孝”作出综合整理的文章。“孝”或者被放在家庭问题中提及[④]，或者纯粹从法律角度作出研究[⑤]，或者在论述为政之道时有所涉

---

① 沈家本认为《周礼·地官·大司徒》中的“不孝”罪不为重罪。参见沈家本：《历代刑法考》，中华书局，1985年，第831页。

② 文献中有时也会透露出一些处罚方式，但不集中，也不系统。如《礼记·檀弓下》有“子弑父，凡在宫者杀无赦”，《周礼·秋官·掌戮》有“凡杀其亲者，焚之”。

③ 本章所引睡虎地秦简，均出自睡虎地秦墓竹简整理小组编：《睡虎地秦墓竹简》，文物出版社，1990年。以下引文不一一出注，仅标出页码。释文采用宽式，对需要特别说明的通假字或异体字用括号表示。

④ 如吴小强：《秦人婚姻家庭生育观念新探》，载《秦简日书集释》，岳麓书社，2000年，第325-326页。

⑤ 如于振波：《从“公室告”与“家罪”看秦律的立法精神》，《湖南大学学报（社会科学版）》2005年第5期；又见简帛网，2005年12月31日。贾丽英：《秦汉不孝罪考论》，《石家庄学院学报》2008年第1期。

及[①]。问题在于睡虎地秦简在法律文书、在《为吏之道》，及在《日书》中所见“孝”各有不同特色，应该如何结合当时的思想背景，对其作出整合的解释，同时通过对这些出土文献所见“孝”资料的分析，结合传世文献，对秦国（包括秦朝）时而严厉批判儒家的孝道，时而又以严刑峻法推行孝道的奇怪现象作出合理的解释，这就是本章的目的。

一、睡虎地秦简法律文书中与“孝”相关的罪行

本节试图对睡虎地秦简法律文书中所见与“不孝”相关罪行加以整理和分类，由此分析、判断出这些“不孝”罪行主要侧重于哪些方面，当时的法律试图维护的是怎样的社会秩序。

1. 殴打辱骂家长

从以下引文可知，秦律规定殴打父母或祖父母，要“黥为城旦舂”。

> “殴大父母，黥为城旦舂。”今殴高大父母，何论？比大父母。（《法律答问》，第111页）

这里没有直接谈到不孝，但1983年出土的湖北荆州张家山汉简《二年律令·贼律》相似内容则是和“不孝”连在一起的。

① 如欧阳祯人：《〈为吏之道〉的儒家思想发微》，简帛研究网，2000年8月29日；又见谢嘉容编：《郭店楚简与早期儒学》，台湾古籍出版有限公司，2002年。魏启鹏：《文子学派与秦简〈为吏之道〉》，载陈鼓应主编：《道家文化研究》第十八辑，三联书店，2000年。俞志慧：《秦简〈为吏之道〉的思想史意义——从其集锦特色谈起》，《浙江社会科学》2007年第6期；又见简帛研究网，2007年6月23日。

子牧杀父母，殴詈泰父母、父母、假大母、主母、后母，及父母告子不孝，皆弃市。[①]

这是说有人告发子女杀害父母、殴打辱骂家长，或父母告子不孝时，子女要受到“弃市”的处罚。

2. 告子不孝

爰书：某里士伍甲告曰：“甲亲子同里士伍丙不孝，谒杀，敢告。”即令令史己往执。令史己爰书：与牢隶臣某执丙，得某室。丞某讯丙，辞曰：“甲亲子，诚不孝甲所，毋（无）它坐罪。”(《封诊式》，第156页）

这是说某甲控告其子丙不孝，要求官府将其处以死刑，官府马上按其所告将其子拿获，最后是否判处死刑不明。可惜的是没有指出其子丙因何不孝。其中有两点值得注意，一是“不孝”之罪最高可以判处死刑，二是家长在家内具有决定性的、类似于国君的生杀大权。《封诊式》中还有一段，虽未明确表明是否因子不孝，但也是为父者要求官府查办其子，将其子断足，迁至蜀之僻地，而且让其终生不得回来，官府也果然按其父要求执行了这一处罚。

爰书：某里士伍甲告曰：“谒鋈亲子同里士伍丙足，迁蜀边县，令终身毋得去迁所，敢告。”告废丘主：“士伍咸阳在某里曰丙，坐

① 张家山二四七号汉墓竹简整理小组编著：《张家山汉墓竹简［第二四七号墓］》，文物出版社，2001年，第139页。以下引文不一一出注，仅标出页码。

父甲谒鋈其足，迁蜀边县，令终身毋得去迁所论之，迁丙如甲告，以律包。今鋈丙足……”（《封诊式》，第155页）

再来看下面这则法律条文：

免老告人以为不孝，谒杀，当三环之不？不当环，亟执勿失。（《法律答问》，第117页）

这是说六十岁以上老人告子女不孝，要求处以死刑，是否经过三次原宥的手续，回答是不必原宥，马上抓起来，勿使逃走。可见因不孝而处死毫无商量之余地。这又再次证明了秦对不孝处罚之严，对家长权威维护之切。

3. 非公室告

“非公室告”即子孙不可告发父祖，告者有罪。如《法律答问》中有以下内容：

“子告父母，臣妾告主，非公室告，勿听。”何谓“非公室告”？主擅杀、刑、髡其子、臣妾，是谓“非公室告”，勿听，而行告，告者罪。（《法律答问》，第118页）

所谓“非公室告”，就是“家长擅自杀死、刑伤、髡剃其子或奴婢”，叫“非公室告”[①]，对这种告诉，官府不予受理，硬要上告者，告者

① 与“非公室告”相对应的是“公室告”，即非家族内部的犯罪行为。

有罪。这也充分反映出家长在家中的绝对权威。时代为汉初的张家山汉简《二年律令·告律》中也有类似的内容：

> 子告父母，妇告威公，奴婢告主、主父母妻子，勿听，而弃告者市。(《二年律令》，第151页)

也就是说，“非公室告”的法律形式一直延续到了汉代初期，《二年律令·告律》更明确地规定了对告者的处罚方式，是将告者弃市。这种无条件维护家长权威的还见于睡虎地秦简其他条文：

> “父盗子，不为盗。”今假父盗假子，何论？当为盗。(《法律答问》，第98页)
>
> 士伍甲毋（无）子，其弟子以为后，与同居，而擅杀之，当弃市。(《法律答问》，第110页)
>
> “擅杀、刑、髡其后子，谳之。”何谓“后子”？官其男为爵后，及臣邦君长所置为后太子，皆为“后子”。(《法律答问》，第110页)
>
> “擅杀子，黥为城旦舂。其子新生而有怪物其身及不全而杀之，勿罪。”今生子，子身全也，毋（无）怪物，直以多子故，不欲其生，即弗举而杀之，何论？为杀子。(《法律答问》，第109页)

可见，家庭的概念在秦国（秦代）有着严格的规定，彼此间未必有真正的血缘关系，但必须在法律意义上得到承认。所以义父义子不能算父子，无直接血缘关系，但确定了后嗣地位的人（如弟之子，即侄子）

却可以承认为父子关系。而且有爵位继承权的“后子”最受法律保护，其父如果对其“擅杀、刑、髡”，就要被定罪，相对而言，其父对“后子”以外的其他子女有犯罪行为，只要无人告发，就可以不受法律追究。最后一段说的是，如果生下来的孩子是怪胎或有疾病，可以将其杀死。但如果孩子并非怪胎或有疾病，而是因为孩子太多杀婴，则有罪，这可能和秦国保护人口增长政策有关。

上述各段引文虽然未涉及孝，但有助于我们理解秦人的孝观念。因为这些材料反过来证明，秦人的孝不是主动的、自发的行为，而是不得不为之的、被动的行为，因为父祖在家中具有绝对权威。同时，何人在何种情况下尽孝，也有着国家的规定，必须和国家利益统一起来。例如，义子对义父哪怕不尽孝，国家也不会过问，因为两者没有法律关系。“后子”即便对家长未尽孝，家长在处罚时也不能过于严厉，因为“后子”是受国家保护的人物。这样看来，孝成为秦国（及秦朝）统治过程中维护家长权威，同时维护国家利益的一种手段。

我们常常说，古代中国家国一体，国就是家的放大，所以孝道可以成为治国之本。然而，在儒家学说中，当尽忠和尽孝发生矛盾时，选择虽然极其痛苦，但一部分先秦儒家允许作出抉择，例如孟子甚至鼓吹选择“孝”而放弃“忠”。[①] 秦国（及秦朝）却不是这样，“忠”为主，“孝”为次，“孝”的最终目的是“忠”，而当两者发生矛盾时，个人必须放弃对家长的孝，而选择对国家的忠。这一点从“非公室告”的局限

① 例如，《孟子·尽心上》说在“孝”与“忠”发生冲突时，舜为尽孝宁可放弃天子之位。

中也能看出。

“非公室告”其实是有限制的。张家山《二年律令》为此提供了很好的例证。张家山汉简中并没有出现“公室告”“非公室告”之类的术语，但秦律中处理这类行为的法律原则在汉初的《二年律令》中仍然适用。张家山汉简中也有禁止家人或奴婢控告家长的规定，上文已引。但如下文所示，张家山《二年律令》有以下条文，却是鼓励家人或奴婢控告家长的。

> 以城邑亭鄣反，降诸侯，及守乘城亭鄣，诸侯人来攻盗，不坚守而弃去之若降之，及谋反者，皆要（腰）斩。其父母、妻子、同产，无少长皆弃市。其坐谋反者，能偏捕，若先告吏，皆除坐者罪。(《二年律令》，第133页)
>
> 劫人、谋劫人求钱财，虽未得若未劫，皆磔之；罪其妻子，以为城旦舂。其妻子当坐者偏捕，若告吏，吏捕得之，皆除坐者罪。(《二年律令》，第144页)
>
> 盗铸钱及佐者，弃市。同居不告，赎耐。(《二年律令》，第160页)

就是说子女和奴婢虽然不可告发“家长擅自杀死、刑伤、髡剃其子或奴婢”，但当家长犯有针对他人、针对国家的谋反、盗窃、杀人等罪行时，子女和奴婢必须要向官府告发，以免受牵连，不告反而有罪，这其实属于“公室告”。[①]因此，如果说“非公室告”是在保护家长权威，那么“公室告”则同时又削弱了家长权威，标准在于怎样做对国家有利，如果“不孝”没有影响到国家利益，那么法律保护家长权威，如果“孝”会影响到国家利益，那么法律则鼓励子女“不孝”。

可以这样说，秦人及其在征服国所推行的孝道是外在的、被强制的行为，而不是出自内心的、自发自愿的行为。同时，“父慈子孝”不是双向的互动，而是子不得不“孝”，父却未必需要“慈”。通过孝道，秦国（及秦朝）要建设的不是一个个温情脉脉的和谐家庭，而是表面上充满秩序和效率的国家，只要没有人告发，家长可以随意处置子女。因此，这是一种铁腕之下的孝，目的在于保护以父权为核心的家庭的稳定，进而维护以父权制家庭为基础的社会稳定和政治稳定。在此，孝不是一种德行，而成了法制的工具和手段。

二、睡虎地秦简《为吏之道》及《日书》所见的“孝”

睡虎地秦简《为吏之道》几乎都是四字一句，一般认为是给秦国（包括秦朝）基层官吏使用的、指导如何为官施政的格言警句。关于其核心思想，出土之际，正值20世纪70年代评法批儒政治运动大行其道，当时一些介绍和评论文章几乎都认为《为吏之道》是秦始皇法家路线的产物，其思想面貌呈法家特色。后来一些严肃的学术

---

① 详细论证，参见于振波《从“公室告”与“家罪”看秦律的立法精神》、贾丽英《秦汉不孝罪考论》。

论文又提出新的看法，例如欧阳祯人的《〈为吏之道〉的儒家思想发微》，认为《为吏之道》主要反映的是儒家思想；魏启鹏的《文子学派与秦简〈为吏之道〉》，认为其中的思想背景是先秦道家，说《为吏之道》的基本思想与文子学派“循道宽缓”之旨吻合；俞志慧的《秦简〈为吏之道〉的思想史意义——从其集锦特色谈起》，则否定前人关于其思想主体的法家说、儒家说和道家说，认为它杂取先秦各种思想于一体，具有集锦特色。俞志慧进而认为，《为吏之道》具有以下的思想史意义：“它体现了那一时期思想文化的融合趋势，从草根文化层面体现得如此集中明显，在此前的传世文献中尚未发现；这一特色也告诉我们先秦诸子有着共同的思想文化资源、相似的知识背景、话语平台和相近的问题意识；在法术家思想大行其道的秦代，《为吏之道》的思想基调与儒道思想更为接近，证明了儒道思想的生命力。”[①] 笔者以为，毋庸置疑，《为吏之道》具有法家、儒家、道家的思想特色，但仅仅指出其中哪一种为主流，其实并无太大意义。我们在观察《为吏之道》时，有两个前提不可忽视：一是此文出现于基层官吏墓中，所以它所反映的并非最高的政治理念，而是处理现实、具体政务时所要遵循的一些基本原则；二是此文发现于秦人统治下的楚地，因此，其目的在于如何使秦人官吏更好地展开统治，以实现政治安定。因此，如俞志慧所言，此文具有草根文化特色，体现出思想文

① 俞志慧：《秦简〈为吏之道〉的思想史意义——从其集锦特色谈起》，《浙江社会科学》2007 年第 6 期。

化的融合趋势。所以，与其费力找寻此文的主导思想，不如关注其写作目的、施用方向。我们在研究其中与“孝”相关内容时，也要从这一思想背景出发。“孝”在《为吏之道》中共出现两次：

> 戒之戒之，财不可归；谨之谨之，谋不可遗；慎之慎之，言不可追；綦之綦［之］，食不可偿。术（怵）惕（惕）之心，不可［不］长。以此为人君则鬼（惠），为人臣则忠；为人父则兹（慈），为人子则孝；能审行此，无官不治，无志不彻，为人上则明，为人下则圣（听）。君鬼（惠）臣忠，父兹（慈）子孝，政之本也；志彻官治，上明下圣（听），治之纪也。（《为吏之道》，第169–170页）

从倡导“为人父则慈，为人子则孝”“父慈子孝，政之本也”来看，这里在强调“孝”的同时，也强调“慈”，并视这两者为为政之本，的确与儒家理念极为相似。但这有可能仅是形式上的相似，不等于它就肯定来自儒家，因为“慈”“孝”等德目，在战国中晚期，除儒家特别强调外，墨家、晚期道家（尤其是黄老思想家）也并不反对[①]，具有浓厚法家色彩的《管子》对包括“孝”在内的伦理道德的重视，处处可

① 池田知久对此有过详细论述，他认为战国时代晚期道家对于能够维护父权家长制基础上郡县制度的“孝”非但不予否定，反而认为它是道家本来就倡导的东西。参见池田知久：《〈老子〉の二种类の“孝”と郭店楚简〈语丛〉の“孝”》，载郭店楚简研究会编：《楚地出土资料と中国古代文化》，汲古书院，2002年；中文版见曹峰译：《池田知久简帛研究论集》，中华书局，2006年。

见，而且时代越晚越受重视[①]。在笔者看来，《为吏之道》作为指导具体政治实践的读物，具有显著的实用主义特征，即它不拘泥于哪一家的理论，也不是在刻意宣传哪一家的理论，只要有利于现实政治，就为我所用。[②]况且它在强调父慈子孝的同时，也强调君怀臣忠，因此和以《韩非子》为代表的法家忠孝观也是一致的。

但是，上一节在讨论睡虎地秦简法律文书时，笔者指出，秦人对于“不孝”治之甚严，子不得不“孝”，父却未必需要“慈”，只要他人不告，如何行使家内暴力，政府也不会干预。这是否和《为吏之道》所提倡的“父慈子孝”相矛盾呢？笔者以为并不矛盾，只是着眼点不同而已。当家庭内部出现不可调和的矛盾时，秦的法律文书作为一种具体的、可操作的规则、规范，鲜明地、毫无保留地选择保护家长的绝对权威，因为秦提倡分家别户[③]，每一个家庭都是能够为国家提供赋税、劳役、兵员的基本单位，秦的政治体制宛如一台巨大的军事机器，对家长的服从宛如士兵对上级的服从，对家长的“孝”等同于对国家的“忠”。只有无条件地保护家长的至高地位，才能强固秦国（包括秦朝）的每一块基石，才能最大限度地保障这个军事化社会的秩序。如果我们把着眼

---

① 谷中信一对此有过论述，参见谷中信一：《齐地の思想文化の展开と古代中国の形成》，汲古书院，2008年，第二章“前期管子学派の法思想——经言诸篇を中心に”、第三章“后期管子学派の法思想——解诸篇を中心に”。

② 如果一定要比较论定哪家的色彩更浓厚些，笔者以为，毋宁说是道家，因为《为吏之道》多次引用道家（老子、文子）之言，却无对儒家之引用。准确地说，这种道家其实是以道家为主体、综合各家的黄老思想。

③《史记·商君列传》说商鞅提倡“民有二男以上不分异者，倍其赋”。

点移向国君或者各级官吏时，就能明白为什么《为吏之道》既重子之“孝”又重父之“慈”了，因为它关注的是社会整体的秩序，关注的是如何使每一个家庭不发生危及社会的矛盾。

从《为吏之道》看，秦人统治下的楚地社会，秦人和楚人之间统治和被统治关系导致的矛盾，迫使秦人采取比较柔和的、与楚人传统相协调的统治方式，从而不得不在表面上鼓吹“孝”“慈”等与儒家接近的道德观念，可能这也是《为吏之道》导入“父慈子孝”的原因。郭店楚简、上博楚简等出土文献对“孝”的论述极多，楚地曾受到儒家文化相当深厚的影响①，因此，至少楚地知识阶层是认同“父慈子孝”的。

那么，楚地民间如何呢？《为吏之道》和睡虎地秦简《语书》反映出楚地的民风民俗很难接受秦人的强制管理，如《语书》说“凡法律令者，以教导民，去其淫僻，除其恶俗，而使之之于为善也。今法律令已具矣，而吏民莫用，乡俗淫失（泆）之民不止，是即废主之明法也，而长邪僻淫失（泆）之民，甚害于邦，不便于民。……今法律令已布，闻吏民犯法为闲私者不止，私好、乡俗之心不变，自从令、丞以下知而弗举论，是即明避主之明法也，而养匿邪避（僻）之民。如此，则为人臣亦不忠矣”（第 13 页），《为吏之道》也说要“变民习俗”（第 170 页），可见当时尽管颁布了法律令等强制手段，但楚人依旧恶俗难改，民风邪

① 郭店楚简所见“孝”，可参见池泽优：《“孝”思想の宗教学的研究》，东京大学出版会，2002 年，第五章第七节“‘孝’思想とその他の儒家文献の关连性——郭店楚简を中心に”。

僻。那么，这些恶俗究竟包括哪些内容呢？《语书》并未明言，但可想而知一个“父慈子孝”的社会是不可能被看作“淫失（泆）”“邪僻”的。因此，我们想象，在南郡，过去一直是，或者由于秦人的占领变成了一块道德沦丧、民风败坏的区域。

除与法律相关的文书外，睡虎地还出土了大批与民间信仰相关的文书，即《日书》甲乙两种。这批材料来自楚地，因此是楚地社会面貌的反映。《日书》类似今天“皇历”，是以时、日推测吉、凶、祸、福的占验书，告知哪一天可以做什么，不可以做什么。因此，其中的希望、要求，往往正是现实中难以做到的部分，《日书》甲种有“生子”一篇，描写的是父母对未来子女的期待，其中“孝”就是期待之一。

丁亥生子，攻（工）巧，孝。（《日书》甲种，第 203 页）

这也从另外一个角度反映出当时“孝”的缺失。因此，无论从《为吏之道》和《日书》看，还是从法律文书看，秦统治下的楚地是重视孝道的。但这种重视非但不能说明当时孝道已经深入人心，毋庸强制便可自发践行，反而说明当时社会风气败坏、道德沦丧，到了需要借助法律手段强迫恢复或建立伦理道德的程度。

三、余论

最后，本章想将睡虎地秦简所见“孝”和儒家、法家的孝道观作一个简单的对比，以突出睡虎地秦简所见“孝”的时代特征。

儒家的“孝”，有“今之孝者，是谓能养”(《论语·为政》)这种低层次的追求，孟子对“不孝”的定义是：

孟子曰：不孝有三，无后为大。(《孟子·离娄上》)

世俗所谓不孝者五：惰其四支，不顾父母之养，一不孝也；博弈好饮酒，不顾父母之养，二不孝也；好货财、私妻子，不顾父母之养，三不孝也；从耳目之欲，以为父母戮，四不孝也；好勇斗很，以危父母，五不孝也。(《孟子·离娄下》)

可见，孟子对“不孝”的这些定义也建立在世俗的层次上。但是儒家对于“孝”寄托着更高的理想和情怀。如《礼记·中庸》说：

子曰：“武王、周公，其达孝矣乎。夫孝者，善继人之志，善述人之事者也。……践其位、行其礼、奏其乐、敬其所尊、爱其所亲、事死如事生、事亡如事存，孝之至也。”

曾子则将“孝”的层次由低到高，列出详细的区分，其中既有“能养”这类低层次的“孝”，也有将“孝”的意义放大到足以覆盖所有伦理范畴的至高的“孝”。

曾子曰：“孝有三，大孝尊亲，其次弗辱，其下能养。”公明仪问于曾子曰：“夫子可以为孝乎。”曾子曰：“是何言与。是何言与。君子之所为孝者，先意承志，谕父母于道。参，直养者也，安能为

> 孝乎。”曾子曰：“身也者，父母之遗体也。行父母之遗体，敢不敬乎。居处不庄，非孝也；事君不忠，非孝也；莅官不敬，非孝也；朋友不信，非孝也；战陈无勇，非孝也。”……曾子曰：“夫孝，置之而塞乎天地，溥之而横乎四海，施诸后世而无朝夕，推而放诸东海而准，推而放诸西海而准，推而放诸南海而准，推而放诸北海而准。”(《礼记·祭义》)

要达到这样的人文关怀，“孝”仅仅作为外在规范是无论如何也做不到的，必须是一种发自内心的道德行为。与之相比，睡虎地秦简所见“孝”只落实在“能养”“弗辱”这类低层次上，而且必须通过强制方式才能得到保障。在“孝”的问题上，睡虎地秦简表现出实用主义的态度，“孝”成为维持社会秩序的外在手段。睡虎地秦简不是由礼入法，实践“孝”的目的，不是为了实践礼，而是为了更好地实施统治。贾丽英《秦汉不孝罪考论》一文概括了秦汉之际多种不孝之罪，除“不养亲”外，还有“不听教令”“轻慢尊亲”“殴杀尊亲”“诬告尊亲”，还有“居丧不谨”，这种汉以后比较流行的处罚，和儒家通过丧葬体现孝道的理念有直接关系。即居葬期间，如果子女“居丧奸”“居丧嫁娶”“居丧生子”“父死不奔丧”“匿父母丧”，就要受到相应处罚。然而，这类处罚在睡虎地秦简中却根本看不到，理由很简单，睡虎地秦简中作为外在规范的“孝”保障的仅是活人的权益，死去的人已无法为国家带来实际利益，当然也就不需要过问了。

有一些学者认为，睡虎地秦简中的法律观念或为政观念体现的是儒家刑法思想，直接引用的是儒家理论[①]，笔者认为这种判断过于简单。因为睡虎地秦简法律文书虽然和儒家孝道观在最低层次上有所重合，但睡虎地秦简中的“孝”有着直接的目的性、实用的功利性，表现为技术层面上的操作守则，体现不出对于大道、对于人文的关切，因为儒家崇尚孝道，就说两者相关，显然操之过急。

如前所言，法家并不反对孝，当孝有益于国家时，更会使用法律强制手段予以支持，睡虎地秦简法律文书就是极好的例子。但这支持的只是儒家孝道中的最低层次，当儒家孝道中的高层次阐发影响到法制使之无法推行，专制主义决策无法实施时，法家就要坚决反对孝了。所以，法家是否反对孝，一切以有用与否为准绳，这也是《韩非子·忠孝》得以形成的原因，《韩非子》说的是忠孝一体、移孝入忠，以忠为主、以孝为次，以国为主、以家为次，为了忠可以放弃孝。所谓“孝悌忠顺”之道，不过就是尊奉君父的绝对权威。因此这是功利的孝道，而非伦理的孝道。[②]睡虎地秦简中的“孝”其实就是以这样一种忠孝观为思想背景的。[③]

总之，“孝”虽然是儒家所倡导的德行，但与法制并不冲突，秦国

① 如崔永东：《金文简帛中的刑法思想》，清华大学出版社，2000年，第44–58、62页。欧阳祯人《〈为吏之道〉的儒家思想发微》也从多重角度讨论过这个问题。

② 康学伟的《先秦孝道研究》（吉林人民出版社，2000年）第七章之“四、法家论孝道”有详论，可参看。

③ 当然，不可否认，从《论语》到《孝经》，儒家系统也一直有忠孝一体、移孝入忠的观念存在。关于其对现实政治的影响，本章不作讨论。

（包括秦朝）用法律手段维护“孝”，其目的在于巩固作为国家基石的家庭，保障社会的安定，因而是功利的、短暂的行为。秦国（包括秦朝）并非不接纳、不赞赏“孝”，但仅将其当作一种外在的政治手段，这和儒家通过“孝”道的自发践行，最终导致天下安定的政治理想完全不同。秦国之所以会灭亡，不在于没有施行“孝”等伦理道德，而在于没有将“孝”等伦理道德化作民众主动的、自发的行为。

睡虎地秦简所见对“孝”的重视，反映出战国末期伦理道德的严重丧失，其实是一种存在于民间的普遍现象，但汉初在回顾这段历史时，却认为这是秦国暴政的结果。通过出土文献的分析，我们得知这是一种过于简单化的推测，实际历史现象要复杂得多。

第十四章　睡虎地秦简《为吏之道》注释

校点说明

1975 年，湖北地区考古部门在云梦县睡虎地发掘了 12 座战国末至秦代墓葬，其中第 11 号秦墓出土了大批秦代竹简，文字为用毛笔书写的秦隶，内容总计有 10 种，多为法律、行政文书以及选择时日的占书。《为吏之道》就是其中一种。本无篇题，现篇题是整理者据第一句“凡为吏之道”拟定。本篇由 51 枚竹简组成，均为完简，竹简长度为 27.5 厘米，《睡虎地秦简》一书的“出版说明”指出，睡虎地秦简的长度在 23 厘米到 27.8 厘米之间。通过比照可以看出，《为吏之道》属于长简。编绳 3 道，属于编联后抄写。

该篇书写格式非常特别，抄手先将竹简分上下 5 栏，天头、地脚及各栏之间均留有空白，用刃器在每栏各行文字上端划出横线，每一栏分别由右向左书写和阅读，这应该就是古代所谓的“旁行”。51 枚简中分 5 栏抄写的有 37 枚简，分 4 栏抄写的有 13 枚，分 3 栏抄写的只有 1 枚。抄手应有 2 位，第一位抄手抄写的部分，字迹较为认真，第 44 简到第

50 简的第 4 栏、第 29 简到第 37 简的第 5 栏，字迹较为潦草，可能是第二位抄手后抄的。在“一壹”“一三贰”“三三贰”“五〇贰”“四七叁”“一伍”“一六伍”“二二伍”上分别有表示文章区隔的“●”墨块。从上下文意看，基本上都表示新一段文章的开头。但有些地方显然属于新起一段，也未见墨块。

此篇的主要内容如篇首所言，讲述的是“为吏之道”，即作为一个官员所必须具备的基本素质和行为准则，类似后世的官箴，有些内容劝谏的对象要高于一般官吏，可能是给国君看的。每一句都很短，便于记忆。有的部分，如以“除害兴利”起首的一段，均为整齐的四字句，内容杂乱，可能作识字之用。第 5 栏后有韵文 8 首，采用三、三、七、四、七的格式，类似《荀子》的《成相篇》。最后一段关于“口”“舌”的内容，属于格言性质。第 5 栏抄有 2 条魏国法律，每条最后均附有标题，分别为“魏户律”和“魏奔命律”，性质为法律文书，和前后文风格完全不同，属于偶然抄录于此。故本章不再收录。

《为吏之道》时而插入魏律，时而有墨块区隔，有时文句上下也不连贯，所以可以断定不是一篇完整的文章，只是把来源不同的几种文章剪贴而成。学界对《为吏之道》的文本性质有着不同的看法，或以为是识字课本，类似《仓颉书》，或以为是杂抄文集，或以为是宦学教材。但有一点可以肯定，即其性质与同墓所出《秦律杂抄》《日书》等性质接近，系杂抄而成。所以，有很多学者指出此篇在内容上可以分为几段，例如黄盛璋分为六段，林素清分为八段（但从“凡治事”开始到最后的部分，林素清全部视为附录，没有列入正文内），蒋义斌及张永成分为九段，徐富昌分为十段。本章在参考各家意见，和其他出土文献相对照，并除去魏律部分之后，主要依据墨块、文章表达方式及内容，将其分为九个部分。

如整理者和许多学者指出的那样，《为吏之道》很可能形成于战国末年，秦国作为战胜国，为了在新的更多的占领区实施有效统治，减少当地人民的抵抗，有必要提高、强化官员的素质，因此，对于秦国官员的要求，除坚持法制、维护君主专制这一总的原则不变外，也大量地吸收了不同的政治思想，以应对各种不同的局面。因此，其内容既有法家的色彩，有些也可以和儒家的《荀子》《礼记》《大戴礼记》《说苑》，和道家的《老子》《文子》，和墨家的《墨子》相对照，综合了来自儒道墨的不同精神。关于这部文献的性质，由于出土时正值评法批儒政治运动盛行之时，当时的介绍和评论文章几乎都认为包括《为吏之道》在内的睡虎地秦简是秦始皇法家路线的产物，可以归为法家。后来出现的严谨的学术论文，则意见纷呈，有人以为接近儒家或儒道之间（如黄盛璋、余英时、邢义田、余宗发、徐富昌、欧阳祯人、王中江），有人以为接近道家（如魏启鹏）或墨家（如江庆柏）。其实简单归为任何一家可能都不合适，如俞志慧所言，《为吏之道》无论在语言上，还是在思想上，都有集锦的特色。作为一种实用主义政治哲学，《为吏之道》让我们看到了秦国法制在全国推行时，并非像后世想象的那样一贯残暴无道，而是根据现实政治状况，打破门户之限，积极吸收各家政治理论的精华，在作出全面调整之后，形成了一部既通俗易懂又切合实际，既有包容性又具合理性的政治教材。如王中江所言，这部文献揭示的是一种各级官吏的“政治伦理”。如工藤元男所言，《为吏之道》是从公的角度提出了“国家所期待的官吏形象”。

如王明钦指出的那样，王家台秦墓中的《政事之常》和《为吏之道》有可比之处。2010年问世的岳麓书院秦简中有一篇名为《为吏治官及黔首》，和《为吏之道》相比，无论是形式上还是内涵上，都有一些相同或近似的地方，尤其是第一、第三、第四部分。两者都是杂抄文集，既涉及官吏的思想道德，也涉及具体的从政原则。另外，近年入藏北京大学的秦简《从政之经》，据朱凤翰介绍，其内容可以和《为吏之道》比照之处极多。这说明为官指南一类的书在当时相当流行。陈伟主编的《秦简牍合集》参照近年研究成果，对《为吏之道》作了新的整理。本章在注释过程中，参照了《政事之常》《为吏治官及黔首》《从政之经》的内容以及《秦简牍合集》的研究成果。本章将一一指明岳麓书院秦简的《为吏治官及黔首》和《为吏之道》可以对照之处，但《政事之常》《从政之经》均未正式出版，无法一一对照。

朱凤翰通过比较《为吏之道》、岳麓书院秦简的《为吏治官及黔首》、北大秦简的《从政之经》三个文本，认为《从政之经》可能略早或不晚于《为吏之道》，《为吏治官及黔首》则晚于《从政之经》和《为吏之道》。从文本上看，相比《从政之经》，《为吏之道》在内容编排上更为成熟。

凡　例

（1）本书以睡虎地秦墓竹简整理小组编：《睡虎地秦墓竹简·为吏之道》的图版和释文为校勘底本。整理者的注释简称"整理者释文"。

（2）竹简简号标在每简最后一字的右下旁。依从整理者，用"壹""贰""叁""肆""伍"分别表示五栏，如"一壹"表示第1简的第1栏，"五〇肆"表示第50简的第4栏。

（3）竹简上原有的标识一依其旧。重文符号用"＝"表示，在"（　）"中标出文字。

（4）简文残缺或残泐无法辨识的字，可据行文格式推定字数者，释文以"□"表示，一"□"代表一字。

（5）原简补字及据文意拟补者，外加方括号"[　]"。

（6）简文中的通假字、异体字随文注出本字、正字，外加"（　）"表示。

（7）本章所引各家之说，均以简称标记，详见章后参考文献目录。

第一部分

●凡为吏之道一壹，①必精絜（洁）正直二壹，②慎谨坚

---

① 《为吏之道》未发现简背有标题，故篇名据第一句拟定。而《岳麓书院秦简》简1531的背面书有"为吏治官及黔首"七字，故得以命名。《大戴礼记·保傅》有"不习为吏，如视已事"（贾谊《新书·保傅》、《韩诗外传》卷五有类似内容），意为如果没有学过为吏之道，那就应该观察过去之事以为法则。可见为吏之道当古已有之，但时代不同、学派不同，内容也应有不同。但《岳麓书院秦简》未见"凡为吏之道"，与《为吏之道》类似内容也非单独的文章。

② "精絜"，整理者释文读为"精洁"，认为意为"清白"，可从。《岳麓书院秦简》作"精絜（洁）正直"。"精洁"，意为"清白廉洁"。用例除整理者释文所举《国语·晋语》"小

固三壹，① 审悉毋（无）私四壹，② 微密韱（纤）察五壹，③ 安静毋苛六壹，④ 审当赏罚七壹。⑤ 严刚毋暴八壹，⑥ 廉而毋刖九壹，⑦ 毋复期

心精洁，而大志重，又不忍人”外，还可举《庄子·渔父》“能不胜任，官事不治，行不清白，群下荒怠，功美不有，爵禄不持，大夫之忧也”，《韩非子·孤愤》“人臣之欲得官者，其修士且以精洁固身，其智士且以治辩进业”，《楚辞·离骚》“伏清白以死直兮，固前圣之所厚”，《盐铁论·讼贤》“二公怀精白之心，行忠正之道”等。多见于对于官员品德的要求。此句与“正直”连用，如早大译注1指出的那样，最接近的是《楚辞·卜居》的“宁廉洁正直，以自清乎”。

① “坚固”，即坚定不移之意，《逸周书·谥法》有“执事坚固曰恭”。《岳麓书院秦简》亦有此句。

② “审悉”，知悉、了解。二字意同。《玉篇·采部》：“悉，审也。”《岳麓书院秦简》亦有此句。

③ “微密纤察”，整理者释文指出意为“细致明察”，可从。《韩非子·外储说左上》在批判诸子之言过于细密而无用时，说“是以言有纤察微难，而非务也”。用语相似，但语境完全不同。《岳麓书院秦简》作“征（微）密咸祭（察）”。

④ “苛”，整理者释文指出意为“烦苛”，可从。“毋苛”，从与前文“安静”相配合看，此处“毋苛”或指不要过于扰民。魏启鹏引《文子》的《精诚》“政苛者民乱，上多欲即下多诈，上烦扰即下不定，上多求即下交争”，《微明》“苛悄伤德。大正不险，故民易导；至治优游，故下不贼；至忠复素，故民无伪匿”，得出上述内容皆“安静毋苛”论之所本的结论，可备一说。《岳麓书院秦简》亦有此句。

⑤ 下文“吏有五善”中有“三曰举事审当”。“审当赏罚”指“赏罚”明确恰当。《韩非子·有度》有“舍己能，而因法数，审赏罚”，《管子·明法解》有“人主之治国也……法令明，而赏罚之所立者当，则主尊显而奸不生”，可为参考。《岳麓书院秦简》亦有此句。

⑥ 文献中未见“严刚”之用例，应即刚正不阿之意。但又不过于粗暴，所以说“毋暴”。《岳麓书院秦简》亦有此句。

⑦ “廉而毋刖”，整理者释文指出意同《老子》“廉而不刿”，意为“行事正直而不伤人”，可从。“刖”如早大译注1及白于蓝所言，通“刿”，上古音“刖”为疑母月部字，“刿”为见母月部字，声母同为喉音，韵为叠韵，古音可通。“廉而不刿”，出自《老子》第五十八章，《文子》的《上义》篇和《道德》篇均以老子名义重复此言，意为虽有棱角但不伤人或物。《管子·水地》有“夫玉温润以泽，仁也。邻以理者，知也。坚而不蹙，义也。廉而不刿，行也”（《礼记·聘义》《荀子·法行》《孔子家语·问玉》有类似表述，但前面加上了“夫玉者，君子比德焉”或类似的话），《荀子·不苟》有“君子宽而不僈，廉而不刿”，《荀子·荣辱》有“廉而不见贵者，刿也”，《晏子春秋·内篇·问下》有“和调而不缘，溪盎而不苛，庄敬而不狡，和柔而不铨，刻廉而不刿，行精而不以明污，齐尚而不以遗罢，富贵不傲物，贫穷不易行，尊贤而不退不肖。此君子之大义也”，均可为参考。《岳麓书院秦简》亦有此句，作“廉而毋佾（？）”，可能是“廉而毋伐”之误。

胜$_{一〇壹}$，[①] 毋以忿怒夬（决）$_{一一壹}$。[②] 宽俗（裕）忠信$_{一二壹}$，[③] 和平毋怨$_{一三壹}$，[④] 悔过勿重$_{一四壹}$。[⑤] 兹（慈）下勿陵$_{一五壹}$，敬上勿犯$_{一六壹}$。[⑥] 听

① “期胜”如白于蓝所言，当读为“忌（或惎、諅）胜”，意为嫉妒和好胜。《荀子·性恶》有“不恤是非，不论曲直，以期胜人为意。是役夫之知也”，同篇还有“不恤是非然不然之情，以期胜人为意，是下勇也”，郭店楚简《尊德义》简 1 有“改忌胜”，郭店楚简《语丛二》有“胜生于怒、惎生于胜、贼生于惎”（简 25—简 26），可为参考。此句整理者释文解为“不要一味想压过别人”，即理解“复”为“一味地”，但俞志慧认为“复”通“愎”，《韩非子·十过》引段规评智伯之为人曰“好利而鸷愎”，可备一说。《岳麓书院秦简》亦有此句，作“复悔其（期）胜”。

② 此句如整理者释文所言，意为“不要凭意气来判断事务”。《大戴礼记·曾子立事》“君子见利思辱，见恶思诟，嗜欲思耻，忿怒思患，君子终身守此战战也”，《晏子春秋·内篇·问下》“喜乐无羡赏、忿怒无羡刑”，《韩诗外传》卷九“患生于忿怒，祸起于纤微”，均可为参考。《岳麓书院秦简》亦有此句，作“毋忿怒以夬（决）”，似更为通顺。《岳麓书院秦简》他处还有“厌忿止欲，唯怒必顾”。

③ “俗”字，整理者释文读为“容”，此从高敏、刘钊读为“裕”。先秦典籍多见宽裕，如《礼记·儒行》有“儒有博学而不穷，笃行而不倦；幽居而不淫，上通而不困；礼之以和为贵，忠信之美，优游之法，举贤而容众，毁方而瓦合。其宽裕有如此者”，正好与“忠信”联用。《岳麓书院秦简》亦有此句。

④ 如早大译注 1 指出的那样，《吕氏春秋·音律》有“夹钟之月，宽裕和平，行德去刑，无或作事，以害群生”。此句的“和平”和上句“宽裕”正相呼应。《岳麓书院秦简》亦有此句。《岳麓书院秦简》还有“合同和平，毋行可悔”。“毋怨”即无怨、不怨。《论语》的《里仁》篇、《尧曰》篇均有“劳而不怨”。

⑤ 如整理者释文所言，“勿重”指不要重犯以往的错误。《岳麓书院秦简》亦有此句。《论语》的《学而》篇、《子罕》篇均有“君子……过则勿惮改”。

⑥ 此二句下，整理者释文均作逗号，而在下句“听闲勿塞”下作句号。《岳麓书院秦简》亦有此二句，但从“听闲勿塞”开始的部分在另外一个段落。由此可见，当时的人认为到“敬上勿犯”为止可以小结。“陵”，如整理者释文所言，意为“欺辱”。

闲（谏）勿塞一七壹。① 审智（知）民能一八壹，② 善度民力一九壹。③ 劳以衔（率）之二〇壹，正以桥（矫）之二一壹。④ 反赦其身二二壹，⑤ 止欲去顠（愿）二三壹。⑥

① “闲”字，从整理者释文读为“谏”，《吕氏春秋·似顺》有“世主之患，耻不知而矜自用，好愎过而恶听谏，以至于危”。《韩非子·孤愤》有“治辩之功制于近习，精洁之行决于毁誉，则修智之吏废，则人主之明塞矣”。《岳麓书院秦简》亦有此句。

② “民能”，当指与人性、人情相关的能力，如《商君书·算地》有“民之生，度而取长，称而取重，权而索利。明君慎观三者，则国治可立，而民能可得”。《管子·权修》有“人情不二，故民情可得而御也。审其所好恶，则其长短可知也；观其交游，则其贤不肖可察也；二者不失，则民能可得而官也”。《岳麓书院秦简》亦有此句。

③ 《岳麓书院秦简》此句作“善度黔首力”。从“民”改为“黔首”看，《岳麓书院秦简》的创作时代可能晚于《为吏之道》，据《史记·秦始皇本纪》，“民”更名为“黔首”是在始皇廿六年（前221）的事。

④ 此二句的对象是“民”，可读为“率之以劳、矫之以正”。“率”指引导。《论语·子路》有“子路问政。子曰：‘先之劳之。’”《论语·颜渊》有“季康子问政于孔子。孔子对曰：‘政者，正也。子帅以正，孰敢不正？’”《管子·法法》有“政者，正也。正也者，所以正定万物之命也。是故圣人精德立中以生正，明正以治国，故正者所以止过而逮不及也”。均可为参考。贾谊《新书·傅职》有“左右前后，莫非贤人以辅相之，总威仪以先后之，摄体貌以左右之，制义行以宣翼之，章恭敬以监行之，勤劳以劝之，孝顺以内之，敦笃以固之，忠信以发之，德言以扬之，此所谓顺者也。此傅人之道也，非贤者不能行”。对象虽然不同，但足以发明本文。伊强据《孟子·滕文公上》“放勋曰：劳之来之、匡之直之、辅之翼之，使自得之”，认为“劳”“来”“率”均有劝、勉之意，“矫”“正”则与“匡”“直”意同，故此二句意同“劳之来之、匡之直之”。可备一说。《岳麓书院秦简》亦有此二句。

⑤ “赦”字，整理者释文读为“索”，认为“反索其身”即反求自身。《岳麓书院秦简》此句作“反若其身”。陈伟武1认为当读如字，意为“舍”，“反索其身”即反施其身。

⑥ 整理者释文认为，“止欲去愿”即遏制私欲，可从。俞志慧认为此句有道家色彩，“无欲”“少私寡欲”“不见可欲”“欲不欲”几乎都是《老子》中的关键词，可备一说。《岳麓书院秦简》无此句。以上第一部分几乎都是整齐的四言句，内容属于为吏者的道德规范，故归为一章。

第二部分

中不方二四壹，名不章二五壹；外不员（圆）二六壹。① 尊贤养孽（艾）二七壹，② 原壄（野）如廷二八壹。③ 断割不刖二九壹。④ 怒能喜三〇壹，乐能哀三一壹，智能愚三二壹，壮能衰三三壹。⑤ 悥（勇）能屈三四壹，刚能柔三五壹，仁能忍三六壹，⑥ 强良（梁）不得三七壹。⑦ 以忠为干四二壹，慎前虑

---

① 此三句，又见《说苑・谈丛》“中不方，名不章；外不圜，祸之门。直而不能枉，不可与大往；方而不能圜，不可与长存”。整理者释文据此以为此处脱“祸之门”。此三句意为内心不方正，则名声不扬；外表不圆通，则有灾祸上门。《淮南子・主术》正相反，持“智欲员而行欲方”的主张。王家台秦简《政事之常》有“员（圆）以生枋（方），正（政）事之常”。立场接近于《淮南子・主术》。

② “孽”字，整理者释文读为“乂”，俊杰之意。此从蔡伟 3 读为“艾”，《方言》有“艾，老也”（《广雅》同）。《孟子・告子下》有“入其疆，土地辟，田野治，养老尊贤，俊杰在位，则有庆”。

③ 整理者释文解为“在野外和在衙门里一样”。

④ 此句意同上文“廉而毋刖（刿）”。“断割”如早大译注 1 指出的那样，有裁判之意。例见《淮南子・主术》“仁者虽在断割之中，其所不忍之色可见也”。《盐铁论・周秦》“赵高以峻文决罪于内，百官以峭法断割于外”。故此句意为虽执法严明而不伤人。

⑤ 以上四句表示事物必然会向相反方向转变。《老子》第三十章有“物壮则老”。

⑥ 以上三句表示一种以包容处世、不走极端的态度。《老子》第二十二章有“曲则全”。《逸周书・官人》有“温柔而能断，果敢而能屈，曰志治者也”。《列子・天瑞》有“能阴能阳、能柔能刚、能短能长、能圆能方、能生能死、能暑能凉、能浮能沈、能宫能商、能出能没、能玄能黄、能甘能苦、能膻能香”。《国语・越语下》有“柔而不屈，强而不刚”。《荀子・臣道》有“恭敬而逊、听从而敏……是事圣君之义也。忠信而不谀、谏争而不谄……是事中君之义也。调而不流、柔而不屈、宽容而不乱……是事暴君之义也”。这些态度与下文“强良不得”正好形成对照。“仁能忍”指既是忍者，却又能够忍受“不仁”之人、“不仁”之事。陈伟所引《淮南子・人间》“孔子曰：丘能仁且忍，辩且讷，勇且怯”是极好的例证。

⑦ 整理者释文指出，《老子》第四十二章有“强梁者不得其死”。马王堆帛书《老子》甲本此句亦作“强良”。此句和上面数句相关，表明一味逞强者没有好下场。这里，“其死”被省略，可能是这句话已广为人知。“强梁者不得其死”亦见《说苑・敬慎》所见金人铭，因此，《老子》此句可能也有其来源。类似的话，《老子》中还有“勇于敢则杀”（第七十三章）、“坚强者死之徒”（第七十六章）。

后四三壹。[①]审耳目口三八壹，十耳当一目三九壹。[②]安乐必戒四〇壹，毋行可悔四一壹。[③]君子不病殹（也）四四壹，以其病病殹（也）四五壹。[④]同能而异四六壹。[⑤]毋穷穷四七壹，[⑥]毋岑岑四八壹，[⑦]毋衰衰四九壹。[⑧]临材（财）见利，

① 林素清认为“以忠为干，慎前虑后”当置于此处（理由详见她对后文“不时怒，民将姚去”的处置）。朱凤翰指出，北大秦简《从政之经》前后文正是“刚能柔，仁能忍，强良不得。□忠为干，慎前虑后，审耳目口，十耳当一目”。证明了林素清的推测正确。“慎前虑后”，类似的话亦见《大戴礼记·武王践阼》“鉴之铭曰：‘见尔前，虑尔后。’”因此，无论前还是后，指的都是未来之事。

② 这二句指对所闻、所见、所言要慎重。同时，耳闻与眼见相比，更重视眼见为实，“百闻不如一见”。俞志慧认为此句意思和《墨子·尚同下》以下内容相关：“古者有语焉，曰：‘一目之视也，不若二目之视也；一耳之听也，不若二耳之听也；一手之操也，不若二手之强也。”（类似文字又见《韩非子·外储说右上》）可备一说。

③ 整理者释文指出，“毋行可悔”意为不要重做已经后悔的事，并引《大戴礼记·武王践阼》“席前左端之铭曰：‘安乐必敬’；前右端之铭曰：‘无行可悔’”为证，可从。《说苑·敬慎》所见金人铭有完全相同的话，“毋行可悔”作“无行可悔”。《岳麓书院秦简》也有“毋行可悔”。

④ 此二句，如整理者释文所言，当源自《老子》第七十一章：“知不知上，不知知病。夫唯病病，是以不病。圣人不病，以其病病，是以不病。”说的是圣人之所以没有困扰、弊病，是因为他把不懂装懂看作病。但俞志慧认为可能有更早的源头。他引《国语·鲁语上》臧文仲以下这段话：“贤者急病而让夷，居官者当事不避难，在位者恤民之患，是以国家无违。今我不如齐，非急病也。在上不恤下，居官而惰，非事君也”，认为其中之“急病”，意同《老子》之“病病”，但时间更早。可备一说。

⑤ 戴世君 2 认为这句话和下文有关，意为穷者、岑者、衰者同样有能，不能因其穷、岑、衰而轻视他们。可备一说。

⑥ 前一个“穷”为动词，后一个“穷”指穷困者，不使穷困者困窘。整理者释文认为可以参考《荀子·修身》“老老而壮者归焉，不穷穷而通者积焉”。我们还可以举出《吕氏春秋·上德》“贤主不穷穷”，《管子·兵法》有“三官不缪，五教不乱，九章著明，则危危而无害、穷穷而无难”。

⑦ 如整理者释文所言，“岑”通“矜”字，意为劳苦。《庄子·在宥》有“愁其五藏以为仁义，矜其血气以规法度”。也可能意为危险，《诗经·菀柳》有“曷予靖之？居以凶矜”。此句意为不使苦者更苦或不使凶险的人更加凶险。陈伟认为“岑”或许读“隐”，意为“穷约”。可备一说。

⑧ 此句意为不使衰弱者更加衰弱。整理者释文认为以上三句都是莫为已甚的意思。陈伟指出，以上三句和《管子·小问》“毋少少、毋贱贱”，《列女传·辩通传·齐管妾婧》“毋老老、毋贱贱、毋少少、毋弱弱”辞例一致。

不取句（苟）富$_{\text{五〇壹}}$；临难见死，不取句（苟）免$_{\text{五一壹}}$。①欲富大（太）甚，贫不可得$_{\text{一贰}}$；欲贵大（太）甚，贱不可得$_{\text{二贰}}$。②毋喜富$_{\text{三贰}}$，毋恶贫$_{\text{四贰}}$，正行修身，过（祸）去福存$_{\text{五贰}}$。③

第三部分

吏有五善$_{\text{六贰}}$：④一曰中（忠）信敬上$_{\text{七贰}}$，二曰精（清）廉毋谤$_{\text{八贰}}$，⑤三曰举事审当$_{\text{九贰}}$，⑥四曰喜为善行$_{\text{一〇贰}}$，五曰龚（恭）敬多让$_{\text{一一贰}}$。⑦五者毕至，必有大赏$_{\text{一二贰}}$。⑧●吏有五失$_{\text{一三贰}}$：⑨一曰夸

---

① “临材见利”前，整理者释文有墨块，仔细确认图版，似无。这两句意为：看见财利，不随便攫为己有，让自己暴富；面临危难，不敢随便逃避责任。整理者释文举《礼记·曲礼上》“临财毋苟得，临难毋苟免”为例。类似的文例还有，《淮南子·泰族》有“见难不苟免，见利不苟得者，人之杰也”。《鹖冠子·天则》有“临利而后可以见信，临财而后可以见仁，临难而后可以见勇，临事而后可以见术数之士”。《淮南子·齐俗》有“夫重生者不以利害己，立节者见难不苟免，贪禄者见利不顾身，而好名者非义不苟得”。《岳麓书院秦简》也有“临财见利不取苟富，临难见死不取苟免”。

② 此二句意为，太追求富和贵，结果终不可得，反而转为贫和贱。

③ “正行修身，祸去福存”，《岳麓书院秦简》作“正而行修而身，祸与福邻”。以上第二部分以三言、四言为主，内容是为吏者立身处世之道，故归为一章。

④ 从“吏有五善”到“必有大赏”，《岳麓书院秦简》有类似内容，文字相同者不再一一说明。

⑤ 《说苑·谈丛》云“恭敬逊让，精廉无谤，慈仁爱人，必受其赏”，与此近似。“精廉”在战国秦汉文献中屡见，有时意为“精明”，但本简文“精廉”当读为“清廉”，指廉洁。“谤”，整理者释文认为意为“怨恨”，可从。“毋谤”可以理解为不诽谤人和不被人诽谤，结合《说苑·谈丛》，当理解为前者。《岳麓书院秦简》此处作“精廉无旁（谤）”，他处还有“毋诽谤人”。

⑥ 《说苑·谈丛》有“举事不当，为百姓谤”。此句《岳麓书院秦简》作“举吏审当”。

⑦ 《岳麓书院秦简》除完全对应的文字外，他处还有“恭敬让礼”。《说苑·谈丛》有“恭敬逊让”，《礼记·曲礼上》有“君子恭敬、撙节、退让以明礼”（又见贾谊《新书·礼》），均意近。

⑧ 《说苑·谈丛》有“必受其赏”，与此类似。《岳麓书院秦简》作“必有天当”。因此“大赏”可能指受天之奖赏。

⑨ 从“吏有五失”以下的“一曰夸以泄”到“五曰贱士而贵货贝”，《岳麓书院秦简》有类似内容，但非“吏有五失”，而是“吏有五过”。从“一曰”到“五曰”，本简文出现三组，抄手可能视其为对“吏有五失”的反复论述。

以泄一四贰，① 二曰贵以大（泰）一五贰，② 三曰擅裚割一六贰，③ 四曰犯上弗智（知）害一七贰，④ 五曰贱士而贵货贝一八贰。⑤ 一曰见民㮮（倨）敖（傲）一九贰，⑥ 二曰不安其鼂（朝）二〇贰，⑦ 三曰居官善取二一贰，⑧ 四曰受令不偻二二贰，⑨ 五曰安家室忘官府二三贰。⑩ 一曰不＝察＝所＝亲＝（不

① 整理者释文将“夸”训为奢侈，将“泄”训为超逾，认为“夸以泄”的意思是奢侈超过限度，“以”作“而”解。将“夸”训为奢侈可以接受，如早大译注1所言，《荀子·仲尼》有“贵而不为夸”，杨倞注：“夸，奢侈也。”“泄”当从沈培读为“肆”，意为放肆恣纵。《老子》第五十八章“直而不肆”之“肆”，马王堆汉墓帛书《老子》甲本作“绁”。马王堆汉墓帛书《五行》中的“不直不泄”“不泄不果”等语句中的“泄”都读为“肆”。《岳麓书院秦简》作“一曰夸而夬”。

② 整理者释文将“大”读为“泰”，训为骄傲，可从。如刘云所言，《礼记·大学》有“是故君子有大道，必忠信以得之，骄泰以失之”。《岳麓书院秦简》作“二曰贵而企”。

③ 整理者释文指出，秦简中的“裚”即“制”字，“裚割”即裁断、决定。如早大译注1所言，睡虎地秦简《日书》中有“裚（制）衣”。《岳麓书院秦简》作“三曰亶（擅）折割”。

④ “害”，刘云训为“忌惮”，并引《左传·成公十五年》“晋三郤害伯宗，谮而杀之”等为例，可从。《岳麓书院秦简》作“四曰犯上不智（知）其害”。

⑤ 伊强认为，“士”的隶定有误，当隶为“土”，《国语·晋语七》有“贵货而易土”，此言《左传·襄公四年》作“贵货易土”，“贱土而贵货贝”正可与之对照。此句《岳麓书院秦简》作“五曰闲士贵货贝”，蔡伟3认为“闲”不当直接照睡虎地秦简读为“贱”，而当读为“简”，即简易、简慢。

⑥ 从“一曰见民㮮（倨）敖（傲）”到“五曰安家室忘官府”，《岳麓书院秦简》有类似内容，但在“一曰”前有“吏有五失”。此句，《岳麓书院秦简》作“一曰视黔首渠骜”。《逸周书·文政》有“视民傲”，可参照。

⑦ 此句可能意为不能安心为国家效力。《孟子·公孙丑上》有“尊贤使能，俊杰在位，则天下之士皆悦而愿立于其朝矣”。

⑧ 整理者释文认为，“善取”指善于巧取豪夺，可从。如《淮南子·泛论》“善予者，用约而为德。善取者，入多而无怨”所示，“善取”是善于获取的意思。此句意为身居官职而巧取豪夺。

⑨ “偻”如整理者释文所言，意为鞠躬，指恭敬。《左传·昭公七年》所引鼎铭云：“一命而偻，再命而伛，三命而俯。”此句意为接受任命却不恭敬从事。

⑩ 此句意为私而忘公。《岳麓书院秦简》作“五曰安其家忘官府”，后面还有“五者毕至，是胃（谓）过主”。

察所亲，不察所亲）二四贰，则怨数至二五贰；[①] 二曰不 = 智 = 所 = 使 =（不知所使，不知所使）二六贰，则以权衡求利二七贰；[②] 三曰兴 = 事 = 不 = 当 =（兴事不当，兴事不当）二八贰，则民偒指二九贰；[③] 四曰善言隋（惰）行，则三〇贰士毋（无）所比三一贰；[④] 五曰非上，身及于死三二贰。[⑤]

第四部分

●戒 = 之 =（戒之，戒之）材（财）不可归三三贰；[⑥] 谨 = 之 =（谨

① 以下“一曰”至“五曰”，与前两组单讲为吏者的缺失不同，更进一步谈到这些缺失会导致的后果。《岳麓书院秦简》有类似内容，但在“一曰”前有“吏有五则”。此句，《岳麓书院秦简》作“一曰不祭（察）所亲，则韦（违）数至”。《岳麓书院秦简》还有“吏有六殆”，第一条作“不审所亲”。“不察所亲”如整理者释文所言，指袒护亲近之人，不作考察。“数”，陈伟引《大戴礼记·曾子立事》“行无求数有名，数无求数有成”等文例，认为当训为“疾”“速”，可从。

② “所使”，如《史记·田叔列传》“传曰：‘不知其君，视其所使。不知其子，视其所友。’”所示，“所使”指臣下、部下。“权衡”，当指代法律、规则。《商君书·修权》有“故法者，国之权衡也”。故此句意为如果不知道自己的属下在做什么，那他们就会利用法律法令谋求私利。此句《岳麓书院秦简》作“二曰不知所使，则以权索利”。北大秦简作“二曰不知所使，不知所使则权衡利”。朱凤瀚认为，“权衡利”意为称量、衡量利益，谋求、计较私利。

③ “兴事”即“举事”，前文“吏有五善”中有“三曰举事审当”。此句《岳麓书院秦简》作“三曰举事不当，则黔首憍指”（“憍”字，原作“嚣”，此从石继承之说改），《说苑·谈丛》有“举事不当，为百姓谤”。“偒指”如整理者释文所言，“偒”意为轻慢，“偒指”指对上级指示不予重视。

④ 从“一曰”到“三曰”全部重复看，“善言惰行”下也应有重文符号。“善言惰行”如整理者释文所言指说得多做得少。“比”，整理者释文训为“亲附”，可从。“则士无所比”指人们不知道该比照什么为榜样。此句《岳麓书院秦简》作“则黔首毋所比”。

⑤ 从“一曰”到“三曰”全部重复看，“非上”下也应有重文符号。“非”，整理者释文训为“非议”，可从。此句意为诽谤上司则没有好下场。《岳麓书院秦简》作“五曰善非其上，则身及于死”。以上第三部分全部使用了“× 曰”等计数语，有韵，内容集中于为吏者的善行与恶行，属于道德规范，故归为一章。

⑥ “材”，整理者释文读为“财”，可从。此句，北大秦简作“武之材不可归”，朱凤瀚认为“武”当读为“戒”，此句意为“属于禁戒之财不可归于己”。因此，《为吏之道》此句当断为“戒之，戒之财不可归”，《岳麓书院秦简》相同部分也当如此句读。我们认为这是合理的见解。《岳麓书院秦简》从“敃 = 之 =（敃之敃之）某（谋）不可行”开始的部分，句式与此完全相同。

之，谨之）谋不可遗三四贰；[①]慎=之=（慎之，慎之）言不可追三五贰；[②]綦=之（綦之，綦［之］）食不可赏（偿）三六贰；[③]术（怵）愁（惕）之心，不可［不］长三七贰。[④]能审行此，无官不四二贰治，无志不彻

① “遗”字，整理者释文理解为“失”，“谋不可遗”即计谋不可泄露，可从。此句，北大秦简作“谨之谋不可遗”，朱凤翰认为此句意为需严守机密之谋不可泄露。因此，《为吏之道》此句当断为“谨之，谨之谋不可遗”。我们认为这是合理的见解。《管子·宙合》有“‘毒而无怒’，此言止忿速，济没法也。‘怨而无言’，言不可不慎也。言不周密，反伤其身。故曰‘欲而无谋’。言谋不可以泄，谋泄菑极。夫行忿速，遂没法，贼发。言轻谋泄，菑必及于身。故曰‘毒而无怒、怨而无言、欲而无谋’”。下文的“慎之，慎之言不可追”，“戒=之言不可追；思=之某（谋）不可遗”当与此相关。《岳麓书院秦简》也有“慎之，慎之言不可追。谨之，谨之某（谋）不可遗”。都与《管子·宙合》的“言轻谋泄，菑必及于身”正好对应。白于蓝指出，此句前文，《岳麓书院秦简》作“敃=之=（敃之敃之）某（谋）不可行”，把计谋作为否定对象，“不可行”“不可遗”两者是对举的。《说苑·谈丛》有“忽忽之谋，不可为也；惕惕之心，不可长也”。因此“遗”字有可能是“为”的假借字。可备一说。

② 此句，北大秦简作“慎之言不可追”，朱凤翰认为，此句意为慎重之言一旦说出即不可追回。因此，《为吏之道》此句当断为“慎之，慎之言不可追”。我们认为这是合理的见解。

③ 整理者释文认为，“之”字下脱去重文符号。《岳麓书院秦简》有相似内容，作“綦=之=（綦之，綦之）食不可赏”。因此“之”字下当补重文符号。整理者释文指出，“綦”为“忌”的假借字，顾忌之意。可从。此句，北大秦简作“畁畁之食不可尝也”。朱凤翰认为“畁”“綦”可以通假，也是“忌”“戒”之意。依据上文通例，《为吏之道》此句当断为“綦之，綦之食不可赏”。“赏”，整理者释文读为“偿”，据北大秦简当读为“尝”。整句文意可能为“要戒忌啊，忌讳的东西不可以吃”。

④ 此句，整理者释文将“不可长”补写为“不可［不］长”，使文意贯通，并形成整齐的八字句。但《岳麓书院秦简》并无“不”字，是否可补仍有待证明。整理者释文举《汉书·淮南厉王刘长传》“日夜怵惕，修身正行”为例，将“怵惕之心”读为戒惧之心，这样就应当补入“不”字。但白于蓝指出，整理者释文通过补字使之成为八字句的处置可能不当。因为第48简到第50简的第4栏，由第二位抄手抄写的部分中有这样的内容：“戒=之言不可追；思=之某（谋）不可遗；慎［=］之货不可归”。很明显这两者内容相似，关系密切。第二位抄手很可能因为前面抄错，作为校改或更正，而在后面再次抄出正确的内容。正因为如此，这五句话可能都是七言句，不必刻意改为八言句。其例证是上博简《彭祖》有“忌=之悬（谋）不可行，述（怵）狄（惕）之心不可长”。《说苑·谈丛》有“忽忽之谋，不可为也；惕惕之心，不可长也”。“忽忽”“惕惕”都有轻忽、快速之意。我们认为，后一种读法

四三贰，① 以此为人君则鬼（惠）三八贰，② 为人臣则忠三九贰；为人父则兹（慈）四〇贰，为人子则孝四一贰；为人上则明四四贰，为人下则圣（听）四五贰。③ 君鬼（惠）臣忠，父兹（慈）四六贰子孝，政之本殹（也）四七贰；④ 志

更合理。北大秦简虽无此句，但前面各句都是七字一句。《岳麓书院秦简》相关部分作“……不可归；敃=之=（敃之敃之）某（谋）不可行；慎=之=（慎之慎之）言不可追；谨=之=（谨之谨之）某（谋）不可遗；綦=之=（綦之綦之）食不可赏；术（怵）狄（惕）之心不可长”。前面虽为八字句，但最后一句也是七字，均可以为证。陈伟武2指出，楚简的“述”和秦简的“术”都可以读为“坠”，“惕”可以读为“易”，因此这里的“怵惕”为轻慢之意，可从。

① 林素清认为下文“能审行此，无官不治，无志不彻”当移置于此。朱凤翰也据北大秦简证明了这一调整的正确性。“无志不彻”，没有什么意志不能贯通、贯彻。《国语·晋语六》有“顺无不行，果无不彻”，韦昭注：“顺者，人从之，故无不行。果者，志不疑，故无不彻。彻，达也。”

② “鬼”，整理者释文读为“怀”，和柔之意。蔡伟1读“鬼”为“惠”。鬼于古音属脂部，惠于古音属队部。脂、队平入互转。《广雅疏证》引《方言》云“赵魏之间或谓慧曰鬼”，慧、惠古字通，故鬼、惠可通。马王堆帛书《经法·六分》有“主惠臣忠者其国安”。《墨子·天志中》有“君臣上下惠忠，父子弟兄慈孝”。又见《墨子》之《兼爱》中、下篇。贾谊《新书·礼》有“君仁臣忠，父慈子孝”。《孔子家语·贤君》《说苑·政理》均有“君惠臣忠”。《岳麓书院秦简》此句就作“为人君则惠”。此从蔡伟1之说。

③ 凡国栋把第42、43号简调整到第45号简之后，前后文作“以此为人君则鬼，为人臣则忠；为人父则兹，为人子则孝；为人上则明，为人下则圣。能审行此，无官不治，无志不彻”。其理由是，以上数句，《岳麓书院秦简》作“为人君则惠，为人臣［则］忠，为人父则兹（慈），为人子则孝，为人上则明，为人下则圣，为人友则不争（诤）。能行此……”他认为《岳麓书院秦简》文气更为贯通。作此调整后，下文变为“能审行此”，更为合理。但既然林素清和朱凤翰的调整是正确的，就不可能有第二种选择，不然会影响全局。“圣”，从整理者释文读为“听”，即听从、服从之意。《国语·周语下》有“神是以宁，民是以听”。《礼记·祭义》有“众之服自此，故听且速也”。郑玄注“听谓顺教令也”。以上“为人……”的部分，在句式上，与《礼记·大学》“为人君，止于仁；为人臣，止于敬；为人子，止于孝；为人父，止于慈；与国人交，止于信”有接近之处。

④ 关于“政之本”，各家认识不同。《墨子·尚贤》上中下篇以“尚贤”、《墨子·尚同下》以“尚同”为“政之本”，《礼记·哀公问》和《大戴礼记·哀公问于孔子》以“爱与敬”和“礼”为“政之本”，《晏子春秋·内篇杂下》以“廉”、《晏子春秋·外篇上·重而异者》以“君强臣弱”为“政之本”，贾谊《新书·大政下》以“教”为“政之本”，《管子·乘马》以“地”为“政之本”。

彻官治，上明下四八贰圣（听），治之纪殹（也）四九贰。[①]

第五部分

● 除害兴利五〇贰，[②] 兹（慈）爱万姓五一贰。[③] 毋＝罪＝（毋罪无罪），[毋（无）罪] 可赦一叁。[④] 孤寡穷困二叁，老弱独传三叁，[⑤] 均繇（徭）赏罚四叁，[⑥] 敖（傲）悍䆣暴

① "纪"，如整理者释文所言，即"经"、纲要，《韩非子·主道》有"道者，万物之始，是非之纪也"。下文有"从政之经"之说法。以上第四部分类似歌谣体，句式整齐，内容属于为人的基本道德以及从政的基本原则，故归为一章。

② 与"除害兴利"类似的句子，文献多见，如《管子·治国》有"先王者，善为民除害兴利。故天下之民归之。所谓兴利者，利农事也。所谓除害者，禁害农事也"。《管子·君臣下》有"故智者假众力以禁强虐，而暴人止。为民兴利除害，正民之德，而民师之"。《墨子·尚同中》有"古者上帝鬼神之建设国都，立正长也，非高其爵，厚其禄，富贵佚而错之也，将以为万民兴利除害"。《岳麓书院秦简》有"兴利除害，终身毋（无）咎"。

③ "万姓"，如整理者释文所言，亦见《汉书·谷永传》，即百姓。《礼记·缁衣》有"故长民者章志、贞教、尊仁，以子爱百姓"。《荀子·臣道》有"内足使以一民，外足使以拒难，民亲之，士信之，上忠乎君，下爱百姓而不倦，是功臣者也"。

④ "可赦"前补"毋罪"二字，是整理者释文的意见。"除害兴利"以下这段，均四字一句，故整理者释文意见可从。这两句，整理者释文释为"不要加罪于没有罪的人，没有罪就应当赦免"。与之相关的文例可以找出《左传·昭公十三年》有"无罪而惠免之"。《管子·小问》有"诛暴禁非，存亡继绝，而赦无罪，则仁广而义大矣"。《史记·秦始皇本纪》有"武殄暴逆，文复无罪，庶心咸服"。白于蓝将前后文断读为"可赦孤寡穷困、老弱独传"；陈伟断读为"毋罪无罪、可赦"，即"勿加罪于无罪和轻罪而可赦免者"。可备一说。

⑤ "孤寡穷困，老弱独传"当指社会弱势群体，这些人应该是为政者照顾的对象，但这里显然为构成四字句而省略了动词。白于蓝认为"传"有可能是"转"的假借，即失去居所的人。也可能"独传"是一个词，指单传或独子。陈伟认为，"传"有可能是"专"的假借，与"单""独"义近。对弱势群体的抚恤，多见于文献。如《管子·入国》有"入国四旬，五行九惠之教。一曰老老、二曰慈幼、三曰恤孤、四曰养疾、五曰合独、六曰问病、七曰通穷、八曰振困、九曰接绝"。《史记·孝文本纪》有"孝文皇帝临天下……赏赐长老，收恤孤独，以育群生"，"赐天下鳏寡孤独穷困及年八十已上孤儿九岁已下布帛米肉各有数"。

⑥ "徭"指徭役。"均"作为动词，在这里不仅指徭役征发的公平，也指赏罚的公平。

五叁，[1]根（垦）田人（仞）邑六叁，[2]赋敛毋（无）度七叁，[3]城郭官府八叁，门户关龠（钥）九叁，[4]除陛甬道一〇叁，[5]命书时会一一叁，[6]事不且须一二叁，[7]贳责（债）在外一三叁，[8]千（阡）佰（陌）津桥一四叁，[9]囷屋蘠（墙）垣一五叁，[10]沟渠水道一六叁，犀角象齿一七叁，皮革橐（蠹）突一八叁，[11]久

① 整理者释文指出，“衺”字应读为“戮”，并引《淮南子·时则》“求不孝不悌、戮暴傲悍而罚之”为例。“戮暴傲悍”即残暴凶悍的人，显然本简文省略了表示处罚的动词。以下观点也可参考。“勢”，陆锡兴认为通“敖”，即敖民，并举《汉书·食货志上》“朝无废官，邑无敖民”为例。“悍”，陆锡兴认为即“奸”古字，“奸人”泛指作恶的人。“衺”，陆锡兴认为此字从“衣”从“宄”，读为“宄”，并举《韩非子·八经·起乱》“外不籍，内不因，则奸宄塞矣”为例，表示“奸宄”均为作乱者。陈伟认为“衺”疑释为“冤”，“冤暴”即暴虐之意。

② 读“人”为“仞”，从整理者释文的意见。“仞邑”意为扩大充实城邑，《吕氏春秋·勿躬》有“垦田大邑，辟土艺粟，尽地力之利”。

③ 马王堆帛书《经法·君正》有“赋敛有度，则民富”。贾谊《新书·过秦中》有“繁刑严诛，吏治刻深，赏罚不当，赋敛无度，天下多事，吏不能纪”。

④ “关”即“闩”，“钥”即“锁”。《墨子·备城门》有“五十步一方，方尚必为关籥守之”。《岳麓书院秦简》有“门户难开，关龠不利”。

⑤ 如整理者释文所言，“除陛”即台阶，“甬道”即两侧有墙壁的道路。如果把“除”读作动词，则意为打扫台阶和甬道。

⑥ 如整理者释文所言，“命书”即后世“制书”，传达天子政令的文书。“时会”指不定时的朝见典礼。并引《周礼·秋官·大行人》“时会以发四方之禁”为例。《礼记·射义》有“是故天子以备官为节；诸侯以时会天子为节；卿大夫以循法为节；士以不失职为节”。

⑦ “须”，整理者释文释为“等待、拖延”，即迟缓之意。《荀子·礼论》有“故天子七月、诸侯五月、大夫三月，皆使其须足以容事”。王念孙《读书杂志》曰“须者，迟也。谓迟其期，使足以容事也”。此句意为该做的事不要延误。

⑧ “贳”，整理者释文释为“借贷”。此句早大译注 2 译为：借贷活动不在官府内进行。

⑨ “津”，整理者释文释为“渡口”。

⑩ “囷”，整理者释文释为“圆形的谷仓”。

⑪ “蠹突”，整理者释文释为“被虫啮穿”。

刻职（识）物一九叁，[①] 仓库禾粟二〇叁，兵甲工用二一叁，[②] 楼椑矢阅二二叁，[③] 枪閵（蔺）环殳二三叁，[④] 比（庇）臧（藏）封印二四叁，[⑤] 水火盗贼二五叁，[⑥] 金钱羽旄二六叁，[⑦] 息子多少二七叁，[⑧] 徒隶攻（功）丈二八叁，[⑨] 作

---

① “久”，整理者释文读为“记”。可从。“久”“刻”“识”意为在器物上刻上或印上标记。睡虎地秦简《秦律十八种》中有这方面记载。如《金布律》有“县、都官以七月粪公器不可缮者，有久识者靡蚩之”。意为各县、都官在七月处理已无法修缮的公有器物，器物上有标识者加以磨除。睡虎地秦简《秦律十八种》之《工律》中“公甲兵各以其官名刻久之”，即官有武器均应记刻官府名称。

② “兵甲工用”指武器装备的修理管理。《吴子·料敌》有“其有工用五兵，材力健疾，志在吞敌者，必加其爵列，可以决胜”。

③ 如整理者释文所言，“椑”读为“陴”，指城楼上女墙。“阅”读为“穴”，“矢阅”为城上射箭用的穴口。

④ “枪閵（蔺）环殳”，均为战斗用具。如整理者释文所言，“枪”是两头尖的兵器。“閵”通“蔺”，指擂石。“环”，读为“瓦”（音“环”），《说文》：“屋牡瓦也”。“蔺”和“瓦”均为守城用物，《墨子·号令》有“悉举民室材木、瓦若蔺石数，署长短小大”。“殳”也是一种兵器，一端呈棱状。

⑤ “比”，整理者释文训为“庇”，释为“覆盖”。“庇藏封印”可能指对官方文件或物品的保管方式，先盖藏再封印。睡虎地秦简《秦律十八种》之《仓律》等文献中有如何封印的记载。陈伟认为或许可以读为“闭”，并举《左传·襄公十年》“闭府库，慎闭藏”，及《岳麓书院秦简》所见“封闭勿隋（堕）”为例。可备一说。

⑥ “水火盗贼”，当指官吏所要谨防的对象。

⑦ “金钱”，可能如整理者释文及早大译注 2 所言，指豹尾。“羽旄”，可参《国语·晋语四》“羽旄齿革”的韦昭注“羽，鸟羽，翡翠、孔雀之属。旄，旄牛尾”。“金钱”“羽旄”，如整理者释文指出的那样，均为车马的装饰。

⑧ “息子”，睡虎地秦简《秦律十八种》之《仓律》有“猪、鸡之息子不用者，买（卖）之，别计其钱”。因此这里的“息子”也当指家禽的幼仔。

⑨ “徒隶”，指囚徒。《管子·轻重乙》有“今发徒隶而作之，则逃亡而不守。发民，则下疾怨上”。“攻”即“功”，指工程。睡虎地秦简《秦律十八种》之《徭律》有“程攻（功）”“度攻（功）”。“丈”，整理者释文释为“度量”，可从。“攻（功）丈”即工程量的计算。整句可能意为囚徒使用量和工程量的计算。陈伟认为“丈”或可释为“支”，读为“技”，“攻丈”即“工技”，指有技艺者。可备一说。

务员程二九叁，① 老弱癃（癃）病三〇叁，② 衣食饥寒三一叁，③［刍］稾靳（堑）瀆（渎）三二叁，④ 扁（漏）屋涂壂（塈）三三叁，⑤ 苑囿园池三四叁，畜产肥牸（胔）三五叁，⑥ 朱珠丹青三六叁。⑦ 临事不敬三七叁，⑧ 兴事不时四二叁，⑨ 缓令急征四三叁，倨骄毋（无）人三八叁，⑩ 苛难留民三九叁，⑪ 变民习浴（俗）四〇叁，⑫

---

① 如整理者释文所言，“作务”意为从事手工业，亦见于睡虎地秦简《秦律十八种》之《关市律》和《司空律》。“员程”在睡虎地秦简《秦律十八种》之《工人程》篇中又称“人程”，指一个工程需要多少人工和时间才能完成的有关规定。阜阳汉简中也有名为“作务员程”的文献。

② “痒”字，从整理者释文读为“癃”，在睡虎地秦简中该字亦见《法律答问》及《日书》，泛指各种疾病。《岳麓书院秦简》有“老病孤寡”“孤寡痒（癃）病当巢”。

③ 《岳麓书院秦简》有“寒者毋（无）衣弗请”，即对寒冬无衣的困苦之人免于告诉。

④ 此句，整理者释文指出“稾”字前脱一字，但意义不明。睡虎地秦简中多见“刍稾”，如《秦律十八种》之《田律》有“入顷刍稾，以其受田之数”，古籍中亦多见“刍稾”，故可补“刍”字。“刍”为“饲草”，“稾”为“禾秆”。“靳”恐为“斩”的错字，读为“堑”，“瀆”可读为“渎”。“堑”“渎”均为沟渠名称。

⑤ “涂塈”，如整理者释文所言，指给房屋涂泥。《尚书·梓材》有“惟其涂塈茨”。《岳麓书院秦简》有“涂溉（塈）骚（扫）除”。

⑥ “牸”字，从整理者释文读为“胔”。早大译注2认为此句指“家畜的肥瘦”。

⑦ 当指各种颜料。

⑧ 林素清认为下面的“兴事不时，缓令急征”当置于此句后。如前所述，朱凤翰已证明这一措置正确。

⑨ “兴事不时”，当指征发民众不按时令，这样做必然伤害民众。《管子·霸言》有“是以圣王务具其备而慎守其时，以备待时，以时兴事”。《春秋繁露·竹林》有“行身不放义，兴事不审时”。前文“吏有五失”中有“兴事不当，则民偒指”。《岳麓书院秦简》有“出入不时”“劝毋失时”。

⑩ 前文有“见民倨傲”是“吏有五失”之一。

⑪ 如整理者释文所言，此句意为对百姓留难。《盐铁论·本议》有“吏恣留难”。《汉书·成帝纪》有“流民欲入函谷、天井、壶口、五阮关者，勿苛留”。陈伟指出，“苛难”意为“盘诘留难”，《韩非子·内储说上》有“卫嗣公使人为客过关市，关市苛难之，因事关市以金，关吏乃舍之”。

⑫ 从前后文看，“变民习俗”是被反对的事。然而，同为睡虎地秦简，《语书》却说“古者，民各有乡俗，其所利及好恶不同，或不便于民，害于邦”。因此要以强制手段对付法律令发布之后依然“私好、乡俗之心不变”之民，表现出强烈的一元化专制主义色彩。因此，可能《为吏之道》的成书早于《语书》。

须身旞（遂）过四一叁，[①]夬（决）狱不正四四叁，[②]不精于材（财）四五叁，法（废）置以私四六叁。[③]

第六部分

●处如资（斋）四七叁，[④]言如盟四八叁，[⑤]出则敬，[⑥]毋施当四九叁，[⑦]昭

① 整理者释文以为“须”当读为“懦”，整句意为不敢纠正自己的错误。早大译注2以为此句表示官吏当以身作则，改正错误，却没有做到，一直错到底。陈伟指出，“遂”应该是“长”“成”一类的意思，并举《吕氏春秋·振乱》“是穷汤、武之事而遂桀、纣之过也”以及《吕氏春秋·达郁》“今王塞下之口，而遂上之过”为例。此从陈伟说。

② 前文有“毋以忿怒决”。

③ “废置”，如整理者释文所言，指任免。《周礼·天官冢宰》有“以八则治都鄙……三曰废置，以驭其吏”。“废置以私”指在官吏任用上有私心。以上第五部分，均为四言，但内容多互不相干，抄写的随意性很大，没有什么规律可循。文句在押韵和语汇的编排方式上，也无体例可循。吴福助认为，“由手抄者随意杂凑而成，其篇章原貌已经过严重割裂而致泯灭，无从查考了”。因此可以看作识字教材。

④ “资”字，从整理者释文读为“斋”，“处”指居处，“斋”为斋戒。此句意为居处如斋戒那样庄敬有度。《礼记·曲礼上》：“若夫坐如尸，立如斋。”“若夫”二字从郑玄到孔颖达皆释作为丈夫之事。《太平御览》所引《庄子》称孔子“居处若斋，饮食若祭”（亦见《困学纪闻》卷七、马骕《绎史·孔子类记四》）。《左传·僖公三十三年》有“出门如宾，承事如祭，仁之则也”。《论语·颜渊》有“出门如见大宾，使民如承大祭”，亦可为参考。据王明钦，王家台秦简《政事之常》有类似内容，作“处如梁”“处如梁以告静”。

⑤ 此句意为言语要像盟誓那样有信用。《礼记·儒行》有“儒有居处齐难，其坐起恭敬，言必先信，行必中正”。据王明钦，王家台秦简《政事之常》有类似内容，作“言如盟”“言如盟以告正”。

⑥《论语·子路》有“樊迟问仁。子曰：居处恭，执事敬，与人忠”。《论语·子罕》有“子曰：出则事公卿，入则事父兄，丧事不敢不勉，不为酒困，何有于我哉”。《论语·学而》有“子曰：弟子入则孝，出则悌，谨而信，泛爱众，而亲仁，行有余力，则以学文”。据王明钦，王家台秦简《政事之常》有类似内容，作“出则敬”“出则敬有信德殹”。

⑦ 此句整理者释文认为“施”读为“驰”，“当”读为“常”，此句意为“不要废弛应经常遵守的原则”。陈伟武1认为“毋施当”即“不可失当”，“施”有遗失之意。据王明钦，王家台秦简《政事之常》有类似内容，作“毋褫张”“毋褫张告民不贠（忒）殹”。陈伟认为“褫”与“弛”可通，“张”与“当”可通。“弛”“张”同义。证明整理者释文释“施”为“驰”正确，但整句意为不要松懈、怠慢。

如有光$_{\text{五〇叁}}$，[①] 施而喜之$_{\text{五一叁}}$，敬而起之$_{\text{一肆}}$，惠以聚之$_{\text{二肆}}$，宽以治之$_{\text{三肆}}$。[②] 有严不治$_{\text{四肆}}$，[③] 与民有期$_{\text{五肆}}$，[④] 安驺而步$_{\text{六肆}}$，[⑤] 毋使民惧$_{\text{七肆}}$。[⑥] 疾而毋谌$_{\text{八肆}}$，简而毋鄙$_{\text{九肆}}$。[⑦] 当务而治$_{\text{一〇肆}}$，[⑧] 不有可茝$_{\text{一一肆}}$。[⑨] 劳有成

① 昭，明亮、明朗。“昭如有光”当指统治者形象的光辉。陈伟举出《逸周书・谥法》有“昭德有劳曰昭；容仪恭美曰昭；圣闻周达曰昭”。据王明钦，王家台秦简《政事之常》有类似内容，作“炤如有光”“炤如有光则□□之极殹”。

② “施”，整理者释文训为“施舍”，可从。以上四句，“施”“敬”“惠”“宽”的主体是统治者，而“之”指代百姓。早大译注 2 指出，《荀子・君道》有“施”“敬”“惠”“宽”并用的例子，“请问为人君，曰：以礼分施，均遍而不偏。请问为人臣，曰：以礼待君，忠顺而不懈。请问为人父，曰：宽惠而有礼。请问为人子，曰：敬爱而致文”。而《韩非子・难二》有“今缓刑罚，行宽惠，是利奸邪而害善人也”。这反映出《为吏之道》所宣扬的精神和《韩非子》所反映的极端的法家思想有所不同。

③ “有”，如整理者释文所言为发语词。“有严不治”，据王明钦，也见于王家台秦简《政事之常》，《政事之常》还有“有严不治敬王事矣”“弗临以严则民不敬矣”，可见意思是不严格执法则难以治理。

④ “有期”，指遵守期日，言而有信。

⑤ “驺”，整理者释文说指在车马前开道的驺骑，“安驺而步”意为让开道的驺骑慢慢地走。

⑥ 从“有严不治”到“毋使民惧”，王明钦指出，王家台秦简《政事之常》有类似内容，即“有严不治，与民有期，安殴而步，毋事民溥”。《政事之常》还有进一步的解释，即“有严不治敬王事矣，与民有期告之不再矣，安殴而步登于山矣，毋事民溥游于□矣”，“弗临以严则民不敬矣，与民无期则□几不正，安殴而步孰知吾请”。

⑦ “谌”，如整理者释文所言，意为语失。此二句可能意为话即便说得快也无失误、话即便说得简练也不鄙俗。《韩诗外传》卷九有“小人之论也，专意自是，言人之非，瞋目扼腕，疾言喷喷，口沸目赤。一幸得胜，疾笑嗌嗌。威仪固陋，辞气鄙俗，是以君子贱之也”。《岳麓书院秦简》有“遇上毋恐，谨敬侍之”，可能与此相关。

⑧ “当务而治”指官吏能够恪尽职守。《荀子・儒效》有“言必当理，事必当务”。

⑨ “茝”字，即“芷”，本义为香草，在这里无法解释。整理者释文读为“改”，其意和“毋行可悔”相同。文献中多见“不可改”，如《史记・太史公自序》有“法家严而少恩，然其正君臣上下之分，不可改矣”。如果此句与“当务而治”主语相同，那么可能意为政治行为要有一贯性，不要轻易更动。陈伟提出“茝”字有可能读为“耻”，意为羞愧。

既一二肆，事有几时一三肆。[①]治则一四肆敬自赖之一五肆，[②]施而息之一六肆，[③]𢞁而牧之一七肆；[④]听其有矢一八肆，从而贼（则）之一九肆；[⑤]因而征之二〇肆，将而兴之二一肆，虽有高山，鼓而二二肆乘之二三肆。[⑥]民之既教二四肆，上亦毋骄二五肆，孰道毋治二六肆，[⑦]发正乱昭二七肆。[⑧]安而行之二八肆，使民

---

① “成既”如整理者释文所言就是“成就”。此二句意为劳作有其成就之时，事务有其终了之时。

② “治”如整理者释文所言指治民之事，“治则”以下为治民之道。“敬自赖之”，指统治者对百姓敬重，百姓自然反过来依赖统治者。

③ “施”，如整理者释文所言读为“驰”，“施而息之”，即对百姓的统治不要太严厉，同上文之“宽以治之”。

④ “𢞁”字从“买”，整理者释文以为读为“密”。又举《诗经・昊天有成命》“夙夜基命宥密”，毛传“密，宁也”，证“𢞁”在这里作“宁”解。《说文》“买”字，段注引《春秋》经文所见“密”字，《左传》作“买”，以证两者相通。朱骏声《说文通训定声》也指出了这一点。这里暂从整理者释文的意见。“牧”，整理者释文解作“养”，恐不必，传世文献多见“牧民”，即统治民众。此句意为先安定百姓，然后加以统治。

⑤ 整理者释文认为“听”为等待，“矢”为陈述，“则”为纠正、约束，但如按此解释，难以贯通前后二句。“从而则之”应理解为遵从并以此为准则。能够使官吏“从而则之”的对象一定是正确的东西，因此，笔者以为，这里“其”指百姓。“有矢”指有正确的言论。《广雅・释诂一》“矢，正也”。《尚书・盘庚上》有“盘庚迁于殷，民不适有居，率吁众戚出，矢言曰……”。孔传“出正直之言”。二句意为官吏听到百姓正直之言，就遵从之并以为准则。连劭名认为“有矢”如言“有道”，《诗经・大东》云：“周道如砥，其直如矢。”“听其有矢”如同“听有方”。

⑥ 这四句承接上面各句，指如果官吏采取爱民利民的政策，那么在需要使用民众时，将会产生怎样的结果。“因而征之”指因民之力以征赋税。“将”，整理者释文释为“率领”，笔者认为该字也是因顺的意思，“将而兴之”指因顺民力兴发徭役。“乘”，整理者释文释为“登”。“虽有高山，鼓而乘之”指即便是高山，也能一鼓作气地翻过去，表示没有不能克服的困难。

⑦ 整理者释文读“孰”为“熟”，“道”为“导”，“治”为“怠”，指对民众详加教导，不要懈怠。从前文为“上亦毋骄”看，释“毋治”为“毋怠”可从。早大译注2释为“任何一个方面都能够得到治理”。可备一说。但值得注意的是，《岳麓书院秦简》有“郭道不治”，很可能这里的“孰”字是“郭”字之误，如果这样的话，那么此句和上下文均无关。

⑧ 整理者释文称“发”为“举”，“乱”为“治”，此句可能意为施政要正大光明。笔者以为，“发”和“乱”相对为文，“发”为起，“乱”为终，此句意为自始至终都正大光明。《论语・泰伯》有“子曰：‘师挚之始，《关雎》之乱，洋洋乎盈耳哉！’”

望之二九肆。道傷（易）车利三〇肆，[1]精而勿致三一肆。[2]兴之必疾三二肆，[3]夜以椄（接）日三三肆。[4]观民之诈三四肆，罔服必固三五肆。[5]地修城固三六肆，[6]民心乃宁三七肆。[7]不时［而］怒四二肆，民将姚（逃）去四三

① “傷”如整理者释文所言读为“易”，即平坦之意。本句意为道路平坦利于行车。

② “致”如整理者释文所言读为“至”，即顶点之意。本句意为臻于精致但不过度。从“安而行之”到“精而勿致”，据王明钦，王家台秦简《政事之常》有类似内容，即“安而行之，事（使）民望之，道易车利，静而毋致”。可见，《为吏之道》也当在“精而勿致”下设置句号。

③ 本句意为事情一旦发动，就要尽快尽力去做。

④ “夜以椄（接）日”即“夜以继日”，此句上承“兴之必疾”，形容勤勉之状。《晏子春秋·内篇·谏下》有“今齐国丈夫耕，女子织，夜以接日，不足以奉上”。《盐铁论·散不足》有“古者，庶人春夏耕耘，秋冬收藏，昏晨力作，夜以继日”。

⑤ 整理者释文认为“诈”疑读为“作”，“罔”读为“辋”，指车轮外周，“服”指车厢。这两句大意为：考察百姓所制作的车辆，使之坚固耐用。早大释文 2 释“观民之诈”为明察百姓的伪诈。举《孟子·梁惠王上》“……及陷于罪，然后从而刑之，是罔民也。焉有仁人在位，罔民而可为也”为例，解释“罔服必固”为强固法律之网使之不被破损。戴世君 1、连劭名、陈伟释“诈”为“伪诈”。戴世君 1 释此二句为：为吏者对奸伪的百姓，兴事要像车轮一样周密，使其奸不得售。连劭名释此二句为：官吏要信念坚定，不可盲目信服下民的欺诈言行。陈伟释此数句为：过分兴发民力，日夜不休，统治者显现欺诈的面目，民众必定不服。笔者以为读“诈”为“伪诈”比较合理，但具体解释可商。“罔服”可读为“不服”，“固”即禁锢，这两句大意为：明察百姓的伪诈，对不服法令者一定要施以刑罚。

⑥ “地”当指国土，“城”当指城郭。

⑦ 林素清认为后面的“不时怒，民将逃去”当置于此句后。如前文所论证的那样，第 42、43 简的移动是正确的。据王明钦，从“地修城固”到“从政之经”，王家台秦简《政事之常》有类似内容，即“地修城固，民心乃殷。不时而怒，民将逃去。百事既成，民心乃宁，［既无］后忧，从正之经”。林素清正是以这段资料为标准，对《为吏之道》第 42、43 简的简序作了调整。据《政事之常》，“不时怒”可补为“不时［而］怒”。

肆。[①] 百事既成三八肆，民心既宁三九肆，既毋（无）后忧四〇肆，从政之经四一肆。[②]

第七部分

长不行，死毋（无）名四四肆；[③] 富（富）不施，贫毋（无）告也四五肆。[④] 贵不敬，失之毋（无）□四六肆。[⑤] 君子敬如始四七肆。[⑥] 戒＝（戒戒）之言不可追四八肆；思＝（思思）之某（谋）不可遗四九肆；慎

---

① 整理者释文读“姚”为“遥”。这两句整理者释文解释为：经常对百姓发怒，百姓就会远远地离开。据王家台秦简《政事之常》可知，“姚”当读为“逃”。“逃去”用例可见《史记·伯夷列传》“伯夷、叔齐，孤竹君之二子也。父欲立叔齐，及父卒，叔齐让伯夷。伯夷曰：‘父命也。’遂逃去”。

② “经”，整理者释文释为“纲领”。“从政之经”指以上内容均为从政之纲领、纲要。

③ 整理者释文原在简 43 下断开，将上下文分属不同的章节。可能是因为“长不行”以后部分字迹不同，故将“长不行”当作另外一节的开始。现在我们虽然调整了第 42、43 号简的位置。但赞同从第 44 号简开始新的一节。“长”，整理者释文说指“老”，并结合下句，解为“年龄已长还不做好事，死了就留不下名声”。伊强引《荀子·大略》“夫行也者，行礼之谓也。礼也者，贵者敬焉，老者孝焉，长者弟焉，幼者慈焉，贱者惠焉”，认为“长不行”是对长辈不行礼。可从。

④ “富”字，整理者释文直接隶定为“富”。“富不施，贫毋告”意为：有钱的时候不肯施舍给别人，穷了就无处求告。伊强将此字隶作“富”，施谢捷指出“富”即“富”的讹变字形或异体，可以直接释为“富”。陈伟赞同施谢捷观点，并举张家山汉简《盖庐》“贵而毋义，富而不施者，攻之”，《管子·法法》“足而不施，殆”，《荀子·法行》“有而不施，穷无与也”等为例。施谢捷、陈伟说可从。

⑤ “贵不敬”指对尊贵者不敬，《荀子·大略》“礼也者，贵者敬焉，老者孝焉，长者弟焉，幼者慈焉，贱者惠焉”可以为例。整理者释文认为“毋”下那个缺字可能是“就”。“失之无［就］”，即失去靠山没有依附。

⑥ “敬”，即谨慎。“如始”，整理者释文解释为：和开始时一样，意即始终如一。由此引出下文的“言不可追”“谋不可遗”“货不可归”。

[＝]（慎慎）之货不可归五〇肆。[①]

第八部分

●凡治事，[②]敢为固，[③]谒（遏）私图，[④]画局陈卑以为一伍

① 这段话，整理者释文作“戒之戒之，言不可追；思之思［之］，某（谋）不可遗；慎之［慎之］，货不可归”。然而，细查图版，如白于蓝所言，当作“戒＝（戒戒）之言不可追；思＝（思思）之某（谋）不可遗；慎［＝］（慎慎）之货不可归”。这三句，从内容到句式都和第33简到第35简第2栏的内容“戒之，戒之财不可归；谨之，谨之谋不可遗；慎之，慎之言不可追”相似。然而，虽然内容相似，笔迹却不同，显然是两位抄手。如果说第一位抄手抄的是八字句，那么第二位抄手抄的是七字句。这两种句式可能当时都存在。因此不必如整理者释文那样补为“戒之戒之，言不可追；思之思［之］，某（谋）不可遗；慎之［慎之］，货不可归”。比照图版，“慎”字下确实没有重文符号，根据七言句式，当在“慎”下补重文符号。文献中，有类似的七字句，如上博简《彭祖》有“忌＝之悬（谋）不可行，述（怵）狄（惕）之心不可长”。《说苑・谈丛》有“忽忽之谋，不可为也；惕惕之心，不可长也”。因此我们推断这三句意为：必须戒忌的话说出来就无法追回；详密思虑的计谋不可泄露；需要珍重的财货用尽就不会再来。以上第七部分，多三言、七言句，内容是从政的原则和做人的道理。

② “治事”，即处理政务。《管子・内业》有“得一之理，治心在于中，治言出于口，治事加于人，然则天下治矣”。

③ “敢为固”，整理者释文无解，早大译文2译为以严格的态度面对，恐不确。连劭名认为“固”指“心地专一，不含杂念”，并举《国语・周语》“守终纯固”之韦注“固，一也”以及《礼记・曲礼上》“毋固获”之郑注“欲专之曰固”为例。可从。“敢为固”即敢于做到内心的稳固不动。

④ “谒”，如整理者释文所示，读为“遏”，制止。“私图”指私谋。“遏私图”指首先要遏止私念之动。

耤。[①] 肖人聂心，不敢徒语恐见恶二伍。[②] 凡戾人，[③] 表以身，民将望表以戾真。[④] 表若不正三伍，民心将移乃难亲四伍。[⑤] 操邦

① 整理者释文认为“局”指棋盘，“曻”（音“其”）读若棋，指棋子，“耤”读为“藉”，意为“借助”。释此句为“管理政务要取法弈棋，反复思考，谨慎从事”。早大译注释“画”为“整齐”，释“局”为“区分”，并利用《说文》“曻，举也”，解读此句为“理出顺序后作出陈述，设立文书”。陈伟指出，岳麓书院秦简《数》篇第197号简所见“曻”字就读为“棋”。可见整理者释文更为合理，这里强调的是凡事三思而行，不轻举妄动。

② 整理者释文认为“肖人”即小人，“聂”读为“慑”，意为“畏惧”，“徒语”疑为说空话。笔者以为“聂”在这里应作动词理解，可以读为“摄”，意为“摄固”，引申而言即“修持”“收敛”，这样才会有“不敢徒语”和“恐见恶”的行为。《管子·内业》有“正形摄德”，即外正身之形，内修心之德。因此此句意为“小人需要修持其心，不敢乱说空话，不敢让人看到丑恶的一面”。

③ “戾”，整理者释文理解为“帅”，“戾人”指“为民表率”，恐不确，因为下文有“戾真”，当如整理者释文所言，理解为“至真”。因此，“戾人”的“戾”也当读为“至”，即使人至善。《广雅·释诂一》有“戾，善也”。王念孙《广雅疏证》云：“戾者，《小雅·采菽》篇‘优哉游哉，亦是戾矣。’毛传云：‘戾，至矣。’正义云：‘明王之德能如此，亦是至美矣。’郑注《粊誓》云：‘至，犹善也。’是戾与善同意。”

④ “表以身”，整理者释文指出意为以身作则。可从。“民将望表以戾真”意为百姓将以统治者为模范而达致善。

⑤ 类似的表达，《论语·子路》有“子曰：其身正，不令而行；其身不正，虽令不从”。《礼记·缁衣》有“子曰：下之事上也，身不正，言不信，则义不壹，行无类也”。《荀子·议兵》有“有能化善、修身、正行、积礼义、尊道德，百姓莫不贵敬，莫不亲誉”。

柄，[①] 慎度量，来者有稽莫敢忘。[②] 贤鄙五伍溉辪，[③] 禄立（位）有续孰骰上？六伍[④] 邦之急，在膻（体）级，[⑤] 掇民之欲政乃立。[⑥] 上毋间七伍陆，下虽善欲独可（何）急？八伍[⑦] 审民能，以赁（任）吏，非以

---

① “操邦柄”，如整理者释文所言指掌握国家的权柄。《管子·立政》有“君之所慎者四。一曰大德不至仁，不可以授国柄”。《韩非子·人主》有“人主之所以身危国亡者，大臣太贵，左右太威也。所谓贵者，无法而擅行，操国柄而便私者也”。这都是从反面说明权柄的重要性。“操邦柄”以下内容当指掌握国家权柄时需要注意的问题。

② “慎度量”指要慎重制定制度法令。“来者有稽莫敢忘”意为使后来者、外来者有法可依不敢忘记。“稽”指稽式、法则，《老子》有“常知稽式，是谓玄德。”整理者释文称“稽”为“考察”，恐不确。

③ 整理者释文读“溉”为“既”，读“辪”为“乂”，意为“治”，说此句大意为贤能和不贤的人都得到应有的对待。早大译注2读“辪”为“薛”，译此句为：不管是贤人还是不肖之人，都像灌溉艾蒿一样予以关照。笔者以为，下文有“口者，关；舌者，符玺也。玺而不发，身亦毋（无）薛（辪）”，意为如果嘴巴像关口、符玺那样封住不打开，人就不会获罪。“辪”意为“罪”。因此，“溉辪”和“贤鄙”一样是一对反义词。如果“辪”指罪人，那么“溉”可能指有功之人。此句可能意为，不管哪种人都能各得其所、各尽其用。《荀子·儒效》有“若夫谲德而定次，量能而授官，使贤不肖皆得其位，能不能皆得其官，万物得其宜，事变得其应，慎墨不得进其谈，惠施邓析不敢窜其察，言必当理，事必当务，是然后君子之所长也”。

④ 整理者释文认为“骰”意为“乱”，可从。此句意为：如果爵禄、地位都能得以传续，谁还会犯上呢？

⑤ “邦之急”，当指政治之首务。整理者释文认为“体级”即“体制等级”。笔者以为“级”当读为“急”。“体急”，指体恤百姓之所急。《史记·五帝本纪》有“高辛生而神灵，自言其名。普施利物，不于其身。聪以知远，明以察微。顺天之义，知民之急”。《盐铁论·散不足》有“不恤民之急”。

⑥ “掇”，整理者释文怀疑读为“辍”，意为“止”，“掇民之欲”即制止百姓的欲念。早大译注2引《汉书·董仲舒传》“掇其切当世施朝廷者著于篇”颜师古的注“掇，采拾也”，解“掇”为选择。联系前后文意，似乎统治者尊重百姓欲望的做法更为合理，因此笔者赞同早大译注2的意见。

⑦ “陆”，整理者释文疑为“却”的误字，“间却”即“间隙”。结合下文看，这是比较合理的解释。整句可译为：如果统治者的政治措施圆满无失，那么，下面的人再怎么花样百出，也能从容应付了。

官禄夬助治。[1]不赁（任）其人，及九伍官之敃岂可悔一〇伍。[2]申之义，以毄畸，[3]欲令之具下勿议。[4]彼邦之[illegible]（倾）一一伍，[5]下恒行巧而威故移一二伍。[6]将发令，索其政，毋发可异史（使）烦请。[7]令数囚一三伍环，[8]百姓榣（摇）贰乃难请一四伍。[9]听有方，辩短长，困造之士久不

---

① “民能”，当指人的才能，前文有“审知民能”。伊强认为，“任吏”即“任事”，并举《礼记·王制》“凡官民材，必先论之。论辨然后使之，任事然后爵之，位定然后禄之”，《韩非子·八说》“计功而行赏，程能而授事，察端而观失，有过者罪，有能者得，故愚者不任事”，《新书·先醒》“昔楚庄王即位，自静三年，以讲得失。乃退僻邪而进忠正，能者任事，而后在高位”为例。“夬”，整理者释文认为可能是“史”之误，读为“使”。下文有“毋发可异史（使）烦请”。整理者释文解“非以官禄使助治”为“不是让他们享受官禄，而是要他们助理政事”。这显然不通，在战国中晚期的政治学说中，以能授官，同时给予相应的地位、俸禄使之安于政务的理论极为常见。上文的“禄位有续孰敢上”，下文“不赁（任）其人，及官之敃岂可悔”也表达了同样的意思。因此，合理的解释应该是：让他们享受相应的地位、俸禄，以助理政事。“非”疑读为“配”，二字同属微部，均为唇音，可通。

② 此句意为：如果用人不当，那就会造成吏治混乱，后悔不已。

③ “申之义”，指申明正义。“毄”，如整理者释文所言读为“击”。“畸”如整理者释文所示，意为“邪”。二句意为通过正义压倒邪恶。

④ 此句意为：要求政令具体明确不致使人产生议论。

⑤ “邦之倾”即国家的倾覆。

⑥ “巧”，指伪诈不实之行为。“威”指“权威”。“故”，道理、事理。整句意为：下面的人喜好玩弄巧诈，国家的权威、法则因此而动摇。

⑦ “索其政”，整理者释文释为“求其正”“力求命令正确”。“烦请”如整理者释文所言，即反复请问。整句意为：发布政令，要力求正确，不要使发布的政令导致人的异议，以致反复前来查问确认。

⑧ “令”，当指政令。“数”，频繁地。“囚环”，整理者释文读为“究环”，意为“追回”，并解释“令数囚环”为“命令多次追回，也就是朝令夕改”。

⑨ 整理者释文读“榣”为“摇”，释“摇贰”为“疑惑”，释“请”为“问”，解读整句为：百姓心中疑惑，事情就不好办了。“请”还是释为“召请”较好，“难请”即不服从、请不动。

阳一五伍。[1]

第九部分

口，关也；舌，几（机）也二九伍。[2]一堵（曙）失言，四马弗能三〇伍追也三一伍。[3]口者，关；舌者，符三二伍玺也。玺而不三三伍发，身亦

① 整理者释文认为此处有脱文，意义不明，故未作解释。同时指出以上八句韵文，采用了当时民间曲调“相”的方式。早大译注2说“听有方”意为“听有听的法则”。笔者以为，结合下文，“听有方”可能指“听从、遵从守礼守法之士”。《礼记·经解》有“隆礼由礼，谓之有方之士；不隆礼、不由礼，谓之无方之民”。“辩短长”当指辨明度量法则。《管子·枢言》云“量之不以少多、称之不以轻重、度之不以短长，不审此三者，不可举大事”。“困造之士久不阳”意义不明。连劭名认为“困”通“窘”，意为“急”，“造”即造次，“困造之士”即性急之人，可备一说。以上第八部分类似《荀子·成相》，以歌谣的形式叙述，虽然也是从政原理，但劝谏对象似乎高于一般官吏。林素清认为，“比较接近上海博物馆的《从政》与《相邦之道》，而与《为吏之道》性质稍异”。

② 如整理者释文所言，“机”和“关”都是弩上部件的名称。“机”为扳机，“关”为其外护机的部分。此句意为“口”和“舌”有如“关”和“机”，“关”稍一不慎，“机”就会发动。整理者释文举《说苑·谈丛》“口者关也，舌者机也，出言不当，四马不能追也。口者关也，舌者兵也，出言不当，反自伤也”为例。魏启鹏指出，《文子·微明》有“行有召寇，言有致祸。无先人言，后人已附耳之语，流闻千里。言者祸也，舌者机也。出言不当，驷马不追”。陈伟指出，《鬼谷子·权》中有“故口者，机关也，所以关闭情意也”。俱可参考。《说苑·谈丛》还有“言出于己，不可止于人；行发于迩，不可止于远。夫言行者，君子之枢机。枢机之发，荣辱之本也，可不慎乎！故蒯子羽曰：‘言犹射也，栝既离弦，虽有所悔焉，不可从而追已。’”《刘子·慎言》有“言出患人，语失身亡。身亡不可复存，言出不可复追。其犹射也，悬机未发，则犹可止；矢一离弦，虽欲返之，弗可得也”。《上博六·用曰》有“既出于口，则弗可悔，若矢之免于弦”。均为类似表达，可见这一类箴言当时流传甚广。

③ “堵”，如整理者释文所言可读为“曙”，“一曙”即“一旦”。《吕氏春秋·重己》有“一曙失之，终身不复得”。类似表达可见上文“戒戒之言不可追”“慎之，慎之言不可追”。《论语·颜渊》有“驷不及舌”。《说苑·谈丛》有“一言而非，四马不能追；一言不急，四马不能及”。《邓析子·转辞》有“一声而非，驷马勿追；一言而急，驷马不及”。《岳麓书院秦简》有“多言多过”“勿（无）言可复”“疾言不可悔”。

毋（无）薛（辥）三四伍。[①]人各食其所耆（嗜），不三五伍踐以貧（分）人；各乐其三六伍所乐，而踐以貧（分）人三七伍。[②]

参考文献

《睡虎地秦简》：睡虎地秦墓竹简整理小组：《睡虎地秦墓竹简》，文物出版社，1990年。

整理者释文：《为吏之道释文注释》，载《睡虎地秦墓竹简》，文物出版社，1990年，第167-176页。

《岳麓书院秦简》：朱汉民、陈松长主编：《岳麓书院藏秦简（壹）》，上海辞书出版社，2010年。

王明钦：《王家台秦墓竹简概述》，载《新出简帛研究》，文物出版

① “关”，如整理者释文所言可读为“关口”。“玺而不发”，如整理者释文所言意为“用玺印封缄而不打开”。“薛”如整理者释文所言读为“辥”，意为罪。整句意为：如果嘴巴像关口、符玺那样封住不打开，人就不会获罪。《说苑·谈丛》有“多易多败，多言多失”。《郭店楚简·语丛四》有“口不慎而户之闭，恶言复己而死无日”。《岳麓书院秦简》有“多言多过”“丑言出恶”。

② “踐”，整理者释文指出此字亦见睡虎地秦简《秦律十八种》之《金布律》“百姓假公器及有债未偿，其日踐以收责之……”（百姓借用官府器物和负债未偿，当天足以收回……），因此可读为“足”。“耆”，从整理者释文读为“嗜”。“貧”，从整理者释文读为“分”。此句可能意为：人人都爱吃自己喜欢吃的东西，喜欢吃的东西是分不过来的。人人都陶醉于自己的快乐中，但快乐足以分给每一个人。这是两种不同的境界，有如《庄子·徐无鬼》所说“以德分人，谓之圣。以财分人，谓之贤”（又见《列子·力命》）。《孟子·滕文公上》“分人以财谓之惠，教人以善谓之忠”。另外，《岳麓书院秦简》有“绝甘分少”，即把好东西拿出来和大家平分。《汉书·司马迁传》有“以为李陵素与士大夫绝甘分少，能得人之死力”。颜师古注“自绝甘旨，而与众人分之，共同其少多也”。前面数句都是“慎言”之教训，这两句似无关。以上第九部分属于杂言体，内容和做人的品德有关。

社，2004 年。

朱凤翰:《北大藏秦简〈从政之经〉述要》,《文物》2012 年第 6 期。

陈伟主编:《秦简牍合集》，武汉大学出版社，2014 年。

黄盛璋:《云梦秦简辨正》,《考古学报》1979 年第 1 期。

邢义田:《云梦秦简简介——附：对〈为吏之道〉及墓主喜职务性质的臆测》,《食货月刊》复刊 9 卷 4 期，1979 年；又收入《秦汉史论稿》，东大图书公司，1987 年。

高敏:《云梦秦简初探》(增订本)，河南人民出版社，1981 年。

蒋义斌:《秦简〈为吏之道〉在思想史上的意义》,《简牍学报》1981 年第 10 期。

张永成:《秦简〈为吏之道〉篇的版式及其正附文问题》,《简牍学报》1981 年第 10 期。

江庆柏:《"睡简"〈为吏之道〉与墨学》,《陕西师范大学学报（哲学社会科学版)》1983 年第 4 期。

徐富昌:《睡虎地秦简研究》，文史哲出版社，1993 年。

早大译注 1：早稻田大学秦简研究会:《云梦睡虎地秦墓竹简〈为吏之道〉译注初稿（一)》,《史滴》1988 年第 9 期。

早大译注 2：早稻田大学秦简研究会:《云梦睡虎地秦墓竹简〈为吏之道〉译注初稿（二)》,《史滴》1989 年第 10 期。

陆锡兴:《"敄悍寠暴"解》,《文史》第三十三辑，中华书局，1990 年。

余宗发:《〈云梦秦简〉中思想与制度钩摭》,台湾文津出版社,1992年。

吴福助:《〈为吏之道〉宦学识字教材论考》,载《睡虎地秦简论考》,台湾文津出版社,1994年。

陈伟武1:陈伟武:《睡虎地秦简核诂》,载《胡厚宣先生纪念文集》,科学出版社,1998年。

魏启鹏:《文子学派与秦简〈为吏之道〉》,载陈鼓应主编:《道家文化研究》第十八辑,三联书店,2000年。

沈培:《说郭店楚简中的"肆"》,载《语言》第2卷,首都师范大学出版社,2001年。

欧阳祯人:《〈为吏之道〉的儒家思想发微》,载谢嘉容编:《郭店楚简与早期儒学》,台湾古籍出版有限公司,2002年。

蔡伟1:蔡伟(网名"抱小"):《简帛拾遗》,国学网(http://www.guoxue.com),2004年8月26日。

刘钊:《读秦简字词札记》,载《古文字考释丛稿》,岳麓书社,2005年。

余英时:《汉代循吏与文化传播》,载王健文主编:《台湾学者中国史研究论丛·政治与权力》,中国大百科全书出版社,2005年。

俞志慧:《秦简〈为吏之道〉的思想史意义——从其集锦特色谈起》,《浙江社会科学》2007年第6期。

连劭名:《睡虎地秦简〈为吏之道〉与古代思想》,《江汉考古》

2008年第4期。

戴世君1：戴世君：《云梦秦律注译商兑（续二）》，简帛网，2008年5月27日。

戴世君2：戴世君：《云梦秦律注译商兑（续三）》，简帛网，2008年7月19日。

陈伟武2：陈伟武：《试论简帛文献中的格言资料》，载《简帛》第四辑，上海古籍出版社，2009年。

蔡伟2：蔡伟执笔：《岳麓简〈为吏治官及黔首〉部分简文释文》，复旦大学出土文献与古文字研究中心网，2009年11月27日。

伊强：《睡虎地秦简〈为吏之道〉补说》，简帛网，2009年12月28日。

白于蓝：《睡虎地秦简〈为吏之道〉校读札记》，“先秦文本与思想国际学术研讨会”论文，台湾大学，2010年8月。

林素清：《秦简〈为吏之道〉简序及相关问题研究》，“中国人民大学国学院成立五周年暨冯其庸先生从教六十周年国际学术研讨会”论文集，中国人民大学国学院，2010年10月。

石继承执笔：《读〈岳麓书院藏秦简（壹）〉》，复旦大学出土文献与古文字研究中心网，2011年2月28日。

蔡伟3：蔡伟：《读竹简札记四则》，复旦大学出土文献与古文字研究中心网，2011年4月9日。

刘云：《〈为吏之道〉与〈为吏治官及黔首〉对读札记》，复旦大学出土文献与古文字研究中心网，2011年4月15日。

工藤元男：《睡虎地秦简所见秦代国家与社会》，广濑薰雄、曹峰译，上海古籍出版社，2010年。

王中江：《睡虎地秦简〈为吏之道〉与秦国的儒家式政治伦理》，载《中国儒学》第四辑，中国社会科学出版社，2009年；又见氏著：《简帛文明与古代思想世界》第十九章，北京大学出版社，2011年。

第十五章　马王堆帛书《黄帝四经》法思想的人性论基础
——兼论《经法·道法》的逻辑结构

将“道”与“天道”视为人间法哲学的基础，虽然阐明了“法”的合理性依据，却没有提供“法”的必要性依据。《黄帝四经》认为人间之所以需要“法”，除必须遵循天地之道外，也是因为人生而“有害”，因此“法”是为了克服矫正“害”而产生的。这种“有害”论和用动静关系描述人性的理论有关，否定的是过度的欲望以及不合理的行动方式。这种人性论不同于强调复归清静本性的某些道家理论，不同于利用自然人性为政治服务的法家理论，也不同于试图改造人性的儒家理论，从政治目的、逻辑展开看，与荀子思想有接近之处。

一、《黄帝四经》法思想的天道论基础和人性论依据

马王堆帛书《黄帝四经》[1]是讲社会管理的，但显然社会的稳定和有序运行主要不是依赖人的道德自觉，而是依赖“法”的手段与措施。研

① 《黄帝四经》即《马王堆帛书〈老子〉乙本卷前古佚书》，虽然能否将其称为《黄帝四经》，学界还有不同意见，但《黄帝四经》这一名称已在学界较为流行。

究《黄帝四经》法思想之基础的人，一般都将重点放在两个侧面，一是“法”与“道”的关系，一是“法”与“天道”的关系。就前者而言，学者大多由《黄帝四经·经法·道法》的第一句话展开：

> 道生法。法者，引得失以绳，而明曲直者也。故执道者，生法而弗敢犯也，法立而弗敢废［也。故］能自引以绳，然后见知天下而不惑矣。[①]

“道生法”一句，说明《黄帝四经》劈头就为“法”的来源和依据点明了形而上学的基础。《黄帝四经》专设《道原》一篇，恐怕也有这样的用意。《道原》的上半篇以宇宙论的形式，描述了道体无名无形、独立不偶，但“万物得之以生，百事得之以成”的形上特征，下半篇则转入圣人如何体道用道，以实现“抱道执度，天下可一”的政治目的。这是说“道”既是最高本体，又对社会和人生具有决定性意义。这种道论既为万物存在的合理性提供了依据，又为圣人（《黄帝四经》常常称为“执道者”）各种政治实践（当然包括“法”的设立与实施）的合理性提供了依据，因此这一理论是不可或缺的。所以，《道原》虽然没有再提“道生法”，但实际上是为“道生法”作了一个全面的阐释。事实上，《淮南子》将《原道》、《文子》将《道原》各设为第一篇[②]，可能都出于同样的目的，即为一切政治哲学的展开找到“道”这个形上的

① 释文参见陈鼓应：《黄帝四经今注今译》，台湾商务印书馆，1995 年，第 48 页。

② 融合儒、道、法的汉初陆贾《新语》第一篇也是《道基》。

保障。

然而，事实上，这种形上意义的“道”，在《黄帝四经》中并不多见。《黄帝四经》中的“道”更多指的是“天道”，甚至可以说《黄帝四经》就是一部“天道”论。这种天道论视天地人为相互联动的一个整体，依据天道指导人事的原则，通过揭示宇宙秩序来指示人类的政治行为。所以，《黄帝四经》中有大量天地之道的描述，有时指的是日月运行、四时更替等具有绝对性、确定性的，表现为“理”“数”“纪”的宇宙秩序，有时指的是阴阳消长、动静盈虚、刚柔兼济等具有辩证法则的宇宙原理，这都是人所需要认识和把握的天道。如果说形上意义的“道”是常人无法感知、难以体会的抽象之“道”，天道则是任何人都可以直接感受，又不得不遵循的天地运行规律和法则。天道既具有形象直观的特点，同时又具备与“道”相同的权威性、绝对性、公正性、无私性，这些正是法律所必须具备的性质。这样，顺应天道成为建构人间规范，从而掌握天下最为直接有效的手段。对于圣人而言，法天地以尽人事，从天地人贯通的宇宙秩序中，提炼出治世的方法、是非的标准，就是首要的政治事务。因此，《黄帝四经》中的“法”，很大程度上表现为“法天地”，或者说以天地之道作为人事之“法”，人间的“法”就是天道的投影或者说对天道的效仿。

然而，将“道”与“天道”视为人间法哲学的基础，虽然阐明了“法”的合理性依据，却没有提供“法”的必要性依据。也就是说，如果社会不出现问题，也就没有必要由圣人出来替天行道，建立起由天道示范的法律系统。《黄帝四经》作为一种丰富而成熟的政治理论，不可能不回答这些问题，即人性是否存在问题，存在哪些问题，以及如何解决。

以笔者管见，从道法关系角度研究《黄帝四经》法思想者虽然不少，但有关其法思想之人性论基础的讨论却不多见。白奚在论证《黄帝四经》早出[①]时，曾涉及人性论，他认为："人性问题是战国中后期百家争鸣进入高潮以后才凸现出来的，它带有鲜明的时代特征。""在孟子的时代，真正占有优势的是法家和黄老关于人皆好利恶害的人性论主张。""孟子提出性善论，实为儒家对法家和黄老大谈人性自私自利的回应。""后来荀子的性恶论实际上是对孟子性善论和法家黄老性私论的综合，其前一半由于对稷下黄老之学多有吸取而与孟子相左，后一半则由于对稷下黄老人性论的扬弃，主张对人性进行改造而与孟子殊途同归了。""战国中后期的黄老学者（包括受黄老影响的荀、韩等）由于达成了人皆好利恶害的认识，因而对人的物质欲望表现出相当的宽容态度，在一定程度上承认'欲'的合理性，并给予道德上的肯定，只不过主张有所节制而已。而《四经》对'欲'却持明确的否定态度。如'生有害，曰欲'，'心欲是行，身危有央（殃）'，并把'纵心欲'视为'三凶'之一，此点与以后的黄老派显然不同，这标示着黄老思想发展的不同阶

① 白奚认为《黄帝四经》成书于战国中期以前，参见白奚：《稷下学研究——中国古代的思想自由与百家争鸣》，三联书店，1998 年，第六章第二节"（一）《黄帝四经》早出之新证"。

段。”[1]同时，白奚还提到，就“因循”而言，《黄帝四经》只讲“因天道”，而后来的黄老道家如慎子则提出“因人情”，韩非子则不仅“因天道”“因人情”，还“因法数”，提出“因道全法”的命题。[2]白奚虽然是为证明《黄帝四经》早出而论及人性问题，却在简短的论述中对先秦人性论作了一个回顾，同时指出了《黄帝四经》人性论在其中的位置，有许多发人深思之处。他还同时收集了《黄帝四经》人性论一些最基本、最典型的材料，有很大的学术贡献。这至少证明了一点，《黄帝四经》是有其人性论的，这种人性论和《黄帝四经》法思想是相关的。可惜其论述比较简单，没有作出进一步的展开。王中江的《黄老学的法哲学原理、公共性和法律共同体理想——为什么是“道”和“法”的统治》一文，对黄老学法哲学作了极为全面、系统的论述，其中必然涉及人性论（王中江称为“人情论”），以及与之相关的“因循论”。王中江在论述中主要讨论的是《管子》《尹文子》《慎子》《韩非子》等文献，他指出：“黄老学的‘因循论’，根本上是建立在‘自然法’的基础之上，人类意义上的‘自然法’，指的是人趋利避害的好恶‘性情’。”[3]王中江指出，黄老道家强调人具有自利自为的性情，因而建立起了一套“因循”

---

① 白奚：《稷下学研究——中国古代的思想自由与百家争鸣》，三联书店，1998年，第100-103页。

② 白奚：《稷下学研究——中国古代的思想自由与百家争鸣》，三联书店，1998年，第103-104页。

③ 参见王中江：《黄老学的法哲学原理、公共性和法律共同体理想——为什么是“道”和“法”的统治》第二节“‘人情论’和‘因循论’：法律统治与人性及合目的性”，载《简帛文明与古代思想世界》，北京大学出版社，2011年，第439-455页。

人情的政治哲学。然而除了“自为”理论稍稍涉及《黄帝四经》外，其他关于《黄帝四经》的材料，他一概没有引用，这不能不说是缺憾。荆雨的《试析帛书〈黄帝四经〉“道生法”思想的内涵及意义》一文，谈到了从人性论角度看《黄帝四经》“法”产生的必要性，他认为“生有害，曰欲，曰不知足”说的是人的生存本性，“动”“事”“言”本是人正常的、必然的政治行为，但实际上，“人或国家的政治行为又总是包含着对动、事、言的正当性与适度性的突破与背离”，“关键在于人不知自己在什么限度内是合法的、合乎常规的，是可以带来有利结果的。帛书主张‘秋毫成之，必有形名。形名立，则黑白之分已’。形名立，才能知黑白、美丑、善恶、是非。国家必有经常的制度法规，才能使社会呈现秩序化。如此，帛书是从基本的人性论的角度论说‘法’建立的必然性”。[①] 荆雨的这段论述非常富有启发性，他启示我们去思考人性与尺度的问题，以及天道作为一种尺度在矫正人性方面的重要作用，可惜他的论述也过于简单，没有把这个有趣而重要的问题深入下去。

在笔者看来，《黄帝四经》中存在人性论是事实，而且人性论在《黄帝四经》法思想中具有重要的位置，和“道论”“天道论”一起共同构成了《黄帝四经》法思想的基础。《黄帝四经》论述人性论的方式和其他各家不同，主要是为了解决人性之尺度的问题，而天道则为人提供了尺度的标准。这种思路和用动静关系描述人性的理论有密切关系。这是

① 荆雨：《试析帛书〈黄帝四经〉“道生法”思想的内涵及意义》，《中国哲学史》2005年第4期。

一种独特的人性论表述方式，和其他人性论相比只有重点的不同，彼此可以并行，未必存在孰先孰后的关系。

二、"有害"论是一种人性论表述

我们应该注意到，《黄帝四经·经法·道法》虽然劈头就讲"道生法"，但在上引那段话的后面，作者马上转向了所谓的"有害"论，这就是下面这段话：

> 虚无刑（形），其裻（寂）[①]冥冥，万物之所从生。生有害，曰欲、曰不知足。生必动，动有害，曰不时、曰时而□。动有事，事有害，曰逆、曰不称、不知所为用。事必有言，言有害，曰不信、曰不知畏人、曰自诬、曰虚夸、以不足为有余。故同出冥冥，或以死，或以生；或以败，或以成。祸福同道，莫知其所从生。

这段话和上面论述"道生法"那段话紧密相连，应该说绝不是偶然的。"道生法"仅仅阐明了"法"的合理性依据，而这段话中出现的"有害"论则为"法"的必要性提供了依据。毋庸置疑，这段话是以生成论的方式展开的，"虚无刑（形），其裻（寂）冥冥"，正是万物生成的母体——"道"空虚宁静、浑然一体、无音无形、不明不分的写照，此类

① 关于"裻"字，有"寂"、"督"（引申为"中"）、"中枢"等多种解释。从上下文看，这里显然是关于道体空虚寂静的描述，因此读为"寂"最合理。参见陈鼓应：《黄帝四经今注今译》，台湾商务印书馆，1995年，第52页。

描述在道家文献中极为多见，例如上博楚简《恒先》就说“恒先无有，朴、静、虚。朴，大朴。静，大静。虚，大虚。……未有天地，未有作、行、出、生。虚静为一，若寂寂梦梦，静同而未或明，未或滋生”。此时，万物尚未诞生，有趣的是，《黄帝四经·经法·道法》在此并没有描述万物的诞生过程，而是直奔主题，说万物在诞生的同时，四种“害”也同时降生了。这四种“害”就是“生有害”，表现为“欲”和“不知足”；“动有害”，表现为“不时”及“时而□”[①]；“事有害”，表现为“逆”“不称”“不知所为用”；“言有害”，表现为“不信”“不知畏人”“自诬”“虚夸”“以不足为有余”。陈鼓应认为，这些“害”正是老子所批判的对象，如“欲”和“不知足”可以和“祸莫大于不知足，咎莫大于欲得”（第四十六章），“不见可欲，使民心不乱”（第三章），“见素抱朴，少私寡欲”（第十九章）相关联。“不时”“逆”“不称”“不知所为用”“不信”“不知畏人”“自诬”“虚夸”“以不足为有余”可以和“言善信，正善治，事善能，动善时”（第八章）相关联。[②]

虽然如陈鼓应所言，这些有害论和《老子》批判的现象极为相似，但是两者间的不同也是显而易见的。《黄帝四经》用生成论的方式展开有害论，这一点和上博楚简《恒先》非常像，《恒先》在前文中先描述了道体“朴”“静”“虚”“大朴”“大静”“大虚”的特征，之后展开具

① 陈鼓应认为这个缺字可能是“伓（倍）”，即反逆、背离的意思。参见陈鼓应：《黄帝四经今注今译》，台湾商务印书馆，1995年，第54页。

② 参见陈鼓应：《黄帝四经今注今译》，台湾商务印书馆，1995年，第53–55页。

体的宇宙生成过程，然后在落实到人间政治现象时，明确指出“先者有善，有治无乱。有人焉有不善，乱出于人”。这是说世界本来是善的，不存在混乱，因为有人的活动，才导致了不善与乱。“祥义、利巧、彩物出于作，作焉有事，不作无事。”这是说，“祥义”“利巧”“彩物”等等文明、制度、技巧，均出于人之“作”，有了“作”就会有“事”，不“作”就不会有“事”。这里虽然没有直接将“事”与“害”等同起来，但作者显然对“乱出于人”，对“事”表露出了否定的态度，所以这里“作”一定是妄作，后面提出“明王”“明君”“明士”要“无夜（舍）”（不要去指定）、“无与”（不要去干预），即秉持无为的态度，正是由此而发的。

三、“有害”论和动静关系论

陈鼓应说《黄帝四经》中出现的这些“害”都是人的原性中存在着的东西。[①] 笔者认为虽然有一定道理，但显然是不完整的。因为这些“害”都是“动”的产物，因此《黄帝四经》才会说“生必动，动有害”，我们可以推测背后的潜台词就是不“动”则无害或合理的“动”则无害。在道家理论中，动静关系是一个重要的话题，既然以“道”为总根源和总依据的万物在产生时分有了道，万物之生表现为性之落实（这种分有与落实，在《庄子》那里是用“德”论来表述的，所以在《庄子》那里常常“德”“性”连用），那么，当人性的发生用生成论来

① 参见陈鼓应：《黄帝四经今注今译》，台湾商务印书馆，1995 年，第 53–55 页。

表达时，道家就必然会将动静与人性结合起来。陈鼓应虽然也提出，《淮南子 · 原道》“人生而静，天之性也。感而后动，性之害也。物至而神应，知之动也”，这段话可与《黄帝四经》“互参”[①]，但却没有说明该如何“互参”。在笔者看来，《淮南子 · 原道》这段话才是理解《黄帝四经》“有害”论的关键。因此，有必要作详细的考察。

《淮南子 · 原道》全文如下：

> 人生而静，天之性也。感而后动，性之害也。物至而神应，知之动也。知与物接，而好憎生焉。好憎成形，而知诱于外，不能反己，而天理灭矣。

《礼记 · 乐记》有类似的话：

> 人生而静，天之性也；感于物而动，性之欲也。物至知知，然后好恶形焉。好恶无节于内，知诱于外，不能反躬，天理灭矣。夫物之感人无穷，而人之好恶无节，则是物至而人化物也。人化物也者，灭天理而穷人欲者也。于是有悖逆诈伪之心，有淫泆作乱之事。是故强者胁弱、众者暴寡、知者诈愚、勇者苦怯、疾病不养、老幼孤独不得其所，此大乱之道也。

值得注意的是，《史记 · 乐书》也有这段话，与《礼记 · 乐记》几乎相

① 参见陈鼓应：《黄帝四经今注今译》，台湾商务印书馆，1995 年，第 55 页。

同[1]，但“性之欲也”作“性之颂也”。这样看来，虽然这三者都是以动静论性情，但《淮南子 · 原道》作“性之害也”的地方，《礼记 · 乐记》作“性之欲也”，《史记 · 乐书》作“性之颂也”。如何解释“害”“欲”或者“颂”呢？俞樾考证《淮南子 · 原道》“性之害”应为“性之容”，《礼记 · 乐记》中“性之欲”的“欲”也是“容”字之误。[2]“欲”“容”是中性的词汇，而释为“害”，则会导致对“性”的结果完全不同的解释。用“容”来释性，可以表明“性”之动产生的“情”本身并不是对“性”的伤害。俞樾列举了一些其他文本来说明“性之害”本应为“性之容”。例如《说文 · 手部》：“搈，动搈也。动搈，汉时语。《广雅》曰：搈，动也。从手，容声。”可见“容”为“搈”的假借字。关于《史记 · 乐书》中“性之颂也”，徐广曰：“颂音容。静、性为韵，动、容为韵，作‘欲’作‘害’，则皆失其韵矣。且上言动，下言容，容亦动也。”俞樾认为古本《乐记》就是作“容”，所以徐广才这样去读。“搈”有时也作“溶”，《韩非子 · 扬权》有“动之溶之”的说法。故俞樾从音韵学角度作出发明，“感而后动，即是性之动，故曰‘性之容’也。作‘欲’作‘害’，则皆失其义矣。《史记》作‘颂’者，‘颂’与‘容’古通用字。若是‘欲’字‘害’字，则《史记》无缘误作‘颂’，徐广又何据而读为‘容’乎？故知此与《礼记》并误也”[3]。

---

① 《史记 · 乐书》基本承袭《礼记 · 乐记》，这是学界共识。

② 俞樾：《诸子平议》，上海书店，1988 年，第 580 页。

③ 俞樾：《诸子平议》，上海书店，1988 年，第 580–581 页。

我们认为，俞樾的考证虽有其道理，但是并不因为有“害”“容”“颂”的区别，就使整段话的解释发生重大改变。因为，如果将“害”或“颂”释为“容”，理解为“动”，理解为情感的自然流露，这里就不存在价值判断了。而这三篇文章，无论从哪一篇来看，都存在价值判断，都表达了这样一种倾向，即“性”由“静”而“动”的变化，是导致各种问题发生的源头、前提，这些问题在《淮南子》这里就是“好憎生”和“天理灭”，在《礼记·乐记》和《史记·乐书》这里，则更为详细，那就是“有悖逆诈伪之心，有淫泆作乱之事”，有“强者胁弱、众者暴寡、知者诈愚、勇者苦怯、疾病不养、老幼孤独不得其所”的“大乱之道”。笔者以为，即便文本最早是作“性之容”，作“害”是错字，但《淮南子》正是意识到由“静”而“动”后变化的可怕、剧烈，才将错就错，保留了这个更为传神的“害”字。或者说，写作“害”字，更有利于后面的逻辑展开。①

那么，如何才能防止“性”由“静”而“动”后，发生的可怕变化呢？《淮南子·原道》《礼记·乐记》《史记·乐书》展现出不同的方向。首先《淮南子·原道》是回归之路，即力图由“动”回到“静”，因此《淮南子·原道》的下文是：

> 故达于道者，不以人易天，外与物化，而内不失其情。至无而

① 例如《淮南子·齐俗》有“日月欲明，浮云盖之；河水欲清，沙石秽之；人性欲平，嗜欲害之。惟圣人能遗物而反己”，《文子·道原》也有“水之性欲清，沙石秽之；人之性欲平，嗜欲害之。唯圣人能遗物反己”，用的都是同一逻辑。

> 供其求，时骋而要其宿。小大修短，各有其具，万物之至，腾踊肴乱而不失其数。是以处上而民弗重，居前而众弗害，天下归之，奸邪畏之，以其无争于万物也。故莫敢与之争。

这段话的主旨是，为了避免“动”所导致的种种不利，人必须时时回到先天的“静”，这就是“不以人易天”“内不失其情”，如果能做到这一点，即“达于道”的境界，就可以随心所欲地“外与物化”，不管外物如何千变万化，如何“腾踊肴乱”，都可以应付自如。这实际上是以静制动、以不变应万变、以无为驭有为的思路，因此才会有“处上而民弗重，居前而众弗害”“天下归之，奸邪畏之”“莫敢与之争”的结果。所以，这是一种治标必须归本的方法，既然已经“反己”“达道”，那一切问题就迎刃而解了。这样的思维在道家，尤其在老庄道家中是极为常见的。例如《淮南子·原道》云：

> 是故达于道者，反于清静；究于物者，终于无为。以恬养性，以漠处神，则入于天门。所谓天者，纯粹朴素，质直皓白，未始有与杂糅者也。所谓人者，偶瞪智故，曲巧诈伪，所以俯仰于世人而与俗交者也。

就是说，与“天”之“清静”“无为”“纯粹朴素，质直皓白”相反，“人”必然是“偶瞪智故，曲巧诈伪”的，因此，要解决俗世产生的弊端，只有通过“以恬养性，以漠处神”的工夫，实现“反于清静”“终于无为”“入于天门”，才是最佳的解决之道。

同样利用动静讨论人性，《礼记·乐记》和《史记·乐书》则不同，“人生而静”只是一个起点，其重点不在于复归于“静”，而在于如何解决“动”发生以后的问题，动静的话题更多的是为了配合其主题——“节”，如果“人之好恶无节”，那就会导致“物至而人化物”的结局。关于这句话，孔颖达云：“外物来至，而人化之于物，物善则人善，物恶则人恶，是人化物也。”“人既化物，逐而迁之，恣其情欲，故灭其天生清静之性，而穷极人所贪嗜欲也。”① 可见“人化物”，实际上就是“人化于物”，即人受外物的牵制和影响，因此，这个“节”有着伦理教化的意义，如《礼记·乐记》和《史记·乐书》其他部分展开的那样，强调的是以礼乐刑政“导情”，即怎样使“情”发而中节。

如果简单概括《礼记·乐记》和《史记·乐书》的论述逻辑，那就是“静”→“动”→“无节”→“节”，从这个角度看，《黄帝四经》与之非常接近，《黄帝四经》的逻辑也可以简单概括为“生”→“动”→“害”→“法”。

虽然从创作的时代和文章的展开看，可能是《礼记·乐记》在前，《淮南子·原道》在后，《礼记·乐记》论述更为详备，而《淮南子·原道》只是摘抄。但是，笔者认为，以动静论人性而言，很可能《礼记·乐记》还是利用了道家的说法，因为动静之说在先秦儒家那里是很少见的，不像道家有道体虚静而万物生动的详细论述。《淮南子·原道》

① 《十三经注疏》五《礼记》，台湾艺文印书馆，1965年，第667页。

前面的引文，虽然重点在于如何复归于“静”，但是对于“动”可能造成的后果，也有大量描述，例如，《淮南子·原道》有这样的话：

> 夫喜怒者，道之邪也；忧悲者，德之失也；好憎者，心之过也；嗜欲者，性之累也。……故心不忧乐，德之至也；通而不变，静之至也；嗜欲不载，虚之至也；无所好憎，平之至也；不与物散，粹之至也。能此五者，则通于神明，通于神明者，得其内者也。

这段话的前半部分也见于《文子·道原》，而《文子·道原》和《淮南子·原道》又都本于《庄子·刻意》：

> 悲乐者，德之邪；喜怒者，道之过；好恶者，德之失。故心不忧乐，德之至也；一而不变，静之至也；无所于忤，虚之至也；不与物交，惔之至也；无所于逆，粹之至也。

这里的“喜怒”“忧悲”“好憎”“嗜欲”都可以理解为“动”，而“道”“德”“心”“性”则是“静”之所在，因此，只要竭力不让自己的情感被外物左右，那么，就可以回到“德之至”“静之至”“虚之至”“惔之至”“粹之至”。

从“静”到“动”实际上是一个由大道向万物分化的过程，《庄子·庚桑楚》说：“道通。其分也，其成也，毁也。”即“道”本来是全备通达的，事物的形成就是“道”的分裂，就是“道”的毁灭。《庄子·庚桑楚》又说："彻志之勃、解心之缪、去德之累、达道之塞。贵富显严名利六者，勃志也。容动色理气意六者，缪心也。恶欲喜怒哀乐六者，累德也。去就取与知能六者，塞道也。此四六者，不荡胸中则正，正则静，静则明，明则虚，虚则无为而无不为也。""性者，生之质也。性之动谓之为，为之伪谓之失。"可见回到整全的"道"等同于回到"正""静""明""虚"的"道"。这显然是一种让人做减法的工夫论，目的在于回到"道"的虚静无为。

值得注意的是，上引《庄子·庚桑楚》云："性者，生之质也。性之动谓之为，为之伪谓之失。"这里明确地表明，人性会因为"动"而发生变化。虽然对于称作"为"的"性之动"，《庄子·庚桑楚》并没有加以否定的意思，但是称作"四六"的"为之伪"，《庄子·庚桑楚》就认为类似于"害"，是对本性的失却。《管子·内业》有"凡人之生也，必以平正。所以失之，必以喜怒忧患"[①]。也谈到"失"的问题，这里的"平正"正是类似"静"的状态，因为"喜怒忧患"而导致了"平正"的丧失。[②]

老子在批判"欲"和"不知足"，批判人"妄作"的同时，开示给人类的解决方案，如"致虚极，守静笃""归根曰静，是谓复命"（第十六章）、"不见可欲，使民心不乱"（第三章）、"见素抱朴，少私寡欲"

① 此句又见《管子·心术下》，作"凡民之生也，必以正平。所以失之者，必以喜乐哀怒"。

② 《管子·内业》有"天主正、地主平、人主安静"的说法，可见"正""平""静"是相通的。

（第十九章）所示，基本上是一种做减法的工夫论，寄希望于圣人个人的修为，用“无为”“不争”等方式从根本上取消矛盾，将矛盾的发生消灭于萌芽状态中。上博楚简《恒先》也一样，虽然强调社会矛盾“出于作”，但提供的解决方案却是“不作”，以及“无夜（舍）”（不要去指定）、“无与”（不要去干预）。如前所述，《淮南子·原道》在上述那段话“人生而静，天之性也。感而后动，性之害也”的后面，提供的解决方案是“故达于道者，不以人易天；外与物化，而内不失其情”。即真正的得道者，不管外物如何纷杂扰乱，都不会因此改变其天性，同时还能驾驭万物，不被万物俘虏。这有着庄子式的浪漫与理想，实际上却是对现实矛盾的回避。

《管子·内业》在“凡人之生也，必以平正。所以失之，必以喜怒忧患”之后，提供的解决方案是：“是故止怒莫若诗，去忧莫若乐，节乐莫若礼，守礼莫若敬。内静外敬，能反其性，性将大定。”这里虽然也以“反其性”，即返归“平正”为最后归宿，但是却指出了一条现实的路径，那就是“止怒莫若诗，去忧莫若乐，节乐莫若礼”。用诗、乐、礼作为节制情感的工具，以此达到“外敬”的效果，只要最后“内静外敬”，就能实现“反其性”的最终目标。这样《管子·内业》就比《庄子·刻意》《淮南子·原道》要更加贴近社会现实。用诗、乐、礼作为节性工具，和《礼记·乐记》《史记·乐书》强调以礼乐刑政“导情”，几乎是一样的思路。

回过头来看《黄帝四经·经法·道法》，就总的思想背景而言，高扬

"道"之旗帜的《黄帝四经》更接近道家，这是毋庸置疑的。《经法·道法》虽然没有明确讲"人生而静，天之性也"，但这个前提在《黄帝四经》其实不言而喻，因为通过《淮南子·原道》"感而后动，性之害也"，或者通过《淮南子·齐俗》"人性欲平，嗜欲害之"（《文子》之《上德》《下德》同），我们得知，在《黄帝四经》这里，"欲"是"感而后动"的第一步，有了"欲"才有可能与外物相接，才有可能对"静"的天性造成破坏。这种破坏愈演愈烈，就有"动有害""事有害""言有害"的连锁反应。

不过，如前所言，《老子》《庄子》《淮南子》《文子》等很多道家文献强调的重点都是由"动"回到"静"，而不是针对"动"，提出进一步的对策。在这一点上，《黄帝四经》与《礼记·乐记》和《史记·乐书》非常接近，前文已经提到，如果简单概括《礼记·乐记》和《史记·乐书》的论述逻辑，那就是"静"→"动"→"无节"→"节"，同样，《黄帝四经》的逻辑也可以简单概括为"生"→"动"→"害"→"法"。"法"和"节"具有同样的效果。关于"法"的必要性，《经法·道法》开头已经非常明确地表明了立场，即"法者，引得失以绳，而明曲直者也。故执道者，生法而弗敢犯也，法立而弗敢废［也。故］能自引以绳，然后见知天下而不惑矣"。

这样看来，具有道家思想背景的《黄帝四经》，和《礼记·乐记》《史记·乐书》一样，把论述的重点放在了社会问题发生以后的应对上，这一点和同为道家的《管子·内业》用诗、乐、礼作为节制情感的工具有类似之处，只不过《管子·内业》最后还要“反其性”,《黄帝四经》却不强调这一点。

如何解释这种差异呢？如果我们把《黄帝四经》视为黄老道家，而把上述道家文献视为老庄道家，那么这个问题就容易理解了。同样秉持道家立场的黄老道家和老庄道家，最大的区别在于如何面对社会现实，如何提出应对社会矛盾的策略。《老子》《庄子》等道家文献[①]基本上对社会问题持批判的态度，然后通过做减法的方式，呼吁人类尽量少“动”、少作为，通过自我约束、回归清静，从源头、根本上消除矛盾，这就是所谓治标必先治本的思维方式和行为方式。黄老道家则不同,《黄帝四经》等经典的黄老道家，虽然同样提出“道”是最高的、最根本的法则，但是一味地回到那个不可名的、不可言的、虚无缥缈的“道”，其实于事无补，“无为”只是一种立场、一种方式，目的是“无不为”。因此，较之老庄道家，黄老道家更关注现实，更为进取，更善于把理论与实践相结合，同时也更积极地兼容阴阳、儒、墨、名、法等所有益于治的理论。[②]因此，虽然思想倾向有所不同，但道家背景的《黄帝四经》和儒家背景的《礼记·乐记》《史记·乐书》都会认真思考“动”之后所出现的问题，并提出进一步的方案。

---

① 这里，我只是作一个总体的概括，或者说就我所引篇章而言，可以这样去形容。事实上，具体文本会呈现不同的思想倾向。可以说即便在《老子》内部也有黄老道家的色彩，后代各种注释、阐发也会有不同的路径。《庄子》《淮南子》《文子》等道家文献更是老庄道家和黄老道家相交杂。

② 详细论述可参见曹峰：《近年出土黄老思想文献研究》，中国社会科学出版社，2015年，“导论”。

正因为如此,《黄帝四经》在对四种“害”作猛烈批判的同时，也在思考如何避免“害”，克服“害”，而不是做减法，向后退，回到“虚无刑（形），其裻（寂）冥冥”的境界中去。[①] 考察后面的文字就可以知道,《黄帝四经》是一种现实的、行动的政治理论。如“故同出冥冥，或以死，或以生；或以败，或以成。祸福同道，莫知其所从生”所示,《黄帝四经》避免“害”、克服“害”的目的，最终是要达致“生”“成”“福”这样一些非常现实的人生目标。

那么该如何达致这些人生目标呢?《黄帝四经》独特的人性论告诉我们，在动态的生成过程中，在与外物的接触交涉过程中，人类有可能导向“害”，因此，外在的、强力的、具有规定性的准则，就显得十分紧迫和必要。再来看下文,“见知之道，唯虚无有。虚无有，秋稿（毫）成之，必有刑名。刑名立，则黑白之分已。故执道者之观于天下也，无执也、无处也、无为也、无私也。是故天下有事，无不自为刑名声号矣。刑名已立，声号已建，则无所逃迹匿正矣”。就是说,“见知”（认识把握世界）之道，在于采取“虚无有”的态度，如果采取“虚无有”的态度，那就知道，即便再小的事物，也必有它的“刑名”。事物的“刑名”确立了，则“黑白之分”即事物的特征、位置和是非标准也就建立起来了。执道者在把握天下之事时，只要采取“无执”“无处”“无为”“无私”的态度即可。到了天下有事的时候，这些“刑名”

① 当然,《黄帝四经·经法·道法》也说“见知之道，唯虚无有”，但这是一种方法论，即想要“见知”（考察把握）天下，就必须站在“虚无有”的高度亦即“道”的高度。

（作为确定的秩序、规范）、“声号”（作为政策、法令）就会自发地发挥作用。只要“刑名”（既定的位置、秩序）和“声号”（政策、法令）系统建立起来了，那就没有谁能逃得过它们的控制和管理。如果和前面的人性论部分联系起来看，这段话可以说是流畅的逻辑推演，即只有通过法律（“刑名”）的树立，让“刑名”充分发挥自我组织、自我管理的作用，才能最大程度地避免“害”，克服“害”。

如果《黄帝四经》通过“有害”论表述的人性论仅仅引出的是“法”的重要性和必要性，那么一篇《经法·道法》就足够了。事实上《黄帝四经》有着极为丰富的内容，相当多的内容是在谈如何效法天道。如果说效法天道只是为了给人间的“法”寻找合理性的依据，笔者认为依然不够全面。效法怎样的天道，怎样效法天道，也和《黄帝四经》通过“有害”论表述的人性论也有着密切的关系。在四种“害”中，我们可以注意到，这些“害”更多与行为的不当和过度相关，例如“不时”即不能与时迁徙，不能按照天地的节奏安排人事的行动。用《经法·四度》的话说就是“动静不时谓之逆”，用《十大经·五正》的话说就是“反义逆时”，用《十大经·兵容》的话说就是“因天时，与之皆断。当断不断，反受其乱”。例如“自诬”“虚夸”就是名不副实，“不称”就是不能把握好尺度，所以《黄帝四经》专门有一篇《称》，应该就是在教人权衡选择之道。这种辩证的处事方式也是《黄帝四经》所要教导的避免“害”、克服“害”的道理。陈鼓应对《称》篇的概括是非常精到的，“主旨就是通过对阴阳、雌雄（节）、动静、取予、屈伸、隐显、实华、强弱、卑高等等矛盾对立转化关系的论述，为人们权衡选择出最正确、最得体、最有效的治国修身的方案”[①]。因此，《黄帝四经》中的“法”很多不是硬性的法律法规条文，而是这种弹性的、辩证的原理、原则。在《黄帝四经》看来，这同样是至关重要的“法”，可以帮助人从“四害”招致的祸患中逃离出来。过去，我们对于《黄帝四经》法思想的理解和考察，过多注重于那些确定的、不变的、成文的、机械的元素，而不太注意到《黄帝四经》在很多地方把这些弹性的、辩证的原理、原则也视为“法”，其实这样的“法”才是《黄帝四经》的特色。

因此，“人或国家的政治行为又总是包含着对动、事、言的正当性与适度性的突破与背离”，荆雨的这句话是很有道理的。《黄帝四经》中“法”和尺度密切相关，这正是在教人如何合理地行动。这也正是《经法·道法》最后会将话题转向“称以权衡，参以天当”“应化之道，平衡而止。轻重不称，是谓失道”的重要原因。在整个《黄帝四经》中，关于“极”“当”“度”“数”“称”的论述多得不可思议，其实就是在从不同的角度回应人性有害的问题。总之，我们可以说，《黄帝四经》通过“有害”论展开的人性论，也为后面论述“权衡度量”的法则埋下了伏笔。

四、《经法·道法》的逻辑结构和人性论

通过以上关于《黄帝四经》独特人性论的梳理，我们对于《经法·道法》在《黄帝四经》中的地位和价值，也有了新的认识。《经

① 参见陈鼓应：《黄帝四经今注今译》，台湾商务印书馆，1995 年，第 410 页。

法·道法》作为《黄帝四经》的第一篇，其位置和安排，和《黄帝四经》最后一篇《道原》一样，显然是有深意的，其内容起着为全书提纲挈领的作用。如果说《道原》论述的重点在于形而上，在于强调“道”相对于万物的至高地位，强调“道”对于社会和人生具有的决定性意义，强调圣人如果能够体“道”用“道”，就可以实现“抱道执度，天下可一”的政治目的。那么，《经法·道法》就是一种实践性很强的政治哲学，论述的重点在于形而下，强调“道”走向万物之后所将发生的种种问题及其对策，强调人间之所以需要“法”的合理性依据和必要性依据。但这种论述是从“有害”论的人性论开始的。这里，再对《经法·道法》的逻辑展开作一些描述与分析。

如前所述，在稍稍提及“道”与“法”的关系以及“法”的重要性之后，作者马上开始描述“四害”的产生问题，这就是下面这段话：

> 生有害，曰欲、曰不知足。生必动，动有害，曰不时、曰时而□。动有事，事有害，曰逆、曰不称、不知所为用。事必有言，言有害，曰不信、曰不知畏人、曰自诬、曰虚夸、以不足为有余。故同出冥冥，或以死，或以生；或以败，或以成。祸福同道，莫知其所从生。

“四害”和人性动静的关系前面已经详述，这里不再重复。那么，通过“有害”论的人性论《黄帝四经》究竟想说明什么呢？所谓“四害”就是：第一“生有害”，表现为“欲”和“不知足”，例如，《称》篇在谈天下“三死”的时候，其中一条就是“嗜欲无穷死”；第二“动有害”，表现为“不时”及“时而□”；第三“事有害”，表现为“逆”“不称”“不知所为用”；第四“言有害”，表现为“不信”“不知畏人”“自诬”“虚夸”“以不足为有余”。可以说这种“有害”论的人性论是造成一切行动失败的根本原因，为了避免“四害”，就需要给人立“法”，所以“有害”论为“法”的必要性提供了依据。

那么法的绝对性、普遍性、合理性来自何处？就像《黄帝四经》劈头第一句所说的那样，“道生法”，“道”是人间法则绝对性、普遍性、合理性的最终依据，那么这个“道”究竟又是什么？如前文所详述的那样，这个作为人类理性、最高正义原则和终极性规范的“道”不是虚无缥缈、不可接近的“道”，而是切实可感、客观公正的“天道”，这就是司马迁为何用“法天则地”四字来形容黄帝之道的原因。因此，天地为人立法，人通过遵循、效法天地法则来纠正、改变“四害”所导致的问题。这就是《黄帝四经》法思想的要义所在。

那么，“四害”所导致问题的本质又是什么呢？如前文所论述的那样，就是“变恒过度”(《经法·道法》)、“过极失当”①。“欲”和“不知足”指人心的贪婪；“不时”指不能按照天地的节拍节奏安排人事的行动；“不称”就是不能把握好平衡与尺度；“自诬”“虚夸”就是名不副实。四种“害”都和行为的不当和失度相关，要解决“四害”，就必须提供“节”“度”之道，《经法·道法》说“称以权衡，参以天当”(用

① “过极失当”一词虽然没有见于《道法》篇，而是见于《经法》的《国次》篇和《十六经》的《姓争》篇，但可以肯定是和“变恒过度”意义相似的词汇。

法度来审定天下之事，用天地的规律来作人事参照）就是这个意思。

因此，《经法·道法》通过上述的结构——“四害”需要“法”来纠正，“法”来自“道”（天道）。“四害”的本质在于行为的过度与不当，需要加以“节”“度”，即“称以权衡，参以天当”，而“权衡”与“天当”正是天道的体现——《黄帝四经》整体思想结构就被勾勒出来了。

《黄帝四经》是一部阐述“法”思想的书，这里的“法”，如《经法·道法》所描述的那样，是类似“斗石”“尺寸”“度量”的、人人可以接受又不得不接受的、大公无私的刚性法则。但因为“四害”所导致的问题，主要是种种行为的过度与不当，因此建立在人主观调控基础之上的“节”“度”之道也变得极为必要和重要。这种“节”“度”之道基本上是由圣人把握的、柔性的、微妙的法则。《经法·道法》曰：“应化之道，平衡而止。轻重不称，是谓失道。”应付千变万化的世界，关键在于掌握平衡，失去轻重平衡，便是“失道”。“变恒过度，以奇相御”，当出现超越常规之事时，甚至需要用“奇”即特殊的方式加以对治。因此，“法”的实施，并不是机械地、硬性地遵循那些刚性原则就能做到的，还有很大的空间，需要圣人利用主观的意志，运用微妙的法则，作出适度的调节，以处理复杂的局面，获得最大的成效。①

由此，我们得知，《经法·道法》引出了两种“法”，刚性的法度和柔性的法则，这两种“法”既来自对于天道的效法，也来自对于人性的纠偏。我们说整个《黄帝四经》就是在讨论这两种“法”，整部《黄帝四

① 详参曹峰：《〈黄帝四经〉所见“节”“度”之道》，《史学月刊》2017 年第 5 期。

经》的政治哲学因为《经法·道法》而得以展开，应该是合理的概括。

五、《黄帝四经》人性论的独特性

任何一种人性论其实都是无法验证的预设，而每一种法思想都有其相应的人性论，为了论证某种独特法思想的合理性与必要性，相应的人性论预设就会应运而生。如前所述，《黄帝四经》通过"有害"论展开的人性论为人间为何需要"法"，需要哪些方面的"法"提供了逻辑的基础。换言之，既为刚性法则的必要性，也为柔性法则即"权衡度量"辩证法则的必要性提供了前提。

中国古代的人性论极为丰富，最为著名的就是孟子的"性善论"和荀子的"性恶论"，孟子的"性善论"大肆鼓吹人拥有天生的"四端之心"以及"良知"，目的是激发人的道德自律，从而不依赖于外在的约束，实现自我管理与社会和谐。荀子的人性论突出人的生物本性，即与生俱来、不学而会、不事而能的那些东西。例如人的喜怒哀乐以及各种欲望，所以荀子更多从"人情"或"人欲"讲人性，这种"人情"或"人欲"在群体、在社会上表现出来时，因为资源的限制，必然会引发争斗，有了争斗，就需要礼乐法律等外在的约束管理手段，需要圣王的出现。所以荀子的人性论是为他讲"礼"和"法"作铺垫的。而法家如韩非子，则更强调人的天性是趋利避害的，正因为有这种天性，因此国君的赏罚即胡萝卜加大棒这些外在的强力的手段才有实际的效果。因此，最高明的统治者必须利用、因循这种人性，才能实现有效的统治。一部分黄老道家如《慎子》也是如此。[①]以《庄子》为代表的自然人性论，也强调人天生的本性，这种本性大部分属于生物层面（不否认也包含一部分伦理层面上的社会性），但论证的方向相反，突出的是统治者不要去人为破坏人的天性，最高明的统治正建立在对人天性加以尊重和保护的基础之上，或者建立在通过修养工夫以回归天性的基础之上。这种强调“反性”必要性与可能性的人性论，在道家，尤其是《庄子》和《淮南子》中常见，陈静将其归结为诉诸“真伪”的人性论。这种人性论虽然注意到“伪”的发生，但主要关注点在于如何回到代表“真”的本性去。[②]这就和《黄帝四经》关注“动”之后人性变化以及对策的人性论路径完全不同。

汉代董仲舒从阴阳讲人性，天有阴阳，人有性、情，由性而有仁，由情而有贪。同时董仲舒又把人性分为上、中、下三品，这种人性论虽然没有赤裸裸地讲人性恶，但实际上是为王教的必要性作铺垫的。因为董仲舒强调人为和教化的作用，在这方面，他更接近荀子。但是他和荀子的不同之处在于，他不认为人的质已然是恶的，善是性的继续，不是性的逆转。

就动静关系讲人性而言，从形式上看，唐代的李翱最为接近，他以水的动静为比喻，认为性善如清明的水，没有受到污染，而性恶如浑浊

---

① 王中江的《黄老学的法哲学原理、公共性和法律共同体理想——为什么是“道”和“法”的统治》已经将这个问题讲得非常透彻，可以参考。

② 参见陈静：《自由与秩序的困惑——〈淮南子〉研究》，云南大学出版社，2004年，第八章“道与性”。

的水，善性被遮蔽了。所以他鼓吹“复性”，即复归人善的本性。不用说，这只是形式的相同，归根结底还是一种性善论。

如前所述，任何一种人性论其实都是为特定的政治思想服务的。比较上述的各种人性论，可以看出，从本质上讲，其实荀子的人性论和《黄帝四经》的“有害”论最为接近，因为都是从动态的立场考虑人性。正因为进入社会之后，人性会引发各种问题，才需要相应的对策，所以荀子和《黄帝四经》都侧重的是人性中不利于社会管理的一面，而不再强调和社会管理无关的方面。《黄帝四经》并没有讲人性就是“害”，有“有害”论就有“无害”论，“静”的状态不言而喻是“无害”的，只不过《黄帝四经》没有加以展开。《黄帝四经》强调的是如何通过合理的行动将各种“有害”降到最低点，这和荀子试图通过礼乐教化，通过“王制”，使社会的不稳定因素降到最低点，在论证思路、逻辑展开上是完全一致的。[①]不过荀子最终目的在于改造人性，董仲舒也一样，把人性看作一个完成的过程，《黄帝四经》显然没有这一思路。

总之，《黄帝四经》的人性论不同于强调复归清静本性的老庄道家理论，不同于利用自然人性为政治服务的法家理论，也不同于试图改造人性的儒家理论。从政治目的、逻辑展开看，可以说荀子理论与之较为接近。

---

① 前文提到，在用动静关系论人性上，《黄帝四经》和《礼记·乐记》《史记·乐书》有接近之处，而《礼记·乐记》《史记·乐书》和《荀子·乐论》可以归为一类，这是学界共识。因此《黄帝四经》人性论既接近《礼记·乐记》《史记·乐书》，又接近《荀子》，不是偶然的。

第十六章　价值与局限：思想史视野下的出土文献研究

近年来，与中国古代思想史研究相关的出土文献不断问世，其中最引人瞩目的当属三大发现，即 1973 年末至 1974 年初出土的湖南长沙马王堆汉墓帛书、1993 年出土的湖北荆门郭店楚简、1994 年后上海博物馆从香港古董市场分批购回的湖北楚简。[①] 这些重大发现，使海内外从事中国古典学研究的学者为之振奋。尤其 20 世纪末郭店楚简和上博楚简问世之后，无论是媒体还是学界，都处于极度兴奋的状态之中，“出土文献将改写中国思想史”的说法也一度频繁见诸报刊。现在，距离郭店楚简正式公布已过 10 年，距离上博楚简第一批材料正式公布也已 7 年[②]，随着学者们对简帛研究的不断深入，学术态度的日趋冷静，对于这项极为特殊、意义重大的研究本身之反思也越来越多。应该如何去除情绪的色彩，如何赋予科学的意义，如何审视利用出土文献研究中国思想

① 2008 年清华大学从香港古董市场购藏的楚简，据称和《尚书》等文献有关，显然也具有重大的思想史价值，但目前尚处保护整理阶段，相关情况可参见李学勤：《初识清华简》，《光明日报》2008 年 12 月 1 日。

② 本章最初作为论文，于 2009 年发表于《中国哲学与文化》第六辑。此处两个年数是据该文发表之年（2009 年）计算得出的，为保持原貌，不予改动。

史的方法，都是值得我们去总结的问题，同时也是对今后的研究必然产生影响的问题。

就此，本章主要围绕以下三个问题展开讨论：出土文献对中国思想史研究而言所具有的重要价值；利用出土文献研究中国思想史时要注意的材料局限性问题；利用出土文献研究中国思想史时要注意的方法局限性问题。

一、出土文献的思想史意义和价值

在由传世文献构筑的学术史链条上，从《左传》载事之止年[①]到《战国策》大量记事[②]，中间百余年基本为历史空白。从社会风俗看，这段时期变化很大，顾炎武曾经提出过好几个现象加以论证。例如，到《左传》为止的时代，士大夫以上阶层在交往时都要赋诗，到了《战国策》以后的记载中找不到了；春秋时代"尊礼重信"，而到战国时代则绝不言礼信；等等。[③]从思想史现象看，我们可以发现，孔子从不"仁义"并举，而孟子从不只单独谈"仁"。由于历史的巨变和转折，在思想史上，

① 《左传》编年记事止于鲁哀公二十七年（前 468），其后附记鲁悼公时期，如公元前 463 年之事。

② 《战国策》虽记知伯约韩、魏攻赵事（清人顾观光《国策编年》隶于周定王十六年即公元前 453 年），但自公元前 344 年魏国发动"逢泽之会"起，《战国策》记事才渐多。参见郑杰文：《能辩善斗：中国古代纵横家论》，山东人民出版社，1995 年，第 586 页。

③ 参见顾炎武著，黄汝成集释：《日知录》，卷 13"周末风俗"条，民国元年鄂官书处重刊本。原文为："如春秋时，犹尊礼重信，而七国则绝不言礼与信矣。春秋时，犹宗周王，而七国则绝不言王矣。春秋时，犹严祭祀，重聘享，而七国则无其事矣。春秋时，犹论宗姓氏族，而七国则无一言及之矣。春秋时，犹宴会赋诗，而七国则不闻矣。春秋时，犹有赴告策书，而七国则无有矣。"

这绝不是平平淡淡、可有可无的百余年，历史变迁引发的社会所有阶层的观念变迁，也一定会在思想史上留下浓重的痕迹。由于材料的限制，顾炎武只能通过对比，论及他所注意到的一些现象，这百余年间究竟发生了哪些变化，如果不能提供那个时代的实物资料，那就永远只能停留于想象和推测，只有当出土文献放在我们面前，我们才能将想象和推测化为真实的讨论。

虽然对郭店楚简、上博馆藏楚简的下葬时代有争议，对马王堆汉墓帛书的成书时代有争议[①]，但是，哪怕是同时抄写、同时出土的文献，不同的文章在成书时代上也绝不可能完全相同，而且，抄写时代并不等同于成书时代，就是说，既有早期形成的部分，也有晚期形成的部分。因此，其中很可能存在上述空白期形成的文献、或反映上述空白期思想变化的内容。所以，从纵的角度、从思想史变迁的角度看，在客观上，上述出土文献为这段空白期思想史的研究提供了珍贵的材料，具有重大的

① 关于郭店楚简的下葬时代，目前为止有两种意见。一是战国中期偏晚说，即公元前300年左右，“白起拔郢”（前278）之前，郭店楚简的发掘整理者首倡此说，大部分学者同意这一说法。参见荆门市博物馆编：《郭店楚墓竹简·前言》，文物出版社，1998年，第1页。另一种意见认为，不排除“白起拔郢”之后的可能性，以王葆玹、池田知久为代表。参见王葆玹：《试论郭店楚简各篇的撰作时代及其背景——兼论郭店及包山楚墓的时代问题》，载《中国哲学》第二十辑，辽宁教育出版社，1999年，第366−390页；池田知久：《池田知久简帛研究论集》，中华书局，2006年，第150−151、267−270页。上博楚简因属盗掘，没有确定下葬时代的依据，但一般认为接近郭店楚简的时代。马王堆汉墓的下葬时代不存在问题，在汉文帝前元十二年（前168），但对其中文献成书时代的争议颇大。以《马王堆帛书〈老子〉乙本卷前古佚书》（通称《黄帝四经》）为例，有战国中期以前、战国中期左右、战国晚期，乃至楚汉相争时期到西汉初年各种说法。参见刘国忠：《古代帛书》，文物出版社，2004年，第148−149页；张增田：《黄老治道及其实践》，中山大学出版社，2005年，第24−27页。

学术价值，这是无可争议的。即便上述出土文献不属于这段空白期，而形成于空白期之前或空白期之后，也同样有着不可估量的价值。

再从横的侧面来看，出土文献作为一种特殊的思想史资料，就像一个被横剖开的考古文化层，静止地凝结于某一历史时段，有如今天所使用的教科书或报纸杂志、文件书信突然被封存，过了几十年或几百年后再被打开一样，保持了原汁原味，未经后人整理、润色、增删、修改。而传世文献则不同，有时是天灾、战争等客观因素，决定了或存或毁的命运，有时则依据不同时代的要求，被反复筛选、重组、诠释，注上加注，层层叠叠，作品面貌发生很大变化。

从这个角度来看，出土资料在思想史研究方面，为我们提供了较为真实的文本，在研究思想史流变时提供了某一时段的可信的参照物。众所周知，过去的中国古代思想史研究，第一要做的就是文献整理和批判，这样，因为在文献的“可信”和“可疑”，是“真”还是“伪”上常常发生分歧，使用同样的材料，思想史的研究结果可以出现巨大的差异。

出土文献为我们提供了早已残缺不全，或湮没无存的思想史资料。这里仍以前述三大发现为例，和《诗》相关的资料有上博楚简《孔子诗论》《交交鸣鸟》及一些出土文献中对佚诗的引用[①]；和《易》相关的资料有马王堆汉墓帛书《周易》经传（《易之义》《要》《二三子问》《缪和》

① 其他可参考者有安徽阜阳双古堆汉简《诗经》，及山东银雀山汉简《唐勒》、江苏尹湾汉简《神乌赋》、敦煌汉简《风雨诗》等诗赋类作品。

《昭力》等)[①]；和《礼》相关的资料有上博楚简《昔者君老》《内礼》《天子建州·甲乙》等[②]；和儒家相关，特别是与孔门传承相关的资料有：竹帛两种《五行》，马王堆帛书《德圣》，郭店楚简及上博楚简两种《性自命出》，郭店楚简《鲁穆公问子思》《穷达以时》《忠信之道》《成之闻之》《尊德义》《六德》《语丛一》《语丛二》《语丛三》，上博楚简《子羔》《鲁邦大旱》《从政》《相邦之道》《仲弓》《弟子问》《君子为礼》《季康子问于孔子》《孔子见季桓子》等[③]；和道家及黄老思想相关的资料有：马王堆帛书《黄帝四经》《九主》，郭店楚简《太一生水》，上博楚简《恒先》《三德》《彭祖》等[④]；与古史传说及历史人物相关的资料有：马王堆汉墓帛书《战国纵横家书》《春秋事语》，郭店楚简《唐虞之道》，上博楚简《容成氏》《融师有成氏》《竞建内之》《鲍叔牙与隰朋之谏》《姑成家父》《柬大王泊旱》《昭王毁室》《昭王与龚之脽》《竞公虐》《庄王既成》《申公臣灵王》《平王问郑寿》《平王与王子木》[⑤]；与兵家相关的资料

① 其他可参考者有湖北荆州王家台秦简《归藏》、安徽阜阳双古堆汉简《周易》。

② 其他可参考者有甘肃武威磨嘴子汉简《仪礼》。

③ 其他可参考者有河北定县八角廊汉简《论语》《儒家者言》《哀公问五义》《保傅传》。

④ 其他可参考者有河北定县八角廊汉简《太公》《文子》，安徽阜阳双古堆汉简《庄子》杂篇；张家山汉简有与《庄子·盗跖》相关的内容。

⑤ 其他可参考者有湖南慈利楚简《国语·吴语》《逸周书·大武》。上博楚简中史书类有20多种，未发表篇目参见李零：《简帛古书与学术源流》，三联书店，2004年，第273-276页。

有上博楚简《曹沫之陈》[①]；与墨家相关的资料有上博楚简《鬼神之明》；与纵横家相关的资料有郭店楚简《语丛四》；与古乐相关的资料有上博楚简《采风曲目》；与阴阳家思想相关的资料有马王堆帛书《阴阳五行》两种，《刑德》三种[②]；与医学相关的资料有马王堆帛书《五十二病方》等多种；与天文学相关的资料有马王堆帛书《五星占》《天文气象杂占》等；与相术相关的资料有马王堆帛书《相马经》等多种。和阴阳家、医学、天文学、相术相关的内容也可以归为术数、方技类。[③]可见出土文献中思想史资料数量极大，涉及面广，很多都是至少唐以后古人所看不到的全新材料。[④]

出土文献与传世文献相对照，有助于对传世古籍的校读，有助于对古籍形成过程的认识。例如，马王堆帛书《老子》[⑤]、郭店楚简《老子》甲乙丙三篇[⑥]和今本《老子》；马王堆帛书《战国纵横家书》[⑦]和今本

① 其他可参考者有山东银雀山汉简《孙子兵法》《孙膑兵法》《守法守令等十三篇》《地典》等，两部兵法的出土证明了《孙膑兵法》并非伪书，《汉书·艺文志》所载《吴孙子兵法》和《齐孙子兵法》确为两部书。未发表的兵家篇目参见李零：《简帛古书与学术源流》，三联书店，2004 年，第 369-270 页。张家山汉简有定名为《阖庐》的兵家书籍。

② 两种《阴阳五行》中有一种后改名为《式法》正式发表。

③ 其他可参考的术数、方技类有以长沙子弹库楚帛书为代表的时令材料；包山楚简卜筮祭祷简为代表的卜筮祭祷材料；以睡虎地秦简《日书》为代表的各种日书。这类资料数量多、内容杂，李零的《简帛古书与学术源流》有较好分类，参见该书第 401-417 页。

④ 其他值得重视的子类著述还有河南信阳长台关楚简《申徒狄》，山东银雀山汉简《尉缭子》《晏子春秋》《六韬》及与《管子》相关的内容，湖南慈利楚简《宁越子》等。

⑤ 马王堆帛书并不自称《老子》，分为两篇，“德”在前，“道”在后，可以称为《德道经》。

⑥ 郭店楚简并不自称《老子》，整理者根据竹简形制和笔迹将其分为甲、乙、丙三篇。

⑦ 马王堆帛书《战国纵横家书》本无篇题，是整理者所定。

《战国策》；马王堆帛书《周易》[①] 六十四卦经文、上博楚简《周易》[②] 和今本《周易》的经文部分；马王堆帛书《周易》的《系辞》和今本《周易》的《系辞》；郭店楚简及上博楚简《缁衣》和今本《礼记·缁衣》；上博楚简《民之父母》和今本《礼记·孔子闲居》[③]。通过其中文字文句的异同对比，我们可以了解文本的变迁和诠释的变迁，校订古书的错误。同时，出土文献的出现，也使中国思想史上一些重要著作成书时代的推断有了可靠的依据。例如，通过马王堆帛书《老子》，可以断定，与今本相似的文本至少在战国晚期已经定型。[④] 上博楚简《周易》的出土，证明了至少在战国中期，与今本相似的六十四卦经文已经定型。[⑤]通过郭店楚简《六德》和《语丛一》中的描述，可知"六经"观念至少在郭店楚墓下葬时期已经成型。[⑥]

出土文献还有助于对古籍真伪的辨别和时代的判断，可以激活一些过去因判为伪书而长期冷落、评价不高的文献，并重新估量其价值。这项工作可以说是从唐兰开始的，他的论文《马王堆出土〈老子〉乙本卷

① 马王堆帛书《周易》本无篇题，是整理者所定。

② 上博楚简《周易》本无篇题，是整理者所定。有缺损，剩余内容和三十四卦相关。

③ 尚未公布的上博楚简《武王践阼》很可能可以与今本《大戴礼记·武王践阼》相对照。

④ 但郭店楚简本是节选本，还是形成中的文本，目前还有争议。

⑤ 但《周易》传文在战国中期是否已经定型，目前还有争议。

⑥ 郭店楚简《六德》篇有"观诸《诗》《书》，则亦在矣。观诸《礼》《乐》，则亦在矣。观诸《易》《春秋》，则亦在矣"。郭店楚简《语丛一》中有"《易》所以会天道、人道也。《诗》所以会古今之志也者。《春秋》所以会古今之事也。《礼》，交之行述也。《乐》，或生或教者也。《书》，[……]"。

前古佚书的研究——兼论其与汉初儒法斗争的关系》及其“附录一”[①]将《黄帝四经》中一些文句抽出来，和《鹖冠子》《尉缭子》《尸子》《文子》等相比较，证明了这些文献中的内容不可能全伪，所谓的“伪书”中有其真实的部分。近年来，通过深入研究，学者们又陆续有新的发现，例如，从河北定县八角廊汉墓所出《文子》残简看，今本《文子》虽经后人作过较大的改动，但也不能简单地视其为抄袭《淮南子》等书而成的伪书。曾被疑为非先秦之书的今本《六韬》《尉缭子》《晏子》有部分文字与山东银雀山汉简本大体相合。通过对郭店楚简、上博楚简的整理与发掘，一些过去不受重视的儒家典籍，如《孔丛子》《孔子家语》等，其部分内容之价值也得到了重新认识。

对出土文献的整理和研究，促进了对中国先秦秦汉思想史脉络的梳理，为原来不甚明了的问题提供了得以展开的新资料。兹举数例：

（1）早期儒学。有相当多的学者认为，郭店楚简、上博楚简正好属于前述思想史上那个空白的、已经失落的时期。具体而言，孔子比孟子大180岁，从孔子到孔子弟子再到孟子，正好有约130年。[②]而且，郭店楚简、上博楚简中出现了很多《史记·孔子世家》和《史记·仲尼弟子列传》中的人物，如颜回、仲弓、子路、子贡、子游、子夏、曾子、子羔、子思等人。因此，新出土资料对了解孔子死后“儒分为八”的情

① 《考古学报》1975年第1期，第7–21页。

② 最具代表性的学者是庞朴和李学勤。参见庞朴：《孔孟之间——郭店楚简中的儒家心性说》，载《中国哲学》第二十辑，辽宁教育出版社，1999年，第22–35页；李学勤：《孔孟之间和老庄之间》，载《中国思想史研究通讯》第六辑，2005年，第10–13页。

况，对推进“七十子”研究，对探讨“子思学派”的存在与否，提供了帮助。因此，郭店楚简、上博楚简一定是孟子、庄子以前的作品。

此外，也有人认为，较之早期儒学，郭店楚简、上博楚简与孟子、荀子关系更为密切，如日本及欧美的一些学者。[①]

（2）儒道关系。通过简本《老子》，可知简本并不像今本那样反对“仁义”，对“孝”既否定又肯定，反映出道家对包括儒家在内有一个吸收兼融的发展过程。在郭店楚简《语丛一》《语丛三》、上博楚简《恒先》《三德》中，可以看出，虽然不同文献或倾向儒，或倾向道，但存在儒道兼融的迹象。[②]

（3）先秦道家史的研究。包括郭店楚简《老子》究竟是节选本还是《老子》成书以前的原始文本，郭店楚简《太一生水》是否可以视为古《老子》的一部分，上博楚简《恒先》是否可以视为老庄之间的中间环节。[③]

（4）黄老思想的形成和发展。黄老思想成为一门有实质内容的学问，实际上是在马王堆帛书《黄帝四经》出土之后。郭店楚简《太一生水》、上博楚简《恒先》《三德》为黄老思想的研究提供了更为丰富的材料。对出土文献的诠释，又带动了《管子》四篇、《韩非子》四篇、《吕氏春秋》、《淮南子》、《申子》、《慎子》、《鹖冠子》、《尹文子》、《文子》、

---

① 最具代表性的学者是日本的池田知久。参见池田知久所著《池田知久简帛研究论集》中与《五行》《穷达以时》《孔子诗论》相关的论文。

② 陈鼓应认为郭店楚简《忠信之道》也是呈现出儒道交融而又接近老学一系的作品。参见陈鼓应：《郭店楚简所呈现的重要哲学问题——关于儒道竹简“改写古代哲学史”的另类观点》，载《九州学林》，复旦大学出版社，2003年，第180-201页。

③ 参见李学勤：《孔孟之间和老庄之间》，载《中国思想史研究通讯》第六辑，2005年。

《列子》、《尸子》等一大批相关文献的再研究。《史记》《汉书》所述学术传统，多侧重北方，对南方楚地的学术史涉及较少。楚地黄老简帛的发现，正好可以弥补缺环。

（5）《周易》经传研究。由于新材料的扩充，《周易》在术数和义理两方面的研究都得以深入。上博楚简《周易》的特殊符号，数字式爻题，马王堆帛书《周易》的卦序，《周易》作为经典的形成过程，孔子是否传易，马王堆帛书《周易》大量的传文都是研究的热点。

（6）宇宙生成论。宇宙生成论是思想史上的重要话题，过去依据的资料只有《楚辞·天问》《淮南子·天文》等。而长沙楚帛书、郭店楚简《太一生水》、上博楚简《恒先》的出现，则大大促进了这项研究的发展。

（7）齐文化和楚文化之间的交流。在战国中期的楚国出现大量的儒学著述，或许并没有什么奇怪，因为当时儒学已盛行于天下。然而，在战国中期的楚国出现大量的齐国色彩的文献却是值得重视的现象，上博楚简《鲁邦大旱》和《晏子春秋》有着极其相似的语句，《竞建内之》《竞公虐》故事本身直接来自齐国，其中甚至出现了晏子。《柬大王泊旱》虽然说的是楚国的故事，但故事结构却与《晏子春秋》一些篇章非常相似。这反映出楚文化和齐文化有着不同一般的、密切的关系。在思想史上，《晏子春秋》向来不为人重视，因为此书面貌驳杂，没有鲜明的特色。然而，显然此书或者说此书的思想倾向在楚国一度很受欢迎。值得一提的是，稷下学宫也是黄老思想盛行之地，在研究楚简所见黄老思想时，应考虑齐文化和楚文化之间的特殊关系。

（8）民间思想研究。即阴阳五行、天文、历法、算术、星象、占卜、释梦、医学、养生、动物学、植物学、矿物学等葛兆光书中称为“一般知识、思想与信仰”的内容。[1] 由于资料的匮乏，也由于过去只重视精英阶层思想的研究，民间思想研究还是一片空白，而现在这项研究越来越兴旺，和出土文献提供了条件有很大关系。

（9）一些长期争议、难以解决的思想史现象、命题的再整理。如儒家对“心性”问题的探讨，对“情”的重视，对“禅让”的宣扬，道家“道一气”论的产生，“自生”观念的提出，黄老思想“道一名一法”思想架构的出现，等等，过去十分模糊，现在有了展开的可能。

（10）对先秦学派划分的谨慎认识。在我们使用“六家”“九流十家”的概念去排列梳理出土文献时，出土文献的真实面貌告诉我们，那时很可能并无后代命名的、具绝对意义的门派观念，我们只能说某一文献以某种倾向为主。[2] 例如，上博楚简《鬼神之明》可能是儒墨之间的对话，郭店楚简《唐虞之道》存有墨家思想的痕迹。郭店楚简《穷达以时》的天人关系论可能有着道家天人论的思想背景。郭店楚简《语丛一》《语丛三》中的许多论述将儒道术语自然地融合在一起。上博楚简《恒先》中显然夹杂着名辩的色彩。上博楚简《三德》既有和马王堆帛书《黄帝

① 葛兆光：《中国思想史》第1卷，复旦大学出版社，1998年。

② 李锐：《“六家”、“九流十家”与“百家”》，《中国哲学史》2005年第3期，第6–13页，对此问题有过讨论。

四经》相近似的地方，也有和《礼记》《大戴礼记》相近似的地方。马王堆帛书《黄帝四经》虽然以道家为主干，但将儒、法、名、阴阳都包融在内。就思想史而言，出土文献中这些学派色彩不明的资料比那些身份明确的资料，可能更具价值，因为它们更能反映出某一时段思想的真实面貌。传世文献那些鲜明的学派色彩很大程度上和后世的修整、润色、提炼有关，和传世文献相比，出土文献的共时性特征比历时性特征更强，因此，较之不同材料间的前后关系，我们更应该把握的是不同材料间的相互关系。根据这些学派色彩模糊的资料，我们又可以激活传世文献中学派色彩混杂不清、长期不受重视的那部分材料，如《晏子春秋》《管子》等，让先秦思想的丰富性、多层性充分展现出来。注意那些共同的资源、共同的话题，不拘泥、不纠缠于学派区分，将对象作更细化的分析，已成为愈来愈多出土文献研究者的共识。

总之，出土文献为我们提供了大量新鲜的材料，丰富了思想史的内容，开拓了新的研究领域，盘活了一批长期未受重视的传世文献，引发了史料的重新评估和排列，为一些长期未能解决的问题提供了新的机会，从各个侧面对中国思想史研究产生了影响，使所有研究古典学的人都不得不关心出土文献，带动了“疑古与释古”及中国古典学重建问题的讨论。从这些意义上讲，出土文献具备了改变思想史面貌的可能性。①

---

①　日本学者浅野裕一曾从儒家、道家、墨家、兵家四个角度，考察出土文献对中国思想史研究产生的影响，并从他的角度论述了日本学界对出土文献的研究现状。参见浅野裕一：《新出土文献与思想史的改写——兼论日本的先秦思想史研究》，《文史哲》2009 年第 1 期，第 22-36 页。

二、出土文献研究的局限性

然而，出土文献只是为我们研究思想史提供了更多的可能性，也就是说创造了条件，并不等于有了出土文献就有了一切。要想通过出土文献改写思想史，正如廖名春所言，必经两途。一是理论反思，一是史料出新。[①]理论反思的问题在下一节讨论，在此讨论出土文献作为一种史料本身的局限性问题。在新材料频繁出土，不断引起学者们期待和兴奋的过程中，人们对出土文献所具备的神奇作用谈得多，仿佛出土文献是灵丹妙药，可以解决所有的问题，而忽视出土文献自身所存在的局限。

第一，出土文献是否提供了足以改变思想史主线的材料。从现有的出土文献看，除了上述“一般知识、思想与信仰”的层面，以及黄老思想等，由于过去未曾深入研究，会有较大改观之外，其他的层面尤其是和“诸子百家”相关的精英思想的层面，我们很难通过出土文献从根本上动摇过去通过传世文献构建起来的思想史脉络。仅以在我国形成的学科体系为例，在胡适、冯友兰、任继愈等学者构建的“中国哲学史”及在侯外庐等学者构建的“中国思想史”中讨论的主要话题、主要概念、主要人物在出土文献中依然扮演着主要角色。刘大钧在阐述易学史研究方法时指出：“我们仅凭目前的出土资料，绝不足以完成对汉人今文《易》的解读和研究，我们对汉人《易》学及《易》学史研究，基本上

① 参见廖名春：《出土文献与先秦文学史的重写》，载姚小鸥主编：《出土文献与中国文学研究》，北京广播学院出版社，2000 年，第 68 页。

还须以传统资料为主。”[①] 因此，如果说传世文献是一扇扇通向历史的门，出土文献还只是一扇扇通向历史的窗。窗的视野比较狭隘，窗和窗之间也未必有关联。窗和门必须结合起来，才能发现窗的位置和价值。迄今为止，出土文献研究只是在一个个局部弥补、激活、丰富、充实依赖传世文献研究构筑起来的思想史框架，而不足以从深度和广度上推翻之、颠覆之。在哲学史和思想史研究中，传世文献依然是主，而出土文献依然为辅。因此，更为精确地说，就思想史整体而言，出土文献只是局部改写了思想史，或补写了思想史。

第二，如前所述，传世文献因种种自然的或人为的原因，有的被淘汰、毁灭，留存下来的也遇到被修改、被诠释的命运，使其面目发生变化。但许多传世文献得以流传也绝非偶然。首先，经过时间冲刷能够留存下来的必然是值得代代传承的精华部分。其次，传世文献大多经过整理、筛选，所以流传下来的多为比较完整、比较定型的文本。中国古代历来重视文献整理，《国语·鲁语下》曰：“昔正考父校商之名颂十二篇于周太师，以《那》为首”，《汉书·礼乐志》曰：“王官失业，《雅》《颂》相错，孔子论而定之，故曰：‘吾自卫反鲁，然后乐正，《雅》《颂》各得其所。’”西汉末年刘向、刘歆父子主持了中国历史上第一次规模浩大的文献整理工作。赵生群指出：“刘向、刘歆校书时，条件相当优越。一是去古未远，可以见到大量古书，其中有不少是古文，甚至有一定数

① 刘大钧：《读帛书〈缪和〉篇》，《周易研究》2007 年第 4 期，第 6 页。

量的出土文献。二是用以校勘的资料亦相当丰富。”① “刘向父子整理古籍，大致可以分为以下几个方面，一是对文字、篇章进行校勘……二是汇编和辑佚……三是辨伪与存疑。”② 对传世文献的整理和研究，作为中国文化史上的一项重大事业，几乎历代都在得到国家支持的前提下，由最优秀的学者反复进行。所以，尽管传世文献的文本面貌及意义诠释随时代变迁会发生变化，但依然具有相当的价值。

出土文献的价值在于它保留了特定时期的思想面貌，可以成为值得信赖的参照物，但思想史更关心的是思想的传承和变迁，关心的是哪些部分被留存了下来，以及为什么会留存下来。当然，出土文献自身也是传承和变迁的产物，但由于文物出土的偶然性，我们同样无法保证手中的出土文献就是最值得比较、最值得参照的东西。因此，出土文献即便具有参照物的价值，其价值也要打一定的折扣。

就文本而言，因为出土文献没有经过整理、筛选，所以并非十全十美，相反具有不确定、不完善的特征。不确定指的是我们所从事的出土文献研究，从一开始的时候，就已经充满了许多有待讨论和解决的问题，一些前提是不确定的。不完善指的是同传世文献相比，几乎大部分的出土文献都支离破碎，不经过长期的、艰苦的文本整理和复原工作，是不能轻易使用的。

---

① 赵生群：《关于出土文献与传世文献关系的几点看法》，载李学勤、林庆彰等：《新出土文献与先秦思想重构》，台湾书房，2007 年，第 153 页。

② 赵生群：《关于出土文献与传世文献关系的几点看法》，载李学勤、林庆彰等：《新出土文献与先秦思想重构》，台湾书房，2007 年，第 154–155 页。

如前所述，马王堆帛书、郭店楚简、上博楚简都有成书年代的争论，马王堆帛书《黄帝四经》成书年代之不同观点，从战国中期以前一直到西汉初年为止，时间要跨越一百年以上。成书年代差异越大，思想史结论也就差异越大。郭店楚简、上博楚简的争论焦点在于最终成书年代究竟为秦兵占领郢都之前还是之后，年代跨度虽然不大，但在思想史上却是非常关键的问题。对于郭店楚简的下葬年代，考古学界作过详细的论证，如崔仁义[①]、刘彬徽[②]，认为至少在“白起拔郢”之前，思想史界学者大多从之。[③]但也有学者表示难以认同，例如王葆玹从“白起拔郢”之后楚墓残存及楚文化流传的可能性出发[④]，池田知久从思想内容出发[⑤]，李承律从考古类型学说自身存在的各种问题出发[⑥]，表述过不同的意见。

---

① 参见崔仁义：《荆门楚墓出土的竹简〈老子〉初探》，《荆门社会科学》1997年第5期，第34页。

② 参见刘彬徽：《关于郭店楚简年代及相关问题的讨论》，载《简帛研究2001》上册，广西师范大学出版社，2001年，第47−54页；又收入刘彬徽：《早期文明与楚文化研究》，岳麓书社，2001年，第232−238页。

③ 较典型的论述，中国学者可举李学勤：《孔孟之间和老庄之间》，载《中国思想史研究通讯》第六辑，2005年，第10−13页。日本学者可举浅野裕一：《战国楚简与古代中国思想史的再检讨》，载《战国楚简研究》，万卷楼图书股份有限公司，2004年，第3−15页。

④ 参见王葆玹：《试论郭店楚简各篇的撰作时代及其背景——兼论郭店及包山楚墓的时代问题》，载《中国哲学》第二十辑，辽宁教育出版社，1999年。另参见王葆玹：《郭店楚简的时代及其与子思学派的关系》，载武汉大学中国文化研究院编：《郭店楚简国际学术研讨会论文集》，湖北人民出版社，2000年，第644−649页；王葆玹：《再论郭店楚简之时代及其文化背景问题》，载“古典学の再构筑”东京大学郭店楚简研究会编：《郭店楚简の思想史的研究》第6卷，2003年，第25−31页；王葆玹：《郭店竹书时代新证》，载《中国出土资料研究》第7号，2003年，第25−36页。

⑤ 参见池田知久《池田知久简帛研究论集》中与《五行》《穷达以时》《孔子诗论》相关的论文。

⑥ 李承律：《郭店一号楚墓より见た中国“考古类型学”の方法论上の诸问题と“白起拔郢”の问题》，载“古典学の再构筑”东京大学郭店楚简研究会编：《郭店楚简の思想史的研究》第6卷，2003年，第3−23页。

成书年代是思想史研究的一个重要标尺，文献研究的最终成果必须反映到成书年代的判断上。然而，就“成书”的概念而言，各家认识也大为不同，有的学者看到与今本类似的部分内容出现于出土文献，就认为此书在出土文献所在时代已经“成书”，而有的学者则强调必须是大部分的内容、基本的框架、重要的概念定型之后才能算“成书”。如果对成书年代认识不同，那么对思想内容性质的认定就判然有别，得出的结论也会大相径庭。

众所周知，马王堆汉墓未经窃掘，得到了科学的发掘，但由于帛书已有很大程度的损毁，帛书整理中人为造成的影响依然很大。[①] 郭店楚简受到过盗掘的干扰，上博楚简是盗掘出来的文物，竹简的保护、整理完全依赖人工，因此从一开始，竹书的整理就充满着人的主观。简帛文献作为一种特殊的史料，受文字及音韵释读、简序排列等种种因素的影响，出土文献的释读带有较大的模糊性，可以造成百人百义的局面，形成千差万别的结论。

出土文献研究的第一步是文字释读，这是一切研究的前提。六国古文的研究，从 20 世纪 50 年代以来逐渐成为古文字学领域的热点，虽然成果异常突出，但依然存在着很多问题，例如文字的构型如何判断，字形如何隶定，各种符号的作用如何认识，写手的特征如何确定，声符如何确认，依据传世文献确立的假借原理在楚系文字中是否可以直接借用等，古文字学界还在探索之中。以隶定为例，李守奎就指出过其中存在

① 例如零碎帛片的移动、归位等。

的问题：

> “隶定”在出土文献整理和古文字研究中是常用的一个词，但究竟什么是隶定，如何隶定，隶定的方法有哪些等具体问题一直不是很明白。当前，出土古文字文献剧增，古文字隶定文本日夥，但隶定得非常混乱，没有标准可依，各种方法杂糅；同一古文字文本的隶定，常常是人人各异，同一人的隶定，也前后不一。理论的匮乏和实践的混乱是相辅相成的。[①]

所以战国文字研究还不是一门非常成熟的学科，公认暂时无法释出的字，观点对立、尚无定论的字屡见不鲜，这就在相当程度上影响到文意诠释的可靠性。

以上博楚简《鲁邦人旱》为例，这篇文献很短，只有6支简，208字，说的是鲁国发生大旱时，鲁哀公向孔子请求对策。其中，孔子有这样一句话“女（如）毋悉珪璧幣（币）帛于山川，政（正）埜（刑）与[悳（德）]……”，对“悉”字的解释，目前学界有两种截然相反的意见。整理者马承源认为，“悉”当读为“薆”，声符和字义同于“瘗”，意为“埋”，整句的大意为“不进行大旱之祭，但须保持刑德之治”。[②]即孔子完全否定祭祀之举，只强调政治上的作为，这个解释得到了一些

① 李守奎：《〈曹沫之陈〉之隶定与古文字隶定方法初探》，载《汉字研究》第一辑，学苑出版社，2005年，第492页。

② 马承源主编：《上海博物馆藏战国楚竹书（二）》，上海古籍出版社，2002年，第206页。

学者的认可。也有学者认为该字应读为“爱”，意为吝惜，因为在出土文献中，“悉”多释为“爱”，而且“不爱……”或与“不爱”相类的句式多见于传世文献，并常用于与祭祀相关的场合。这表明孔子虽然不否定祭祀，但更强调政治上的作为。①对祭祀是肯定还是否定，有着重要的区别，仅此一字解释之差，对《鲁邦大旱》整体思想的判断，对《鲁邦大旱》在思想史上意义之认识，顿时判然有别。

再以上博楚简《恒先》为例，这部文献具有明显的道家思想倾向，但其倾向，和《老子》《庄子》《鹖冠子》《淮南子》《文子》《列子》《黄帝四经·道原》及郭店楚简《太一生水》既相关又不同，为早期道家思想研究提供了极为珍贵的材料。因此，这部文献问世之后，很快就有世界各地大批学者，在原整理者李零释文基础之上，作出新的文字释读、竹简编联和思想探究。

然而，作为这部文献最重要的关键词——“恒先”，其读法却存在着尖锐的对立，究竟是“恒先”还是“极先”？从楚系文字的特征看，这两种读法都有其可能性，大多数学者依从整理者李零读为“恒先”，而裘锡圭坚持读为“极先”②。读为“恒先”，容易联想到“道”，读为“极先”，则是一个表示时间的词，意为“宇宙本原”，和“道”拉开了一定距离。由这两种不同读法，可以导致《恒先》基本思想解读上的

① 相关见解参见朱渊清、廖名春编《上博馆藏战国楚竹书研究续编》（上海书店，2004年）中讨论《鲁邦大旱》的多篇论文。

② 裘锡圭：《是“恒先”还是“极先”？》，《2007中国简帛学国际论坛论文集》，台湾大学，2011年，第1–16页。

重大差距。此外，关于《恒先》的首句“恒先无有，𡨦、害、虚”，虽然思想史学界倾向于将“𡨦”读为“朴”，这样就和《老子》等道家传世文献产生呼应，而古文字学界则普遍认为读作“朴”还缺乏文字学上的依据。

除了文字的识别、音韵的考定以外，帛片的拼接、竹简的排列也是一项极为艰巨的工作。由于简帛长期埋于地下，浸在水中，出土时帛书裂成碎片，出现残损，竹简散乱、扭曲、变形、破碎，需要整理者重新编联。而完全依赖最初整理者的释文去阐述文意，在某种程度上讲，是一件“危险”的事情，像《老子》《缁衣》《五行》《周易》这些有传世本或其他出土文本可以对照者，编联时错误可能会少些，那些没有参照物的出土文献，几乎都会遇到重新排列的问题，有的问题还非常大。例如郭店楚简《成之闻之》篇，根据原整理者的排列，首句为“成之闻之曰：‘古之用民者，求之于己为恒’”，这样说来，“成之”或“成”必须当人名处理，可是按照这一编联，《成之闻之》整篇有许多地方难以读通。郭沂发现，传世古书中有“闻之曰”之体例，故“成之”应系上句之末。这样一来，《成之闻之》的首句就要调整，《成之闻之》的篇名也是错误的。按照郭沂的排列，《成之闻之》的首句当为原第 8 号简的“天降大常，以理人伦”，篇名也当改为《天降大常》。[①] 姜广辉进一步认

① 郭沂：《郭店楚简〈天降大常〉（成之闻之）篇疏证》，《孔子研究》1998 年第 3 期；后收入《郭店竹简与先秦学术思想》，上海教育出版社，2001 年，第 1 卷之“肆《大常（原题〈成之闻之〉）考释》”，第 208–229 页。不过按照出土文献整理惯例，即便最初整理者的定名有误，篇名也不能再作更改，因此学界仍称此篇为《成之闻之》。

为,《成之闻之》可以分为《求己》《天常》两篇。[①] 上博楚简《从政》原来分为甲乙两篇，但经过陈剑的重新编联，发现这两篇其实就是一篇。[②] 通过这些学者的重新调整,《成之闻之》《从政》排除了释读上最大的难题，新编联也得到了学界的认可。

也有在编联上各执一词，互不认同，意见难以统一的情况，而且更为普遍。例如《孔子诗论》最初整理者所作简序显然有不合理之处，学界先后提出过多种新的设想，但由于在留白简、满写简等问题上的意见分歧，使得局部编联虽然开始趋向一致，却至今无法形成一个为学界所共同认可的总体方案。[③]

郭店楚简、上博楚简几乎每一篇都会或多或少遇到简序的问题。即便简序无须调整，也会出现断句、释读方面的问题，使得很多讨论难以展开，因为焦点无法集中起来。仍以上博楚简《鲁邦大旱》和《恒先》为例,《鲁邦大旱》中有一段很有趣的话：

> 夫山，石以为肤，木以为民。女（如）天不雨，石牆（将）䨂（焦），木将死。亓（其）欲雨或甚于我，或必寺（待）虐（乎）名虐（乎）？夫川，水以为肤，鱼以为民。女（如）天不雨，水牆

① 姜广辉:《郭店楚简与〈子思子〉——兼谈郭店楚简的思想史意义》,《哲学研究》1998年第7期，第56-61页。

② 陈剑:《上博简〈子羔〉、〈从政〉篇的竹简拼合与编连问题小议》,《文物》2003年第5期，第56-59页。又见简帛研究网，2003年1月8日。

③ 刘信芳《孔子诗论述学》(安徽大学出版社，2003年）及季旭升主编《上海博物馆藏战国楚竹书（一）读本》(万卷楼图书股份有限公司，2004年）对各家编联作了汇总，参见刘书第281-284页，季书第2页。

（将）沽（涸），鱼牺（将）死。亓（其）欲雨或甚于我，或必寺（待）虐（乎）名虐（乎）？[①]

这段话通过形象的比喻，指出如果遇到大旱，山川之神灵自身难保，哪还有心接受人的祭祀。从简文中出现的主语来看，这段话应当是子贡讲的话，但也有学者援引古文献的写作特征，详细地论证了子贡话中插入“孔子曰”的可能性。[②]也就是说，通过不同的断句和释读，《鲁邦大旱》中关键话语的发言者有人认为是子贡，有人认为是孔子，这就使得这篇文献的性质发生了极大变化，使讨论走向不同的方向。

《恒先》首句的句读，有“恒先，无有，厦、害、虚”“恒，先无有，厦、害、虚”“恒、先，无有，厦、害、虚”“恒先无，有厦、害、虚”“恒、先、无有：厦、害、虚”等多种，由此衍生出的义理阐发也大为不同，使得《恒先》思想研究从一开始就歧义迭出。[③]

再来看补字的问题。简帛由于缺损，有时需要根据文意加以弥补，但这也是常常容易出现问题的地方。以《五行》为例，有许多学者依据上下文或传世文献曾对马王堆帛书《五行》作过弥补，在郭店楚简《五行》没有问世以前，这些弥补并未引起多少质疑，根据弥补后的文本可

① 这段话的释文与整理者有所不同，参见曹峰：《鲁邦大旱初探》，载朱渊清、廖名春编：《上博馆藏战国楚竹书研究续编》，上海书店，2004 年，第 121–138 页。

② 如俞志慧：《〈鲁邦大旱〉句读献疑》，简帛研究网，2003 年 1 月 27 日；广濑薰雄：《关于〈鲁邦大旱〉的几个问题》，《武汉大学学报（哲学社会科学版）》2004 年第 4 期，第 507–510 页。

③ 曹峰：《〈恒先〉研究综述——兼论〈恒先〉今后研究的方法》，《中国哲学史》2008 年第 4 期，第 63–75 页。

以作出更为完满的解释。然后，郭店楚简《五行》出现之后，一些补字的失败立刻昭显出来，那些曾经看似完美的解释也无法再使用。因此，补字是一件必须极为慎重处理的事，没有确凿证据的补字，将会把人导向错误的方向。

出土文献未经后人整理、改动，保持了鲜活和生动，这是最有价值的地方。可是，就文本而言，出土文献具有不完善的特征。金谷治通过对郭店楚简及上博楚简《性自命出》的分析，发现其中既有说理透彻、前后呼应的部分，也有与主题互不关联，可以视同杂乱堆积的部分。他将《性自命出》分为上、中、下三篇，认为其中的下篇命名为“杂篇”才合适。他提出《性自命出》是一部“抄集书”，就是说这是一部未完成的著作。[①] 其实，“抄集书”在简帛中是相当普遍的现象。郭店楚简、上博楚简的墓主手中的文本有些可能是流传有年、相对定型的作品，有些可能只是文章的草稿、讲课或学习的材料，是墓主为了某一目的收集起来的。例如郭店楚简《老子》甲、乙、丙本可能就具有这类性质。这使得我们在利用出土文献时，难以把握文本的准确的、整体的思想，使其利用价值大打折扣。而传世文献虽然历经变迁，但如前所述，传世文献多为选择、整理、去粗取精之后的定本，文字之错讹、编联之混乱、主题之不集中、内容之不连贯、思想之不系统方面的问题，要相对少一些。

① 金谷治：《楚简〈性自命出〉的考察》，载庞朴主编：《儒林》第二辑，山东大学出版社，2006 年，第 49-60 页。

因此，我们未必敢说出土文献的可信性就一定超过传世文献。赵生群以马王堆帛书《战国纵横家书》为例对此问题作过阐述。马王堆帛书《战国纵横家书》有关苏秦的资料较为集中，且与《战国策》《史记》的记载大相径庭，曾有唐兰、杨宽、马雍等据此对《战国策》《史记》的可信性提出质疑。例如马雍断言："《史记》中有关苏秦的记载错误百出，其材料来源多出伪造，可凭信者十无一二。"[①] 这些观点一时几成定论。但赵生群经过严密的史料排比，指出司马迁所看到的后人假托附会的"苏秦资料"不在少数，所依据有明确纪年的"苏秦资料"也极为丰富，当不难审定苏秦、张仪的先后次序，因此错不在《史记》，而在于马王堆帛书《战国纵横家书》。导致有些学者犯错的原因，除了"苏秦资料"本身的复杂性外，也在于那些学者过于相信出土文献，对传世文献未作认真审查。[②]

在笔者看来，出土文献作为一种有着丰富多样性的文本，就目前研究阶段而言，其价值首先不在于其内容对现有思想史、哲学史带去多少本质意义上的冲击，而在于文本自身带给我们的启示。因为文本的多样性是导致释读多样性的重要前提，这种多样性特征既来自文本的不定型，也来自今人在文字、语句、意义阐释上的歧义。因此，相对于基本定型的传世文献，我们不妨把出土文献所反映的思想看作一种形成途中

① 马雍：《帛书〈别本战国策〉各篇的年代和历史背景》，《文物》1975年第4期，第28页。

② 详见赵生群：《关于出土文献与传世文献关系的几点看法》，载李学勤、林庆彰等：《新出土文献与先秦思想重构》，台湾书房，2007年，第157页。

的、未定型的思想；这些基调未定的材料在思想史上有其价值，但属于另一种价值。

打一个不太恰当的比方：如果将思想史作品比作一幅幅画作，留传存世的历代画作大部分是一流精品，而现在出土问世者不能说没有精品，但或许更多的是普通的、二三流的作品，或是一些未完成的、打算放弃的作品，其特征表现为：（1）文本不确定；（2）思路不清晰；（3）整理不完善。那么，我们就不应该将这些二三流的作品放入精品序列加以直接对比。如果要作对比，也只能用来说明精品是如何形成的，以及说明当时社会思想的一般情况。上述另一种价值正在于此。

第三，马王堆帛书、郭店楚简、上博楚简这三大发现，全部集中出土于楚地，这种现象是由两湖地区特殊的地理条件决定的，是人力所无法改变的，因此这批思想史材料具有偶然性的特征。它们能否同其他传世思想史文献平等比较，是否反映了那个时代的思想主流，是否真能代表当时中国的普遍思想，都是我们不得不认真思考的问题。

我们当然也期待出现三晋地区[①]、秦地、齐地[②]、赵地[③]、燕地乃至鲁地、吴越地区的思想史资料，但如果这种可能性永远不出现，或即便出现，却不成规模，残损严重，无法利用，我们是否允许经过楚人之手选

① 三晋地区历史上出有“汲冢竹书”，但大部分已佚失，留存下来比较可靠的资料有《穆天子传》和王国维辑佚的《古本竹书纪年》。

② 如前所述，山东省临沂市出土有银雀山汉简，多兵家文献，及和行政、法律相关的内容。

③ 20 世纪 70 年代，河北定州八角廊汉墓出土有《论语》《文子》等文献，这是北方地区难得出土的竹简，因为历史上墓内着过火，竹简炭化而得以保存，所以极为偶然。

择、记载、整理、保留的资料作为代表中国古代普遍思想的资料，和由传世文献描述的主流思想作直接的比较呢？从逻辑上讲，这是不应该的，但事实上，我们大部分人都在毫无顾虑地进行着这样的操作。

反之，将其作为具有楚地思想特征的资料是否合适呢？道家及黄老思想有可能成长于楚地，也有可能受过其他文化圈的影响。而其中大部分具儒家思想倾向的文献，则显然来自他邦，那么，向楚地输出思想文化的是哪一个国家，又是何时，通过哪些学者、学派输出的？这些文献的收藏和墓主的身份有什么关系？当时在楚国居统治地位的思想是什么？一般知识分子的知识结构和思想倾向究竟如何？① 如果不能较为客观、完整地回答这些问题，那就最好不要匆忙利用问题成堆的原始资料去“改写”思想史，否则只会越改越模糊，被“改写”的思想史也很难长久立说。

第四，如前所述，出土文献研究作为一门新兴学科，由于种种客观条件的限制，使其结论常常出现差异甚至对立，研究成果不易得到广泛认同，而出土文献学界近年来出现的急功近利、随心所欲的学风更加剧了问题的严重性。

以上博楚简《孔子诗论》为例，最初整理者所作的简序和释文，因为存在许多不合理之处，很快受到来自古文字学界和思想史学界的修正。由于内容复杂、诠释者众多，仅仅集中各家见解的书籍，我国就已

① 如前所述，郭店楚简、上博楚简中不少资料有可能直接或间接来自齐鲁，但这是个大题目，需要从各个方面详细论证。

经出现两部[①]，《孔子诗论》至今没有一个为绝大多数学者所公认的解释系统。然而，由于《孔子诗论》在《诗经》研究及古代文学研究地位上的重要性，近年来，有关《孔子诗论》的论文以极快的速度增长。据一位专门从事上博楚简《孔子诗论》研究的学者透露，从2002年年初材料正式公布，近五年的时间里，不包括我国港台地区和国外，仅仅国内已有5部专著，硕博论文十五六篇，论文连同会议论文在内有600篇左右，而这只是统计到2005年6月。其实，我国港台地区和国外的论著也不在少数。这数字实在惊人。虽然这反映出《孔子诗论》的学术价值，但以这样的速度制造出来的学术产品里面有多少泡沫啊！要知道《孔子诗论》只有29支简，1 006个字。这些论文中对早期的考证能够有完整把握的并不多见，往往只引少数论文为自己的观点服务，有些甚至仅仅采用整理者的最初释文。当研究者拿着经不起推敲的释文去诠释文学史乃至“改写”文学史，这样的改写又有多少价值呢？

出土文献仿佛是一潭池水，最先向其中投入石子的是从事考古及古文字研究的人，这批人比较少，产生的波纹也比较小。其次向其中投入石子的是研究学术史、哲学史、思想史的人，这批人相对较多，产生的波纹也比较大。当更多的人、更多的学科向其中投入石子时，产生的波纹越大，离开中心的波纹也越远。并不是说中心的波纹绝对正确，而外圈的波纹不具备参考价值，但外圈的波纹一定要融合、消化中心的波

① 除前引刘信芳《孔子诗论述学》（安徽大学出版社，2003年）外，还有黄怀信《上海博物馆藏战国楚竹书〈诗论〉解义》（社会科学文献出版社，2004年）集中了各家之解释。

纹，不能只索取对自己有用的见解。由于出土文献研究的特殊性，受信息、资源、精力等各种因素的影响，其间不同学科，甚至同一学科不同学者之间的相互交流、影响、协同、合作，较之其他学科要更为复杂、困难，这就必然影响到出土文献结论的科学性。

有的学者强调不受传世文献诠释系统的影响，对出土文献作独立、客观的研究，这虽然是一种科学的精神，但如果走向极端，抛开传世文献的印证和启发，主题先行，凭空解释，其结论可能更不可信。其实，在出土文献研究中，传世文献以及关于传世文献的历代研究，古代及近现代学者治学方面的成功与失败，都是出土文献研究最值得借鉴的经验。出土文献离不开传世文献，如果说出土文献可以激活传世文献，同样，传世文献也可以激活出土文献。出土文献只有放在传世文献的长河中，才能确定其位置、意义和价值。现在在出土文献研究领域，利用文本的破碎、解释的多样和歧义，断章取义、各取所需的现象非常普遍，很容易出现裘锡圭所说的“不恰当的‘趋同’和‘立异’”[①]。

如果说传世文献因代代作注，反复整理，容易丧失真意，其实出土文献也有着同样的问题，甚至更为严重。出土文献由于没有历代注释的限制，在诠释时，诠释者主体受到的限制比传世文献要少，想象的空间更大。试想，不同的人拿着不同的结论去“改写”思想史，那思想史就

① 裘锡圭：《中国古典学重建中应该注意的问题》，载《北京大学中国古文献研究中心集刊》（二），燕山出版社，2001年；又收入裘锡圭：《中国出土古文献十讲》，复旦大学出版社，2004年，第8-12页。

改不胜改了。

如陈伟指出，“任何一批时代较早的出土文献，都会在原始资料公布之后有一个历时较长、由较多相关学者参加的讨论过程，才能在文本复原和内涵阐释上，达到较高的水平，取得大致的共识”，“那种毕其功于一役的愿望或期待，是不切实际的”。[①] 如黄钊所言，“对出土简帛文献的评价不能人为拔高”，“对传世今本文献的评价不能人为贬低”。[②] 因此，目前出土文献研究还处于隶写、编联、训释、笺注的早期阶段，对文意的大部分阐述，都只能说是一种假说，是一家之言，不可偏信，而当兼听。与文本、释义相对定型的传世文献相比，目前阶段的出土文献研究，在对思想史的重构上，未必有多少确定的贡献可言，一切有待于出土文献整理达到一定高度之后。

总之，出土文献由于自身特性，所能发挥的作用是有限的。在文本整理、字句释读没有形成较为公认的见解以前，必须谨慎使用出土文献。出土文献目前依然是传世文献重新阅读、重新探讨、重新思考的一个引子、一种手段而已。

三、出土文献研究的方法论问题

如果说出土文献和传世文献既有相同之处，又有不同之处，那

① 陈伟：《文本复原是一项长期艰巨的工作》，《湖北大学学报（哲学社会科学版）》1999 年第 2 期，第 7 页。

② 黄钊：《关于研究出土简帛文献的方法论思考——回顾简、帛〈老子〉研究有感》，《中国哲学史》2001 年第 3 期，第 94–97 页。

么，出土文献的研究方法和传世文献的研究方法，就既可借鉴，又有区别。既然有可资借鉴之处，轻易否定传统的研究思路、方法，就是不可取的。

随着出土文献的增加以及这项研究的兴盛，在出土文献研究的方法论问题上，出现了两种值得注意的现象。第一种现象是将“疑古”学派的研究方法和出土文献的研究方法对立起来，似乎不“走出疑古”，就无法有效地开展出土文献研究。应该看到，这种通过理论上推翻“疑古”来为改写思想史铺平道路的做法是不合理的。诚然，出土文献的出现在客观上改变了许多疑古学派的结论，尤其是古书辨伪和古书年代断定上的结论。但在否定有些结论的同时，并不应该否定疑古学派对文献的批判态度、怀疑精神。“疑古”思潮在20世纪中国的出现有其合理性和必然性，“疑古”学派的理论、方法、实践依然值得当代学者发扬和继承。

众所周知，疑古学派及其思想是中国20世纪史学的主要流派之一。五四运动以后，以顾颉刚为代表的疑古学派倡导以“疑古”精神研究古史，其观念、思想、理论、方法对现代中国学术史产生了巨大而深远的影响。如果用一句话来概括“古史辨”派的最大特征，那就是“文献批判”。所谓“疑”，就是不轻易相信史料，史料只有经过科学审查之后才能在特定的范围内加以使用。

现代科学研究方法的精髓是把自己的前提和结论让别人作带有敌意的审视和质疑，就是说科学必须有一种怀疑精神，不管对事实、材料，还是结论，在你采纳之前首先要怀疑它们。现代科学研究还有一个特征是，结论被否定并不可怕，也不是件丢脸的事，但在没有被新的、更有力的材料推翻之前，这个结论应是经得起考验和质疑的、其他学者必须重视和引述的结论。可以说，顾颉刚及疑古学派最早给中国古典学注入了批判精神和科学态度。这种精神，无论过去、现在、将来，无论传世文献领域，还是出土文献领域，都是必不可少的。①

在出土文献尚未大量出现的时代，尽最大可能占有传世文献材料，经过严格的史料审查，展开扎实的推理分析，从文献内部挖掘证据，是学者的基本功。没有人会说，不管怎么推理，将来出现的出土文献很可能推翻现在的结论，与其白忙活，还不如等待出土文献，这是不现实的。平心而论，顾颉刚之所以能够成为一位公认的大家，不仅是因为他创立了“层累”说，也是因为他具有极为深厚的古文献根底、独到的眼光以及敏锐的分析能力。他的许多论文，论据照顾到方方面面，论证极其翔实，让人叹为观止。结论被推翻是很正常的事，然而并不能因此认定其研究方法和态度也是不可取的，否则就不免有倒脏水把孩子一起倒掉的意味了。以现在的“有”要求过去的“无”，岂不强人所难？我们今天研究出土文献，不可能仅仅依赖证据，而不借鉴学界前辈的治学方

① 这方面有很多学者作过论述，如杨春梅:《去向堪忧的中国古典学——“走出疑古时代”述评》,《文史哲》2006 年第 2 期，第 5–25 页；池田知久、西山尚志:《出土资料研究同样需要“古史辨”派的科学精神——池田知久教授访谈录》,《文史哲》2006 年第 4 期，第 21–30 页；李幼蒸:《顾颉刚史学与历史符号学——兼论中国古史学的理论发展问题》,《文史哲》2007 年第 3 期，第 43–60 页；林沄:《真该走出疑古时代吗？——对当前中国古典学取向的看法》,《史学集刊》2007 年第 3 期，第 3–8 页；等等。

法，更何况，如上一节所论证的那样，出土文献作为一种证据是有各种局限性的。

笔者以为，顾颉刚与其说是一位历史学家，不如说是一位思想史家，因为他一生的研究对象，其实很大程度上不是历史事实，而是思想史。当然，他和胡适等哲学史家，和侯外庐等思想史家不同，并不是从西方接受、移植一套完整的理论框架，而主要是从传世文献出发，这使得我们容易把他归入史家。但他的“层累”说，他将文献形成和历史现象结合起来（包括对刘歆“伪造古史”的研究）之尝试，都是典型的思想史研究方法。由于中国思想史的复杂性，结论出现错误或偏差是在所难免的，我们不能因此抹杀他的探索。因此，他建立在传世文献基础上的思想史研究，对我们今天建立在出土文献基础上的思想史研究，依然具有指导意义，即便其失败的教训，也有可贵的价值。

第二种现象是王国维“二重证据法”说的再度盛行。目前，几乎所有从事出土文献研究的人都会提到“二重证据法”，这似乎已成为出土文献研究中无往而不胜的法则，成为出土文献研究方法论的支柱。但在笔者看来，这其实是一个不言自明的前提，其中并不存在内在的逻辑体系，也没有多少可以指导具体研究的方法论成分。因为，现在已经没有一个学者愿意抱残守缺，无视日益增加的出土资料，而仅仅依据传世文献作为研究对象了。出土文献研究，将出土文献和传世文献对照起来只是第一步，是不是可以简单对照，应当在怎样的前提下进行对照，才是研究的核心部分。

杨宽在《顾颉刚先生和〈古史辨〉》一文中指出，“二重证据法”有其适用范围，“目前保存的商代文献很少，应该依靠甲骨卜辞结合文献来研究商史。目前已出土的西周铜器很多，长篇的西周金文不少，同时《尚书·周书》中也保存有多篇重要史料，因此必须以新旧史料结合方式来建设西周史。春秋战国的文献很多，就应该在整理文献的基础上，结合新史料来建设春秋战国史”①。杨宽和裘锡圭也都曾指出过“二重证据法”不成功的例子。② 李若晖指出了“二重证据法”存在的缺陷，即“只能针对微观事实”“在宏观把握上的无能为力”③。李幼蒸认为“从历史符号学角度看，所谓‘二重证据法’显然不是一个严格的科学概念，因为它将两个不同学科（考古学和古史学）运作程序之间的关系简单化了”④。

在王国维的“二重证据法”问世后，后来又有饶宗颐、李学勤的“三重证据法”，但这并不是理论上的创新，只是将王国维所说“纸上之材料”和“地下之新材料”细分为“文献记载、田野考古、甲骨文”（饶宗颐）、“文献资料、考古资料、古文字资料”（李学勤）而已。⑤

① 杨宽：《先秦史十讲》，复旦大学出版社，2006 年，第 428 页。

② 参见杨宽：《三个新学派兴起的巨大影响》，载《先秦史十讲》，复旦大学出版社，2006 年，第 418 页。裘锡圭：《中国古典学重建中应该注意的问题》，载裘锡圭：《中国出土古文献十讲》，复旦大学出版社，2004 年，第 5 页。

③ 李若晖：《郭店竹书〈老子〉论考》，齐鲁书社，2004 年，第 61–66 页。

④ 李幼蒸：《顾颉刚史学与历史符号学——兼论中国古史学的理论发展问题》，《文史哲》2007 年第 3 期，第 50 页。

⑤ 李若晖《郭店竹书〈老子〉论考》对“三重证据法”有所介绍，参见该书第 63–64 页。也有学者认为“三重证据法”指的是“二重证据法”再加史学理论，详见江林昌《中国上古文明考论》（上海教育出版社，2005 年）“绪论”第二章第三节之“三、郭沫若与‘三重证据法’”，第 37–38 页。

朱岐祥就《殷本纪》中哪些部分可以施用于“二重证据法”作过详细分析，他指出：

> 透过上述《殷本纪》文本语汇分析，我们可以将《殷本纪》的记载内容区分为三类：一属可靠的信史，一属史迁整理后世文献的结果，一属无所依凭的存疑史料。其中只有第一类能应用地下材料互证，通过成为真实史料的考验。至于后二类则占《殷本纪》文章的大半，应并非殷史的原貌，其历史价值自不能与第一类相比。王国维提出的二重证据法，固是“科学整理国故”的重要法门，但只能在第一类史料中产生互较求证的效果。因此，二重证据并不是治史的万灵丹，它本身存在着一定的局限性。……吾人治史，必须就个案而论个案，多角度地反复思量。不宜以偏概全，更不可单纯迷信于地下材料而流于相信权威的谬误。如此，才能无负所学和正确彰显地下材料的真正价值。①

这是从史料角度论述古史资料必须接受“文献批判”之后，才能将其中一部分和“二重证据法”相印证。即便是在王国维发挥“二重证据法”取得重大成就的《殷本纪》领域，这种严格的“文献批判”依然是需要的。可以说，出土资料同样需要接受严格的“文献批判”，在区分其文献性质之后有针对性地施用不同的研究法。

---

① 朱岐祥：《二重证据的局限——论〈殷本纪〉的真实性》，“第一届世界汉学中的《史记》学国际学术研讨会”论文集，佛光大学，2008 年 5 月 27 日，第 5-6 页。

“二重证据法”有一个隐含的前提，那就是，只要是出土资料就是“真实可信”的。当年王国维将甲骨卜辞和《史记》所记“殷之先公先王”相对照，推测出“《史记》所据之‘世本’，全是实录。而由殷商世系之确实，因之推想夏后氏世系之确实，此又当然之事也”[①]。这是因为甲骨文和神话、文学作品、私人论著不同，它基本上是据实而录的，而《史记》所据之“世本”，属于世系资料，除非传抄错误或故意删改，一般也是据实而录的。因此，这两者之间的对照，很容易形成清楚明白的结果。思想史资料就大不一样了，它是作者根据某一目的创作出来的，材料可以为作者所调遣，其中的史实或真或假，不作“去粗取精”“去伪存真”的精密分析，对其内容是不可全信的。这一点王国维自己也看得很清楚。他说：“又虽谬悠缘饰之书如《山海经》《楚辞·天问》，成于后世之书如《晏子春秋》《墨子》《吕氏春秋》，晚出之书如《竹书纪年》，其所言古事亦有一部分之确实性。”[②]也就是说，王国维也意识到在与思想史相关的典籍中只有部分的真实。这部分在哪里，怎么找，那是比将卜辞和《史记》对照起来要难得多的事。

“二重证据法”的特征看上去是注重利用出土的考古材料，注重证据，似乎有了证据就可以解决所有问题，可以不重推理。事实上出土文献的研究绝非那么简单，使用甲骨卜辞的证据来证明《史记》所记“殷之先公先王”这种历史文献固然可行，可是当我们面对的是成书复杂的

① 王国维：《古史新证——王国维最后的讲义》，清华大学出版社，1994年，第52页。
② 王国维：《古史新证——王国维最后的讲义》，清华大学出版社，1994年，第52-53页。

思想史文献时，就不得不考虑证据的数量、证据的有效程度、对证据的不同认识等许多因素。因此，即便有了证据，在使用证据的同时，也依然离不开推理。我们甚至可以说，证据必须通过推理才能成立，否则只能等同于材料。推理的成功与否和证据的可信与否密切相关，换言之，轻视推理无异于轻视证据的运用。尤其涉及证据的种类和真伪的判断时，更是一项极重推理的复杂工程，不是可以率性而为的事。

如果仔细区分，与思想史相关的出土文献，其价值可以分为两类：一类是文献价值，这种价值主要体现在能否为今天的古代文字、音韵、语法乃至古史研究提供有效材料；另一类才是思想史价值，即出土的文本能否为我们提供成为思想史研究对象的有效材料。这两种价值有时会重合，但大多数情况下是不等同的，文献价值高者思想史价值未必高，相反亦是。前者比较容易区别真伪，而后者没有那么容易。

出土文献研究常常会遇到"真伪"的问题。在此，我们有必要对几种不同属性的"真实"作一区别。第一，历史资料的"真实"，其中又包括"直接的真实"，即第一手的、直接叙述的真实，以及"间接的真实"，即借助其他资料转述的真实。从严格意义上讲，所谓"间接的真实"在真实性上已经要打折扣了，因此，除了王号、天文现象、自然现象等一些不易为人改变的内容，寻求绝对的真实是非常困难的事。历史学者的工作就是最大限度地还原历史的真实。第二，思想史资料的"真实"。思想史资料在史实上往往真伪相混，例如用一个真的历史背景讲一个假的故事，或者完全编造一个历史故事。对于思想史研究者而言，他们对真伪的要求与历史学者不同，只要能够确定创作的时代，假的史实、伪的资料在他们看来也是具有真实意义的、富有价值的研究对象。换言之，思想史资料中有不少材料并非真实的历史传述，我们不能将其当作历史证据来直接使用，但如果那些并非真实的历史传述（如传说）被不断重复，它就有可能成为影响当时或其以后历史的有意义的内容，成为“真实的”历史组成部分。因此，思想史研究更为关注的是文本形态、人物形象、时代话题、创作意图、材料选择、诠释方法，注意探索意识、观念、概念、框架的流变，重在寻找这一思想现象与那一思想现象之间、特定思想现象与特定历史现象之间的逻辑关系。因此，在思想史材料中确认出一些真实的历史资料，说某个文本才是真正的定本，某部著作一定出自某人之手，有时并不是最重要的工作。[①] 第三，考古学资料的“真实”。考古学有其特殊的理论、方法、话语系统和操作方式。考古学的真实既不等同于历史的真实，也不等同于思想史的真实。三者虽然有共同的关注点，会出现彼此的交叉，但只能相互借鉴，而不能相互取代，不能将三种不同的真实简单等同起来。[②]

简而言之，我们应该将历史的真实和思想史的真实区别开来，两者在界定和意义上有很大不同，前者也可以称其为事实，后者真和伪、事

① 黄钊和李若晖都曾指出，“一切以帛书《老子》为准绳”“帛书《老子》将会取代今本《老子》”，这种命题在思想史上其实意义不大。参见黄钊：《关于研究出土简帛文献的方法论思考——回顾简、帛〈老子〉研究有感》，《中国哲学史》2001 年第 3 期，第 95–96 页；李若晖：《郭店竹书〈老子〉论考》，齐鲁书社，2004 年，第 67 页。

② 陈淳对此有详细论述。参见陈淳：《疑古、考古与古史重建》，《文史哲》2006 年第 6 期，第 16–27 页。

实和虚构往往混杂在一起，但却具有“真实”意义，很难简单地用“二重证据法”说明所有问题。

现在有一种倾向，证据就是一切。但如前所述，证据本身也要经过分析。因为思想史材料的特殊性，我们在面对证据时，要将各种不同层次的“真实”区分开来，这是一件极其复杂的工作，也是思想史研究魅力之所在。所以，基于传世文献研究形成的怀疑态度、训练方法、研究经验，都没有过时，需要继承和发扬。我们不可能因为没有新的证据出现，就停止推理。

前文提到，出土文献需要通过与传世文献的结合寻找其价值和位置，但必须辩证地看待这个问题，其价值和位置并不是随意寻找、简单确定的。如果只是使用线性思维，那么，我们往往会不自觉地将出土文献视作传世文献连续整体中的一部分，往往自然而然地认同出土文献能够填补思想史空缺的想法与说法。其实，如前所述，传世文献与出土文献是在性质和特征上有着区别的两种材料，出土文献有其自身的独立性。当我们将出土文献所反映的思想视为思想史链条中的一环时，我们就很容易不顾出土文献的产地、作者、时代、目的，进入想象空间，简单地按照时代先后，根据母题、用例等作出简单的排列和对比，在已有的思想史序列中，为出土文献寻找位置。这也正是“二重证据法”得以风行的原因。

换一个说法，在线性思维引导下，整个思想史被看作一个固定的构图，犹如拼图游戏，出土文献可以当作一块块碎片填补进去。与这种

"填补"说相对应，笔者试图提出一种"织补"说，也就是说，如果这幅思想史构图果然存在，那它其实是我们人为构成的，出土文献作为一块块碎片被拼入之际，其实，很少能正好同周围其他部分天衣无缝地结合起来，要想使之与周围部分及其整体部分发生关联，除了出土文献自身内容必须相关外，诠释者的想象和解说也发挥着巨大作用，通过织补的方式使原本残缺不全的部分生长、扩充成为一个与周围相关的有机整体。那么，毫不夸张地说，十个人可以有十个人的"织补"法，一百个人可以有一百个人的"织补"法。其中既有破案式的乐趣，也有制造冤假错案的危险。与传世文献相比，出土文献研究受今人影响更大，因此通过想象"织补"的成分更浓。某种意义上讲，因为研究方式的改变，出土文献越多，今后古典学研究发生变化，走向新时代的可能性越大。而建立在一一对应信念之上的"二重证据法"基本上是与"填补"说相应的，在"织补"方法中，它发挥作用的余地有多大，是值得研究的问题。

正因为出土文献性质不同，"二重证据法"就有其适用范围，有其有效性和局限性，不可能放之四海而皆准。对"二重证据法"的过度推崇，导致了许多不良后果，这些后果其实是不利于思想史之"改写"的。其中最主要的问题是滋长了轻率、粗糙的学风，促使了研究方法的简单化，当然这并非"二重证据法"自身的过失。有一种说法认为，古史辨派辨伪古史（包括古籍）的特征是对古代文献进行"有罪推定"，而现在要做的是由"有罪推定"转变为"无罪推定"的方法调整。这一思维，施用于某些具体文献时，也许并无错误。然而，将其放大成为一种方针、潮流，一种普遍原则时，就会出现难以预料的后果。当下的出土文献研究领域，我们可以看到许多人热衷翻案，将原来古史辨派怀疑为伪书的文献全部平反，将许多传世文献的成书时代一再向前推。如果证据充足、论证严密，这样的做法原本无可厚非。但一些学者不顾出土文献中也有历史资料和思想史资料的区别，不顾思想史文献往往真伪相杂的事实，根据出土文献就一定是"真"的原理，通过出土文献和某传世文献中个别真实之处、局部真实之处的对比，便宣告某传世文献整体不伪。这实际上大有以偏概全、从一个极端走向另一个极端之嫌。以《尹文子》为例，通过和《黄帝四经》等文献的比较，可以确认其中有的组成部分来自先秦，基本上否定了汉末伪作之说，但从其内容、结构、文体、文气看，先秦以后整理改编的痕迹也非常浓重。那么，断定整部著作都是战国作品，而且毋庸置疑就是尹文自作，就不够谨慎了，因为文献中的尹文形象和《尹文子》的著作特征之间存在很大的距离，而现在将《尹文子》完全当作稷下学者尹文之作，并以此研究所谓尹文名家思想者大有人在。[①] 其他文献如《文子》《列子》《孔子家语》《孔丛子》也存在类似情况，将这些文献中出现的人物和历史上存在的人物及其时代直接挂钩的现象比比皆是，过去谨慎的学风、绵密的文献批判

① 这种倾向在中国古代逻辑史学界最为严重。参见曹峰：《回到思想史：先秦名学研究的新路向》，《山东大学学报（哲学社会科学版）》2007年第2期，第59-64页。

传统被抛弃了。[①]

有的学者看到出土思想史资料中出现历史内容，便忙于将其同传世文献中的历史记载相对照，以此确认哪些历史记载是真实无误的。殊不知，在很多思想史资料中，历史内容只是一个背景，可以借用或编造，很难确认其真伪。前引上博楚简《鲁邦大旱》就是这样一则关于孔子或者说假托孔子的短篇故事。之所以可以称之为假托，是因为极其相似的故事格局和对应话语在《晏子春秋》和《说苑》中也出现了，只不过那里的主人公换成了晏子。真实的主人公究竟应该是孔子？是晏子？或者是其他的贤人？遇到大旱时山川神灵也会自顾不暇的那段经典话语，究竟是孔子、晏子的发明？还是套用民间谚语，通过名人说出而已？鲁国是否发生了大旱？哪一年发生的？这种确认性的工作，不但难以做到，而且并不重要。我们可以想象，这类关于大旱对策的套话曾经一度十分流行。它是一个时代或一个学派在阐述天灾与人事的关系时所采取的一种典范式的对应态度。那么，在这个或这类故事中，哪些是值得重视的思想现象呢？这才是思想史研究者所欲探求的重点。

在郭店楚简、上博楚简、马王堆帛书中出现了大量的“子曰”（包括相关的“孔子曰”“夫子曰”“闻之曰”等等），有的学者读到这些“子曰”，就视为真孔子之言。其实，我们更应借鉴传世文献对“子曰”的分析方法，通过对思想内容的分析，辨认出这是哪一个时代的孔子来。

① 裘锡圭曾指出，匆忙为《列子》、伪古文《尚书》翻案是不合适的。参见裘锡圭：《中国出土古文献十讲》，复旦大学出版社，2004年，第12-14页。

例如，《鲁邦大旱》中出现了孔子和鲁哀公的对话，结合马骕《绎史》卷 86《孔子类记一》中的《哀公问》等材料可知，其材料分布于《论语》《墨子》《庄子》《荀子》《韩非子》《吕氏春秋》《礼记》《大戴礼记》《韩诗外传》《史记》《孔丛子》《孔子家语》《说苑》《新序》等多种书籍中，其中可能既有真实的成分，也不乏编造和假托。目前出土的《鲁邦大旱》可以说又多了一则新的鲁哀公与孔子之间的问对故事。我们并不能因为《鲁邦大旱》是出土文献，就过高估计其作为孔子资料的价值，不能匆忙地视《鲁邦大旱》中的“孔子”为真孔子。

与“子曰”、孔子、孔门弟子相关之记载、故事，是一个非常复杂、极其重要之思想史课题，目前的研究还远远没有得出满意的结果，出土文献中出现的大量“子曰”，只是为我们解决这个思想史课题提供了更多的材料。轻率地视出土文献中的孔子资料为可靠资料，并不是严格的思想史研究方法。

同样，轻易地利用考古学的证据去印证思想史也是不可取的。如前所述，由于两种学科性质不同，对“真实”的认识也不相同。

总之，现在有一种将出土文献研究简单化的趋向，有些学者在批判疑古者丧失史料审查客观性的同时，未必能保证自己在研究出土文献时的客观性。

上述种种现象，正反映出出土文献研究方法论上的困惑。邢文曾提出过所谓“四重证据法”，即将“国际汉学的研究成果”作为“第四重证据”。[1]不用说，这第四重证据和传世文献、出土文献、考古学资料不在同一水平上，不能相提并论。但邢文显然也意识到了方法论问题对出土文献研究的重要意义。

本章在此并不是要为出土文献领域提供什么具体的研究法，只是想在方法论的探索上，提出一些前提和原则，供学界思考和讨论。

既然出土文献具有不确定、不完善的特征，既然出土文献的出土具有偶然性，既然目前出土文献研究还处于文本复原的早期阶段，既然出土文献研究需要多学科的协同作战，那么我们在研究这种特殊材料时，就应充分考虑其复杂性，保持中立的学术价值观和开放的学问姿态，尽最大可能排除主观意识，排除不同学科自身的局限性，不设定一种标准、一个尺度，不轻易地否定他人的方法和结论，不急着断代，不急着定性，不急着排出文献的先后次序。从不同的角度，不同的层次，尝试各种方法，多方位地、反复地分析对象本身，才能为今后出现更丰富的成果创造条件。既然出土文献离不开传世文献的依托，那么，传世文献的研究方法就必须得到重视、保持和发扬，古史辨派的成功和失败依然值得借鉴，怀疑精神和批判态度依然值得倡扬，对文本的精密解剖方法依然不应该放弃。

我们常常说，思想史研究领域充满着主观性，诠释的角度不同，结论也不同。现在，当思想史研究的复杂性遭遇到出土文献的复杂性时，其面貌更显纷繁交错，其研究难度更大更深。出土文献的出现像是一个

---

① 邢文：《帛书周易研究》，人民出版社，1997 年，第 10 页。

契机，既给思想史问题的解决提供了新的线索，又催生了许多新的问题。因此，目前的时代还是一个提供更多可能性的时代，一个积累资料、分析资料的时代，不必急于拿出结论，在一些暂时无法解答的问题上，不如阙疑，不作硬解。在反对过度诠释的前提下，继续对文本的彻底解析。在尊重古文字、古文献学术成果的前提下，尝试对思想体系和框架的有限构建。总之，像裘锡圭所指出的那样，倡导实事求是、具体问题具体分析的学风，在新的更为有力的材料面前，勇于不断修正自己的结论[1]，努力为出土文献研究领域创造出既谨严、认真，又自由、宽松的学术氛围来。

① 裘锡圭、曹峰:《“古史辨”派、“二重证据法”及其相关问题——裘锡圭先生访谈录》,《文史哲》2007 年第 4 期，第 5-16 页。

第十七章　出土文献与思想史研究方法论刍议

简帛研究成为一门显学，应该是在20世纪90年代末郭店楚简问世之后。20世纪70年代之后虽然有银雀山汉简、马王堆汉墓帛书、睡虎地秦简等重大发现，并受到世界性的瞩目，但毕竟专注于此的学者少，研究的成果少，对中国学术史造成的影响也小。郭店楚简问世之后，简帛研究已毋庸置疑成为一门国际性的显学，其原因有以下几点：第一，新材料开始源源不断、层出不穷地涌现出来。和思想史相关者，除郭店楚简外，还有上海博物馆藏战国楚竹书、岳麓书院藏秦简、清华大学藏战国竹简、北京大学藏汉简与秦简等极为珍贵的发现。除郭店楚简已全部发表外，其他均尚未全部问世，或尚未正式公布，为今后长期的研究提供了丰富的资料。第二，新材料的时代跨度更大，书写时代从战国时代一直延伸到汉代。和马王堆帛书等过去的材料相配合，新的简帛资料在时间上构成了比较完整的连续性。而这些简帛资料最初创作的时代或其内容所反映的观念应该更早。而且这些材料有些正好处于传世文献的缺环，因此意义格外重大。第三，涉及的领域更广。马王堆汉墓帛书堪称汉初百科全书，最近出土的文献同样具有传世文献所不具备的现实感、生动性和复杂性，但时代更早，难以解释的现象也更多。第四，引发的讨论更多。借助郭店楚简等最新的出土文献，加上马王堆帛书等尚未开发穷尽的出土文献资源，一系列新的、过去无法想象的论题得以成立，如孔孟荀之间的儒学展开、孟学和荀学的源头、老庄之外的道家轨迹、黄老思想的早期面貌、墨家的异端思想、从《易经》到《易传》的传承和谱系、多种多样的宇宙生成论、重视自然之情的人性论、术数方技和阴阳五行思想与社会政治和民众生活的联系等等。由此而被激活的或引发出来的研究课题有学派判别、经典确认及其文本演变的问题、天人关系论、儒道关系论、齐鲁文化关系论、传世文献价值的再评价，乃至“疑古”和“释古”关系的大讨论，等等。因此，可以说，简帛文献为哲学史、思想史拓展了新的线索，为中国古代文明的重新认识提供了革命性的契机，为古典学的新发展带来了千载难逢的机遇。

20世纪由西方及日本传入的人文科学的理论和方法，使古典学割裂为文史哲三门学科，学者们的研究虽然日益精细，但也出现画地为牢，甚至老死不相往来的弊端。然而，由于材料的不同、参与者的不同、使用方法的不同，简帛研究的方法将不同于以往文史哲任何一门学科的方法。这不仅将刺激、促进我们反思20世纪将文史哲分而治之的不合理性，而且还完全有可能通过简帛研究使文史哲重新走向合流，成为一门综合的古典学，使中国古代思想的面貌得以比较真实地还原。因此，就古典学而言，说我们已经进入了一个简帛研究的时代，恐不为过。如何以理智的态度和创造性的智慧把握住这次机遇，如何在各个重要研究领域中实现重要突破，是我们面临的时代课题，由此必然会引发一系列关于方法论的讨论。郭店楚简发现之后，学界喊出了“出土文献即将改写思想史”的口号，这个口号虽然激动人心，但表达的其实是一种心情和愿望，并不具备多少方法论的意义。同样，出土文献的大量问世，也使王国维提出的“二重证据法”名噪一时，似乎有了“二重证据法”就可以战无不胜，可以解决一切问题，其实，这样的思维也过于简单，同样没有多少方法论的价值。笔者在《出土文献可以改写思想史吗？》一文中，讨论了出土文献发现的偶然性，研究过程的复杂性，出土文献自身的不确定性、不完整性，及“二重证据法”适用范围的局限性，探讨了传世文献和出土文献的关系，探讨了出土文献改写思想史的前提条件。[①] 上述问题固然值得讨论，但揭露出来的许多依然是表层的现象。随着重大发现后的兴奋之情逐渐转变为研究展开后的冷静之心，面对出土文献的复杂性和问题的多样性，我们需要更多、更深入的思考。出土文献的问世可以改变一些过去的结论，这当然有意义，但如果仅仅满足结论的改变，而不借此探讨过去的经验方法乃至错误发生的原因，就很有可能会导致各种失误的继续发生。

就目前的研究现状而言，作为一名利用简帛资料从事思想史研究的学者，我感到问题比较集中于以下三个方面：第一，如何使用证据和展开推论的问题；第二，如何看待学派的问题；第三，如何把握文字文献

① 曹峰：《出土文献可以改写思想史吗？》，《文史哲》2007 年第 5 期。后经修改扩充，改题为《价值与局限：思想史视野下的出土文献研究》，发表于《中国哲学与文化》第六辑，广西师范大学出版社，2009 年。又见本书第十六章。

研究和思想史研究之间的关系问题。这三个方面是影响今后研究开展的比较重要的问题，如果说我们的最终目标在于探索、反思古典学研究的方法和模式，为古典学今后的发展提供可能的思路，那我们就无法回避这些问题。对此，我不可能作出全面完整的解答，只想就第一个问题比较集中地提出自己的若干思考，引起大家的重视和讨论。

第一个问题，与“疑古”和反“疑古”、“默证”和反“默证”的讨论有关，因此必须放在整个20世纪学术史的大背景下去思考。[①]这个问题也可以归结为出土文献大量问世之后引发的对于古史辨派的学术反思，本章无法对此作出全面的回顾和总结。在此，我要涉及的主要是证据和推论的问题，这方面针对古史辨派的批判集中于对古史古书的怀疑是否过猛以及是否使用了“默证”。实验科学的特征是以客观的立场、严苛的目光、精确的测量手段对待学术研究的对象，因此怀疑是正常的科学的态度，并不能因为怀疑导致个别结论的失误而对怀疑本身予以否定。关键在于“过猛”，也就是说，当中国处于“亡国危机”和“现代化焦虑”的背景下时，“疑古”不再是一种理性的态度，而转变为以“疑古”代表进步、以“信古”代表保守的感性的态度。[②]因为“疑古”标志着对于封建的制度、价值及其历史构建的否定。这里，对于事实的怀疑悄然让位于对于价值的批判，因此，这种“疑古”其实已不具备科学

① 有关讨论可参见文史哲编辑部编：《“疑古”与“走出疑古”》，商务印书馆，2010年。

② 这方面的事实可参见王泛森：《价值与事实的分离？——民国的新史学及其批评者》，载《中国近代思想与学术的系谱》，台北联经出版事业有限公司，2003年。

的精神，在这样的前提下，王国维、傅斯年等人看似偏向“信古”的态度，反而显得更为理性一些。可能因为20世纪的历史洪流就是民族国家的自强与进步，因此，在很长一段时间里，由对传统持批判态度的“疑古”派来代表学术的正统和方向，也是可以理解的。相反，反“疑古”则无法形成强大的势力。20世纪末，本来属于学术问题的“走出疑古”之所以能够得到响应，蔚然成风，除了出土文献提供的材料有助于推翻“疑古”派的一些结论外，也和中国需要通过构建悠久而可靠的历史，以强化民族自信，提高文明地位的明确目标有关。因此，无论是“疑古”，还是反“疑古”，无论是“疑古过猛”，还是“信古过甚”，其实都不完全是学术的问题，而和时代的脉动相关连。

再来看“默证”和反“默证”的问题。20世纪早期学者张荫麟对顾颉刚所代表的疑古派研究方法提出批评，认为他最大的缺陷在于滥用“默证”。张荫麟《评近人对于中国古史之讨论》一文针对顾颉刚“层累说”中涉及尧舜禹事迹的内容，从三个部分提出批评。第一部分为“根本方法之谬误”，他说：“凡欲证明某时代无某某历史观念，贵能指出其时代中有与此历史观念相反之证据。若因某书或今存某时代之书无某史事之称述，遂断定某时代无此观念，此种方法谓之‘默证’。默证之应用及其适用之限度，西方史家早有定论。”他指出，顾颉刚论证几乎全用“默证”且“十九皆违反其适用之限度”。[①] 应该说张荫麟的见解有

① 张荫麟：《评近人对于中国古史之讨论》，载《古史辨》第二册，海南出版社，2005年，第199-220页。

其合理之处，但利用“默证”之不合理作为证据反对古史辨派的研究方法，在20世纪大多数时间并未形成强大的潮流。以《老子》的成书为例，除顾颉刚外，那个时代的著名学者，中国如梁启超、钱穆、冯友兰，国外如武内义雄、葛瑞汉也都得出相似的结论，把《老子》的成书置于《庄子》之后，或者说秦以后。以“默证”为主要理由，对顾颉刚及其古史辨派展开的强大批判，来自出土文献大量出现后的今天，尤其是郭店楚简《老子》三个本子问世之后，因为简帛资料证明了疑古派的一些结论不成立或部分不成立，从而促进学者们反思“默证”滥用造成的后果。因此，由“默证”方法推导出的种种结论，也被打上了问号，常常成为批判的对象。

应该说“默证”和反“默证”的讨论，比起“疑古”和“走出疑古”的讨论，更具有学术的意义和方法论的意义。如前所述，“默证”不是一种合理的方法，其弊端在于把看不到的等同于不存在的，因此有武断之嫌。然而，这么一个浅显的道理，为什么20世纪那么多大家没有看到，或者无视，要等到20世纪末才广为接受呢？反言之，是不是驳倒了“默证”法，今后就万事大吉了呢？恐怕没有这么简单。在我看来，“默证”处理的其实是有和无、存在和不存在这样一些非此即彼的、事实层面的问题，在这个层面，如果没有明确的证据，与其信其“有”，不如暂且信其“无”，也是一种谨慎的态度。而思想史文献的研究，要分析的层面，远非有和无、存在和不存在这么简单，“思想史研究更为关注的是文本形态、人物形象、时代话题、创作意图，材料选择、诠释方法，注意探索意识、观念、概念、框架的流变，重在寻找这一思想现象与那一思想现象之间、特定思想现象与特定历史现象之间的逻辑关系”[①]。如果借用日本学者的话来说，这里有“文本批判”和“思想研究”[②]或者说“低等批判”和“高等批判”[③]两个层面。如果说“默证”研究法更多面对的是“文本批判”，面对的是文献自身的语言、构造等问题，那么在“思想研究”或“高等批判”的层面，不可能仅由“默证”研究法发挥作用。当《老子》文本的出现比一些疑古学者想象的要早，作为一个现象通过出土文献发现之后，所有的批判都归结为事实的问题，相应的“思想研究”或“高等批判”的结果也随之一同成为批判或怀疑的对象。这样做的话，就很容易走向另外一种极端，即随意地将“无”视为“有”，既忽视实证性材料的重要性，也忽视“思想研究”或“高等批判”的重要性，无视思想史资料的复杂性，不加分析地相信古书的记载，轻易地将出土资料视为信史，而鼓励大胆立说，这必然导致另外一场新的灾难。

事实上，很少有学者会表明自己有绝对的倾向，例如过度地“疑古”和“信古”，不顾一切地使用“默证”，或者走向反面，宁可信其

---

① 曹峰：《价值与局限：思想史视野下的出土文献研究》，载《中国哲学与文化》第六辑，广西师范大学出版社，2009 年。又见本书第十六章。

② 赤冢忠曾对狩野直喜的学问作过以下评价：“其研究方法是‘文本批判’和‘思想研究’并举，在文本批判中，他提倡训诂、校勘的重要性，在思想研究中，他提倡‘历史的研究’、‘比较的研究’之重要性。……狩野博士最早倡导了成为中国学的中国思想研究，并为其规定了发展方向。”参见赤冢忠：《思想概论》之“序论”，载《赤冢忠著作集》第二卷，研文社，1987 年，第 517 页。

③ “低等批判”和“高等批判”的说法其实源自欧洲，是《圣经》研究中常用的词汇。

"有"，而不信其"无"。那么，如果说出土文献促使我们发现过去的研究方法中存在着问题，而这种问题又不是简单地依靠反"疑古"、反"默证"就能解决，我们就有必要从其他的角度去考虑。

在笔者看来，无论是"疑古"或"走出疑古"，使用"默证"或反对使用"默证"，其实背后的思维方式具有一致性，也就是说这两种思路都处于20世纪进化主义立场和实证主义研究法的延长线上。如果我们只是简单地作出肯定与否定，从一个极端走向另外一个极端，并不有利于古典学今后的重建和发展。

20世纪流行的思维方式是进化主义和实证主义。进化主义认为一切复杂的现象之间有着必然之联系，一种现象是另外一种现象的必然反应，人类历史是一个由简单向复杂、由低级向高级不断演进的过程，而且这个过程有规律可循，这样的规律有主次之分，有发展的方向，有系统的线索，有明确的轨迹。因此批判历史、怀疑过去成为基本的态度，学者的任务就在于找出人类思想演进过程中背后的线索和规律。无论是马克思主义还是非马克思主义，其实都具有这样的特征。20世纪的史学（包括文学史、哲学史）其实无不如此，都喜欢构建大的体系，形成清楚的线索和明确的结论。

再来看实证主义，前文提到，20世纪由西方及日本传入的人文科学的理论和方法，使古典学割裂为文史哲三门学科，指导这三门学科展开研究的基本思路就是科学思维名义下的实证主义。实证主义基本上是一种实验科学，其特征是理性、怀疑、假说、线性思维、实验手段。实证主义重视绝对的证据，表现为对证据的绝对服从。在绝对的证据没有出现之前，一切研究过程及其结论，全部都是推论。在证据面前，过去的结论被推翻并不代表方法的失败。从这样一个角度看，实证主义研究方法其实和“疑古”、反“默证”不相矛盾，表现为材料第一、证据第一，“不见棺材不落泪”。与现代法律审判制度非常相似，那就是即便某人果然有罪，但在没有出示确凿的证据前，依然无法为之定罪。因此，反“默证”者遵循的其实也是证据第一的原则，两者在思维方式上并无两样。

无论是进化主义还是实证主义，都是人类思维发展的产物，有其必然性、合理性。然而，这些看似科学的思维方式，如果应用于复杂的思想史现象，并作简单化的处理，却未必能够推导出合理的结论。仍以《老子》之年代和作者之考证为例，郭店竹简本《老子》出土后，显示出钱穆和葛瑞汉等人的结论有误，刘笑敢进而分析了他们的考据方法，对以“思想线索”为根据的考证，他得出了以下的结论：“思想发展的复杂性和多向性不能简化为一种单向直线发展的可能性。任何一种思想发展线索都不足以作文献考证的根据。任何考证都要回答可能的反证的挑战，讨论相反的可能性，不考虑反证和相反可能性的考证是不可靠的。”对以“默证”为根据的考证方法，他得出了以下的结论：“怀疑的根据不等于建立新理论的根据。……不能根据我们现代人所能得到的有限的古籍，就断定古代某书、某人、某事在某时一定不存在，或断定没有足够旁证的历史记载一定错误。建立在‘没有某书某事’（即‘默证’）

基础上的猜想是不足以作为考据方法的。”对以合理猜测为基础的考证，他得出了以下的结论：“古籍的流传或遗失的情况可能相当复杂，不可能是按照现代人的逻辑发生的。因此按照现代人的逻辑推断古代发生的事情，正确或准确的机会极小，而且越是具体的假设，错误的可能性越高。”① 笔者赞同刘笑敢的结论，但同时想指出的是，这几种思维方式，其实都是进化主义及实证主义被简单化运用的产物，而其中最为突出的弊端是第一条，我们可以称之为直线型或单向型思维。这样的思维固然建立在假设、推理和考据之上，并以系统、演进为其特征，但致力于把各种各样的思想现象编织到同一根线索之上，认为现象与现象之间有着必然的因果关系，后一种思想现象一定是对前一种思想现象的继承或批判，通过分析思想现象的前后关系，所有的观念、命题、人物、书籍都可以排列出清晰的先后顺序，提炼出纯粹的形态，并最终得出具有唯一性的结论。越是大家，其编织的技巧也就越精致。这种精心编织出来的、反映出人类思想演进的模型，其实是一种典型的哲学史思维和研究法，材料是为观点准备的，或观点的取舍是由材料量化来决定的。过去当我们没有面对出土文献时，可以心安理得地把这套科学名义下的智力游戏玩下去，然而现在却发现，出土文献所展现的多元性、复杂性，使这套思想模型出现了漏洞，使智力游戏无法沿用原来的规则。我们看到

① 刘笑敢：《出土简帛对文献考据学的启示：以〈老子〉考证为例的探讨》。此文后分两次发表，见《出土简帛对文献考据方法启示（之一）：反思三种考据方法的推论前提》，载《中国哲学与文化》第六辑，广西师范大学出版社，2009 年；《出土简帛对文献考据方法启示（之二）：文献析读、证据比较及文本演变》，《中国哲学史》2010 年第 2 期。

的更多是思想的现象，而不是人为总结出来的哲学的脉络。例如，在过去的《老子》研究中，“道”的概念一般认为有一个由简单、粗糙、低级向复杂、精细、综合演变的过程，因此，具有高度抽象性和包容性的《老子》的“道”就必然是后起的。《老子》文本形成的过程被描述为与儒道相争的历史相伴随，因为时代的变迁和人物的思想一定是联动的，那么，显示出严重儒道对立的《老子》之书也一定是晚出的。现在，郭店楚简《老子》的出现，不仅仅改变的是某个结论，即《老子》早出还是晚出，更提醒我们必须重新省思推理和论证之方法的局限。

人类思想常常呈现出不可思议的图景。举一个不太恰当的例子，蜜蜂采集花粉的目的在于获取食物，但却在无意间传播了花粉，而后者的意义更大。利玛窦来中国的目的是传播天主教，但直到他去世，明朝的天主教信仰者也不过数千人，但他所展示的西方科学技术却对中国人产生了巨大的影响。为了报告他在中国传教的情况，他向欧洲寄回了大量的信件，这些信件所描述的那些中国具有普遍意义的价值却给西方的启蒙思想提供了重要的思想资源。因此，思想史中，类似这种目的与手段倒置的现象是十分常见的，这构成了思想史的复杂而真实的面貌。假设先行、逻辑推导、材料填补、实证完成的思维模式如果只能展示一种合理的想象，形成一根清晰的线索，那么这根线索其实很容易被出土文献所给出的事实折断。如刘笑敢所言，“思想前后之发展有顺承者，有逆反者；有由浅入深者，亦有前深而后浅者；有徘徊于边缘者，亦有异峰突起者，无法归结为单一发展的线索。而所谓单一发展的线索，不过是一时、一地以及一些人的见解和总结，未必能据之以断定某种观点和概念之先后”[①]。因此出土文献给予思想史研究方法论的意义在于：第一，使我们反思过去进化主义加实证主义背景下研究方法的弊端；第二，使哲学史进一步还原为思想史，这也是我前面所说的，使文史哲重新归结为古典学。或许有人会说，这样的研究将无法把握本质和线索，将使思想变得碎片化，但与其得到的是沦为智力游戏的对所谓本质、线索和整体的追求，不如暂时放弃之。或者如刘笑敢所言，“任何考证都要回答可能的反证的挑战，讨论相反的可能性，不考虑反证和相反可能性的考证是不可靠的”，“进行文献考据应该尽可能寻找客观的新证据，在没有压倒性的可靠的新证据的情况下，应该认真比较不同观点之证据的强弱和可靠程度，必要时应该多闻阙疑，避免将过度的猜测当作考据的方法”。[②] 在无法确认证据可靠性的前提下，关于证据强弱的讨论的确更加稳妥和更具理性，在我们今后的研究中，尤其应该大力培养这一意识，从而特别注意论据的客观性、结论的有效性、反证的可能性、把握的分寸感，以及对多元结论的宽容心、对正确结论出现的耐心、对大体系大构建之危险性的警惕心。换言之，这是在中国思想史研究中常常既无法证“有”又无法证“无”的情况下，我们该如何合理把握的问题。

通过对以往学者错误的分析，我们可以得到的教训，并不是从此可

① 刘笑敢：《出土简帛对文献考据方法启示（之一）：反思三种考据方法的推论前提》，载《中国哲学与文化》第六辑，广西师范大学出版社，2009 年，第 30 页。

② 刘笑敢：《出土简帛对文献考据学的启示：以〈老子〉考证为例的探讨》。

以不再怀疑传世文献，改为大胆信从传世文献了，而是要比以前更为小心地处理各种文献（包括出土和传世），不轻易地设定结论，不迷信一种方法。因此，“《齐孙子》哪里去了？子思子确有著作吗？《庄子》为何不太提老子？”这些的确是更好的提问方式，而不是谁在前、谁在后，哪个存在、哪个不存在，谁批判了谁，在“信”与“不信”之间、在“疑”和“不疑”之间把握自己的立场，就避免了必须证“有”证“无”的尴尬，从而能够真正应对中国古代文献与思想的复杂性。

总之，思想史的研究必然需要面对空白的部分，学者必然需要寻求各种方法填补空白，有的时候使用的是证据，有的时候使用的是推理，如果我们不把思想史看作一幅统一的、不变的图案，那么就应该允许多种填补法或者织补法，而不是倒过来，用一种方法去压制多种方法。出土文献的涌现，使问题更加复杂化，使单线演进论失去了发挥的舞台，使过去创造的思想模型失去了意义，我们现在反而无法给予读者像过去那样的明确答案，然而这却是正常的现象。

这里，再简单地讨论一下第二和第三个问题，这两个问题显然和第一个问题有密切的关系。第二个问题涉及“学派”的使用限度。大量出土的简帛文献使我们看到了当时思想交融、多元共生的面貌，思想倾向没有想象的那么明确和强烈，文献的作者和时代出现了难以辨析的模糊景象。这些迹象固然使过去的线索、模型失去了意义，使我们更强烈地感受到，先秦没有明确的“六家”概念，没有明确的门派意识。然而，如果为此而有意识地、彻底地放弃“学派”等概念的使用，则又是走向了极端。作为一种分析、归类的手段，“学派”等概念依然具有工具性的意义。如果说今天打破过去的“学派”认识是为了复原思想史的本来面目，那么，有效地使用“学派”概念又是为了更好地区别梳理各种不同的思想倾向。因此笔者以为，“学派”概念不是是否使用的问题，而是如何使用的问题。

第三个问题涉及如何把握文字文献研究和思想史研究之间的关系。这其实也是“文本研究”和“思想研究”、“低等批判”和“高等批判”的关系问题。在目前的出土文献领域，以文字文献研究为主的学者和以思想研究为主的学者间的隔阂似乎在扩大，这可能与过去自视甚高的“思想研究”“高等批判”得出的结论受到出土文献的冲击有关。实证主义方法在文字文献研究领域依然是不可动摇的“金律”，在思想研究领域，其有效性却正受到怀疑。虽然从理论上讲，思想史研究者尊重、消化文字文献研究者的成果，文字文献研究者理解、吸收思想史研究者的立场观念，相互融通，取长补短，是促使这两门学科今后健康发展的重大问题，这两方面都不可偏废，但显然文字文献研究处于上游，而处于下游的思想史研究者更需要充分尊重、消化文字文献研究者的成果。同时努力避免在这个材料使用和研究方法上主观性都非常强烈的研究领域，实证主义的研究方法被太多的主观性左右。例如，过去有一段时间，很流行利用郭店楚简中“心”字偏旁文字大量存在的事实，来讨论儒家心性论是否盛行的问题。其实这种讨论非常牵强，因为这主要是一种语言文字的使用倾向，未必与思想之间有必然关系，而且郭店楚简

《老子》的文字也大量使用心旁，我们又如何证明皆是儒者所为？如果充分了解文字文献研究领域的成果，就不会出现这种比较幼稚的推理行为。文史哲的充分融合、古典学的真正确立，正建立在这两大领域的水乳交融之上。就目前而言，思想史研究者有待作出更多的反省。

第十八章　20 世纪学科体制全球化背景下的中国古典学

——兼论出土文献在古典学复兴中的作用

古典学，是一个世界通用的概念，一般指今人对近代化以前的、传统的知识体系和为学方式所作的研究。换言之，是以近代学科分类体系及“科学”的研究方式尚未建立之前的学问为对象的研究。不同的国家，古典学所涵盖的时代也不尽相同，对于较早进入近代社会、较早采用近代学科分类体系及“科学”研究方式的欧美而言，古典的时代结束得更早一些，而东方则相对较晚。就中国而言，一直要到 20 世纪初期，才开始大规模采用西方的学科分类体系及相应的学术研究和教育制度。而日本则比中国要早半个世纪左右。因此，从广义上讲，我们可以把到清代为止的中国古代知识体系和为学方式当作古典学研究的对象，而从狭义上讲，我们常常把最早期的古代文明，即到中国先秦时代为止的文明当作古典学研究的对象。本章基本上从广义的角度使用“古典学”的概念。

因此，虽然每个国家有着各自的古典，然而古典学形成的过程，对古典学加以分类的体系以及研究的方法却是相近的。也就是说，传统的知识体系和为学方式之所以没有延续下去，是因为全球范围的近代化过程阻止了其发展和延续，而且，各自不同的古典学被以相同的分类方式、研究方法审视和剖析，因此中国的古典学也就不再为中国人所独有，而成为世界性的学问，从而产生出欧洲的中国古典学、美国的中国古典学、日本的中国古典学等等。可以说，中国古典学作为一门学问是西方文明从制度（包括科研制度和教育制度）上影响全世界的产物，如果我们把 19 世纪以后西方工业文明对世界文明进程不可阻挡的影响视为一种全球化，那么，中国古典学的诞生也是全球化的产物。

中国古典学建立至今，已有一个多世纪，不能否认，把古典的知识当作纯客观的研究对象，通过文、史、哲等门类分别加以研究的理念和模式，产生了大量的研究成果。但是，回首这百年历程，学者们也都越来越深切地认识到，文、史、哲各自为政的体制，使得内部分工越来越细，彼此间沟通、协作越来越少，古典学研究日渐琐碎化，作为有机整体的古典学已经陷入危机，趋于死亡。本章致力于探索这种弊端产生的原因，同时以近年出土文献大量涌现后，学科壁垒自然打破，沟通、协作越来越多为契机，讨论中国古典学再生和复兴的可能性。

一、近代学科体制影响下的中国古典学

中国古典学的诞生既然是全球化的产物，那么就必然会打上全球化的深刻烙印。这种烙印主要体现在两个方面，首先是知识的重新分类和相应学科体系的形成，其次是以西方学术理念和范式为标准的所谓“科

学"的研究方法。这两个方面的接受并不是同时的，无论日本还是中国，都是学科分类和相应科研、教育制度的引进在先，"科学"理念、方法的接受在后。

值得注意的是，"科学"这个概念，最初对应的并非 science。一般认为，日本人西周是"科学"一词的发明者。[①]但有研究证明，西周最初使用的"科学"一词，其实是 subject 或 discipline 的意思。[②] 也就是说，"科学"的含义不是 science，而是"学科"。关于西周在《百学连环》中对"科学"的使用情况，沈国威作过这样的推断：

> 西周的原意是用"学"作 science 的译词，用"术"作 art 的译词，用"科学"代替以前使用的"学科"去译 subject 或 discipline，以表达"一科之学"、"专科之学"或"分科之学"的意思。[③]

当然，随着西方学术体系的全盘引进，用"科学"一词专门指代 science 逐渐为日本人所接受。受日本的影响，20 世纪以后，中国人也开始使用"科学"一词[④]，但同样有将"科学"理解为"分科之学"的

---

① 明治 3 年（1870）末，西周在私塾育英社使用题为《百学连环》的讲义，系统介绍西方的知识体系。其中首次出现了"科学"一词。铃木修次对 science 概念传入日本以及译词诞生作过详细的梳理和论证。详参铃木修次：《日本汉语と中国：汉字文化圈の近代化》，中央公论社，1981 年，第二章。

② 参见飞田良文：《明治生まれの日本语》，淡交社，2002 年，第 205 页。

③ 沈国威：《严复与译词：科学》，载王宏志主编：《翻译史研究》第一辑，复旦大学出版社，2011 年，第 118 页。

④ 在中国究竟谁最早使用"科学"一词，又是在怎样的意义上使用的，学界研究甚多，主要可参见樊洪业：《从"格致"到"科学"》，《自然辩证法通讯》1988 年第 3 期；金观涛、刘青峰：《观念史研究：中国现代重要政治术语的形成》，香港中文大学出版社，2008 年。

现象，如张之洞制定的《学务纲要》中有“凡教员科学讲义，学生科学回答，于文辞之间不得涉于鄙俚粗率”[①]。这里的“科学”只能当“分科之学”解，而非 science。严复在翻译亚当·斯密的《国富》（今译《国富论》）时所使用的“科学”及其他一些场合所使用的“科学”一词，也当作西方知识及学术体系下的“一科之学”来理解。[②]

这里，之所以花较多的篇幅介绍“科学”一词的早期含义，目的在于通过这样一个有趣的现象来说明，“科学”进入东方，最初主要是在学科分类的意义上，因此其形式要大于实质。东方首先是在学科分类的体制上引进西学，在建立起与西方学术体制相一致的门类之后，才开始大规模地、真正地导入西方的学术思想、观念和方法。同时，无论是日本还是中国，西方科学知识和教育体系的引进，不仅意味着引入和学习东方所没有的东西，也意味着对固有的学问加以改造，这种改造首先指的是对固有的学问重新加以分类，并纳入新的教育体系中去。正是在这样一种理念的指引下，古典学被置于“人文科学”的框架下，划分成文、史、哲等门类，走上了和西方学术相匹配的发展轨道。

在日本，明治时期，随着政府欧化政策的实施［例如 1872 年（明治 5 年）的“太政官布告”宣告推行法国的学校体制］，西学大为流行，

---

① 张百熙、荣庆、张之洞：《学务纲要》，载舒新城编：《近代中国教育史料》第二册，中华书局，1928 年，第 14 页。

② 详参沈国威：《严复与译词：科学》，载王宏志主编：《翻译史研究》第一辑，复旦大学出版社，2011 年，第 121–137 页。

过去以传授汉文汉学为主的学校多被关闭。[①] 在大学中，虽然仍然保留了对汉文汉学的研习，但已成为新型教育体制中的一环，成立于 1877 年（明治 10 年）的东京大学，在其文学部中设有“和汉文学科”，力图培养的是学贯东西的人才，除中国经学、东洋哲学、汉文学外，还要必修英语、西洋哲学、论理（即逻辑）学、心理学、社会学等西方学术。

有趣的是，这种试图将传统学问纳入新型体制的努力，一开始仅仅是形式上的改变而已，由于没有老师懂得西方的研究理念、方法，和汉文学科的教授多为旧江户幕府以来的宿儒，直到 1885 年（明治 18 年），学生也只有两名。从目前还能找到的东洋大学前身哲学馆（始建于 1887 年，明治 20 年）的讲义来看，虽然出现了诸如《中国哲学》（冈本监辅）、《中国哲学史》（内田周平）、《中国伦理史》（藤田丰八）之类课程，和《希腊哲学史》等传播西学的课程相并列，但从其内容看，并没有什么新的概念、框架，也没有什么新的方法。《中国哲学》等于是四书学，《中国哲学史》采用的是《汉书·艺文志》九流十家的框架，《中国伦理史》采用的是《汉书·太史公自序》所见六家的框架。因此并不是近代西学理念下的哲学史，只不过名称作了更换，旧酒装入了新瓶而已。

中国和日本一样，中国传统学术和教育制度向现代转型的第一步，是建基于分科的新型教育和研究制度。具体而言，即随着科举制度的废

① 关于近代日本文明开化之后汉学者的命运，可参见三浦叶：《明治の汉学》，汲古书院，1998 年；町田三郎：《明治の汉学者たち》，研文出版，1998 年；村山吉广：《汉学者はいかに生きたか》，大修馆书店，1999 年。

止，旧式书院教育体制走向衰落，传统的“四部之学”走向了“七科之学”。所谓“四部之学”，指“四部”之内的经学、史学、诸子学、辞章学等传统学术门类；所谓“七科之学”，指以“七科”（文、理、法、农、工、商、医）为代表的文、史、哲、数、理、化、政、经、法、地、农、工等现代学术门类。[①]从“四部之学”到“七科之学”的转变，代表着中国从文史哲不分、讲求博通的“通人之学”向近代分科治学的“专门之学”的转变。这项转变，就对西学的“引导”而言，当然指西方分科观念和分科方法的全面引入，而对古典学而言，则表现在对传统学术的“消解”和“拆分”上，因此，一开始难免仅具形式上的意义，出现换汤不换药的现象。下面是晚清宿儒俞樾（1821—1907）写的一首诗，其中谈到了“哲学”：

举世人人谈哲学
愧我迂疏未研榷
谁知我即哲学家
东人有言我始觉

这里的“东人”指的是日本人小柳司气太，他写过一篇《俞曲园の著述

① “七科之学”正式形成于1913年初，民国政府教育部公布的《大学令》《大学规程》。“七科之学”正式形成之前，已有不少人提出学科分类之理念并付诸实践。例如，1901年，张之洞、刘坤一在联名上奏的《筹议变通政治人才为先折》中，以日本“六科分立”制为蓝本，提出了大学分设经学、史学、格致学、政治学、兵学、农学、工学等科的“七科分学”方案。关于中国近代学制的演变，可参见左玉河：《从四部之学到七科之学——学术分科与近代中国知识系统之创建》，上海书店出版社，2004年。

及学说附时事评论》[1] 的文章，俞樾在读到此文的译文之后，写下了这首诗。可见他对“哲家”“哲学家”这些新概念，带有嘲讽的意味，即便头衔、称呼换了，但在他的心目中，学问的内容和方法其实并没有实质性的变化。

当然俞樾的感受，只是西学席卷中国之初，一种短暂的、特殊的现象而已。在那之后，不仅从学科分类，而且从理念方法，中国传统学术被彻底改造，走上了从传统学术转型为“中国古典学术”之路。在严复等人看来，西学取代中学，不仅仅是因为西学有着传统学术所欠缺的足以“经世致用”的实际功用，更是因为从实质上看，西学有着传统学术所不具备的组织体系与理念方法。尤其后者，是严复等人所大力宣扬、积极倡导者，严复指出：

> 西人举一端而号之曰“学”者，至不苟之事也。必其部居群分，层累枝叶，确乎可证，涣然大同，无一语游移，无一事违反；藏之于心则成理，施之于事则为术；首尾赅备，因应厘然，夫而后得谓为之“学”。……是故取西学之规矩法戒，以绳吾“学”，则凡中国之所有，举不得以“学”名；吾所有者，以彼法观之，特阅历知解积而存焉，如散钱，如委积。[2]

这样看来，在严复眼中，真正的“学”必须有组织、有系统，即所谓

① 此文刊载于《哲学杂志》第 21 卷，明治 39 年（1906）2 月号。

② 严复：《救亡决论》，载王栻编：《严复集》第一册，中华书局，1986 年，第 52 页。

“部居群分，层累枝叶”“首尾赅备，因应厘然”，而且是可以论证、可以定义的。用此标准来衡量中国古典之学，则“如散钱，如委积”而已。严复还指出：

> 古之为学也，形气道德歧而为二，今则合而为一。所讲者虽为道德治化形上之言，而其所由径术，则格物家所用以推证形下者也。撮其大要，可以三言尽焉。始于实测，继于会通，而终于试验。三者阙一，不名学也。[①]

也就是说，中国古代之学有形上、形下之分，形上之学即“道德治化”之学，本来是不可证、不可测的，而现在形上、形下已合二为一，形上之学的研究也要遵从形下之学的三大原则，那就是“实测、会通、试验”。

如果说中国古代“四部之学”并非有组织、有系统，那是不合理的。“经史子集”显然是一个有机整体，以“经”为首、以“史子集”为辅的体系其实可以将所有的知识容纳进去，而且这个系统是有层次的，“经”基本上和形上之学相应，而其他的知识则是为传扬、实践“经”所反映的理念服务的。因此这是一种“活”的学问，也就是说，学者和他所研究的对象、为学与为人息息相关，联成一体，成为生命本身，死而后已。知识分子倾其毕生精力研习古籍，并按照古典的世界不断地重塑自己的精神，结果在各自不同的领域、不同程度地成为古典世

① 严复：《天演论》，载王栻编：《严复集》第五册，中华书局，1986 年，第 1358 页。

界的化身或代言人。因此，即便为学之人最终偏重于“四部之学”的某一方向，也会因为“四部之学”整体的不可分割性和相互关联性，而不至于出现严重的偏科。同时，学者和学问之间不可能像自然科学那样是冷冰冰的关系。按照西学的理念，不仅自然科学，即便人文科学也要求主体与研究对象之间要保持距离，保持客观、冷静的态度和立场，在研究对象面前，研究者不能有自己的价值取向，不能显露自己的情感，否则就会影响自己得出结论的客观性。

当“四部之学”被纳入“七科之学”后，如前所述，首先是被以“科学”的名义重新审视、重新分科。其次是成了“科学”的对象，不再是一种活着的学问，而是在新的学术框架、概念、方法下可假设、可定义、可分析、可论证的“古典学”对象了。在这样的理念背景下，实用主义、实证主义也就必然受到推崇。

二、20 世纪中国古典学研究的三种类型

20 世纪是“古典学”发生、发展、发达的世纪，要在这样一个小章节中，对 20 世纪“古典学”的长短功过作出全面的审视是不现实的，我也无意否定人文科学背景下“古典学”的许多成就。在此，我想通过一些重要的人物和事件，梳理出古典学产生之后的主要线索，对这门学问之所以会日渐琐碎化，开始陷入危机的原因作出探索。

西方学科分类体系大规模引进之后，在中国古典学研究方面，有哪些影响深远、值得重视的学者或学者群呢？在此，我想分成三种类型加

以论述。第一种类型是几乎看不到争议，直到今天仍受到极高评价的学者，以王国维为例。王国维短暂的一生，创造出令人叹为观止的学术成果。作为新旧交替、文化转型时期的人物，他有着“四部之学”的深厚功底，但他出色的研究成果，又几乎都是新的学科体系创建之后形成的。王国维对西方学科分类不是被动地接受，而是对其长处有着深刻认识：

> 我国人之特质，实际的也，通俗的也；西洋人之特质，思辨的也，科学的也，长于抽象而精于分类，对世界一切有形无形之事物，无往而不用综括及分析之二法，故言语之多，自然之理也。吾国人之所长，宁在于实践之方面，而于理论之方面则以具体的知识为满足，至分类之事，则除迫于实际之需要外，殆不欲穷究之也。[①]

他的一生，纵横于文史哲三个领域，早年醉心于哲学，中年潜心于文学，晚年归心于史学。一般认为，1911年辛亥革命爆发，王国维随罗振玉避难日本之后，学风大变，尽弃西学，回归古典之学。但实际上如刘东指出的那样，他中晚年虽然埋首“经史小学”，但实际上他的学问是“以西格中”的产物。

必须警觉地看到，即使在他被说成是尽弃西学之后，由于他心

---

① 王国维：《论新学语之输入》，载《王国维遗书》第五册《静庵文集》，上海古籍出版社，1983年，第97b—98a页。

> 里还是认定学术不分中西，所以他那种针对中国过往文化经验所提出的问题，还主要是从西学的基点上发出的，还受到了西方话语的强有力制约。
>
> 也必须警觉地看到，他的国学并非传统文化的原义，而乃以西格中的产物，如果不能时时牢记到这一点，而径直把他的某些判定——那些被发明的传统——看成是原汁原味的中国传统，那么就会陷入迷宫。[①]

同王国维有过交往的日本著名学者狩野直喜也说过：

> 他对西洋科学研究法理解很深，并把它利用来研究中国的学问，这是作为学者的王君的卓越之处。[②]

那么，王国维是如何利用西学眼光来审视中国古典的呢？这里，我无法作详尽的论述，仅从王国维开拓的领域，我们可以看出新型的学科分类和学术理念对他产生的影响，从1911年到他去世的1927年，他辗转于文学、美学、甲骨学、金石学、文字学、音韵学、训诂学、版本目录学、古史学、西北史地学、简牍学、敦煌学等领域，几乎在每个领域都作出辉煌的成就。尽管这里面不少领域是中国传统的学问，但我们可以

① 刘东：《重估王国维的“尽弃西学”》（未刊稿），载方麟：《王国维学术思想评议》，清华大学博士后研究报告，2012年9月，第8页。

② 狩野直喜：《回忆王静安君》，载陈平原、王风编：《追忆王国维》，三联书店，2009年，第295页。

发现，即便和中国传统学术重合的领域，王国维也是受到了西方汉学或日本“京都学派”的影响，也就是说，仅仅延续中国传统之学，是不可能造就如此辉煌的。王国维其实是在西方的“中国古典学”领域，利用自己有深厚国学功底的优势，建树起了更多的成就。而他的学风则接近于“强调确实的事实、注重文献的考订、推行原典的研究”[①]的实证主义理念。因此，由王国维提出今天评价甚高的“二重证据法”，也是完全可以理解的。

所以，王国维之所以会有这么高的评价，在于他成为中国推行西方的学科分类体制后，在许多新的领域都有开拓之功的先驱者。可以说，他充分利用了自己能够融会贯通文史哲的优势，在不同的领域任意遨游。他四处出击，广泛建树，但不固守在一个专业。这样就避免了今人视野狭隘、学问越做越小的弊端。

王国维的成功既在于不墨守旧学，也在于他对西学潜在的弊端有所警惕。如前文所言，在“四部之学”中，经学具有至高的地位，具有统领的作用。在严复看来，西学与中学的重要区别在于，西学把中学中形上、形下两种学问合二为一，形上之学也必须以形下之学为标准，这样其实是把经学拉下了神坛。王国维则认为学科分类与保留形上之学并不矛盾。王国维在《奏定经学科大学文学科大学章程书后》一文中，批评张之洞《奏定学校章程》不设哲学科目时说：

① 这是严绍璗对“京都学派”学风之评价，参见严绍璗：《日本中国学史》，江西人民出版社，1991 年，第 373 页。

其根本之误何在？曰在缺哲学一科而已。……人于生活之欲外，有知识焉，有感情焉。感情之最高之满足，必求之文学、美术；知识之最高之满足，必求诸哲学。叔本华所以称人为形而上学的动物而有形而上学的需要者，为此故也。故无论古今东西，其国民之文化苟达一定之程度者，无不有一种之哲学。而所谓哲学家者，亦无不受国民之尊敬，而国民亦以是为轻重。①

王国维在同样将经学拉下神坛的同时，却提出任何一个科目都必须学习哲学，这是在认可西学分科背景下，把哲学提到了至高无上的地位。他的目的很明确，就是不想把学术仅仅变成一种认识的工具，而希望在整体上提升学术的品格。

总之，王国维的眼光在今天看来也是非常超前的，一方面他积极利用西方学科分类体系，凭借雄厚的国学基础，开拓出无数供后代研究者继续前行的新领域。另一方面他又不受专业的束缚，不使自己的学术走向狭隘和琐碎。同时，他也注意提升学术的品格，使学者不是为了研究而研究，竭力避免学术形而下化之后必然走向庸俗化、实用主义化、离道德与精神越来越远的弊端。

第二种类型以东京大学古典讲习科和清华大学国学研究院为例。设立于 1882 年（明治 15 年）的东京大学古典讲习科分为甲部“国学”（即

① 王国维：《奏定经学科大学文学科大学章程书后》，载方麟选编：《王国维文存》，江苏人民出版社，2014 年，第 51–52 页。

日本的古典学）和乙部“汉文学”两个部分，其目的是挽救日本全面西化之后迅速衰落的汉学、儒教。学生可以免修外语，教师由岛田重礼、中村正直、三岛毅等宿儒担当，也有西方留学回来的井上哲次郎，毕业生中人才辈出，出现了林泰辅、安井小太郎、市村瓚次郎、瀧川龟太郎、兒玉献吉郎等一大批重量级的学者。[①] 设立于1925年的清华研究院国学门（即通称之国学研究院），同样也有挽救国学于衰亡的使命，导师梁启超、王国维、陈寅恪、赵元任、李济均受过西学的熏陶，学贯中西，而学生则多有深厚的国学基础。此研究院开办仅4年，共录取74人，完成学业68人，其中徐中舒、姜亮夫、王力、吴其昌、姚名达、高亨、陆侃如、刘节、刘盼遂、谢国桢、贺麟、张荫麟、罗根泽、周传儒、蒋天枢等，日后都成为中国20世纪人文学术的中坚力量。就办学宗旨而言，清华大学国学研究院特别强调新型的国学研究之道，即“尤注重正确精密之方法（即时人所谓科学方法），并取材于欧美学者研究东方语言及中国文化之成绩”[②]。但并未显示出西化的特征，从相当多的毕业生日后的研究成果看，促使他们获得成就的理念与方法，显然更多得益于他们早年扎实的古典训练。因此，这是一个非常有趣的现象，尽管进入了现代学科分类体制，但这些人成就之形成，似乎主要不是得益于西学的训练，反而是得益于有意识地和西学保持一定距离。如下文所要讨论的那样，过度的西化对于古典学而言，反而会导致灾难性的

① 战前日本“京都学派”也有类似的特征，这里限于篇幅不作展开。

② 吴宓：《清华开办研究院之旨趣及经过》，《清华周刊》第351期，1925年9月18日。

后果。

第三种类型以胡适、冯友兰的中国哲学研究以及 20 世纪的逻辑学、地理学研究为例。胡适的中国哲学研究有着鲜明的倾向，就是要借助西方哲学的概念框架，重述中国古代思想传统。他在《中国哲学史大纲》的“导言”中说：

> 我做这部哲学史的最大奢望，在于把各家的哲学融会贯通，要使他们各成有头绪条理的学说。我所用的比较参证的材料，便是西洋的哲学。[①]

从某种意义上讲，胡适在撰写中国哲学史时，有一个相当强烈的愿望，就是按西方能够理解的思维模式和语言，让西方人了解中国，同时让中国的思想走向世界。梁启超在评价这部书时，毫不客气地指出：“这部书讲墨子、荀子最好，讲孔子、庄子最不好。”“凡关于知识论方面，到处发见石破天惊的伟论。凡关于宇宙观人生观方面，什有九很浅薄或谬误。”这是因为墨子、荀子有接近于西方的知识论和政治思想，因此也最容易用西方的概念框架来描述。梁启超认为以知识论来讲孔子，只是“弃菁华而取糟粕”。因为知识论在孔子哲学中只占得第二、第三的位置。孔学的根本精神是如何做到“我的思想行为与我的生命融合为一”及“我的生命和宇宙融合为一”，孔子的“学”并非如《中国哲学史大纲》所言“只是读书，只是文字上传授来的学问”，而是“活动”

① 胡适：《中国哲学史大纲》，东方出版社，1996 年，第 24 页。

和“体验”。[①]

钟泰也认为胡适的中国哲学研究有牵强附会之处，为此，他也写了一本《中国哲学史》，在该书“凡例”中，他明确指出了该书的宗旨，即“中西学术，各有统系，强为比附，转失本真。此书命名释义，一用旧文。近人影响牵扯之谈，多为葛藤，不敢妄和”[②]。当然钟泰又有矫枉过正之嫌，最终没有进入中国哲学研究的主流，但他的批评在今天看来确实极为中肯。

胡适之后，冯友兰所著《中国哲学史》一般认为比胡适更具有系统性，但在梳理中国的材料以塞入西方的框架之特征上与胡适没有什么两样，冯友兰在他的《中国哲学史》中说：

> 哲学本一西洋名词，今欲讲中国哲学史，主要工作之一，即就中国历史上各种学问中，将其可以西洋所谓哲学名之者，选出而叙述之。[③]
>
> 所谓中国哲学者，即中国之某种学问或某种学问之某部分之可以西洋所谓哲学名之者也。所谓中国哲学家者，即中国某种学者，可以西洋所谓哲学家名之者也。[④]

---

① 梁启超:《评胡适之〈中国哲学史大纲〉》，载《饮冰室文集》之三十八，中华书局，1936 年，第 60–63 页。

② 钟泰:《中国哲学史》，东方出版社，2008 年，“凡例”第 1 页。

③ 冯友兰:《中国哲学史》上卷，商务印书馆，1934 年，第 1 页。

④ 冯友兰:《中国哲学史》上卷，商务印书馆，1934 年，第 8 页。

对此，著名哲学史家劳思光有严格的批评，“冯书中确有哲学，但不是中国的哲学”“冯书虽有‘哲学’，但并不与中国哲学的主流相应”[①]。劳思光认为，冯友兰套用西方哲学的分类法来解释中国哲学，并不能涵盖中国哲学的主要问题，更失去了中国哲学的精神。

20 世纪之后，使用西方的模式、戴着西方的眼镜在中国固有的材料中寻找相应的学术成为时尚，当然和全球化有着必然关联，这种关联不仅来自外部的压迫，也来自中国自身内在的需求。当中国人意识到西方的先进主要不在于船坚炮利，而在于有着“科学”的，亦即逻辑的思维方式时，在中国固有的思维中找出可与之相匹敌的东西，就成了紧迫的工作。胡适的博士论文《先秦名学史》的出现绝非偶然。“名学”“辩学”不仅仅成为深入了解西方、学习西方文明精髓的桥梁和捷径，更成为激发起中国比西方优越的民族自信心的良药。因此 20 世纪中国逻辑学研究的兴盛可以说其实是文化上缺乏自信所导致的，是一种虚假的、存在缺陷和偏差的“兴盛”。今天我们回过头来看，这个领域的研究从一开始就有方向性的错误，表现为不顾“名家”所生存的思想史环境，将西方逻辑学概念、框架、方法简单地移植过来，有削足适履之嫌。20 世纪后在西方学术背景下形成的先秦名学研究，只重视语言学逻辑学意义上的“名”，有时甚至曲解伦理学政治学意义上的“名”，将其当语言学逻辑学材料来使用。自从将“名”“辩”与西方逻辑学相比附后，只要谈到“名”，似乎就只能从逻辑的角度出发。这样使很多看上去与逻辑学

---

① 劳思光:《新编中国哲学史》第 1 卷，广西师范大学出版社，2005 年，第 306-307 页。

无关的“名”的资料被轻视、被闲置，甚至被曲解。特别是那些伦理学意义上、政治学意义上的“名”，虽然是中国古代“名”思想中不可割裂的、有机的、重要的成分，却因为西方逻辑学研究的思路而得不到正视，得不到客观的研究。这就出现了《荀子》的《正名》篇，到了逻辑思想史学者手中，只看前半部分和所谓与逻辑相关的内容，不管后半部分论道论心之内容的奇怪现象，这是典型的断章取义。[①]

再来看地理学，中国古代没有建立在西方自然科学意义上的地理学，但不乏地理的论述。然而20世纪初的地理学却完全按照西学的模式来雕琢，以至于无处下手建立学科。1938年，王庸在撰写《中国地理学史》时，认为中国学术史上可称为地理学的知识甚少，“严格地说，除掉地图和西方科学输入以后的地学之外，在中国学术史上实在是很少可以称为地理学的。所谓地志，在分量上虽是‘汗牛充栋’，不可胜数，但论其内容，却多半是历史性质。即如所记山水、地域、物产、人口之类，亦不过地理事迹的记载，仿佛不定期的年鉴，不能认为是真正的地学。……而明清以前，除地图地志以外，实在没有多少系统的地理学可讲……”“中国古书里不免偶然有些和地理学相近似而巧合的推论。但大都是东鳞西爪，甚为散漫。要在浩如烟海的古书中披沙拣金，实在颇

① 详细论述可参见曹峰：《二十世纪中国名学诠释的偏差及其历史原因》，载《中国诠释学》第六辑，山东人民出版社，2009年；曹峰：《回到思想史——先秦名学研究的新路向》，《山东大学学报（哲学社会科学版）》2007年第2期。

不容易”[①]。同样是屈从于西方的学术体系，但弊端的表现不同。本来与逻辑学不相干的一些中国古代名学资料，被硬拉来凑数；本来极其丰富的人文地理资料，却因为盲目使用西方的标准，少到要“披沙拣金”才能找出的地步。

20 世纪中国古典学还和国运密切相关。第二次世界大战以前，日本尤其是东京帝国大学的儒教研究几乎是为培养国民道德、维护天皇体制的政治目的服务的。而 20 世纪中后期，中国的古典学研究受意识形态支配的特征更是明显。虽然保持文史哲的近代学科体制，但在概念、框架、理论上教条化的倾向更为严重，这些情况众所周知，不必赘述。

上面论述的三种类型，基本上都出现于 20 世纪初期，但我觉得其影响延伸到整个 20 世纪，从这三种类型可以看出 20 世纪中国古典学命运的变迁。中国古典学既是西方学科体制的产物，其模式、框架、概念无不深受西学的影响，又受制于中国古典自身的特点，也就是说，即便有深厚的西学基础，没有深厚的国学基础，那也不可能获得影响长远的学术成果。只有既能在形式上利用学科分类之便利，又能在事实上不打破中国古典有机整体的人，才有可能获得最高的成就。这人就是王国维。但王国维是独一无二的。东京大学古典讲习科和清华大学国学研究院的许多毕业生在不同的领域各领风骚，其成就为不同学科奠定了基础，但在对古典把握的整体性上已不可能和王国维相比。然而，即便是

① 王庸：《弁言》，载《中国地理学史》，商务印书馆，1938 年。关于王庸的学术成就及其局限，可参见赵中亚：《王庸先生学述》，清华大学博士后研究报告，2012 年 9 月。

这些某一领域的大家也越来越少，现在，文、史、哲内部分工越来越细，彼此间沟通、协作越来越少，各自为政、画地为牢、老死不相往来的现象日益严重，这种现象使得古典学研究日渐琐碎化，作为有机整体的古典学已经陷入危机。这种危机可以用“西化”基础上的“细化”来表示。一方面，过度西化的研究方式[①]虽然引起许多学者的警惕，并试图纠正，但“以西格中”，为了某种理论或假设的成立而不惜断章取义、削足适履的现象仍十分多见，使得中国古典学日渐脱离其本来面目，成为一些学者谋生的工具或掌上的玩物。另一方面，由于对中国古典缺乏有机和整体的把握，目前的学者以及正在培养的新一代学者所作研究更多是掘井式的，但由于视野的狭隘，可供开掘的有价值的井已经越来越少，使得中国古典学的生机不免走向衰微和枯竭，我们热切呼吁给中国古典学注入活力的契机。

更可怕的是，由于知识爆炸，学者们看自己学科的论文都来不及，难以有时间和精力再去关心其他学科。同时，每个学科各有各的话语体系、评判标准、刊物、学会。在某种程度上，学科体系成了势力范围，使中国古典学在平庸中慢慢死亡。个人无能力通观和整合，而体制也扼杀了通观和整合的能力。近年开始大量出现的国学院、国学班可以说是一种扭转的努力，但依然受制于学位体制，难以有大的作为。

---

① 在中国哲学研究领域，日本小岛祐马，中国郭沫若、侯外庐的中国哲学史、思想史研究同样是西化的产物，只是路线不同而已。

三、出土文献在古典学复兴中的作用

20世纪末和21世纪初，借助回首百年，在中国国内，包括文史哲各个方面，对自身的性质、研究的方法、在现代社会中的作用与意义、今后发展的方向，都展开了积极的讨论。那个阶段，各种反思类的文章特别热。例如，在史学领域，对五种社会形态演进论能否适用于中国，对如何评价20世纪古史辨派的功过，对上古史研究是否需要“走出疑古时代”展开了热烈的讨论。在文学界，围绕西方文论指引下的中国文论“学科史”是否导致“学科死”的问题，展开了激烈的争论。在中国哲学界，中国哲学的合法性问题、主体性问题、“援西释中”“反向格义”的成败问题，始终是近年关注的焦点。

这些反思更多注意的是西方的概念、框架、思维模式、研究方法是否适合于中国古典学，以及中国古典学如何走向新生。然而这种讨论仍然是以文、史、哲为单位展开的，也就是说，仍然受到西方学科的限制。虽然有一定的警示作用，但难以为中国古典学的新生提供直接而实际的机会，以扭转“西化”基础上日益“细化”的颓势，为中国古典学重新整合带来契机。

笔者以为，20世纪后半期大量涌现的出土文献或许为我们提供了复兴中国古典学的有效的机会。随着中国近年来工业化、城市化的深入，深埋于地下两千多年，用竹简、木牍和缣帛抄写的先秦秦汉文书，大批大批地呈现于世人眼前。[1]以思想史领域为例，郭店楚墓竹简、上海博物

① 这种现象不只在中国，在日本、朝鲜半岛也有类似现象，例如近年在朝鲜出土的木简《论语》，就引起了国际性的关注。

馆藏战国楚竹书、清华大学藏战国竹简、岳麓书院藏战国秦简、北京大学藏西汉竹简，都堪称惊人的发现，加上 20 世纪 70 年代出土的马王堆西汉帛书、睡虎地秦简、银雀山汉简等无比珍贵的资料，历史的窗口一扇接着一扇打开，从每一扇窗看出去，风景都格外精彩。现在投身其中的学者越来越多，对思想史研究的影响也越来越大，说中国古典学已经进入了“简帛时代”，绝不为过。

值得注意的是，这些随葬于先秦秦汉乃至魏晋三国古墓中的古代文献，以一种原始的、自然的状态呈现出来。例如，出土于 20 世纪 70 年代的马王堆帛书内容极其丰富，涉及古代历史、思想、天文、历法、地理、军事、医学、术数等各个方面，好像一部百科全书，不仅包括所谓“精英”的思想和文化，还包括大量阴阳五行、天文、历法、算术、星象、占卜、释梦、医学、养生、动物学、植物学、矿物学等葛兆光称之为“一般知识、思想与信仰”的内容。① 出土于 20 世纪 90 年代的郭店楚墓竹简、上海博物馆藏战国楚竹书中呈现出复杂的儒道关系。文本的不确定性、思想的丰富多样性是出土文献的显著特征。②

这些未经后人染指的出土文献，仿佛将思想定格在了时间的某一刻，其文本形态往往凌乱不齐，其思想面貌往往杂芜纷呈，但却保留了思想生动而鲜活的特征。如果我们要在里面寻找统一的线索、纯正的概

① 葛兆光：《中国思想史》第 1 卷，复旦大学出版社，1998 年。

② 详参曹峰：《价值与局限：思想史视野下的出土文献研究》，载《中国哲学与文化》第六辑，广西师范大学出版社，2009 年。

念，以佐证后人整齐加工之后的体系，往往会令人失望。因此，不仅难以用文、史、哲的西学框架，甚至难以用“四部之学”“九流十家”“六家”的方式去分类。也就是说，在一个墓葬中出现的文献往往极为复杂，而同一篇文献也未必显露出清晰的学派面貌，可以供我们轻松地塞入今天的学术框架中。

借助最新的出土文献，一系列新的、过去无法想象的论题被激发出来，如孔孟荀之间的儒学展开、孟学和荀学的源头、老庄之外的道家轨迹、黄老思想的早期面貌、墨家的异端思想、从《易经》到《易传》的传承和谱系、多种多样的宇宙生成论、重视自然之情的人性论、术数方技和阴阳五行思想与社会政治和民众生活的联系等等。由此而被激活的或引发出来的研究课题有学派判别、经典确认及其文本演变的问题、天人关系论、儒道关系论、齐鲁文化关系论、传世文献价值的再评价，乃至“疑古”和“释古”关系的大讨论等等。这些问题有很多都是跨学科的。因此，可以说，出土文献为中国古代文明的重新认识提供了革命性的契机，为古典学的新发展带来了千载难逢的机遇。

出土文献的研究必须依靠多学科通力合作，仅仅依靠某一个领域是无法胜任的。这种通力合作表现在两个方面。从横向看，考古、文字、音韵、训诂、文献、历史、思想、哲学都必须参与进来，甚至数、理、化、工、农、医、占卜、天文、历法、饮食等领域也必须加盟。从纵向看，从事出土文献研究的学者必须密切关注、了解、懂得其他学科的研究成果。出土文献仿佛是一潭池水，最先向其中投入石子的是从事考古及古文字研究的人，这批人比较少，产生的波纹也比较小。其次向其中投入石子的是研究学术史、思想史的人，这批人相对较多，产生的波纹也比较大。当更多的人、更多的学科向其中投入石子时，产生的波纹也就更大。没有不同学科，甚至同一学科不同学者之间的相互交流、影响、协同、合作，就不可能得出为学界所公认的结论。以思想研究为主的学者如何尊重、消化前期文字文献研究者的成果，文字文献研究者如何理解、吸收后期研究者的立场观念，是促进这门学科今后健康发展的重大问题。这两方面都不可偏废，虽然前者为本、后者为末，但其实一开始就是相互尊重、相互融通、取长补短的关系。总之，出土文献研究必须借助各方之力，同时又要求研究者注意各方面之研究成果，互为条件、互为补充，由此也有利于培养出新一代的学者。现在投身出土文献研究的青年学者越来越多，成果越来越丰富，这些现象证明了这个跨学科的领域展现出越来越强的魅力。

出土文献研究这种跨学科的性质，使其成为古典学研究的热点，这方面的会议相当多，论文也极为丰富，同时催生出新的学会，例如日本的中国出土资料学会，是日本国内包含学科领域最为广泛的学会，反观中国，尚未出现这样的学术组织，实在令人遗憾。出土文献还是目前最为国际化的研究对象，它吸引了来自不同国家、不同学科的学者参与其中。不知道出土文献，已没有古典研究的发言权。日本学者有着深厚的古典学基础，投身出土文献研究也非常早，已形成非常丰富的研究成果。而欧美学者在文本研究方面有悠久的历史，因此在文本的书写和构建、口头传播的影响、作者的概念、书的概念等问题的讨论上极为活跃。世界古典学研究的经验和知识正在得到借鉴。

因此，日益兴盛的出土文献研究已使一种新的古典学油然而生。这是一种被考古发现逼出来的古典学，它逼着现行学科体制中的学者跳出自己的领域，去关心、学习其他领域的知识，它逼着现行学科调整已经僵化的体制，以适应充满生机活力的新材料，迫使现有的观念、现有的问题意识、现有的研究方式发生改变。而且这种回到古典的研究也不易受意识形态、时代潮流的影响。

总之，由于材料的不同，参与者的不同，使用方法的不同，简帛研究将不同于以往文、史、哲等任何一门学科。这不仅将刺激、促进我们反思 20 世纪将文、史、哲分而治之的不合理性，而且还完全有可能通过简帛研究使文、史、哲重新走向合流，成为一门综合的古典学，使中国古代思想的面貌比较真实地得以还原。因此，就古典学而言，说我们已经进入了简帛研究的时代，恐不为过。如何以理智的态度和创造性的智慧把握住这次机遇，如何在各个重要研究领域中实现重要突破，是我们面临的时代课题。

后　记

就像本书前言里说的那样，这个小书集结了我近二十年出土文献研究的部分成果。校对的过程中，我常常发出这样的感叹，在人文学科领域，出土文献研究几乎是知识更新最快、最年轻、最有活力的学科。这二十年里，有大量的新材料、新证据、新观点问世，让人有目不暇给之感。

这里有必要对各章作为论文最早发表时的出处作一个交代，收入本书时个别论文的标题作了适当改动：

第一章 《〈保训〉的“中”即“公平公正”之理念说——兼论“三降之德”》,《文史哲》2011 年第 6 期；又见中国人民大学复印报刊资料《中国哲学》2012 年第 2 期。

第二章 《从〈逸周书〉二文看〈保训〉之“中”的刑书性质》，载《哲学门》第三十一辑，北京大学出版社，2016 年。英文版为 “The Concept of Zhong 中 in the *BaoXun* Testament 保训 : Interpreted in Light of Two Chapters of the *YiZhouShu* 逸周书 ”, *Journal of Chinese Philosophy*, 47(1−2), 2020。

第三章 《清华简〈五纪〉的“中”观念研究》,《江淮论坛》2022 年第3期；又见中国人民大学复印报刊资料《中国哲学》2022 年第9期。

第四章 《清华简〈汤在啻门〉所见“五”的观念研究》,《哲学与文化》(台北)2017 年第 10 期。

第五章 《清华简〈殷高宗问于三寿〉上下两部分简文的研究》，载日本出土资料学会编:《中国出土资料研究》第 20 号，2016 年。修改后收录于《清华简研究》第三辑，中西书局，2019 年。

第六章 《从“食烹之和”到“和民”——清华简〈汤处于汤丘〉“和”思想研究》,《中国文化》2018 年秋季号。

第七章 《清华简〈心是谓中〉的心论与命论》,《中国哲学史》2019 年第 3 期；又见中国人民大学复印报刊资料《中国哲学》2019 年第 10 期。

第八章 《“色”与“礼”的关系——上博简〈孔子诗论〉、马王堆帛书〈五行〉、〈孟子・告子下〉之比较》,《孔子研究》2006 年第 6 期；又见中国人民大学复印报刊资料《中国哲学》2007 年第 4 期。

第九章 《〈鲁邦大旱〉初探》，载廖名春、朱渊清主编:《上博馆藏战国楚竹书研究续集》，上海书店，2004 年。

第十章 《上海博物馆藏楚竹书〈天子建州〉》，载北京大学《儒藏》编纂与研究中心编:《儒藏(精华编)》二八二上，北京大学出版社，2020 年。

第十一章 《〈尊德义〉分章考释》，载《中国文字》新三十四期，台湾艺文印书馆，2009 年。

第十二章 《郭店楚简中的“天”、“命”、“性”》,《哲学与文化》(台北)2012 年第 4 期。

第十三章 《睡虎地秦简所见对“孝”的重视》,《国学学刊》2009年第3期；又见中国人民大学复印报刊资料《中国哲学》2010年第1期。

第十四章 《睡虎地秦墓竹简〈为吏之道〉》，载北京大学《儒藏》编纂与研究中心编:《儒藏(精华编)》二八二下，北京大学出版社，2020年。

第十五章 《马王堆帛书〈黄帝四经〉法思想的人性论基础——兼论〈经法·道法〉的逻辑结构》，载《道家文化研究》第三十辑，中华书局，2016年。

第十六章 《出土文献可以改写思想史吗》,《文史哲》2007年第5期；又见《新华文摘》2007年第24期;《高等学校文科学术文摘》2007年第6期；中国人民大学复印报刊资料《历史学》2007年第12期;《中国社会科学文摘》2008年第1期。修订后改名为《价值与局限：思想史视野下的出土文献研究》，发表于《中国哲学与文化》第六辑，广西师范大学出版社，2009年。

第十七章 《出土文献与思想史研究方法论刍议》,《社会科学》2012年第11期；又见中国人民大学复印报刊资料《历史学》2013年第2期、《中国哲学》2013年第3期。

第十八章 《二十世纪学科体制全球化背景下的中国古典学——兼论出土文献在古典学复兴中的作用》,《社会科学战线》2013年第8期。

在校对旧稿时，我既有欣喜又有遗憾。欣喜的是，这些年自己还算能够跟上这门学科的步伐，对一些重要的文献、重要的课题，作出了自己的研究，而不至于被出土文献研究海量的信息淹没或者被出土文献研究高速的发展甩开。自己涉足了很多的领域，有些观点和论证甚至自己都已经遗忘，但现在读来还是眼前一亮，觉得今后可以作出进一步的拓展。遗憾的是，有些观点，在当年写作时，觉得志满意得，无以复加，但现在看来还不够稳妥，甚至有些地方薄弱浅陋，还想重新斟酌，但此书格局已定，不好伤筋动骨，因此只能做一些有限的修改。例如有些出土文献的名称已经重新命名，有些论文集论文、网络版论文已经正式出版，我在校对时就采用了最新的信息。

我常常把论文比作自己的儿女，自家儿女总是喜欢的，但也不避讳他们有这样那样的不足和缺点。再说儿女还在成长，不能求全责备。年少时虽然青涩懵懂，但有可贵的生气和胆气。年长也未必完美无缺，现在写论文，不是觉得没有想透，就是觉得材料还不够，结果电脑里保存的都是些札记，迟迟难以成文，这样做固然是为精益求精，希望打造完璧，但实际上也是老气横秋的体现，已经没有了当年的活力和闯劲。每个人都有时代的局限，更何况出土文献这种全新的研究领域，信息的变化实在太快了。这样说，并不是鼓励年轻人轻率发文，而是鼓励年轻人要充满活力、敢于挑战。

谢文康、马上、袁玉琦、杨衍帮助校对了书稿，特此致谢。

曹　峰

2024 年 10 月

图书在版编目（CIP）数据

出土文献研究的多维视野 / 曹峰著 . -- 北京：中国人民大学出版社，2025. 4. --（出土文献与早期中国思想世界 / 王中江主编）. -- ISBN 978-7-300-33903-0

Ⅰ. K877.04

中国国家版本馆 CIP 数据核字第 2025DZ2947 号

国家出版基金项目
出土文献与早期中国思想世界
王中江 主编
出土文献研究的多维视野
曹峰 著
Chutu Wenxian Yanjiu de Duowei Shiye

出版发行	中国人民大学出版社		
社　　址	北京中关村大街 31 号	邮政编码	100080
电　　话	010–62511242（总编室）		010–62511770（质管部）
	010–82501766（邮购部）		010–62514148（门市部）
	010–62511173（发行公司）		010–62515275（盗版举报）
网　　址	http://www.crup.com.cn		
经　　销	新华书店		
印　　刷	涿州市星河印刷有限公司		
开　　本	890 mm × 1240 mm　1/32	版　　次	2025 年 4 月第 1 版
印　　张	14.875　插页 3	印　　次	2025 年 4 月第 1 次印刷
字　　数	368 000	定　　价	89.00 元